2015 교육과정에 따른

초등수학 교수법의 실제

저자 소개

신준식
서울교육대학교 졸업
한국교원대학교 대학원 교육학 박사 (수학교육)
현) 춘천교육대학교 수학교육과 교수

초등수학교육론, 초등수학 수학과 교재연구와 지도법 등 저 · 번역서 다수

2015 교육과정에 따른
초등수학 교수법의 실제

초판 1쇄 발행 2020년 2월 21일

지은이 신준식

펴낸이 박민우
기획팀 송인성, 김선명, 박종인
편집팀 박우진, 김영주, 김정아, 최미라, 전혜련
관리팀 임선희, 정철호, 김성언, 권주련
펴낸곳 (주)도서출판 하우

주소 서울시 중랑구 망우로68길 48
전화 (02)922-7090
팩스 (02)922-7092
홈페이지 http://www.hawoo.co.kr
e-mail hawoo@hawoo.co.kr
등록번호 제475호

값 22,000원
ISBN 979-11-90154-41-3 93410

2015 교육과정에 따른

초등수학 교수법의 실제

신준식 지음

2020 최신판

도서출판 夏雨

저자 서문

수학을 가르치는 방법은 교사가 수학을 바라보고 생각하는 관점에 따라, 수학 학습을 바라보는 관점에 따라, 학생의 능력을 바라보는 관점에 따라 크게 좌우됩니다. 학생들이 많은 어려움과 고통을 겪으면서도 수학을 왜 배워야 하는지를 충분히 파악하고, 그에 따라 교사는 어떻게 가르쳐야 하는지를 알고 있어야 합니다. 이에 대한 준비가 충분하지 못하면 자신이 과거에 수학을 배운 대로, 자신이 수학을 공부하던 방법대로 가르치게 될 것입니다.

고등학교 때까지 어렵게 배운 수학 지식이 일상생활에서 크게 활용되지 않고 있음을 알고 어려운 수학을 많이 배울 필요가 없다고 생각하는 사람도 있지만 그것은 수학을 좁게 바라보는 것입니다. 수학을 공부하면서 자신도 모르게 길러진 것이 곧 논리적 사고력, 창의적 사고력 등 다양한 측면의 사고력입니다. 과거에 배운 수학적 지식은 기억에서 지워졌더라도 그때 길러진 사고력으로 현재를 살고 있는 것입니다. 그렇게 보면 수학 수업의 본질은 사고력 발달이고, 수학적 지식은 수단에 불과함을 알 수 있을 것입니다.

이 책에서 강조하는 것은 학생 자신의 사고력으로 개념을 형성하고, 수학적 원리나 법칙을 발견하고, 문제를 해결하는 능력을 발달시킬 수 있는 교수 방법입니다. 따라서 2015 개정 초등학교 수학과 교육과정의 성취기준에 근거하여 초등학교 수학 내용과 지도 방법을 설명하고, 주제에 적절한 수업 모형과 수업과정의 예를 제시하여 교수 능력 발달에 도움이 되도록 하였습니다.

이 책의 1~3장에서는 초등수학 교수법에 대한 일반적인 내용과 교육과정을 다루었고, 4장~11장은 초등수학의 내용 영역에 따라 나누어 각 장마다 이론적 배경, 교과 내용 및 교수법을 다루었는데 그 내용은 다음과 같습니다.

1. 이론적 배경

초등수학과 관련된 지식으로서 수학의 필수적인 개념, 정의, 원리, 아이디어 등을 간명하고 핵심 내용만 제시하였습니다. 초등수학 내용과 관련지어 본문에 직접 설명하거나 제시할 수 없는 내용은 본문의 옆 란에 간략하게 설명하거나 QR코드를 제시하여 참고할 수 있도록 하였습니다.

2. 교과 내용 및 교수법

교육과정에 제시된 학년군별 성취기준에 따라 교과 내용을 제시하고, 교수-학습 방법 및 유의사항, 평가 방법 및 유의사항을 염두에 두면서 어떻게 지도할 것인가에 대한 교수 방법을 제시하였습니다.

3. Co-Learning

Co-Learning은 수업에서 제기될 수 있는 문제, 초등학교 수준의 문제, 수학 지도의 아이디어 등을 중심으로 구성하였습니다. 특히, 표시된 문제는 전체 또는 그룹이 활발하게 의사소통하면서 의견을 나누거나 협력하여 해결할 수 있을 것입니다. 따라서 해답을 제시하지 않았습니다.

충실한 교재가 되도록 많은 노력을 기울였으나 여러 제약으로 인하여 아쉬움이 많이 남습니다만 수학을 가르치거나 수업을 전개함에 있어 현직 교사나 예비교사에게 많은 도움이 되기를 기대하고, 부족한 부분은 추후에 보완하겠으며, 독자의 고언을 귀담아 반영하겠습니다.

끝으로, 어려운 여건 속에서도 출판을 맡아주신 도서출판 하우와 짧은 시간에도 불구하고 훌륭한 모습으로 출간될 수 있도록 많은 노력을 아끼지 않은 도서출판 하우의 편집진께 깊이 감사드립니다.

2020년 2월

석우 연구실에서

목차

제1장

교수학적 변환

1. 교수학적 변환

학교에서 가르치는 학교 수학은 학문 수학을 학생들의 인지적 수준을 고려하고, 교육의 목적에 부합되도록 내용을 재구성한 것이다. 이와 같이 교육 목적에 의하여 학문 지식을 변형하는 것을 교수학적 변환이라고 한다.

교수학적 변환 과정에서 발생할 수 있는 지식 본질의 파손과 교수 체계로 인하여 학교 수학은 학문 수학과 작지만 무시할 수 없는 차이가 있다.

1) 교수체계

수학 수업에서 교사와 학생의 상호작용이 활발하게 일어났고, 학습 목표에 도달하였다면 좋은 수업이라고 판단하고 있다. 이와 같은 판단은 교사–학생의 상호작용이라는 이원적 교수체계에서 상호작용의 매개물인 지식의 측면을 간과하였기 때문에 수학 수업 현상을 분석하는 데 한계가 있다.

수학 수업 현상을 바르게 분석하려면 이원적 교수체계를 뛰어넘어 교사–학생 상호작용의 매개가 되는 지식을 포함시켜 교사–지식–학생의 삼원적 교수체계에서 수업을 관찰해야 한다. 지식의 본질이 왜곡되거나 훼손되지 않으면서 교사와 학생의 상호작용이 활발하게 일어났다면 좋은 수업이라고 할 수 있다.

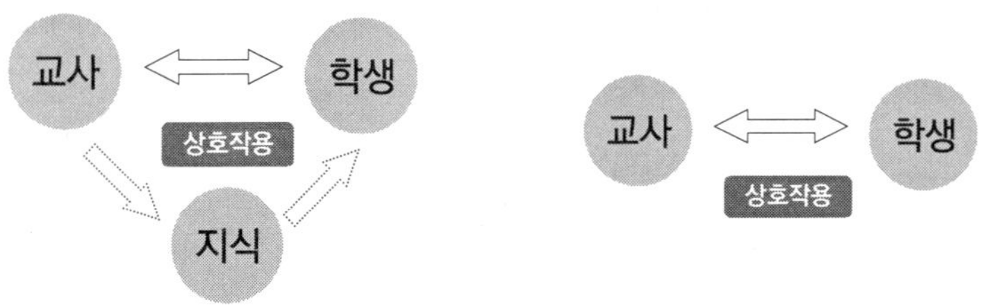

삼원적 교수체계　　　이원적 교수체계

2) 지식의 파손

추상성이 강한 수학을 인지 수준이 낮은 학생들이 이해하기 쉽도록 가르치기 위하여 지식을 변환시키는 과정에서 학문적 의미가 훼손되거나 왜곡되는 경우가 있다. 지식의 본질이 훼손되어 가르쳐진다면 잘못된 수업이고, 학생들은 왜곡된 지식을 가지게 되어 다음 단계로 발전하는 데 어려움을 겪을 것이다. 따라서 지식의 본질이 훼손, 왜곡되지 않도록 교수학적 변환에 주의를 기울여야 한다.

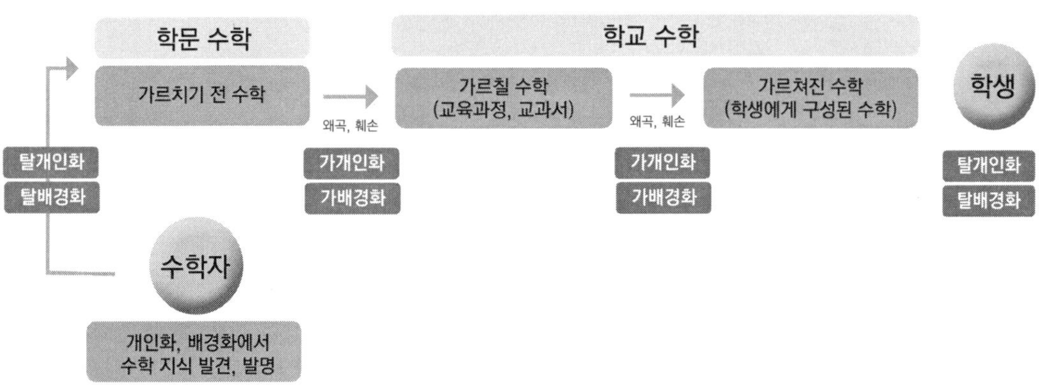

2. 배경화, 개인화

1) 배경화

특정한 배경에서 지식을 이해하거나 습득한 경우

2) 개인화

개인의 인지 양식에 따라 지식을 이해하거나 습득한 경우

개인화, 배경화는 지식을 구성하는 과정이고, 탈개인화, 탈배경화는 지식을 잘 정돈하여 형식적으로 표현하는 과정입니다.

3) 탈개인화, 탈배경화

지식을 표현하고 전달하기 위해서는 특정 배경이나 개인적 인지 양식에서 벗어나 형식적 표현을 하게 되는데 이를 탈배경화, 탈개인화라고 한다.

4) 가개인화, 가배경화

탈개인화, 탈배경화된 지식을 가르치기 위해서는 학생의 교육적 배경이나 인지 수준 또는 양식을 고려하여 지식을 재배경화, 재개인화해야 하는데 이를 가개인화, 가배경화라고 한다. 특히, 교과서에서는 가상적인 학생, 문제 상황 등을 가정하고 있는데 이것은 가개인화, 가배경화의 과정 또는 결과이다.

3. 교수학적 극단적인 교수 현상

1) 메타인지 이동 (meta-cognition shift)

학생의 인지가 학생들의 흥미와 이해를 돕기 위한 교사의 아이디어, 은유, 교구 등으로 이동되는 현상이다. 피자를 이용하여 분수를 가르쳤다면 학생의 관심이 분수에 있는 것이 아니라 피자로 이동되는 것이다.

2) 메타수학적 이동 (meta-mathematical shift)

형식적 고착이라고도 하며, 은유나 교구 등 없이 형식적, 논리적 표현만 강조되는 현상이다. 분수는 전체를 똑같이 부분으로 나눈 것의 일부를 나타낸다고 표현하는 것이다.

3) 토파즈 효과

교수학적 계약의 압박 때문에 학생이 학습할 수 있는 환경이나 어려움을 교사가 제거하는 경우이다. 교사가 명백한 힌트를 주거나 유도 질문을 하거나 질문과 답을 함께 제시함으로써 학생 자신도 모르는 채 답에 도달하는 경우이다. 교사가 원하는 답이 나올 수 있도록 연속적인 질문을 하는 과정에서 점점 더 쉬운 질문을 하고, 이 과정에서 학생들은 교사가 원하는 대답을 하게 되지만 진정한 의미에서 이해하였다고 볼 수 없다. 다음과 같은 수업 장면을 상상한다면 토파즈 효과의 깔때기 수업이 될 것이다.

토파즈 효과(Topaze effect)
마르셀 빠뇰의 희곡 토파즈에서 유래된 말로서 교사 토파즈는 불어의 복수를 나타내는 묵음 s의 받아쓰기에서 유도 질문으로 정답에 이르게 하였는데, 이런 현상의 하나가 깔대기(funnel) 수업입니다.

교사	학생
24+38을 계산하여 봅시다.	
일의 자리부터 더합니다. 4+8은 얼마인가요?	12입니다.
10은 십의 자리로 받아올림하고, 2는 일의 자리에 씁니다.	
십의 자리를 더합니다. 20+30은 얼마인가요?	50입니다.
받아올림 10을 더하면 얼마인가요?	60입니다.
6을 십의 자리에 씁니다. 답은 얼마인가요?	62입니다.
잘 했습니다. 이번에는 45+37을 계산해보세요.	

4) 주르뎅 효과

교사가 가르치기 어려워하고 학생들도 이해하기 어려운 상황에 직면하게 되면 학생들의 사소한 행동이나 우연한 행동에 학문적 의미를 부여하면서 학습되었다고 인정해 버리는 현상이다. 학생이 우연하게 2, 3, 5, 8이라는 수를 나열하였을 때 교사는 이를 보고 '네가 피보나치 수열을 발견했다' 또는 '너는 이미 피보나치 수열을 알고 있었던 거야' 등으로 말하는 것이다.

주르뎅(Jourdain effect)
주르뎅은 몰리에르의 희곡 'Le Bourgeois Gentilhomme'(속물 귀족)에 등장하는 인물이며, 이 희곡의 줄거리는 귀족이 되고 싶은 주르뎅이 딸을 (가짜)귀족과 억지로 결혼시키려는 내용으로 인간의 허영과 위선을 보여줍니다. 주르뎅이 철학 교사로부터 운문과 산문의 설명을 듣고, '이런, 40년간이나 산문으로 말해 왔으면서 그것도 모르고 있었네'라고 말하면서 알았다는 반응을 보인 것입니다.

Co-Learning 1

1. A교사는 교과서는 교육과정의 정신과 목표를 구현하기 위하여 전문가들에 의하여 구성된 내용이므로 교사는 교과서에 따라 수업을 전개하는 것이 타당하다고 주장하지만, B교사는 교과서는 교육과정과 실제 교수-학습 과정을 연결해 주는 역할을 하므로 학습 환경에 따라 교과서를 재구성하거나 목표에 도달할 수 있다면 조금 불완전한 자료라도 교과서를 대체하여 활용할 수 있다고 생각하고 있다.

여러분의 의견은 어떤가? 그 이유는?

2. 학문 수학인 유클리드의 원론에서 원은 다음과 같이 정의되었다.

> 1개의 선으로 둘러싸인 평면도형으로서 그 도형의 내부에 있는 한 점에서 그 선에 그은 모든 선분이 서로 같다.

학교 수학에서는 원을 어떻게 정의하고 있는지 알아보시오.

1) 초등학교 1학년:

2) 초등학교 2학년:

3) 초등학교 3학년:

4) 중학교:

5) 고등학교:

3. 다음은 원그래프에 대한 6차 교육과정 교과서와 7차 교육과정의 교과서이다.

※ 신문별 구독 부수를 조사하여 원그래프로 나타내어 보자.

신문별 구독율

구분 \ 신문	가 신문	나 신문	다 신문	라 신문	합 계
구독 부수	315	270	180	135	900
중심각의 크기 (도)	126			54	360

전체에 대한 가 신문의 백분율을 구하면,

$\frac{315}{900}\times100=35(\%)$

차지하는 중심각의 크기를 구하면,

$360\times\frac{35}{100}=126(도)$

이며, 이를 그래프에 나타내면 오른쪽과 같다.

신문별 구독율

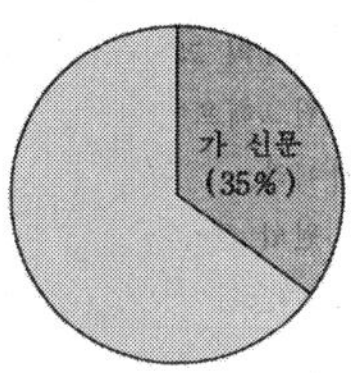

(총 900부)

위의 원그래프를 완성하여라.

수학 6-1(1997, 6차 교육과정 교과서)

▶ 생활에서 알아보기

영민이네 학교의 어린이 회장 선거에서 입후보자들의 득표 수를 나타낸 것이다.

어린이 회장 선거 입후보자의 득표 수

입후보자	성희	현길	성수	지희	계
득표 수(표)	240	120	150	90	600

활동 ① 각 입후보자의 득표율을 구하고, 원에 그림으로 나타내어라.

입후보자별 득표율

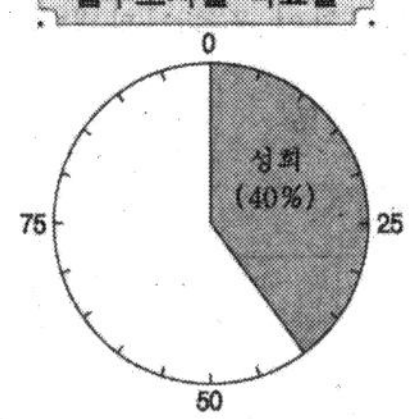

● 성희의 득표율을 구하여 그림에 나타내어라.

$\frac{240}{600}\times100=40\ \%$

● 다른 입후보자들의 득표율을 각각 구하여 원에 그림으로 나타내어라.

수학 6-1(2002, 7차 교육과정 교과서)

1) 원그래프의 지도 내용에서 두 교과서의 차이점은 무엇인가?

2) 지도 내용이 변화된 원인은 무엇인가?

3) 위와 같은 교수학적 변환으로 인하여 예상되는 문제점은 무엇인가?

6차 교육과정 교과서에서는 학생들이 원그래프를 어떻게 그릴 것인지를 예상해보시오.

4. 수학 3-1(2018)의 덧셈을 해 볼까요(3)을 보고 물음에 답하시오.

1) 세 자리 수 덧셈을 위하여 학생들에게 제시된 가배경화는 무엇인가?

5장 0과 자연수의 연산 참고

2) 교과서에 제시된 상황은 덧셈의 어느 상황인가?

3) 다른 상황의 덧셈 문제가 있는지 교과서에서 찾아보시오.

4) 교과서에 제시된 가개인화는 무엇인가?

5. A교사는 $\frac{2}{3}$와 $\frac{3}{4}$의 크기를 비교하는 방법을 다음 그림과 같이 대각선의 곱으로 해결하도록 하였더니 학생들이 매우 쉽게 이해하였으며, 재미있게 적극적으로 수업에 참여하여 교사와 학생의 상호작용이 활발하게 일어나 수업이 성공적이었다고 자평하였다.

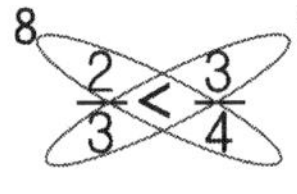

여러분은 A교사의 자평에 동의하는가/하지 않는가? 그 이유는?

6. B교사는 정수의 덧셈을 가르칠 때 똑딱이 단추를 이용하였다. 볼록 단추는 양수, 오목단추는 음수로 표현하여 정수의 덧셈을 하였더니 모든 학생들이 학습목표에 도달하였다. 예를 들어, $^{-}4 + {}^{+}7$을 그림과 같이 나타내고, 오목과 볼록을 짝지으면 볼록이 3개 남으므로 계산 결과는 $^{+}3$이다.

학생들의 관심이 재미있는 똑딱이 단추에 있었다면 예상되는 교수현상은 무엇인가?

7. 수학교육의 현대화, 새수학(New math) 운동으로 교과서에서 지엽적인 수학 지식보다는 수학의 구조, 논리의 엄밀성 등을 강조하고 내용을 제시하였다. 이에 대한 결과로 관찰된 주르뎅 효과는 무엇이었는가?

8. A교사는 $ax^2 + bx + c = 0$ 에서 근의 공식을 이끌어내고, 이를 바탕으로 근과 계수의 관계를 가르쳤다. A교사의 수업에서 예상되는 교수학적 현상은 무엇인가? 또, 이렇게 가르쳤을 때 문제점은 무엇인가?

제2장

수학교과 핵심역량

수학을 왜 배워야 하나

1. 수학교과의 핵심역량

1) 핵심역량

미래 사회에 적응하기 위한 역량으로 2015 개정 교육과정에서는 진로, 학습과 혁신, 정보·매체·테크놀로지 역량 등을 제시하였다.

2) 수학과의 핵심역량

2015 교육과정에 제시한 핵심역량을 기르기 위해 수학과에서는 문제 해결, 추론, 의사소통, 창의·융합, 정보 처리, 태도 및 실천 역량 등을 제시하였다.

2. 문제 해결

1) 폴리아의 문제 해결 4단계

문제 이해→ 계획 수립→ 계획 실행→ 검증 및 반성

George Polya(1887~1985)
헝가리 출신의 세계적인 수학교육자인데 문제 해결의 통찰을 얻기 위한 방법을 구체적으로 『How to solve it』에서 제시하였습니다.

2) 단계별 유용한 질문

① 문제 이해 단계

무엇을 묻고 있는가? 주어진 사실은 무엇인가? 무엇을 모르고 있는가? 제를 다시 한 번 설명해 보아라.

② 계획 수립 단계

이와 비슷한 문제를 본 적이 있는가? 어떤 전략이 유용할 것 같은가? 여러 전략을 사용해 보아라. 해결하기에 필요한 조건은 충분한가?

③ 계획 실행 단계

유용한 전략을 사용하여 문제를 풀어 보아라. 다른 전략을 사용하여 시도해 보아라. 문제를 다시 읽고 묻고 있는 것과 필요한 조건 등을 다시 알아 보아라.

수학으로 사회문제 해결

④ 검증 및 반성 단계

풀이 과정은 정확한가? 문제에서 묻고 있는 것에 결과가 적합한가? 다른 방법으로 해결해 보아라. 비슷한 문제를 만들어 풀어 보아라. 조건이 바뀌면 풀이와 답은 어떻게 바뀌는가?

『폴리아가 들려주는 문제 해결 전략 이야기』(신준식 지음)를 참고하세요.

3) 문제 해결 전략

초등학생들이 유용하게 사용할 수 있는 전략에는 실제로 해보기, 그림 그리기, 규칙 찾기, 거꾸로 풀기, 표 만들기, 예상과 확인, 간단히 하여 풀기, 목록 만들기, 식 세우기 등이 있다.

4) 문제해결력 기르기

① 혼자 문제를 해결할 때에도 문제 이해–계획 수립–계획 실행–검증 및 반성의 단계를 거치도록 한다.

② 균형 있는 역할 분담과 상호작용을 통하여 문제를 해결하도록 한다.

③ 생활 주변이나 사회 및 자연 현상 등을 수학적으로 표현하는 기회를 제공한다(수학적 모델링).

④ 주어진 문제를 변형하거나 새로운 문제를 만들어 해결하고, 그 과정을 검증하는 활동을 제공한다(문제 만들기).

3. 추론

1) 추론

이미 알고 있는 사실로부터 새로운 사실을 이끌어내는 사고 작용을 말하며, 유비 추론, 귀납 추론, 연역 추론 등이 있다.

2) 유비 추론

A → B이듯이 C → D일 것이라고 추측하는 사고이다. 삼각기둥, 사각기둥의 부피를 구하듯이 원기둥의 부피를 구한다.

3) 귀납 추론

관찰된 여러 사례에서 공통점이나 규칙을 찾아내어 이를 전체에 적용할 수 있는 일반적인 법칙을 이끌어내는 사고를 말한다.

4) 연역 추론

주어진 전제로부터 논리적인 사고를 통하여 필연적인 결론을 이끌어내는 사고를 말한다.

5) 추론 능력 기르기

① 학생 스스로 가설을 세우고 이를 검증(정당화)하는 기회를 준다.

② 수학적 원리, 법칙 등을 논리적으로 이끌어내는 활동을 하도록 한다.

③ 추론 과정이 옳은지 비판적으로 평가하고 반성하도록 한다.

4. 의사소통

1) 교육적 가치

① 수학의 이해 증진: 교사와 학생, 학생과 학생 사이에 의사소통이 활발하게 일어나게 되면 수학 지식의 이해를 발달시킬 수 있다.

② 편안한 학습 환경: 의사소통이 활발하게 일어난다는 것은 곧 학습하는 학생들의 마음이 억압되거나 두려움, 불안에서 벗어나 편안하다는 것을 의미한다.

③ 학습자로서 권한 부여: 학생들이 궁금해 하거나 이해가 잘 안 되는 것에 대하여 마음 놓고 질문할 수 있으므로 학생들은 학습자의 권리를 찾을 수 있다.

④ 학생에 대한 정보 수집: 학생의 반응이나 설명을 통하여 교사는 학생의 인지 수준, 이해 정도, 정서적인 면 등을 가늠할 수 있다.

2) 읽기: 수학 용어와 기호로 표현된 교과서의 내용을 읽고 이해하는 능력

3) 말하기: 수학적인 용어나 기호를 사용하여 수학적 사실이나 원리를 언어로 표현하는 능력

4) 듣기: 다른 사람이 수학적으로 말하는 것을 듣고 이해하는 능력

5) 쓰기: 수학적인 내용을 용어, 기호, 그림, 그래프 등을 사용하여 표현하는 능력

6) 의사소통 능력 기르기

① 수학 용어, 기호, 표, 그래프 등 수학적 표현을 이해하고, 정확하게 사용하도록 한다.

② 수학적 표현은 만들거나 변환하는 활동을 하도록 한다.

③ 수학적 표현을 이용하여 다른 사람들과 효율적으로 의사소통하는 활동을 하게 한다.

④ 다른 사람의 의견과 다양한 관점을 존중하면서 토론할 수 있는 기회를 제공한다.

5. 창의 · 융합

1) **필요성:** 미래 사회를 대비하기 위하여 창의력과 수학 중심의 융합형 인재양성이 필요하다.

STEAM
Science, Technology, Engineering, Arts, Mathematics의 약자이며, 과학기술기반의 융합적 사고를 통해 문제 해결력과 창의력을 배양하는 교육입니다.

2) **방법:** 융합형 주제 탐구, STEAM, 과학기술영역의 주제별 탐구, 수학 탐구 활동 등 수학의 힘을 느낄 수 있도록 한다.

3) 구성 요소

① 독창적 사고: 남과 다른 새로운 아이디어, 해결 전략, 방법을 찾아 내거나 새로운 관점에서 문제를 제기하는 능력

② 생산적 사고: 특정 문제 상황에서 의미 있는 아이디어를 다양하게 산출하는 능력

③ 수학 내적 연결: 수학의 다른 영역 또는 다른 학년의 수학적 개념, 원리, 법칙, 기능 등을 적용하는 능력

④ 수학 외적 연결: 수학적 개념, 원리, 법칙, 기능 등을 일상생활이나 다른 교과에 적용하는 능력

4) 창의·융합 능력 기르기

① 창의적인 아이디어를 풍부하게 산출할 수 있는 수학적 과제를 제공한다.

② 하나의 문제를 여러 가지 방법으로 해결하게 하고, 해결 방법을 비교하여 더 효율적인 방법을 찾거나 정교화하게 한다.

③ 여러 수학적 지식, 기능 등을 연결하거나 다른 교과의 지식, 기능 등을 연결하여 새로운 지식, 기능을 생성하거나 문제를 해결하도록 한다.

6. 정보 처리

1) 필요성

미래 정보화 사회에 필요한 빅 데이터의 정보를 처리하는 능력, 컴퓨터가 문제를 해결할 수 있는 알고리즘을 만드는 능력 등이 요구된다.

2) 구성 요소

① 정보 수집: 실생활 및 수학적 문제 상황에서 기준이 분명하고 간단한 정보를 수집하기

② 정보 분석: 수집한 정보를 목적에 맞게 분류, 정리, 설명하기

③ 정보 활용: 분석한 정보를 문제 상황에 적합하게 활용하기

④ 공학 도구 활용: 수학적 아이디어와 개념을 탐구하고 문제를 해결하기 위해 적합한 공학 도구 활용하기

3) 정보처리 능력 기르기

① 문제를 해결하는 데 필요한 자료를 수집하고, 이를 정리, 분석하여 적절하게 활용하게 한다.

② 수 모형, 도형 등 교구 조작 활동을 통하여 수학적 개념과 원리를 이해하고, 탐구활동을 할 수 있는 과제를 제시한다.

③ 계산기, 컴퓨터, 교육용 소프트웨어 등 공학적 도구를 이용하여 문제를 해결하게 하고, 그 과정을 발표하게 한다.

7. 태도 및 실천 역량

1) 방법: 성공한 경험과 내적 동기유발이 중요하며, 수학 탐구 활동을 통하여 성공한 경험을 자주 겪게 한다.

2) 구성 요소

① 가치 인식: 수학에 흥미와 호기심을 가지며, 인류 문화의 발전에 기여한 수학의 가치를 인식하는 능력

② 학습 의지: 수학 학습 의욕을 바탕으로 자신감과 적극적인 참여 태도, 도전하는 태도

③ 합리적 의사결정: 논리적인 근거를 가지고 의견을 제시하고 합리적으로 결정하려는 태도

④ 시민의식: 수학적 사고를 바탕으로 공정한 자세로 정직하게 행동하며, 자신의 행동에 책임을 지고, 타인을 배려하며, 어려움을 극복하는 용기를 가지려는 태도

배울 만한 수학은 모두 어렵기 마련

Co-Learning 2

교사의 동기 부여

1. 수학에 대한 교사의 신념과 태도는 의도하지 않더라도 학생의 신념과 태도에 지속적으로 영향을 미친다. 예비 교사인 여러분들은 이 점을 심각하게 인식하고 있어야 한다. 수학에 대한 열정을 가진 교사는 학생들의 수학에 대한 신념과 태도에 긍정적인 영향을 줄 수 있지만 부정적인 태도를 지닌 교사는 수학에 대한 학생들의 신념과 태도에 좋지 못한 영향을 미칠 수 있다. 연구 결과에 의하면 교사의 부정적인 신념과 태도는 학생들에게 전달된다는 것이다.

일반적으로 어린이들은 수학을 선천적으로 싫어하지도 않고, 두려움도 느끼지 않으며, 부정적인 태도를 가지고 초등학교에 입학하지도 않는다. 그 대신에 부모, 친구, 교사로부터 그런 신념이나 태도를 배우게 된다.

수학 싫어하지 마세요.

이를 고려하면 예비 교사인 여러분들의 수학에 대한 신념과 태도는 매우 중요하며, 수학에 대하여 바람직한 신념과 태도를 형성하려면 현재 여러분이 지니고 있는 수학에 대한 신념과 태도를 먼저 확인하는 것이 필요하다.

다음 질문은 여러분의 과거 경험, 수학에 대한 신념과 태도가 형성된 과정 등을 성찰하는 데 도움이 될 것이다. 질문에 모두 답하면 친구들과 함께 결과를 논의해 보시오.

1) 수학 수업에서 좋았던 경험을 써 보시오. 어떤 점에서 좋았다고 생각하는가? 그런 경험으로 수학을 보는 관점에 어떤 영향을 미쳤는가?

2) 1)과 반대되는 경우에 대해서도 써보시오.

3) 여러분이 생각하는 전형적인 수학 교사의 모습이 어떤지 써 보시오. 또 그런 모습이 여러분의 수학적 태도에 어떤 영향을 주었다고 생각하는가?

2. 수학에 대한 부정적인 태도는 단순히 수학을 싫어하는 것을 넘어 수학에 대한 불안으로 발전되기도 한다. 불안은 통제할 수 없을 뿐만 아니라 전혀 도움이 안 되는 감정으로 수학적인 상황을 회피하게 되는 원인이 된다. 불행하게도 많은 학생들이 초등학교 고학년에서 이런 불안을 처음 겪게 된다고 한다.

교사의 태도가 수학적 불안을 일으키는 가장 큰 요인일 수 있다. 수업 시간에 학생의 잘못을 지적하거나 좌절감을 주는 질문 등의 교사 행동이 학생들의 수학적 불안에 영향을 줄 것이라는 것은 쉽게 알 수 있다. 더욱이 사소한 행동마저도 상처를 입힐 수 있다. 예를 들어, 교사가 질문에 빨리 대답하는 학생에게 좋은 반응을 보인다면 재빠르지 못한 학생들은 열등감을 느끼게 될 것이다.

수학 불안과 수학 성적

1) 수학을 싫어하게 되거나 수학적 불안의 원인을 제공하는 교사의 행동을 적어 보시오.

2) 바람직스럽지 못한 행동을 보인 수학 교사를 경험했는가? 그런 행동이 수학에 대한 느낌에 어떤 영향을 끼쳤는지 말해 보시오.

3) 여러분이 가르치는 학생들에게 수학에 대한 어떤 부정적인 태도나 신념이 스며들지 않게 하는 수업 전략은 무엇인지 논의해 보시오.

4) 수학 불안을 일으키는 또 다른 요인은 수학 내용 그 자체일 수 있다. 초등학교 고학년, 중학교 초기에 공부하는 내용을 생각해 보시오. 그중에서 수학 공부하는 데 불안을 일으키는 내용은 무엇인가? 왜 그렇다고 생각하는가?

수학에 대한 애정

5) 수학 불안을 수학적 의사소통의 한 부분이라고 생각할 만한 타당한 근거가 있는가?

6) 이와 같이 여러분이 질문에 답하고 친구들과 함께 논의하였던 활동이 여러분의 수학에 대한 태도와 신념을 발견하는 데 도움이 되었던 점을 간략하게 서술하시오.

7) 또, 이런 활동이 미래에 수학을 가르치는 방법에 어떻게 영향을 미치는지 말해 보시오.

3. 수학 수업에서 학습 불안을 느꼈을 때 나타나는 행동을 말해 보시오.

4. 교사가 수학에 대하여 부정적인 성향이나 불안을 가진 교사는 이를 숨긴다고 하더라도 학생들은 신체적인 언어로 알아차리게 되고, 학생들도 수학을 싫어하게 된다. 교사의 수학적인 불안을 해소할 수 있는 방법을 제시하여 보시오.

5. 과거에 교사들은 그림을 그리는 것은 일반화가 어렵기 때문에 문제를 해결할 때 그림을 그리지 못하게 하였다. 지금의 교사들은 문제를 해결할 때 그림 그리기를 권장하고 있다. 이와 같은 변화에 대한 여러분의 의견을 말하시오.

6. 가진 돈의 $\frac{3}{4}$을 썼더니 500원이 남았다. 처음에 가지고 있었던 돈은 얼마인가? 그림 그리기 전략을 사용하여 문제를 해결하시오.

7. 어느 부부가 싸우다가 진주 목걸이가 끊어졌다. $\frac{1}{3}$은 바닥에 떨어졌고, $\frac{1}{5}$은 침대에 있었고, $\frac{1}{6}$은 여자가 주웠고, $\frac{1}{10}$은 아들이 주웠다. 목걸이에는 진주가 6개 남아 있었다. 목걸이에 있었던 진주는 모두 몇 개였는가?

거꾸로 풀기, 그림 그리기 등의 전략을 사용하여 해결하세요.

8. 커피 1잔과 도넛 3개 값은 11,600원, 커피 2잔과 도넛 2개는 12,400원이다. 도넛 4개의 값은 얼마인가? 어떻게 풀었는지 설명하시오.

식 세우기 전략보다는 그림 그리기 등의 전략을 사용하여 해결해 보시오.

9. 톱으로 통나무를 4조각으로 자르는 데 12분 걸린다. 같은 통나무를 6조각으로 자르는 데 걸리는 시간은 얼마인가?

그림 그리기 전략을 사용해 보세요.

10. 다음 사람들을 키 큰 순서대로 말하시오.

① 나탈리보다 큰 사람은 갑수와 사연이뿐이다.

② 루나보다 큰 사람은 4명이다.

③ 모나코는 봉주보다 작지만 엑시보다 크다.

④ 사연이보다 큰 사람이 있다.

⑤ 디애나 다음으로 작은 사람은 엑시이다.

표 만들기 전략을 사용해 보세요.

11. 태호, 현민, 병주, 동만이는 축구, 농구, 야구, 배구 중 어느 한 운동을 좋아한다. 태호를 제외한 3명 중 1명은 농구를 좋아하고, 현민이는 배구를 좋아한다. 병주나 동만이는 야구를 좋아하지 않는다. 동만이는 축구를 좋아했었으나 지금은 그렇지 않다. 네 사람이 각각 좋아하는 운동은 무엇인가?

7분 11분

12. 11분짜리와 7분짜리 모래시계가 있다. 이를 이용하여 15분을 재는 방법을 구하시오.

13. 어느 작은 농장에 닭과 개가 48마리 있는데 다리를 세어보니 166개였다. 닭과 개는 각각 몇 마리인가?

방정식을 세우지 않고 예상과 확인하기 전략을 사용해 보세요.

14. 다음 그림과 같이 모눈종이에 가로, 세로가 8×8인 정사각형을 그렸다. 이 모눈종이에 정사각형을 모두 몇 개나 그릴 수 있는가?

단순화하기 전략을 사용해 보세요.

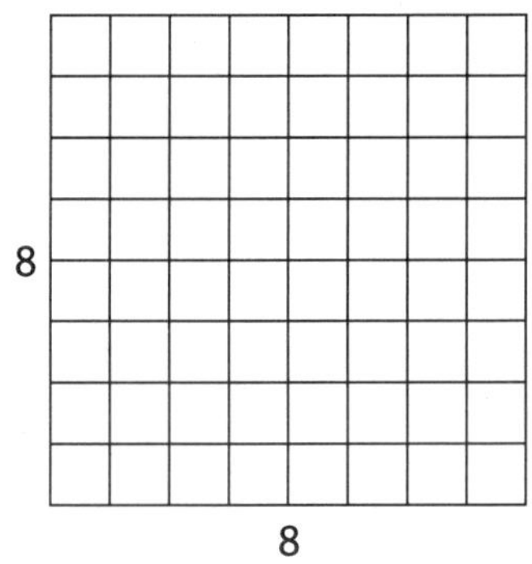

15. 24팀이 참가한 아시안컵 축구대회에서는 조별 리그로 경기하여 1위, 2위 팀이 토너먼트에 진출한다. 조별 리그에서 승리하면 3점, 무승부는 1점, 패하면 0점을 준다. 우리나라 팀이 속한 D조는 각각 한 번씩 게임을 하였는데 우리나라는 무승부였다. 우리나라가 토너먼트에 진출하려면 최소한 몇 점이 더 필요한가?

16. 만나는 점이 가장 많도록 직선을 그으려고 한다. 직선 2개로 만나는 점 1개를 만들 수 있고, 직선 4개로 만나는 점 6개를 만들 수 있다. 직선 10개로 만나는 점 몇 개를 만들 수 있는가?

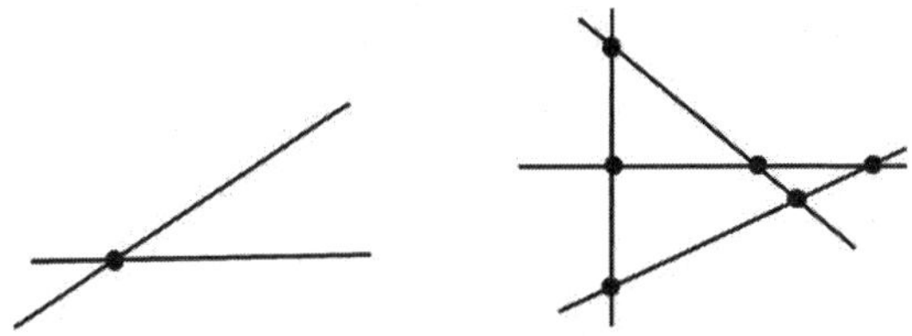

17. 마지막 패턴을 완성하시오.

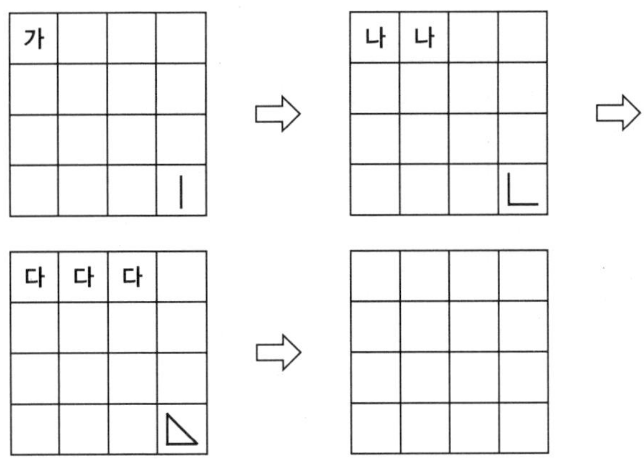

18. 다음과 같은 도미노를 이용하여 한 변에 있는 점의 개수가 11개인 정사각형을 만드시오.

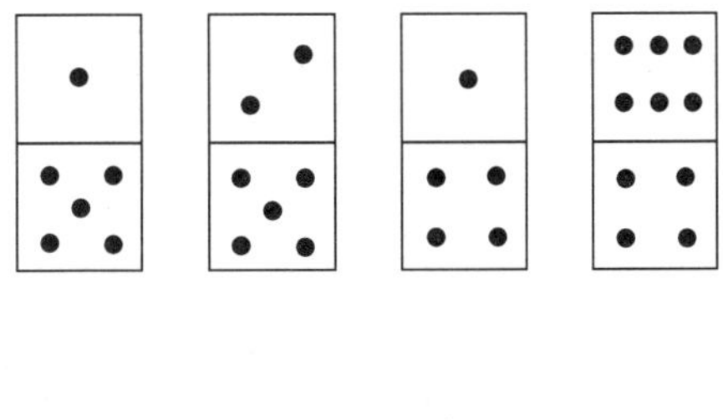

19. 같은 원 안에 있는 수들의 합이 21이 되도록 1부터 14까지의 수를 넣으시오.

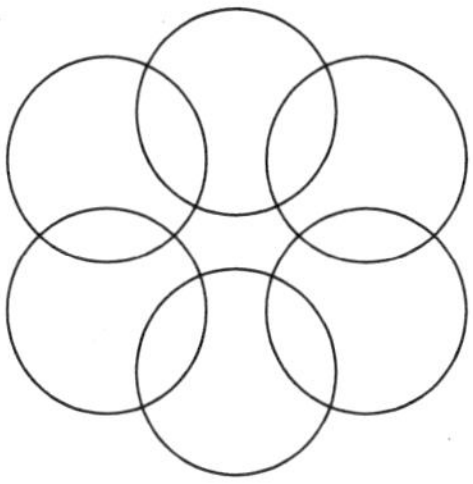

20. 다음 그림에서 화살표를 따라 1부터 9까지의 수를 차례로 넣으시오.

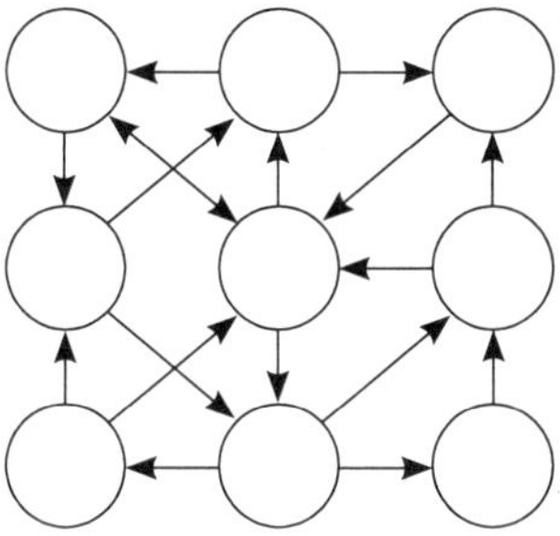

21. 보석상 주인은 그림과 같이 고리 7개가 연결된 금 목걸이를 가지고 있다. 종업원 월급으로 매월 고리 1개씩 주려고 한다. 고리를 자를 때 금이 조금씩 손실되므로 가능하면 자르는 횟수를 작게 하려고 한다. 몇 번만 자르면 매월 1개씩 줄 수 있겠는가?

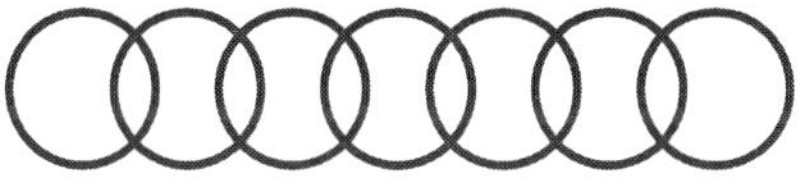

예상과 확인하기 전략을 사용해 보세요.

22. 어느 교재를 펼쳐서 페이지의 두 수를 곱했더니 5852였다. 페이지의 두 수를 구하시오.

23. 다음 글자에 해당되는 수를 쓰시오.

1)

	문전박대
X	4
	대박전문

2)

	아시아
+	
	산천천산

24. 다음 지시대로 계산하고 물음에 답하시오.

> 임의의 수를 선택하라 → 3을 곱해라 → 6을 더해라 → 3으로 나누어라 → 처음 선택한 수를 빼라

1) 결과를 다른 사람과 비교해 보시오.

2) 일반화하기 위하여 어떤 추론이 요구되는가?

수학마술에 대하여 『마술에 빠진 수학』(신준식 지음, 도서출판 하우)을 참고 바랍니다.

3) 답이 항상 17이 되도록 수학 마술을 만들어 보시오.

25. 흰 바둑돌과 검은 바둑돌의 위치를 바꾸려고 한다. 빈칸이 있으면 바로 옆으로 바로 갈 수 있거나 한 개를 뛰어넘어 빈칸으로 갈 수 있다. 흰 바둑돌과 검은 바둑돌의 위치를 바꾸려면 최소 몇 번 움직여야 하는가?

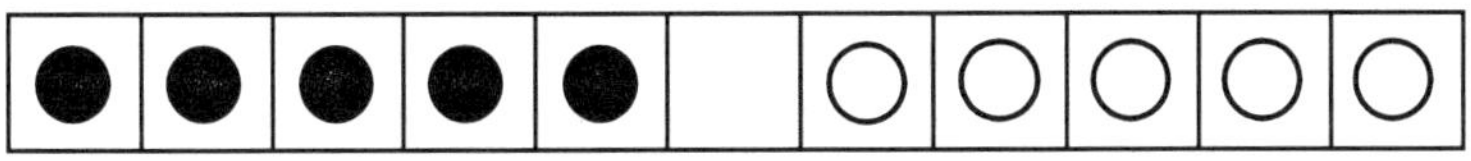

실제로 해보기 전략, 간단히 하여 풀기 전략을 사용해 보시오.

26. 1~10까지 수 카드가 있다. 수 카드를 다음과 같은 절차에 따라 책상 위에 놓았더니 수 카드가 1~10까지 순서대로 놓이게 되었다.

- ▶ 맨 위의 카드를 책상 위에 놓는다.
- ▶ 둘째 카드를 카드 더미의 맨 밑에 놓는다.
- ▶ 셋째 카드를 책상 위에 놓는다.
- ▶ 넷째 카드를 카드 더미의 맨 밑에 놓는다.
- ▶ 위와 같은 방법으로 모든 카드가 책상 위에 놓일 때까지 반복한다.

1) 카드를 어떤 순서로 쌓아 놓아야 되겠습니까?

2) 카드가 1~20까지 있다면 카드를 어떻게 놓아야 하는지 알아보시오.

제3장

수업모형

1. 수업모형

수업모형이란 수업의 절차를 중요한 특징을 중심으로 간추려 체계화한 것이며, 수업의 진행 단계에 따라 요약된 교수–학습 활동을 제시해 놓은 설계도라고 할 수 있다.

효과적인 수업이 되기 위해서는 수업 내용과 목표, 학생의 특성, 교육적 환경 등을 고려하여 수업모형을 선택해야 한다. 수업모형은 일정한 틀이나 절차가 일반화 되지 않았으며 수업자가 적절하게 변형하여 사용할 수 있다.

죽은 수학을 가르쳐야 하는가?

수학 수업에서 주로 활용되는 수업모형은 개념 형성 수업모형, 발견학습 수업모형, 문제 해결 수업모형이다.

1) 개념학습 수업모형

개념이란 각각의 구체적인 사물, 사건, 현상으로부터 공통적인 속성을 추출한 후, 공통 속성을 종합한 하나의 관념이다.

개념학습 모형과 관련된 용어를 살펴보면 다음과 같다.

① 범주화: 사건이나 사물을 공통적인 속성에 따라 분류해서 체계화하는 것

② 속성(屬性, attribute): 사물이나 사건을 변별할 수 있는 기준 또는 특성

③ 성질(性質, property): 속성에 따라 분류된 것들의 공통적인 특성

④ 결정적 속성과 비결정적 속성: 결정적 속성은 사물을 분류하는 매우 중요한 특성이고, 비결정적 속성은 그렇지 않은 특성을 말한다. 삼각형의 결정적 속성은 3개의 선분으로 둘러싸여 있다는 것이고, 비결정적 속성은 각의 크기, 변의 길이, 모양 등이다.

⑤ 긍정적인 예와 부정적인 예: 개념에 속하는 표준적이고 일반적인 예를 긍정적인 예(positive example)라고 하고, 특수한 예를 부정적인 예(negative example)라고 한다. 종이상자는 직육면체의 긍정적인 예이지만 색종이는 직육면체의 부정적인 예이다.

⑥ 오개념(misconception): 개념의 속성을 잘못 이해하여 형성된 개념

예 두 쌍의 마주보는 변이 평행인 사각형을 사다리꼴이라고 하는 것은 평행사변형에 대한 오개념이 형성된 것이다.

⑦ 상투개념(stereotype): 비결정적인 속성을 결정적 속성으로 잘못 이해하여 형성된 개념

예 직사각형을 평행사변형이 아니라고 하는 것은 평행사변형에 대한 상투개념이 형성된 것이다.

⑧ 상위개념, 하위개념, 동위개념: 개념의 포괄 정도에 따라 개념을 분류한다. 삼각형과 사각형은 동위개념이고, 다각형은 삼각형, 사각형, 오각형 등의 상위개념이다. 이등변삼각형은 삼각형의 하위개념이다.

수학=잠자는 시간?

개념 형성 수업모형에는 속성모형과 원형모형 등이 있다. 속성모형은 결정적인 속성을 중심으로, 원형모형은 개념의 원형을 중심으로 수업을 전개한다. 주요 절차는 다음과 같다.

- 속성모형

관찰 ⇨ 분류 ⇨ (속성 확인) ⇨ 이름 짓기 ⇨ 일반화 및 적용

- 원형모형

원형 제시 ⇨ 예와 비예 제시 ⇨ 정의하기 ⇨ 일반화 및 적용

수학 3-1(2014) 2단원 평면도형 중에서 선분(30~31쪽)에 대한 수업을 속성모형과 원형모형으로 전개하면 대략적인 흐름은 다음과 같다.

(1) 속성모형

① 관찰

(Dienes의 수학적 다양성의 원리에 의하여) 여러 가지 선을 제시하여 관찰하게 한다.

Dienes의 수학적 다양성의 원리
개념의 결정적인 속성을 제외한 나머지 속성을 다양하게 제시해야 한다.

② 분류

여러 가지 선을 자신이 세운 기준에 따라 2가지로 분류하게 한다. 어떻게 분류하였는지 전체 토의를 통하여 공유한다. 곧은 선과 그렇지 않은 선으로 분류한 것을 채택한다.

스스로 분류 기준을 설정하고, 더욱이 남다른 분류 기준을 생각하는 것이 곧 창의성의 첫걸음입니다.

③ 이름 짓기

분류된 것들의 공통점을 다시 한번 확인하고, 그것들을 '선분'이라고 하여 이름을 부여하고, 이후부터는 선분이라는 용어를 교사와 학생이 적극 사용하도록 한다.

④ 일반화 및 적용

선분인 것과 아닌 것을 구별하기, 선분 그리기 등의 활동을 통하여 선분의 개념을 확고하게 한다.

(2) 원형모형

① 원형제시

선분의 가장 대표적인 예를 제시하며, 선분이라고 한다.

상투개념이나 오개념 형성을 예방하기 위하여 다양한 예를 제시해야 합니다.

이것은 선분입니다.

② 예와 비예 제시

예인 것과 예가 아닌 것을 하나씩 다양하게 제시하여 학생들이 선분에 대한 개념이 점차 분명해지도록 한다.

이것은 선분입니다. 이것은 선분이 아닙니다. 

이것은 선분이 아닙니다.  이것은 선분입니다. 

③ 정의하기

예와 비예를 통하여 선분이란 무엇인지를 발표하게 한다. 학생이 발표한 불분명하고 부정확한 정의를 전체 학생들과 함께 토의하면서 선분에 대한 정의를 분명하고 간결하게 완성한다.

3-4학년군 도형의 교수학습 방법의 유의사항을 참고 바랍니다.

④ 일반화 및 적용

선분 그리기, 선분 찾기 등을 통하여 선분의 개념을 확고하게 한다.

2) 발견학습 수업모형

발견학습 수업모형은 수학자들이 수학적 지식을 구성하는 과정을 학생들에게 경험시키는 과정이다. 즉, 발견학습 수업모형은 학생 스스로 수학적인 원리, 법칙을 발견하게 하는 수업모형이다. 수학적인 원리를 발견하는 방법에는 연역적 발견과 귀납적 발견 2가지가 있다.

교사용 지도서를 참고하세요.

(1) 연역적 발견학습

연역적 발견학습을 원리탐구 학습이라고도 한다. 수업의 대략적인 흐름은 다음과 같다.

문제 상황 ⇨ 수학적 원리의 필요성 인식 ⇨ 수학적 원리가 내재된 조작 활동 ⇨ 수학적 원리의 형식화 ⇨ 일반화 및 적용

수학 6-1(2019) 1단원에 제시된 (분수)/(분수)의 내용을 연역적 발견학습의 흐름에 맞춰 보면 다음과 같다.

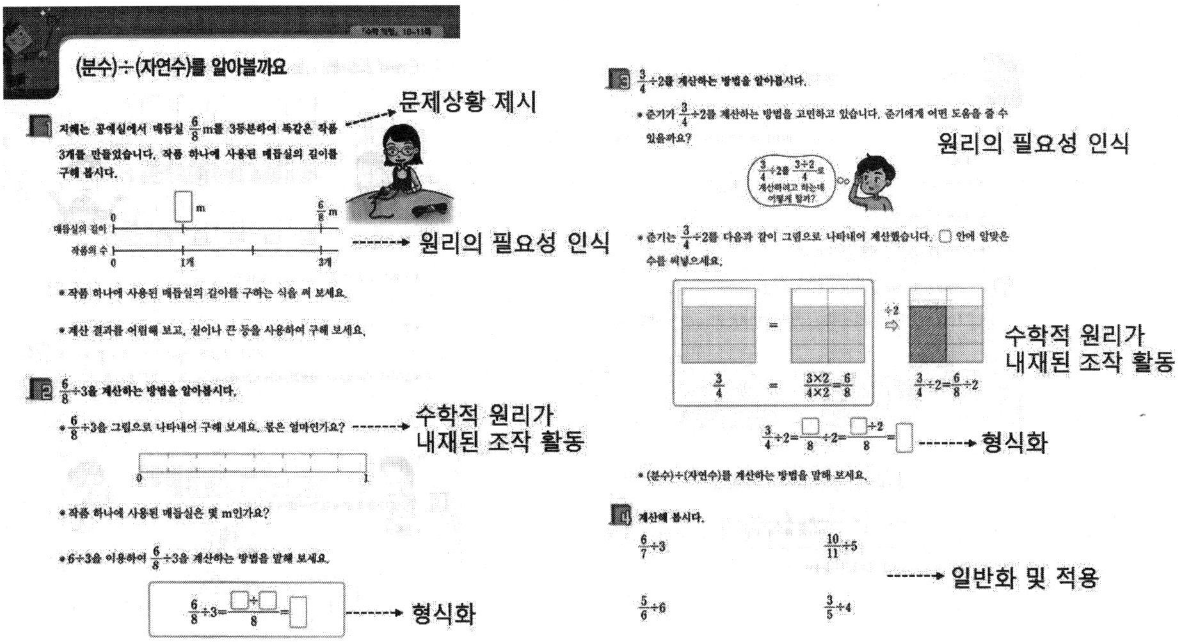

수학 5-2 (2015년)

(2) 귀납적 발견학습

귀납적 발견학습은 많은 사례로부터 공통점이나 규칙을 찾아 가설을 세우고 가설을 검증하는 절차를 따른다. 대략적인 흐름은 다음과 같다.

사례 1(문제상황)과 조작활동을 통한 해결 ⇨ 사례 2와 조작활동을 통한 해결 ⇨ 사례 3과 조작활동을 통한 해결 ⇨ 가설 설정 ⇨ 가설 검증 ⇨ 일반화 및 적용

위에 제시된 (진분수)÷(자연수)의 내용을 귀납적 발견학습으로 전개할 때 대략적인 흐름은 다음과 같다.

① 사례 1과 조작활동을 통한 해결

사과 $\frac{1}{4}$을 두 사람이 똑같이 나누어 먹으면 한 사람의 몫은 얼마인가?

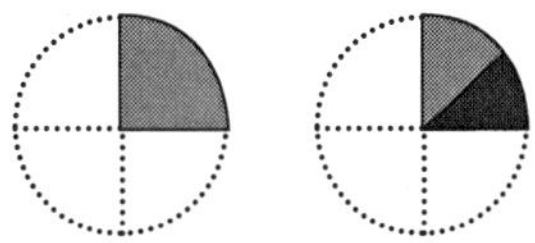

$\frac{1}{4}\div2=\frac{1}{8}$

② 사례 2와 조작활동을 통한 해결

색종이 $\frac{3}{5}$을 똑같이 4로 나누면 하나의 크기는 얼마인가?

조작 활동을 통하여 $\frac{3}{5}\div4=\frac{3}{20}$

③ 사례 3과 조작활동을 통한 해결

물 $\frac{5}{7}$L를 그릇 3개에 똑같이 나누어 담으면 한 그릇에 있는 물의 양은 얼마인가?

조작 활동을 통하여 $\frac{5}{7}\div3=\frac{5}{21}$

④ 가설 설정

사례를 통하여 (진분수)÷(자연수)의 계산은 '분모에 자연수를 곱하면 된다', 또는 '÷(자연수)는 $\times\frac{1}{(\text{자연수})}$'라는 가설을 세울 수 있다.

⑤ 가설 검증

위의 가설에 의하면 $\frac{2}{5}\div5=\frac{5}{25}$이어야 한다. 참인지 거짓인지 그림을 그려서 확인한다. 가설은 연역적으로 검증되어야 하지만 초등학교 수준에서는 귀납적으로 검증하여도 된다.

사례는 최소 3개 이상을 제시하고 학생의 반응을 살피면서 더 늘이거나 줄일 수 있습니다.

⑥ 일반화 및 적용

(진분수)÷(자연수)의 계산 원리를 적용할 수 있는 문제를 제시하여 해결하게 한다. 또는 다음과 같은 문제도 유용하다.

$$\frac{2}{\square} \div 6 = \frac{2}{12}, \quad \frac{3}{\square} \div \square = \frac{3}{12}$$

3) 문제 해결 수업모형

2장의 문제 해결을 참고하세요.

문제 해결 수업모형의 주요 흐름은 Polya의 문제 해결 4단계, 문제 이해 ⇨ 계획 수립 ⇨ 계획 실행 ⇨ 반성의 단계에 따른다.

문제 해결 수업모형에서 가장 중요한 것은 학생들에게 제시할 문제이다. 학생들이 해결할 의지를 북돋울 수 있고 해결 방법이 뚜렷하지 않은 문제를 제시해야 한다. 교과서에 제시된 문제는 정형적인 문제이므로 제외하고 교과서에 없는, 학생들에게 낯선 비정형적인 문제를 제시하는 것이 좋다.

그 다음으로 중요한 것은 반성 단계이다. 반성 단계에서 할 일은 해결 과정을 검토하고, 결과가 문제에서 요구하는 것과 부합되는지를 알아보는 것이지만 더 나아가 다른 사람과 해결 방법을 비교해 보거나 비슷한 문제를 만들어서 친구와 교환하여 해결해 보게 하는 것이다. 이 과정을 통하여 창의성을 기를 수 있다.

2. 좋은 수업을 위한 안내

1) 수업 계획 작성

① 수업 계획은 주도면밀하고 철저하게 작성하지만 실제에 있어서는 상황에 따라 적절하고 유연하게 실행한다. 수업 과정에서 예상하지 못한 학생의 반응이 더 나은 방법이거나 탐구 과정에 몰입시킬 수 있는 주제라면 수업 계획을 수정할 수도 있다.

② 조급한 마음을 버려야 한다. 학생들의 수학적 사고와 이해, 활동 등은 교사가 기대한 만큼 이루어지지 않는다. 교사가 열 번 설명해야 한 번 정도 기억에 남는다고 생각하고, 인내와 여유를 가지고 기다리는 마음이 필요하다.

③ 학생의 사고 촉진과 흥미 유지가 수업의 핵심이다. 학생들이 끊임없이 생각할 수 있도록 질문이나 과제를 제시한다. 이런 질문이나 과제는 미리 준비하고 계획해야 한다.

④ 수업 활동에서 교사의 할 일은 학습 상황 제시, 학생 활동 관찰, 적절한 안내이고, 학생의 할 일은 수학을 하고(Do Mathematics), 교사-학생, 학생-학생의 활발한 의사소통 등이다.

수학을 한다(Do Mathematics)
문제를 풀고, 탐구하고, 추론하고, 수학적 아이디어를 발표하고, 증명하고 반박하는 활동 등을 의미합니다. '음악을 한다'의 의미와 비교해 보세요.

⑤ 상호작용을 촉진시키는 질문을 한다. 교사와 학생의 상호작용은 교수-학습 과정의 맥박소리이다.

⑥ 수업의 목표와 활동 내용에 따라 학생을 동질집단이나 이질집단으로 유연하게 구성한다.

Co-Learning 참조

⑦ 교과서에 지나치게 의존하지 않는다. 교과서대로 수업하는 것은 학생의 흥미를 떨어뜨리는 것은 물론이고, 오히려 교과서가 탐구력과 창의력 발달에 장애가 될 수도 있다.

2) 교사의 질문

교사의 질문에 따라 학생의 사고력과 창의력이 촉진되므로 좋은 질문은 교사의 전문적인 능력이라고 할 수 있다. 수업에서 사용할 질문을 수업 전에 미리 계획하는 것이 바람직하며, 수업에서 사용하였던 좋은 질문을 기록, 수집하여 다음 기회에 활용할 것을 권장한다.

교사는 다음 몇 가지에 주의를 기울이면서 질문하는 것이 좋다.

① 기억의 재생보다는 이해, 사고를 요구하는 질문을 한다.

② 예/아니오로 대답하는 질문은 하지 않는다. 모르고 맞출 수 있는 확률이 50%이다.

학생 중심의 질문은 참, 거짓의 판단을 절대 권위자가 아닌 구성원들에게 돌려줌으로써 수평적 사회, 민주시민 의식을 길러줄 수 있습니다.

③ 학생 중심의 질문을 한다. "○○야, 13+12는 얼마인지 친구들에게 말해 보아라". 교사가 아닌 친구들(사회)이 참, 거짓을 판단할 것이다.

④ 수준을 암시하는 질문을 하지 않는다. "○○야, 어려운 문제인데 13+12는 얼마인가?" 또는 "쉬운 질문인데 13+12는 얼마인가?"

⑤ 교사는 질문하고 학생들이 답을 준비할 시간을 충분히 주고 기다려야 한다. 교사가 묻고 바로 학생의 반응이 없으면 교사가 바로 대답하는 행동을 하지 않는다.

⑥ 학생들이 마음 놓고 질문하도록 진심으로 권장한다. 교사를 당황하게 만들 수 있는 질문도 수용하는 자세를 보여준다.

⑦ 학생의 반응에 교사는 포커페이스(poker face)를 유지하도록 한다. 교사의 표정을 보고 맞았다거나 틀렸음을 학생이 판단하지 않도록 한다.

Co-Learning 3

1. 학생을 동질집단, 이질집단으로 구성하였을 때 장단점에 대하여 논의하시오.

1) 동질집단의 장점

2) 동질집단의 단점

3) 이질집단의 장점

4) 이질집단의 단점

2. 교과서대로 수업하였을 때 탐구력이나 창의력 발달이 저해될 것으로 생각되는 예를 교과서에서 찾아보시오.

3. 교사의 질문에 학생이 반응하였을 때 교사는 포커페이스를 유지해야 하는 이유에 대하여 논의하시오.

4. 다음은 수학 3-1(2018) 2단원 직각삼각형을 알아볼까요(38~39쪽)이다. 이 주제를 속성모형과 원형모형으로 수업을 전개하였을 때 각각의 대략적인 흐름을 말해보시오.

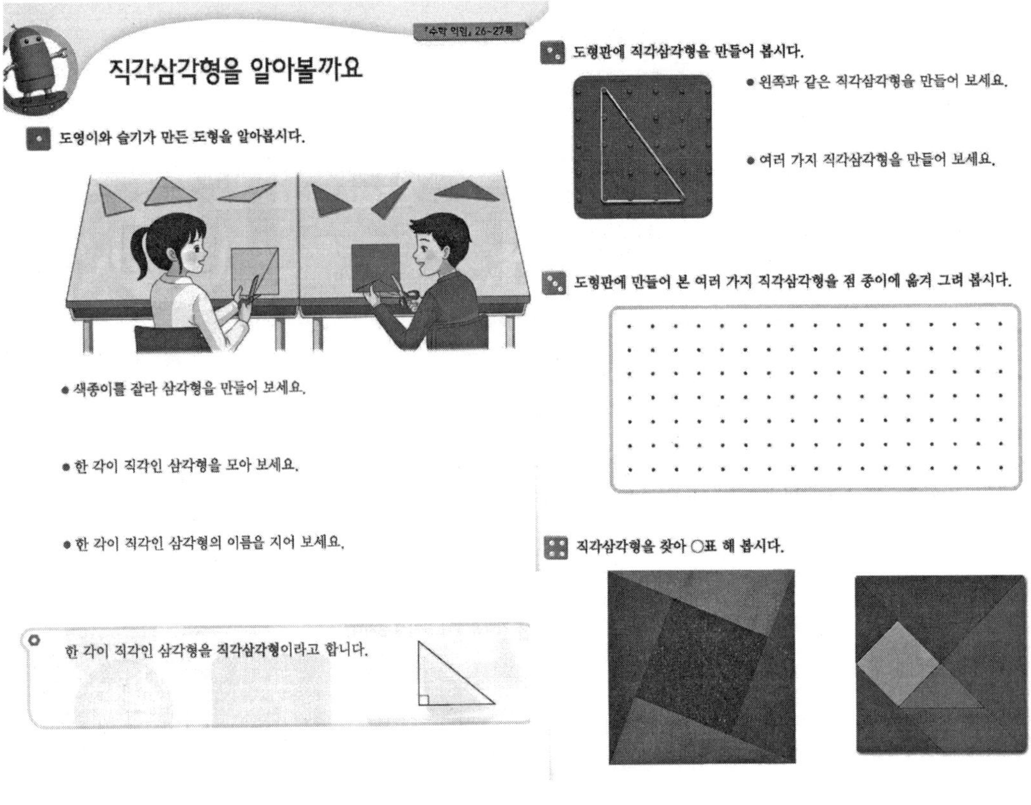

수학 3-1 (2013년)

1) 속성모형

주요 절차는 관찰→ 분류→ (속성 확인)→ 이름 짓기→ 일반화 및 적용입니다.

2) 원형모형

주요 절차는 원형 제시→ 예와 비예 제시 → 정의하기→ 일반화 및 적용입니다.

5. 수업의 전개에서 속성모형과 원형모형의 차이점은 무엇인가?

6. 일상생활에서 자연스럽게 형성되는 개념은 어느 모형인가?

7. 수학 5-1(2019) 사다리꼴 넓이를 구하는 학습 주제(132~133쪽)를 발견 학습 모형에 따라 수업을 전개하려고 한다. 수업의 대체적인 흐름을 작성하시오.

1) 연역적 발견학습

2) 귀납적 발견학습

8. 위의 사다리꼴 넓이 구하는 학습주제를 문제 해결 수업모형으로 전개하려고 한다. 수업의 대체적인 흐름을 작성하시오.

9. 수학 5-2(2019) 도형의 합동 학습 주제(54~55쪽)를 개념 형성의 원형모형으로 수업을 전개하려고 한다. 대략적인 수업의 흐름을 제시하시오.

10. 수학 6-2(2019) 원의 넓이를 구하는 학습 주제(100~101쪽)를 연역적 발견학습으로 수업을 전개하려고 한다. 수업의 대체적인 흐름을 작성하시오.

11. 수학 5-2(2019) 선대칭 도형의 학습주제(58~59쪽)를 개념 형성의 속성모형으로 수업을 전개하려고 한다. 대략적인 수업의 흐름을 작성하시오.

12. 수학 6-1(2019) 직육면체의 부피를 구하는 학습 주제(122쪽)를 귀납적 발견학습으로 수업을 전개하려고 한다. 대략적인 수업의 흐름을 작성하시오.

13. 수학 5-1(2019) 마름모의 넓이를 구하는 학습 주제(130~131쪽)를 문제 해결 수업모형으로 수업을 전개하려고 한다. 대략적인 수업의 흐름을 작성하시오.

문제 해결 수업모형을 적용하여 수업을 전개하려면 개념 형성이나 수학적 원리 발견을 뛰어넘는 지식과 능력이 요구되는 문제 상황을 제시해야 합니다.

제4장

0과 자연수

Ⅰ. 이론적 배경

수는 양을 나타내는 추상적인 개념인데 인류 생활과 함께 발달되었으며, 오늘날과 같이 학문이 눈부시게 발달하게 된 가장 기초적이며 출발점인 개념이다.

수는 복잡하고 다양한 면을 가지고 있는 개념이므로 이를 폭넓게 이해하게 하려면 단순히 수를 세고 쓰는 것은 물론이고 측정, 도형 등 수학의 모든 영역에서 수와 관련된 활동을 풍부하게 경험할 수 있어야 한다.

자연수는 분수, 소수, 정수, 무리수 등을 나타낼 때 기초가 되며 건물의 위치, 전화번호, 주민등록번호 등 다양한 방면에서 폭넓게 응용되고 있는 수이다.

0과 자연수를 지도할 때에는 학생들의 수 감각을 발달시키는 데 역점을 두어야 한다.

수(number)를 나타내는 기호를 숫자(numeral)라고 합니다.

1. 자연수의 쓰임

1) **집합수**(cardinal number): 어떤 집합의 원소의 수(how many~). 5개, 5권, 5명 등

2) **순서수**(ordinal number): 어떤 기준으로 사물을 나열하였을 때 사물의 위치를 나타내는 수. 5등, 5위, 5층 등

3) **이름수**(nominal number): 사물의 이름 대신에 부여된 수이며, 사물을 분류할 때 많이 사용됨. 주민번호, 출석번호 등

4) **측정수**(measurement number): 연속량을 측정한 결과(how much~)를 나타낸 수. 5cm, 5kg, 5시간, 5분 등

2. 기수법(記數法)

수를 기록하는 방법으로 가법적, 승법적, 위치적 기수법이 있다.

문명과 수학: 수의 시작(EBS)

1) 가법적 기수법

수를 나타내는 기호 옆에 첨가하여 다른 수를 나타내는 기수법으로 고대 이집트의 숫자, 로마 숫자, 그리스 숫자 등이 있다.

① 이집트의 숫자

이집트 숫자	사물 이름	힌두-아라비아 숫자
	막대기	1
	발뒤꿈치	10
	두루마리	100
	연꽃	1,000
	검지	10,000
	올챙이	100,000
	깜짝 놀란 사람	1,000,000

어제 양의 수

오늘 양의 수

묶으면 비교하기 쉽다

124,005: 

2,300,260: 

② 로마의 숫자

로마 숫자	힌두-아라비아 숫자	로마 숫자	힌두-아라비아 숫자
I	1	V	5
X	10	L	50
C	100	D	500
M	1,000		

4: Ⅳ　40: XL　400: CD　9: IX　80: LXXX　90: XC

3498: MMMCDXCVIII　8364: $\overline{\text{V}}$MMMCCCLXIV

③ 그리스 숫자

그리스 숫자

1	α alpha	10	ι iota	100	ρ rho	1000	α′
2	β beta	20	κ kappa	200	σ sigma	2000	β′
3	γ gamma	30	λ lambda	300	τ tau	3000	γ′
4	δ delta	40	μ mu	400	υ upsilon	4000	δ′
5	ϵ epsilon	50	ν nu	500	ϕ phi	5000	ϵ′
6	ρ digamma	60	ξ xi	600	χ chi	6000	ρ′
7	ζ zeta	70	ο omicron	700	ψ psi	7000	ζ′
8	η eta	80	π pi	800	ω omega	8000	η′
9	θ theta	90	ϟ koppa	900	ϡ sampi	9000	θ′

684: χπδ　1547: άφμζ　8888: ήωπη

2) 승법적 기수법

한자와 같이 기본적인 숫자 몇 개와 배를 나타내는 숫자를 조합하여 수를 나타내는 기수법이다.

기본적인 수: 一, 二, 三, 四, 五, 六, 七, 八, 九

배를 나타내는 수: 十, 百, 千, 萬, 億, 兆, 京, …

45678: 四萬 五千 六百 七十 八

3) 위치적 기수법

사물의 개수를 묶음과 낱개로 나타내며, 숫자의 위치에 따라 값이 달라지는 기수법으로 바빌로니아 숫자, 마야 숫자, 힌두-아라비아 숫자 등이 대표적이다.

① 바빌로니아 숫자

60진법을 사용하였으며, 1~59까지는 가법적 기수법이다. 23은 <<▼▼▼, 58은 <<<<<▼▼▼▼▼▼▼▼ 와 같이 나타내어 이집트의 숫자와 비슷하다. 72를 60진법으로 나타내면 60묶음이 1묶음이고, 낱개가 12개 이므로 ▼ <▼▼로 나타내었다.

바빌로니아 숫자	힌두-아라비아 숫자
▼	1
<	10

15: <▼▼▼▼▼ 32: <<<▼▼ 64: ▼ ▼▼▼▼ (60×1+4)

<▼ : 11 < ▼ : 601 <▼ <▼ : 671

3601은 어떻게 나타내었는지 알아보자. 3601은 60묶음이 60묶음이므로 60^2묶음이 1묶음이고 낱개가 1개이다. 따라서 ▼ ▼와 같이 나타낼 수 있는데 이것은 60묶음이 1개, 낱개 1개를 나타내기도 한다. 또, ▼은 낱개 1을 나타내기도 하고 60묶음 1을 나타내기도 한다. 이것은 자리의 위치를 결정해주는 0이 없었기 때문인데 훨씬 뒤에 0을 나타내는 ◢을 사용하였다. 이에 따라 3601은 ▼◢▼로 나타내게 되었다.

마야 문명의 수학과 천문학을 참고하세요.

② 마야 숫자

기본적으로 20진법을 사용하였으며, 5진법도 사용하였다.

마야 숫자	힌두-아라비아
•	1
—	5
	0

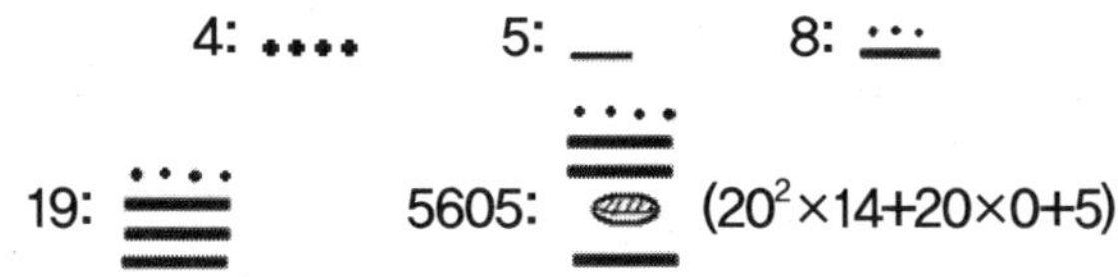

유카탄의 마야, 멕시코의 아즈텍, 그린란드, 뉴기니아 등 서로 다른 문화권에서 20진법이 발달되었습니다.

20진법의 흔적
프랑스의 수 세기에서 80을 quatre-vingt(4-20)이라고 하고, score는 20을 의미합니다. 링컨 연설문의 Four score seven year ago 등.

대부분의 기수법은 수평(왼쪽에서 오른쪽, 오른쪽에서 왼쪽)으로 나타내었는데 마야의 기수법은 수직(위에서 아래로)으로 나타낸 것이 특이하다.

③ 힌두-아라비아 숫자

10진법의 힌두-아라비아 숫자는 A.D. 600년쯤 힌두족이 처음 사용하였으며, 0은 A.D. 870년에 건축된 인도 사원의 바리올(Gvalior) 비문에 새겨진 것이 발견되었다. A.D. 800년 무렵에 중동과 지중해 지역으로 전파되었고, 1202년에 출판된 Liber Abaci(Book of Computation)에 이 기수법의 장점이 설명되어 있다. 이 무렵 유럽에서는 로마 기수법이 힌두-아라비아 기수법으로 대체되었는데 아라비아인들에 의하여 유럽에 전파되어 흔히 아라비아 숫자라고 한다.

수의 역사(힌두-아라비아 숫자)

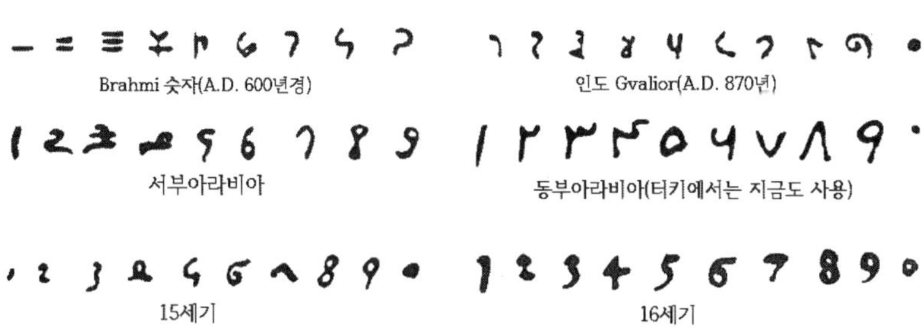

3. 명수법(命數法)

수를 읽는 방법을 명수법이라고 한다. 우리나라는 수를 우리말과 한자 2가지 방법으로 읽는다. 언어 습관에 의하여 형성된 명수법은 이산량(집합수)은 하나, 둘, 셋,… 등 우리말로, 연속량이나 이름수 등은 일, 이, 삼, … 등 한자로 읽는 것이지만 예외인 경우가 많다.

영어에서는 복수를 사용하여 집합수와 이름수를 구별하지만 우리나라에서는 수를 읽는 방법으로 구별한다. 즉, 2 universities는 대학이 2개라는 의미이고, 2 university는 대학 이름이 '2 대학'이라는 의미이다. 3학년을 '삼 학년'으로 읽으면 학년의 이름을 의미하지만 '세 학년'으로 읽으면 3개 학년이라는 의미이다.

■ 우리말 수사

하나, 둘, 셋, 넷, 다섯, 여섯, 일곱, 여덟, 아홉,
열, 스물, 서른, 마흔, 쉰, 예순, 일흔, 여든, 아흔
온(100), 즈믄(1,000), 골(10,000), 잘(100,000,000)

온, 즈믄, 골, 잘은 사어(死語)가 되어 사용되고 있지 않으며, **쉰, 예순, 일흔, 여든, 아흔** 등은 머지않아 사어가 될 처지에 있으며, **스물, 서른, 마흔**은 가끔 사용되고 있고, 하나부터 열까지는 자주 사용되고 있다.

72개를 칠십 두 개, 56살을 오십 여섯 살이라고 말하는 경우가 많다는 것이 그 증거입니다.

우리말 수사가 없어지지 않고 후세에게 전달되려면 우리가 자주 사용해야 한다. 특히, 언어생활과 습관 형성에 중요한 영향을 미치는 언론계 종사자, 초등학교 교사 등은 명수법에 유념해야 할 것이다.

4. 자연수의 성질

3~4학년군까지 자연수 크기, 연산 등에 대한 학습을 마치며, 5~6학년군에서는 자연수의 성질에 대하여 학습합니다.

초등학교에서 수의 성질(정수론, number theory)을 학습하는 이유는 다음과 같다.

① 단순한 것에서 복잡한 것까지 자연수의 패턴을 찾는 활동은 도전할 만한 주제이다.
② 학생들을 탐구과정에 몰입시킬 수 있다.
③ 의도적이고 재미있는 방법으로 계산 기능을 숙달시킬 수 있다.
④ 계산 능력과 관계없이 학습할 수 있다.

1) 짝수와 홀수

저학년에서는 직관적이고 비형식적으로 짝을 지을 수 있는 수를 짝수라고 정의하지만 고학년에서는 2로 나누어지는 수로 정의한다.

짝수와 홀수에서 나타나는 패턴은 다음과 같다.

연역적으로 증명해 보시오.

① 홀수+홀수=짝수, 짝수+홀수=홀수

$1+3=4$, $5+7=12$, $99+101=200$,

$6+1=7$, $9+10=19$, $100+99=199$

② 연속된 홀수의 합

$1+3=2\times2$ $1+3+5=3\times3$ $1+3+5+7=4\times4$ $1+3+5+7+9=5\times5$

독일의 수학자 골드바흐가 오일러에게 보낸 편지에서 2보다 큰 모든 짝수는 2개의 소수 합으로 나타낼 수 있고, 5보다 큰 모든 홀수는 3개의 소수 합으로 나타낼 수 있다고 하였습니다. 이 주장은 반례도 제시하지 못하면서 연역적으로 아직 증명되지 않았기 때문에 여전히 가설로 남아 있습니다.

③ Goldbach의 가설

2보다 큰 짝수는 소수의 합으로 나타낼 수 있다.

$4=2+2$ $6=3+3$ $8=3+5$ $10=3+7$ $12=5+7$

2) 약수와 배수

어떤 수 A가 자연수 B로 나누어떨어졌을 때 B를 A의 약수라고 하고, A를 B의 배수라고 한다. 초등학교에서는 0을 포함한 자연수 범위에서 약수와 배수를 정의한다.

$$A \div B = C \rightleftarrows A = B \times C$$

A는 B의 배수, B는 A의 약수

3) 공약수와 공배수

어떤 두 수 A, B의 공약수란 A의 약수도 되고, B의 약수도 되는 수를 말하며, 공배수란 A의 배수도 되고 B의 배수도 되는 수를 말한다. 공약수 중에서 가장 큰 수를 최대공약수, 공배수 중에서 가장 작은 수를 최소공배수라고 한다.

(1) 공약수, 최대공약수 구하는 방법

① 집합 이용

12의 약수= { 1, 2, 3, 4, 6, 12 }

16의 약수= { 1, 2, 4, 8, 16 }

12와 16의 공약수={1, 2, 4,}, 최대공약수 4

② 곱셈으로 분해 (소인수분해)

12=2 x 2 x 3

16=2 x 2 x 2 x 2

12와 16의 최대공약수 2 x 2=4

③ 나눗셈 방법

```
2 ) 12  16
2 )  6   8
     3   4
```

12와 16의 최대공약수 2 x 2=4

(2) 공배수, 최소공배수

① 집합 이용

8의 배수={ 8, 16, 24, 32, 40, 48, 56, 64, 72, ... }
12의 배수={ 12, 24, 36, 48, 60, 72, ... }
8과 12의 공배수={24, 48, 72, ... } 최소공배수 24

② 곱셈으로 분해(소인수분해)

8=2 x 2 x 2
12=2 x 2 x 3
8과 12의 최소공배수=2 x 2 x 2 x 3=24

③ 나눗셈 방법

```
2 ) 8  12
2 ) 4   6
     2   3
```

12와 16의 최소공배수 2 x 2 x 2 x 3=24

4) 배수 판정법

신비한 9의 세계

어떤 수가 다른 수의 배수가 되는지를 판단하는 것은 수학 학습뿐만 아니라 일상생활에서도 중요하다. 계산 결과를 확인하거나 약분, 비를 간단히 할 때, 소수인지 아닌지를 판단할 때, 분수 계산 등에서 편리하게 이용할 수 있고, 물건을 남기지 않고 묶으려면 몇 개씩 묶어야 하는지, 학생들을 짝지을 때 몇 명씩 짝지어야 남는 사람이 없는지 등 일상생활에서도 배수판정이 유용하다.

3,492,668이 4의 배수인지 아닌지를 판단하기 위하여 계산기를 사용하려고 하겠지만 배수판정법을 이용하는 것이 계산기보다 훨씬 효과적이다.

- 2의 배수: 일의 자리 수가 짝수이다.

- 3의 배수: 각 자리 수의 합이 3의 배수이다.
- 4의 배수: 마지막 두 자리 수(십, 일의 자리)가 4의 배수이다.
- 5의 배수: 일의 자리 수가 0 또는 5이다.
- 6의 배수: 2의 배수이고, 3의 배수이다.
- 8의 배수: 마지막 세 자리가 000이거나 8의 배수이다.
- 9의 배수: 각 자리 수의 합이 9의 배수이다.
- 7의 배수: 일의 자리 수를 2배하여 일의 자리를 제외한 나머지 수에서 뺀 결과가 7의 배수이다. 이 과정을 반복하면 큰 수도 쉽게 판정할 수 있다.

  예 1) 437인 경우. 일의 자리 수 7을 2배 → 14, 43−14=29, 29는 7의 배수가 아니므로 437도 7의 배수가 아니다.

  예 2) 4,112,206인 경우,

  411220−12=411208

  41120−16=41104

  4110−8=4102

  410−4=406

  40−12=28

  28이 7의 배수이므로 원래의 수도 7의 배수이다.

9의 배수에 대한 성질은 수학 마술에서 널리 활용됩니다.

다른 방법으로 7의 배수를 판정하는 방법도 있습니다.

5) 소수와 합성수

덧셈적인 관점에서 수를 분해하면 가르기와 모으기이다. 곱셈적인 관점에서 수를 분해하면 약수와 배수이다. 약수의 개수에 따라 자연수를 분류해 보자.

- 약수가 하나뿐인 자연수: 1
- 약수가 2개뿐인 자연수: 2, 3, 5, 7, ...
- 약수가 3개 이상인 자연수: 4, 6, 8, 9, 10, ...

약수가 1과 자신뿐인 자연수를 소수(素數, prime number), 약수가 3개 이상인 자연수를 합성수(合成數, composite number)라고 한다.

북한에서는 소수를 씨수라고 합니다.

인터넷으로 가장 큰 소수를 찾아 보세요.

고대 그리스 시대부터 수학자들은 소수의 곱으로 모든 자연수를 만들어 낼 수 있으므로 소수를 매우 순수한 수(prime number)로 여겨 소수에 대하여 끊임없이 연구하여 큰 발전을 이루었다. 초기에는 에라토스테네스의 체(sieve of Erathosthenes)라는 방법으로 소수 찾기부터 시작하여 가장 큰 소수 찾기, 소수 판정법, 소수의 분포 등 소수에 대한 연구로 발전되었으며, 현대 정보화 사회에서는 소수가 매우 중요한 역할을 하고 있다.

6) 소수의 활용

소수와 관련하여 페르마 정리, 메르센 소수 등에 대해 알아보세요.

현대 정보화 사회에서 소수가 활용되는 이유는 일의성(一意性)에 있다. 즉, 12를 두 수의 곱으로 분해하면 1×12, 2×6, 3×4 등 여러 가지로 나타낼 수 있지만 두 소수의 곱인 21과 같은 합성수는 자신의 수의 곱 1×21을 제외하고 3×7과 같이 오직 한 가지로만 표현된다. 이와 같은 원리가 암호학의 기초가 되어 인터넷, 전자상거래, 신분 인증 등에 폭넓게 사용되고 있다.

21이 소수이고, 3×7로 나타낼 수 있다는 것은 바로 알 수 있지만 아주 큰 두 소수를 곱하여 합성수를 만들었을 때 그 수가 소수인지 아닌지, 합성수라면 어떤 수의 곱으로 나타낼 수 있는지를 알아내는 것은 결코 쉬운 일은 아니다. 컴퓨터로 계산하여도 많은 시간이 걸리므로 소수를 이용한 암호는 해독되기까지 많은 시간이 소요되어 정보 유출의 확률이 낮아진다.

RSA의 공개키, 비밀키에 대하여 알아보세요.

예를 들면 은행에서 70자리인 소수 p와 q 2개를 선택한다. p와 q가 소수인지 아닌지를 먼저 확인해야 하므로 큰 소수를 만들고 판정하는 방법을 알고 있어야 할 것이다. p와 q의 곱을 r이라고 하면 r은 140자리인 합성수이다. p를 은행이 가지고 있고, q를 고객에게 준다. 고객이 비밀번호를 입력하면 은행에서는 r을 q로 나누어떨어지는지를 확인한다. 나누어떨어지면 본인임이 확인되는 것이다.

그렇다면 고객은 자신이 가지고 있는 70자리를 외우거나 입력하는 것이 문제이다. 잉여류 또는 합동수(mod)를 이용하면 간단한 수로 바꿀 수 있다. 이에 대한 설명은 생략하지만 합동수, 나머지정리 등 정수론 등을 참고하기 바란다.

Ⅱ. 교과 내용과 교수법

1. 1~2학년군

2수01-01 0과 100까지의 수 개념을 이해하고, 수를 세고 읽고 쓸 수 있다.

1) 0~9까지의 수 개념

대부분의 어린이들은 초등학교에 입학하기 전에 일상생활을 통하여 비형식적으로 1부터 10 또는 그 이상까지 수를 셀 수 있지만 수 개념이 형성되었다고 볼 수 없다. 따라서 수학 수업에서는 이를 바탕으로 수 개념을 형성하고, 수를 세고 읽고 쓰는 데 역점을 두어 지도한다.

① 구체물, 언어, 기호를 연결짓기

- 1단계 : 구체물을 언어로 세고 언어를 구체물로 나타내기

  예 (대상을 보여주면서) 몇 개인가? (대상을 지목하여) 3개를 가져와라.

- 2단계 : 언어, 구체물을 숫자와 연결짓기(기호 인식단계)

  예 (구체물을 제시하고) 몇 개인지 숫자 카드를 들어보세요.

예 (0~9까지 숫자카드를 섞어놓고) 구를 들어보세요. (숫자카드 하나를 보여주면서) 읽어보세요.

좌우, 상하로 뒤바뀐 모양을 바르게 인식하는 능력도 매우 중요하므로 이런 활동을 많이 경험하게 합니다.

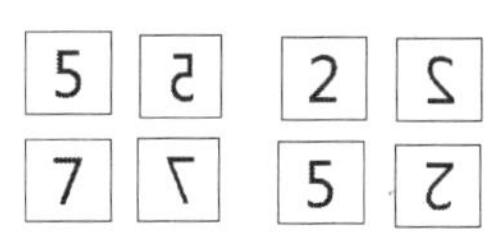

- 3단계: 언어, 구체물을 숫자로 나타내기

예 (구체물을 보여주면서) 몇 개인지 수를 쓰세요. 삼을 써 보세요.

상황에 따라 삼으로 읽는 경우와 셋으로 읽는 경우가 있음을 인식하게 합니다.

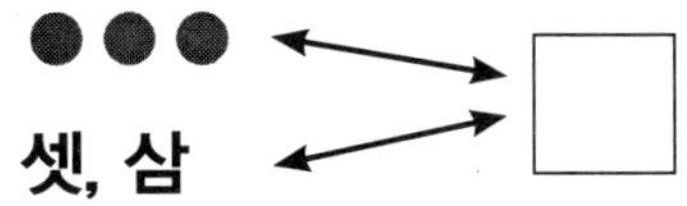

② 수 세기 숙달시키기

1~9까지 수를 학습한 후, 숙달시키기 위하여 수를 거꾸로 세기, 뛰어세기 등을 한다. 10 이상의 수를 학습한 후에도 거꾸로 세거나 2씩 뛰어세기, 5씩 뛰어세기 등의 활동을 계속하는 것은 수 계열, 수의 크기 비교를 학습하는 데 도움이 되며, 3씩, 4씩, 6씩, ... 등으로 뛰어세는 활동은 곱셈구구의 선행경험으로서 곱셈을 학습하는 데 효과가 있다.

게임을 통하여 뛰어세기 활동을 하는 것은 학생들의 흥미와 참여를 높일 수 있습니다.

③ 크기 비교하기

수 세기를 통하여 많다, 적다를 비교하고, 이를 수의 크기 비교로 연결 짓는다. 일상 언어인 많다, 적다가 수학용어인 크다, 작다로 전환되는 상황이다.

의도적으로 숫자의 크기를 달리하여 수의 크기를 비교하게 하면 수의 크기를 더욱 분명하게 인지할 수 있을 것입니다.

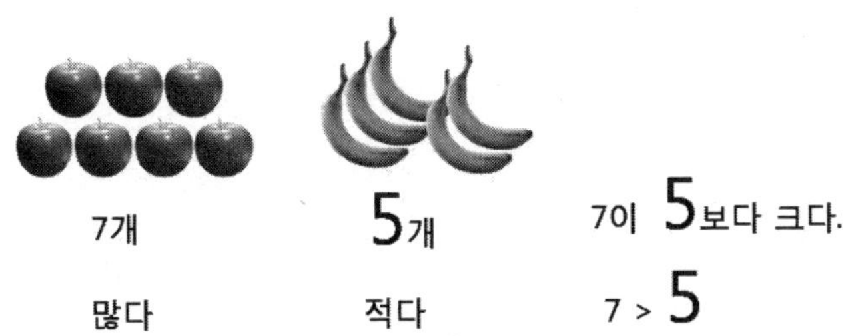

④ 자연수의 쓰임 알기

자연수가 개수, 순서, 이름 등을 나타내는 경우가 있음을 알고, 실생활에서 수가 쓰이는 사례를 통하여 수의 필요성을 인식하게 한다.

이론적 배경(자연수의 쓰임)과 Co-Learning 참고

2) 10 이상의 수 개념

10 이상의 수를 지도할 때에는 외우기가 아니라 묶어세기와 패턴을 통하여 지도한다.

① 묶음과 낱개

구체물(산가지 등)을 모아놓고 10개씩 묶어서 묶음과 낱개로 나타내는 활동을 통하여 10 이상의 수를 지도한다.

두 자리 수의 지도는 십진기수법, 위치적 기수법의 시작이고, 이를 바탕으로 세 자리 수, 네 자리 수, 그 이상의 수를 학습하게 되므로 이 활동은 1~2번으로 그칠 것이 아니라 1~2시간 이상 충분하게 하도록 한다.

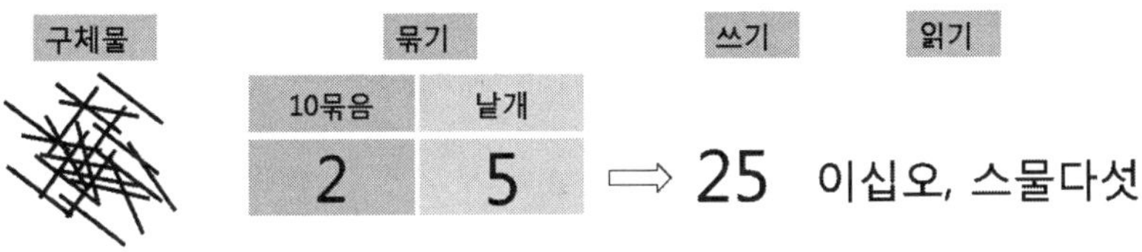

상황 속에서 25를 '이십오', 또는 '스물다섯'으로 읽는 경우가 있음을 깨닫도록 지도합니다.
예 25명, 25개, 25분, 25줄 등

묶음과 낱개로 나타내는 활동 없이 두 자리 수를 지도하게 되면 '이십오'를 '205'로 쓰는 경우가 많다.

두 자리 이상의 수를 나타낼 때에는 반드시 묶음과 낱개로 나타내어야 십진기수법을 이해할 수 있습니다.

② 수 세기 패턴과 익히기

수사를 하나하나 외우지 않아도 무한히 큰 수를 셀 수 있는 것은 수 세기의 패턴을 인식하고 있기 때문이다.

수 세기가 필요한 활동에서 2씩, 5씩, 10씩 묶어세기나 뛰어세기 활동을 충분하게 하여 수 세기 패턴, 수 계열, 십진기수법 등을 스스로 깨닫도록 지도한다.

또, 필요에 따라 3씩, 4씩, ... 뛰어세기를 통하여 곱셈구구에 대한 사전 경험을 하게 하는 것도 바람직하다.

홀수와 짝수는 자연수의 성질이기 때문에 5학년에서 학습하였으나 이미 일상생활에서 홀수 짝수 용어를 자주 사용하고 있고, 5학년에서 학습하기에는 수준이 적절하지 않아 1~2학년군으로 이동되었습니다.

③ 홀수와 짝수

2씩 세어 짝지어 보는 활동을 통하여 홀수와 짝수를 지도한다. 둘씩 짝지을 수 있는 수를 짝수, 그렇지 못한 수를 홀수라고 한다.

2수01-02 일, 십, 백, 천의 자릿값과 위치적 기수법을 이해하고, 네 자리 이하의 수를 읽고 쓸 수 있다.

1을 나타내는 수 모형이나 산가지를 100개~999개 정도 모아놓고 10씩 묶어 모두 몇 개인지 알아보는 활동을 통하여 위치적 기수법의 기초 개념을 형성하도록 지도한다.

을 10개 모아 십 모형 으로 교환하고, 십 모형 을 10개 모아 백 모형 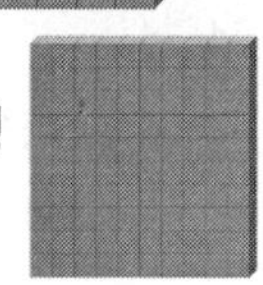으로 교환한다.

376을 삼백일흔여섯이라고도 읽는데 상황에 따라 수를 읽는 방법이 다르다는 것을 깨닫게 하고, 우리말로 수를 능숙하게 읽을 수 있도록 지도해야 합니다. 이론적 배경과 Co-Learning 참고

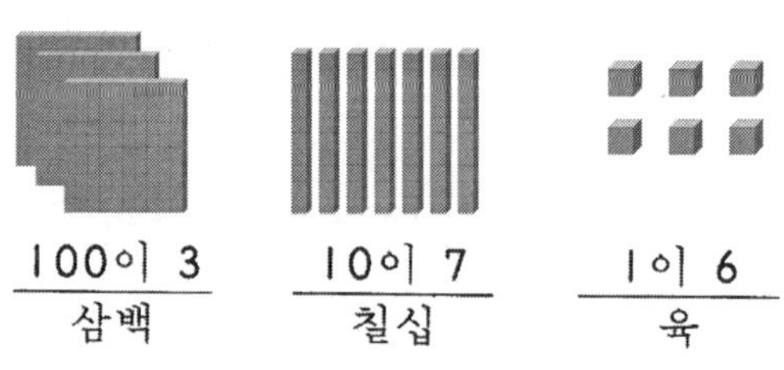

이면 376이라고 쓰고, 삼백칠십육이라고 읽는다.

376에서 3은 백의 자리 숫자이고 300을 나타내며, 7을 십의 자리 숫자이고 70을 나타내며, 6은 일의 자리 숫자이고 6을 나타낸다.

백의 자리	십의 자리	일의 자리
3	7	6
3	0	0
	7	0
		6

100이 4
10이 2] 이면 429
1이 9

685는 [100이 6
10이 8
1이 5

2수01-03 네 자리 이하의 수의 범위에서 수의 계열을 이해하고, 수의 크기를 비교할 수 있다.

1) 수 계열 이해

뛰어세기 활동을 통하여 수 계열을 지도하는 데 주의할 점은 뛰어세는 것이 중요한 것이 아니라 수 계열이 중요하므로 5씩, 200씩 뛰어세는 것은 하지 말고, 1씩, 10씩, 100씩 뛰어세는 활동을 한다.

➢ 100씩 뛰어세어 보시오.

100 − 200 − 300 − □ − □ − □ − □ − □ − □

➢ 10씩 뛰어세어 보시오.

550 − 560 − 570 − □ − □ − □ − □ − □ − □

➢ 1씩 뛰어세어 보시오.

887 − 888 − 889 − □ − □ − □ − □ − □ − □ − □ −

뛰어세기를 할 때 어떤 자리의 숫자가 어떻게 변하는지 살펴보게 하면 수 계열을 이해하는 데 도움이 됩니다.

2) 수의 크기 비교

수의 크기를 비교하는 원리를 학생 스스로 깨달을 수 있도록 지도하려면 귀납적 발견학습 모형으로 수업하는 것이 바람직하다.

발견학습에 의하여 원리를 발견하면 구체물 조작 활동을 하지 않고 문제를 해결할 수 있습니다.

사례 1) 589, 812의 크기를 비교하시오.

➤ 수 모형으로 놓아보고 어느 수가 더 큰지 비교한다. 589 < 812

사례 2) 427, 419의 크기를 비교하시오.

➤ 수 모형으로 놓아보고 어느 수가 더 큰지 비교한다. 427 > 419

사례 3) 623, 625의 크기를 비교하시오.

➤ 수 모형으로 놓아보고 어느 수가 더 큰지 비교한다. 623 < 625

가설 설정

➤ 백의 자리를 비교한다. 백의 자리가 같으면 십의 자리를 비교한다. 십의 자리가 같으면 일의 자리를 비교한다.

가설 검증 817과 809의 크기를 비교하시오.

➤ 가설에 의하면 817이 더 크다. 수 모형으로 놓아보고 가설이 참임을 증명한다. 817 > 809

일반화 및 적용

➤ 다음 □ 안에 알맞은 수를 모두 쓰시오.

704 > 70□ 765 < 7□0 □65 < 788

2수01-04 하나의 수를 두 수로 분해하고 두 수를 하나의 수로 합성하는 활동을 통하여 수 감각을 기른다.

게임이나 놀이를 통하여 수의 가르기와 모으기를 숙달시키는 것이 중요합니다.

가르기와 모으기는 덧셈의 관점에서, 소인수분해는 곱셈의 관점에서 자연수를 분석하는 활동입니다.

수의 가르기와 모으기 활동은 수의 구성을 이해하여 수 감각을 발달시키고, 나아가 자연수의 계산 과정에서 필요한 활동이다.

가르기와 모으기는 수의 구성을 이해할 뿐만 아니라 덧셈과 뺄셈을 학습하는 데 도움이 되는 활동이므로 구체물 조작 활동이나 게임을 통하여 충분히 학습하도록 한다. 가르기와 모으기 활동이 충분하지 않다면 8+5를 계산할 때 손가락으로 '여덟, 아홉, ..., 열둘, 열셋'으로 세어서 얼마인지를 구하려고 할 것이다.

1) 가르기

① 한 자리 수 가르기

한 자리 수 가르기는 수의 구성을 이해하는 데 초점이 있으며, 뺄셈에 대한 사전 경험이 될 수 있다.

공깃돌을 여러 가지 방법으로 갈라보고, □ 안에 수를 쓰시오.

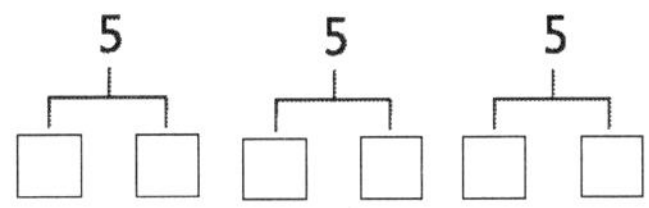

② 10 가르기

10을 가르는 활동은 받아내림이 있는 뺄셈을 하는 데 유용하다.

10을 여러 가지 방법으로 갈라보고, □ 안에 알맞은 수를 쓰시오.

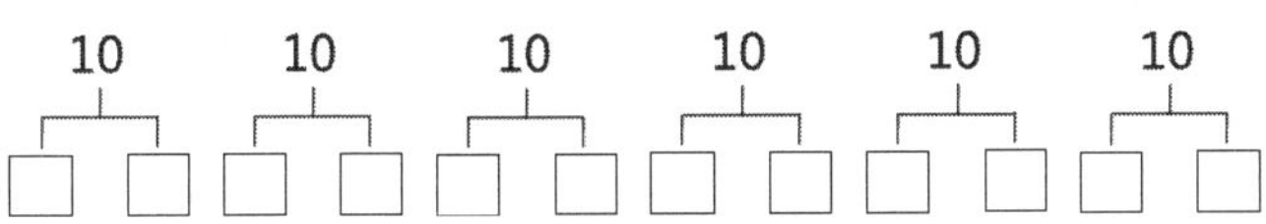

③ (십 몇) 가르기

20 이하의 수를 둘로 가르는 활동은 수의 구성을 익히는 것보다는 기본수의 뺄셈을 익히는 데 도움이 되는 활동이며, 20 이상의 수를 가르는 활동은 하지 않는다.

12를 여러 가지 방법으로 갈라보고, □ 안에 알맞은 수를 쓰시오.

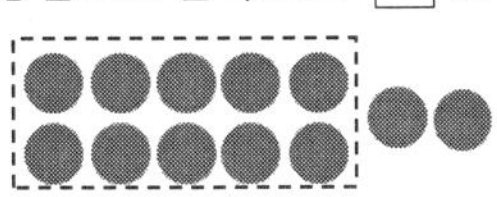

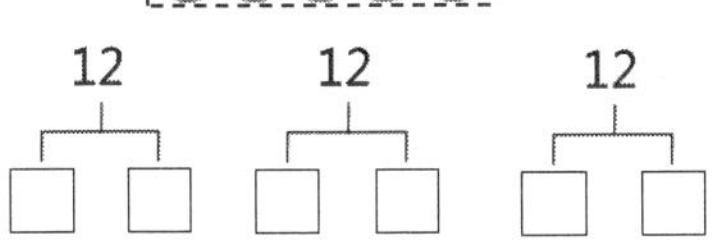

기본수의 계산이란 (한 자리 수)+(한 자리 수), (십 몇)−(몇), 곱셈구구, 곱셈구구 범위에서 나눗셈을 의미합니다.

2) 모으기

① 한 자리 수 모으기(합이 10 미만)

클립을 모으면 몇이 되는지 알아보고, □ 안에 알맞은 수를 쓰시오.

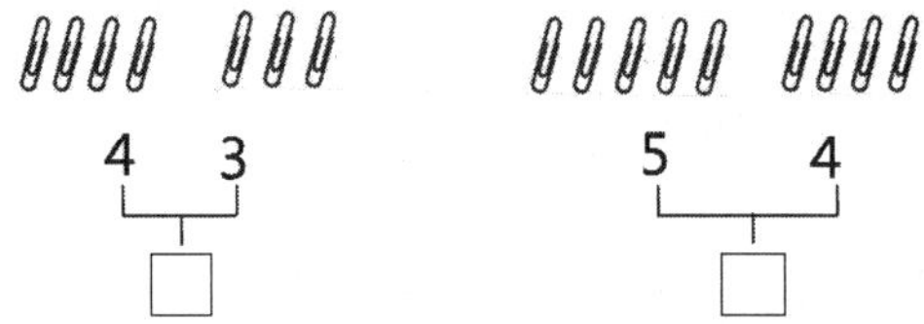

② 10 만들기

10 만들기는 받아올림이 있는 덧셈을 하는 데 유용하다.

10이 되도록 ○를 더 그려 넣고, □ 안에 알맞은 수를 쓰시오.

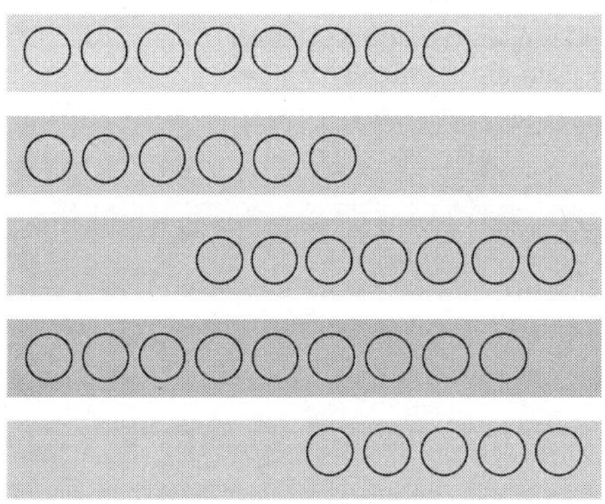

8+□=10

6+□=10

□+7=10

9+□=10

□+5=10

수 모델로서 수직선은 상급 학년에서도 널리 사용되는 중요한 모델이며, 추상적 사고나 이미지 형성에 도움이 됩니다.

□ 안에 알맞은 수를 쓰시오.

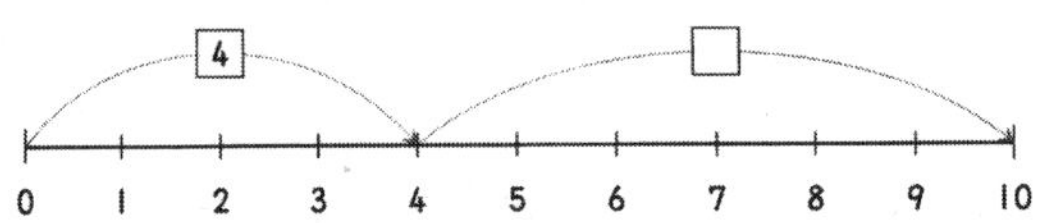

4+□= 10

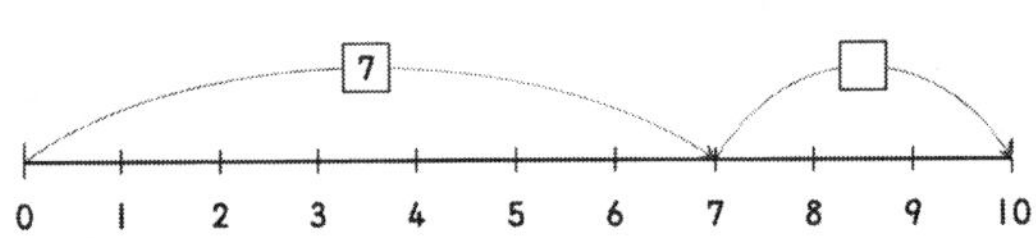

7+□= 10

③ 한 자리 수끼리 모으기

한 자리 수끼리 모으는 활동은 수의 구성을 익히는 것보다는 기본수의 덧셈을 익히는 데 도움이 되는 활동이다.

수를 합성하고 분해하는 활동은 20 이하의 수 범위에서 합니다.

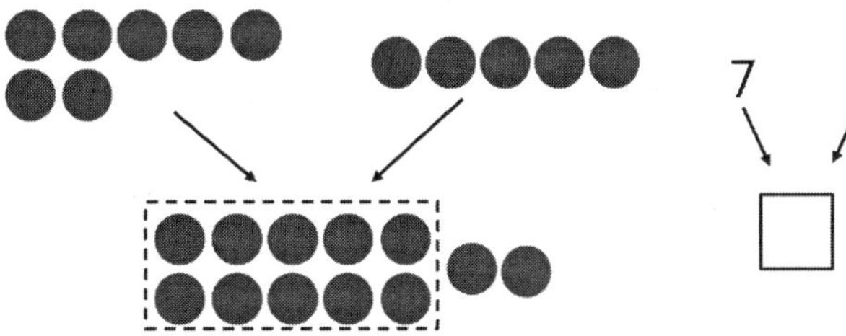

2. 3~4학년군

4수01-01

10000 이상의 큰 수에 대한 자릿값과 위치적 기수법을 이해하고, 수를 읽고 쓸 수 있다.

1) 10000 이상의 수

1~2학년군에서 학습한 십진기수법을 더 큰 수로 확장하고 일반화하여 십진기수법 또는 위치적 기수법을 완성한다.

① 1000 이상의 수

1000의 개념을 형성한 다음에는 수를 수 모형으로 나타내고, 수 모형을 숫자로 쓰는 활동을 충분하게 하여 수의 구성, 십진기수법을 스스로 깨닫게 하고, 수 감각을 발달시킬 수 있도록 지도한다.

100이 10이면 1000입니다.

1000을 천이라고 읽습니다.

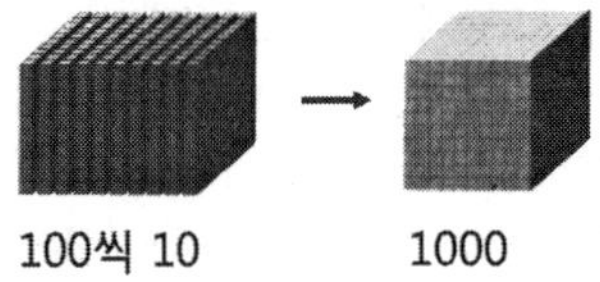

1000은 어떤 수인지 말해봅시다.

- 1000은 990보다 □이 큰 수 입니다.
- 1000은 900보다 □이 큰 수 입니다.
- 1000은 999보다 □이 큰 수 입니다.

3469를 수 모형으로 나타내시오.

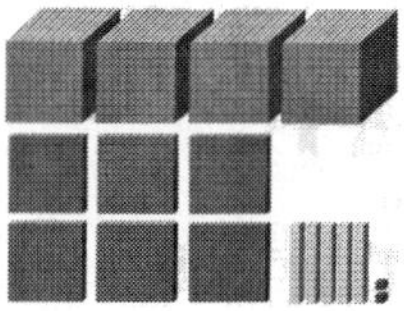

은 얼마인지 수로 나타내시오.

② 10000 이상의 수

10000 이상의 수를 구체물로 나타내기가 어려우므로 모의화폐를 사용하거나 1000 이상의 수를 일반화하여 지도한다.

1000이 10이면 10000 또는 1만이라 씁니다.

10000을 일만 또는 만이라고 읽습니다.

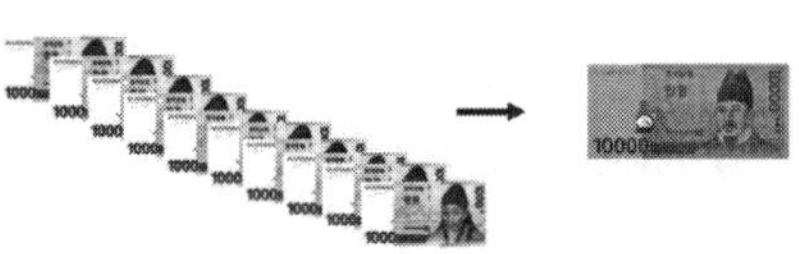

40623을 모형 돈으로 나타내시오.

은 얼마인지 수로 나타내시오.

2) 위치적 기수법

1~2학년군에서 학습한 십진기수법을 더 큰 수로 확장하고 일반화하여 십진기수법, 위치적 기수법을 완성한다.

	만의 자리	천의 자리	백의 자리	십의 자리	일의 자리
32654에서	3	2	6	5	4
3은 만의 자리 숫자이고, 30000을 나타냅니다.	3	0	0	0	0
2는 천의 자리 숫자이고, 2000을 나타냅니다.		2	0	0	0
6은 백의 자리 숫자이고, 600을 나타냅니다.			6	0	0
5는 십의 자리 숫자이고, 50을 나타냅니다.				5	0
4는 일의 자리 숫자이고, 4를 나타냅니다.					4

3) 수 읽고 쓰기

네 자리마다 새로운 수 단위가 나타나며, 같은 단위 안에서는 천, 백, 십, 일이 반복된다.

2	3	4	7	6	2	5	8	9	0	3	2	5	9	7	7
천	백	십	일	천	백	십	일	천	백	십	일	천	백	십	일
			조				억				만				

❖ 우리나라 인구 수를 읽어 보시오.

우리나라 인구

(2017년 현재)

남자	여자	총인구
25855919	25922625	51778544

2	5	8	5	5	9	1	9
천	백	십	일	천	백	십	일
			만				

❖ 만, 억, 조의 단위가 사용되는 경우를 찾아보고, 그 수를 읽어 보시오.

예) 우리나라 1년 예산

다섯 자리 이상의 수에 대해서는 읽고 쓰는 것뿐만 아니라 수에 대한 양감과 필요성을 인식하게 할 수 있는 활동을 많이 제공합니다.

4수01-02

다섯 자리 이상의 수의 범위에서 수의 계열을 이해하고 수의 크기를 비교할 수 있다.

1) 수 계열

게임이나 놀이를 통하여 만, 10만, 100만, 억, 조 등의 뛰어세기를 통하여 수 계열을 익힐 수 있도록 지도하는 것이 바람직하며, 400만씩 또는 2억씩 뛰어세기와 같은 활동은 수 계열을 익히는 데 도움이 되지 않는다.

교사는 놀이가 진행되는 과정에서 단위가 바뀔 수 있도록 시작하는 수를 말하는 것이 좋다.

❖ 10만씩 뛰어세기를 해 봅시다. 선생님이 먼저 시작합니다.

298만 — ⬭ — ⬭ — ⬭ — ⬭ — ⬭

❖ 1억씩 뛰어세기를 해 봅시다. 선생님이 먼저 시작합니다.

9998억— ⬭ — ⬭ — ⬭ — ⬭ — ⬭

2) 수의 크기 비교

수의 크기를 비교하는 방법은 1~2학년군에서 학습한 방법과 같다.

❖ 두 수의 크기를 비교하여 >, <로 나타내어 보시오.

1043620	●	995748
32789540	●	32740009
830561450	●	830560781
15836029	●	천오백구십삼만 이천백오십육
517억 624만	●	509억 8462만 3792
2156조 8567억 1039만	●	2157조 6930억

3. 5~6학년군

자연수의 읽고 쓰기, 크기 비교, 수 계열 등은 3~4학년군에서 끝마치고, 5~6학년군에서는 자연수의 성질(number theory)에 대하여 학습한다. 초등학교에서는 약수와 배수만 학습하지만 심화수준에서 자연수의 패턴을 탐구하기도 한다.

3~4학년군까지는 자연수를 덧셈의 관점에서 탐구하고 학습하였으나 5~6학년군에서는 자연수를 곱셈 관점에서 탐구하게 되는데 그 첫 과정이 약수와 배수이다. 자연수를 곱셈으로 합성하고 분해하여 성질을 탐구하고 학습한다.

약수와 배수는 실생활에서 활용되는 경우를 찾아 자연수 범위에서 다룹니다. 따라서 0은 배수이기는 하지만 다루지 않으며, 1배, 2배,…하여 배수를 구합니다.

6수01-02

약수, 공약수, 최대공약수의 의미를 알고 구할 수 있다.

개념 형성 수업모형에서 원형모형으로 약수 개념을 지도하는 방법을 제시하면 그 절차는 다음과 같다.

➤ 원형 제시

2는 6의 약수이다.

➤ 예와 비예 제시

3은 6의 약수이다.
4는 10의 약수가 아니다.
5는 10의 약수이다.
2는 9의 약수가 아니다.

이와 같이 약수와 약수가 아닌 예를 충분히 제시한다. 마지막 부분에서는 부정적인 예도 제시한다.

➤ 정의하기

약수란 무엇인지 말해 보시오.

학생이 발표한 정의를 전체 학생들과 함께 더 분명하고 간단하게 정의를 다듬는다.

➤ 일반화 및 적용

12의 약수를 모두 쓰시오.

약수에 1, 2, 3, 4가 포함되는 수는 어떤 수인가?

약수 개념이 충분하게 형성되었다면 공약수와 최대공약수의 개념은 쉽게 지도할 수 있다.

학생들이 공약수, 최대공약수를 어려워하는 것은 개념이 어렵다기보다는 용어가 일상생활에서 자주 사용되지 않기 때문입니다.

❖ 8과 12의 공약수를 알아봅시다.

- 8과 12의 약수를 쓰시오.

8의 약수	
12의 약수	

- 8의 약수도 되고 12의 약수도 되는 수를 쓰시오.

8의 약수도 되고 12의 약수도 되는 수를 8과 12의 공약수라고 합니다.

- 8과 12의 공약수 중에서 가장 큰 수를 쓰시오.

공약수 중에서 가장 큰 수를 최대공약수라고 합니다.

6수01-03 배수, 공배수, 최소공배수의 의미를 알고 구할 수 있다.

약수를 지도하는 방법을 유추하여 지도한다.

배수를 개념 형성의 속성모형으로 수업을 전개한다면 다음과 같은 과정이 예상된다.

관찰

민수는 다음과 같이 수를 묶었습니다.

5, 30, 10, 15, 25, 40, 100, ...	2, 4, 10, 12, 42, 8, 100, ...
3, 6, 9, 15, 30, 45, 60, 300, ...	9, 18, 27, 45, 72, 90, 99, ...

분류

- 민수가 수를 묶은 기준은 무엇입니까?

이름 짓기

속성을 확인하고 어떤 수의 1배, 2배, 3배, ...한 수들을 배수라고 이름을 짓는다.

이름을 부여한 다음에는 배수라는 수학 용어를 교사, 학생 모두 의도적으로 자주 사용하도록 한다.

일반화 및 적용

- 12는 4의 배수입니까? 그 이유는?
- 24는 5의 배수입니까? 그 이유는?
- 50보다 작은 6의 배수를 쓰시오.

6수01-04

약수와 배수의 관계를 이해한다.

약수와 배수는 곱셈과 나눗셈처럼 서로 역 관계이다. 즉, 15의 약수는 3과 5이고, 3과 5의 배수는 15이다.

소인수분해에 의한 최소공배수, 최대공약수를 구하는 방법은 다루지 않습니다.

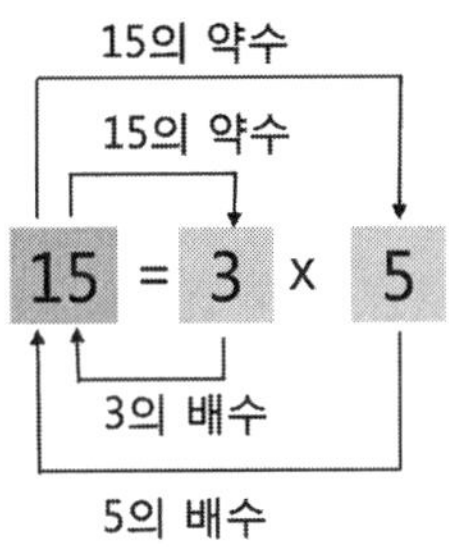

15의 약수는 3, 5입니다.
3, 5의 배수는 15입니다.

정사각형을 이용하여 약수와 배수를 지도하는 방법은 다음과 같다.

- 정사각형 12개로 여러 가지 직사각형을 만들어 보시오.

1 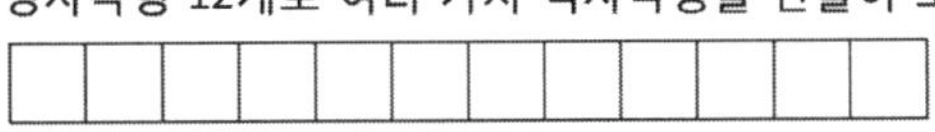 12

1과 12는 12의 약수
12는 1과 12의 배수

2 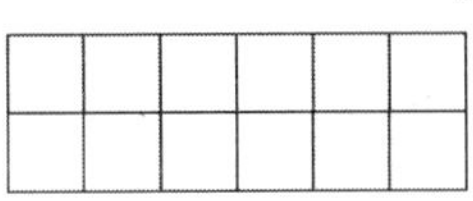 6

2와 6은 12의 약수
12는 2와 6의 배수

3 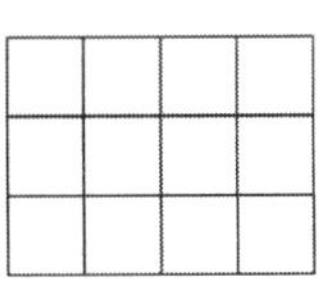 4

3과 4는 12의 약수
12는 3과 4의 배수

Co-Learning 4

손가락을 굽히거나 펴는 것을 생각하세요.

1. 한 손으로 0부터 31까지 나타낼 수 있는 방법을 알아보시오.

각 숫자가 들어 있는 카드에 주목하세요.

2. 다음과 같은 숫자 카드가 있다. 1~7까지의 수 중에서 어느 한 수를 생각하고, 그 수가 어느 숫자 카드에 들어 있는지 알아보시오. 들어 있는 숫자 카드 왼쪽 위에 있는 수들을 합하면 생각한 수가 된다. 그 이유를 수학적으로 설명하시오.

1	3
5	7

2	3
6	7

4	5
6	7

3. 다음 수를 우리말로 읽을 때와 한자로 읽을 때 의미가 어떻게 달라지는지 알아보시오.

	우리말	한자
5번		
25분		
12장		
123층		
6학년		
3대학		
5반		
4부		
8권		

4. 어떤 교사가 옛날의 수 체계를 가르칠 필요가 없다고 주장하고 있다. 이에 대한 여러분의 찬성 또는 반대 의견을 말하시오.

5. 손가락이 10개라서 10진법을 사용하고 있다면 손가락과 발가락이 20개이므로 20진법을 사용한 흔적이 있을 것이다. 그것은 무엇인가?

수를 세는 언어(특히 프랑스어), 스포츠 용어 등에서 찾아보시오.

6. 다음은 Mayan의 명수법이다. 물음에 답하시오.

1	Hun	21	Huntukal
2	Ca	22	Catukal
3	Ox	23	Oxtukal.
4	Can	24	Cantukal
5	Ho	25	Hotukal
6	Uac	26	Uactukal
7	Uuc	27	Uuctukal.
8	Uaxac	28	Uaxactukal
9	Bolon	29	Bolontukal
10	Lahun	30	Lahucakal
11	Buluc	31	Buluctukal
12	Lahcá	32	Lahcatukal
13	Oxlahun	33	Oxlahutukal
14	Canlahun	34	Canlahutukal
15	Holhun	35	Holhucakal
16	Uaclahun	36	Uaclahutukal
17	Uuclahun	37	Uuclahutukal
18	Uaxaclahun	38	Uaxaclahutukal
19	Bolonlahun	39	Bolonlahutukal
20	Hunkal	40	Cakal

1) 1~19까지 명수법에서 규칙을 찾아 쓰시오.

2) Hunkal의 의미를 쓰시오.

3) 21~29까지 명수법에서 규칙을 찾아 쓰시오.

4) Lahucakal의 의미를 쓰시오.

5) 위의 규칙에 따라 50, 60, 70, 80, 100을 읽어보시오.

7. 다음을 읽고 의미를 비교해 보시오.

3월과 3달, 5년과 5해, 2017년과 2017해, 7일과 7날,

수를 우리말로 읽는 것과 한자말로 읽었을 때 차이점을 알아보세요.

8. 다음 표를 완성하면서 0의 의미와 역할을 살펴보시오.

수	읽기	0을 제외한 수	읽기	의미/역할
430				
4.30				
0.36				
504				
05.8				
.023				
045				
.290				
26.0				
0210				

의미/역할: A→ 필요없다. B→ 필요없지만 도움이 된다. C→ 필요없고 도움도 안 된다.

9. 4자리 수가 있는데 각 자리 수를 더하면 10이다. 첫째 숫자와 넷째 숫자를 바꾸면 처음 수보다 2997이 더 커진다. 가운데 숫자 2개를 서로 바꾸면 처음 수보다 90이 더 커진다. 이 수와 처음 수를 더하면 2558이다. 처음 수를 구하시오.

숫자를 나타내는 점자

프랑스의 Louis Braille이 처음 창안하였기에 점자를 braille 또는 braille cell이라고 합니다.

10. 인터넷으로 점자(點字, braille cell)에 대하여 알아보고, 다음 문제를 해결하시오.

1) 0~9까지 수를 점자로 나타내시오.

힌두 – 아라비아 숫자	0	1	2	3	4	5	6	7	8	9
점자	○○ ○○ ○○	○○ ○○ ○○	○○ ○○ ○○	○○ ○○ ○○	○○ ○○ ○○	○○ ○○ ○○	○○ ○○ ○○	○○ ○○ ○○	○○ ○○ ○○	○○ ○○ ○○

2) 다음은 점자로 나타낸 수이다. 이를 힌두–아라비아 숫자로 나타내시오.

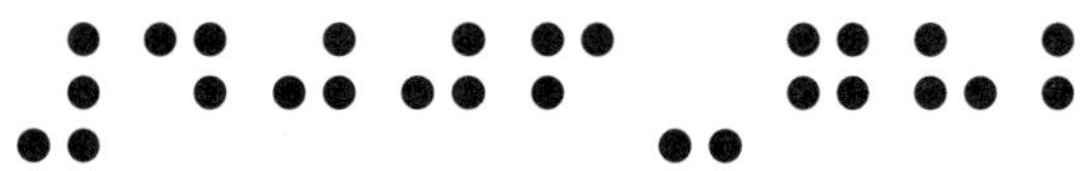

3) 자신의 휴대폰 번호를 점자로 나타내시오.

11. 50원짜리 동전 3개, 100원짜리 동전 3개가 3상자에 담겨져 있다. 각 상자에는 동전이 2개씩 들어 있고, 상자에는 100원, 150원, 200원이라고 표시되어 있지만 실제로 그 금액만큼 들어 있지 않다. 상자의 동전을 최소한의 횟수로 옮겨서 표시된 금액과 같은 동전을 넣으려고 한다. 동전을 최소한 몇 번만 옮기면 되는가?

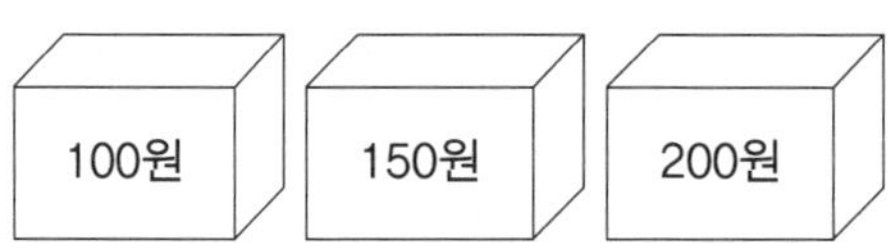

12. 번호판의 수는 5자리로 되어 있다. 번호판을 180도 돌렸는데도 수를 읽을 수 있었으며, 실제 번호판 수보다 78,633이 더 컸다. 번호판의 수는 무엇인가?

16을 180도 돌려서 읽으면 91이 됩니다.

13. 수를 한 번만 사용하여 빈 곳에 알맞은 수를 넣으시오.

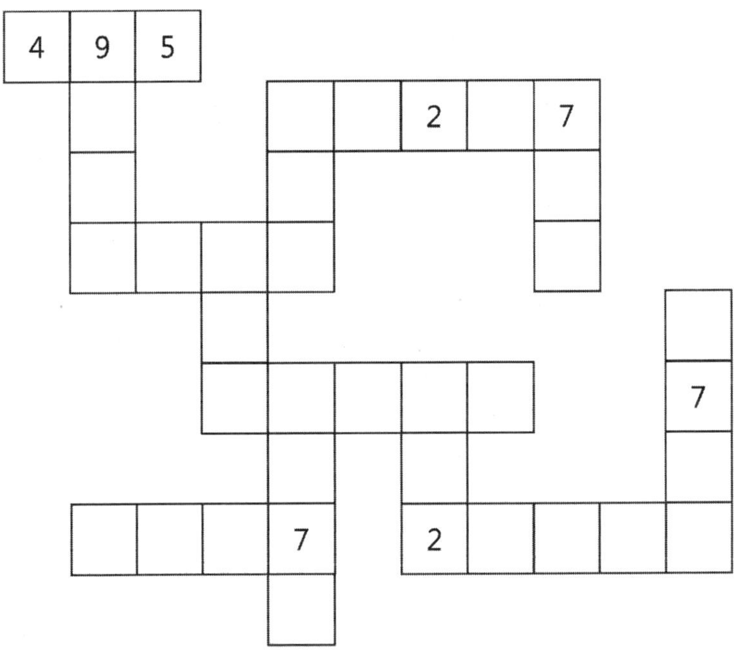

3자리 수: 235, 725, 495, □04, 472

4자리 수: 1697, 2070, □62□, 72□4, 9717

5자리 수: 53237, □323□, 5□347

회문에 대하여 더 자세히 알아보세요.

14. 33이나 787과 같이 왼쪽부터 읽으나 오른쪽부터 읽으나 같은 수가 되는 것을 회문(回文, palindrome)이라고 한다.

1) 1부터 1000까지의 수 중에서 회문은 몇 개 있는가?

2) 해결한 방법을 말하시오.

9자리 수를 abcdefghi라고 하면 e는 5일 것이고, abc가 3의 배수가 되려면 a+b+c가 3의 배수이어야 합니다. 모든 경우의 수를 따져서 차분히 생각해 보세요.

15. 종수가 가지고 있는 영업등록증 번호는 아주 보기 드문 번호이다. 모두 9자리로 1~9까지의 수가 모두 사용되었으며, 다음과 같은 특징이 있다. ① 왼쪽에서 오른쪽으로 읽을 때, 처음 2자리 수는 2로 나누어진다. ② 처음 3자리 수는 3으로 나누어진다. ③ 처음 4자리 수는 4로 나누어진다. ④ 같은 규칙이 계속 적용되어 9자리 수는 9로 나누어진다. 영업등록증 번호는 무엇인가?

16. 국제표준도서번호 ISBN(International Standard Book Number)은 책에 대한 국제적인 주민등록번호라고 할 수 있다. 현재는 13자리 수를 사용하지만 2007년 이전에는 10자리 수를 다음과 같이 사용하였다.

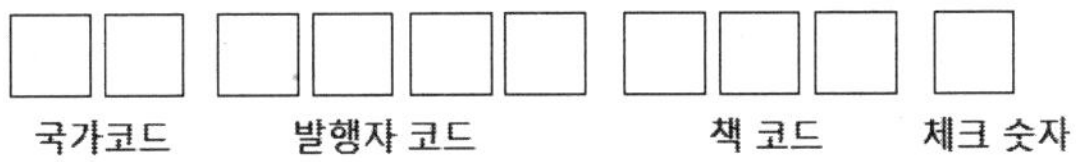

마지막 체크 숫자는 앞의 숫자에 오류가 있는지 없는지를 확인하는 수이다.

맨 앞의 두 자리는 국가를 나타내는데 우리나라는 89입니다.

수의 쓰임을 잘 나타내는 예입니다.

1) 어떻게 오류를 확인하는지 89−6105−544−1을 예로 하여 알아보시오.

2) 어떤 ISBN이 89−6736−499−x라면 x에 알맞은 수를 구하시오.

3) 인쇄 및 전자 출판량이 급증하여 2007년 이후에는 기존 번호 체계의 앞에 978을 덧붙여 13자리를 사용한다. 따라서 89−6105−544−1은 978−89−6105−544−x로 바뀌게 되고, 오류를 확인하는 방법도 바뀌었다. 오류를 확인하는 방법을 알아보고, x에 알맞은 수를 구하시오.

시저 암호는 알파벳을 일정한 간격으로 바꾸는 암호입니다.

17. 2000여 년 전에 로마의 시저가 갈리아 전쟁에서 지휘관에게 보낸 비밀 명령서는 암호로 되었다고 한다. 이를 시저 암호라고 한다.

1) 시저 암호에 의한 KNQXGAQW가 무슨 뜻인가?

2) 친구에게 하고 싶은 말을 암호로 작성하시오.

3) 이런 암호의 단점은 무엇인가?

4) 단점을 해결할 수 있는 방법을 조사하면서 암호의 발전에 대하여 정리해 보시오.

18. 12로 나누어지는지를 알아보기 위하여 A는 3과 4로 나누어지는지를 알아보았고, B는 2와 6으로 나누어지는지를 알아보았다. 누구의 방법이 올바른가? 그 이유는?

19. 동호는 다음과 같이 소수를 작은 수부터 차례로 5개씩 썼더니 각 행에는 차가 2인 소수(쌍둥이 소수)가 적어도 1쌍 있다고 주장하였다. 동호의 주장이 참인가 거짓인가? 그 이유는?

2, (3, 5), 7, 11
13, (17, 19), 23, 29
31, 37, (41, 43), 47
....

반례(counter example)를 제시하지 못하면 명제가 참이라는 것을 연역적으로 증명해야 할 것이고, 반례를 제시하면 명제는 거짓임을 알 수 있습니다.

20. 단위가 1인 모눈종이에 가로와 세로의 길이가 서로소인 직사각형을 그렸을 때, 대각선이 지나가는 정사각형 개수에 대한 규칙을 찾아보시오.

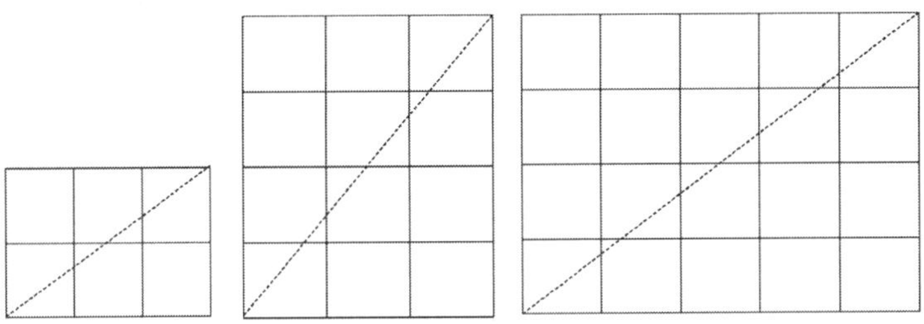

4개 6개 8개

21. 다음 수가 9의 배수가 되도록 □안에 알맞은 수를 넣으시오. 가능한 수는 모두 몇 가지인가?

2304□12□

9의 배수가 되는 수들의 공통점을 찾아보시오.

제5장

0과 자연수의 연산

Ⅰ. 이론적 배경

연산과 계산
연산(operation)은 어떤 집합에 있는 두 원소를 하나의 원소로 대응시키는 방법이고, 계산(computation)은 알고리즘에 따라 어떤 값이나 결과를 구하는 것을 의미합니다. 연산에는 계산이 포함됩니다.

자연수 연산은 수학에서 가장 기초적이고 기본적인 영역이다. 교사나 학생들이 계산 기능 숙달에 많은 시간과 노력을 기울인 탓에 '수학은 곧 계산', '계산을 잘하면 수학을 잘한다' 등 수학에 대한 편협한 생각을 가지게 되었고, '수학은 재미없다', '지루하고 싫다' 등의 부정적인 성향을 가지게 되었다.

계산이 중요한 것은 사실이지만 계산은 수학의 작은 일부분에 지나지 않으며, 미래 사회에서는 계산 기능은 계산기에 맡기고, 인간만이 할 수 있는 수학적 능력을 발달시키는 데 중점을 두어야 할 것이다.

자연수의 연산 영역에서는 계산 기능 숙달보다는 수 감각을 바탕으로 한 계산 능력 발달에 초점을 두고 지도한다.

1. 덧셈과 뺄셈

1) 덧셈과 뺄셈이 이루어지는 상황

① 첨가: 이미 있는 것에 보태는 상황(전후)

예 상자에 사과가 5개 있는데 2개를 더 넣었다. 사과는 모두 몇 개인가?

② 합병: 두 양을 합하는 상황(동시)

예 빨간 사과 5개와 파란 사과 2개 있다. 사과는 모두 몇 개인가?

③ 구잔: 뺀 나머지를 구하는 상황

예 상자에 사과가 5개 있는데 2개를 먹었다. 남은 사과는 몇 개인가?

④ 구차(비교): 두 양을 비교하는 상황

예 빨간 사과가 5개, 파란 사과가 2개 있다. 빨간 사과는 파란 사과보다 몇 개 더 많은가?

⑤ 동치: 두 양을 같게 만드는 상황

예 빨간 사과가 5개, 파란 사과가 2개 있다. 파란 사과 수가 빨간 사과 수와 같아지려면 몇 개가 더 있어야 하는가?

2) 문장제 유형

① 결과 미지수: 결과를 묻는 문제

예 연못에 오리가 3마리 놀고 있는데 5마리가 더 들어왔다. 연못에 오리는 몇 마리 있는가?

② 변화값 미지수: 변화 과정을 묻는 문제

예 연못에 오리가 5마리 있었는데 몇 마리가 집으로 돌아가서 3마리 남았다. 몇 마리가 집으로 갔는가?

③ 초기값 미지수: 처음의 상황을 묻는 문제

예 상자에 있는 사과를 2개 꺼내 먹었더니 5개 남았다. 상자에는 사과가 몇 개 있었는가?

결과 미지수보다는 변화 미지수나 초기값 미지수를 구하는 문제가 더 어렵다고 알려져 있습니다.

덧셈과 빼셈이 이루어지는 상황 5가지와 문장제 유형 3가지를 조합하면 문장제 15개를 만들 수 있는데 이를 진단이나 평가용으로 활용할 수 있다.

W
whole number(범 자연수)는 0을 포함한 자연수를 의미합니다.

교환법칙이 유용함을 느낄 수 있는 상황을 생각해보세요.

결합법칙이 유용함을 느낄 수 있는 상황을 생각해보세요.

3) 덧셈의 성질

① 교환법칙: $a+b=b+a$ (a, $b \in W$)

② 결합법칙: $(a+b)+c=a+(b+c)$ (a, b, $c \in W$)

③ 항등원: 0이 존재

2. 곱셈과 나눗셈

1) 곱셈이 이루어지는 상황

① 묶음: 같은 수로 묶여 있을 때 전체의 수를 구하는 상황으로 곱셈을 도입할 때 활용되며 동수누가로 해결할 수 있다.

예 한 봉지에 5개씩 들어 있는 사과 7봉지가 있다. 사과는 모두 몇 개인가?

② 배열: 직사각형 모양으로 정렬되어 있을 때 전체를 구하는 상황 (묶음의 특별한 상황)

예 운동장에 학생들이 4명씩 7줄로 서 있습니다, 학생은 모두 몇 명인가?

③ 비율: 항목의 수와 비율이 주어졌을 때 전체를 구하는 상황

예 1개에 2000원하는 물건이 4개 있다. 물건 값은 얼마인가?

④ 비교: 두 양을 비교하는 상황

예 교실에 남자 5명, 여자 10명이 있다. 남자는 여자의 얼마인가? 또는 여자는 남자의 몇 배인가?

⑤ 조합: 2가지 유형의 항목을 짝지을 때 모든 경우의 수를 구하는 상황

예 집에서 학교까지 가는 길은 2가지이고, 학교에서 마트 가는 길은 4가지이다. 집에서 학교를 거쳐 마트까지 가는 길은 몇 가지인가?

2) 나눗셈이 이루어지는 상황

① 등분 상황

대상을 몇 개 집단으로 똑같이 나누었을 때 한 집단의 크기(몫) 또는 단위의 크기를 묻는 상황으로 시행착오 활동으로 해결한다.

예 사과 20개를 5명이 똑같이 나누면 1사람의 몫은 얼마인가?

답의 단위에 대해 생각해 보세요.

② 측정(포함) 상황

대상을 일정한 단위로 재면 몇 단위가 되는지를 묻는 상황으로 동수누감으로 해결한다.

예 사과 20개를 1사람에게 5개씩 주면 몇 사람에게 줄 수 있는가?

답의 단위에 대해 생각해 보세요.

3) 곱셈의 성질

① 교환법칙: $a \times b = b \times a$ (a, $b \in W$)

교환법칙이 유용함을 느낄 수 있는 상황을 생각해 보시오.

② 결합법칙: $(a \times b) \times c = a \times (b \times c)$ (a, b, $c \in W$)

결합법칙이 유용함을 느낄 수 있는 상황을 생각해 보시오.

③ 덧셈에 대한 분배법칙: $(a+b) \times c = a \times c + b \times c$, $a \times (b+c) = a \times b + a \times c$

덧셈에 대한 분배법칙이 적용되는 경우를 생각해 보시오.

④ 항등원: $a \times 1 = 1 \times a = a$이므로 항등원은 1

⑤ 0: 모든 수에 0을 곱하면 0이 된다.

3. 수 감각과 어림, 암산

1) 수 감각

수를 자유자재로 사용할 수 있는 능력이나 재능을 의미한다.

예 19+6을 계산할 때 수 감각이 발달되지 않은 학생은 그대로 계산하지만 수 감각이 발달된 학생은 20+5 또는 20+6−1로 계산한다.

예 120의 75%는 얼마인지 알아보시오.

2) 어림: 수의 크기, 측정이나 계산 결과 등에 대한 대략적인 판단으로 '얼마쯤 된다'의 뜻이다.

예 다음 수직선에 10억은 어디쯤인지 나타내어 보시오.

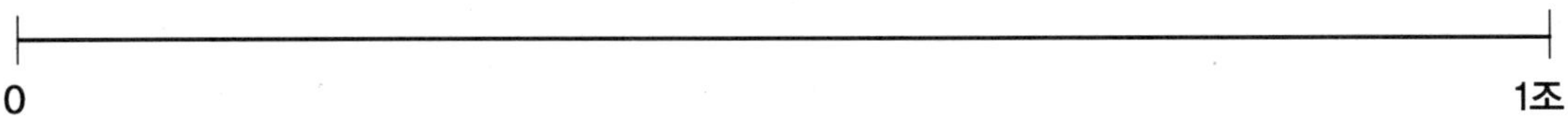

예 운동장에 모인 사람의 수는 얼마쯤 될까?

예 540×43은 얼마쯤 될까?

3) 암산: 간단한 수를 계산할 때 마음속에서 계산하는 것을 말하며, 속셈이라고도 한다. 암산 전략에는 왼쪽부터 계산하기, 받아올림/버림 없이 계산하기, 10, 100, 1000 등을 만들어 계산하기 등이 있다.

4. 수 감각을 이용한 계산

1) ×5, ×0.5, ×50 등

예 24×5 → 24÷2=12 → 120   39×5 → 39÷2=19.5 → 195

2) ÷5, ÷0.5, ÷50 등

예 38÷5 → 38×2=76 → 7.6 275÷50 → 275×2=550 → 5.5

3) ×25, ×0.25, ×250 등

예 28×25 → 28÷4=7 → 700 36×250 → 36÷4=9 → 9000

4) ÷25, ÷0.25, ÷250 등

예 700÷25 → 7÷25 → 7×4=28 450÷2.5 → 45×25 → 45×4=180

5) ×99, ×0.99, ×9.9 등

예 85×99 → 8500−85=8415 또는 85−1=84, 100−85=15 → 8415
2.8×9.9 → 28×99 →2800−28=2772 또는 28−1=27, 100−28=72 → 2772 → 27.72

6) ×125, ×0.125, ×12.5 등

예 32×125 → 32÷8=4 → 4000 120×1.25 → 120×125 → 120÷8=15 → 150

7) ÷125, ÷0.125

예 300÷125 → 3÷125 → 3×8=24 → 2.4 70÷12.5 → 7÷125 → 7×8=56 → 5.6

8) ×2, ÷2 전략

예 85×22 → 170×11 → 1700+170=1870
7.5×32 → 150×2=300, 16÷2=8 → 300×8=2400 → 240

9) 두 수의 차가 2인 경우: $(a+1)(a-1)=a^2-1$임을 이용

예 16×14 → 15×15=225 → 225−1=224 26×24 → 25×25=625 → 625−1=624

10) 두 수의 차가 4인 경우: $(a+2)(a-2)=a^2-4$임을 이용

예 1.7×130 → 17×13 → 15×15=225 → 225−4=221
0.82×780 → 82×78 → 80×80=6400 → 6400−4=6396 → 639.6

Ⅱ. 교과 내용과 교수법

1. 1~2학년군

2수01-05 덧셈과 뺄셈이 이루어지는 실생활 상황을 통하여 덧셈과 뺄셈의 의미를 이해한다.

다양한 생활 장면을 제시하여 덧셈 상황인지 뺄셈 상황인지를 판단할 수 있도록 지도한다. '더한다', '합한다', '~보다 ~ 큰 수', '~보다 ~ 작은 수', '뺀다', '덜어 낸다', '합', '차' 등의 일상용어를 사용하여 덧셈과 뺄셈의 상황에 친숙하도록 지도한다.

1) 덧셈의 의미

첨가와 합병 상황을 충분히 제시하여 상황이 달라도 모두 덧셈으로 해결할 수 있다는 것을 깨닫도록 지도한다.

문제 상황, 조작 활동, 기호가 서로 연결될 수 있도록 충분히 활동한다.

- 첨가 상황
  놀이터에 4명이 놀고 있습니다. 3명이 더 놀러 왔습니다.
  모두 몇 명입니까?
  - 4명을 나타내어 보시오. ○○○○
  - 3명을 나타내어 보시오. ○○○
  - 몇 명인지 세어 보시오.
  - 식으로 나타내어 보시오. 4+3=7

문제 상황 제시 ⇩ 조작 활동 ⇩ 기호화

- 합병 상황
  흰 바둑돌이 4개 있고, 검은 바둑돌이 5개 있습니다.
  바둑돌은 몇 개입니까?
  - 4개를 나타내어 보시오. ○○○○
  - 5개를 나타내어 보시오. ●●●●●
  - 바둑돌은 몇 개인지 세어 보시오.
  - 식으로 나타내어 보시오. 4+5=9

문제 상황 제시 ⇩ 조작 활동 ⇩ 기호화

2) 뺄셈의 의미

구잔(take-away)과 구차(비교 comparison) 상황을 충분히 제시하여 상황이 달라도 모두 뺄셈으로 해결할 수 있다는 것을 깨닫도록 지도한다.

- 구잔 상황
  사과가 6개 있었는데 4개를 먹었습니다.
  남은 사과는 몇 개입니까?

문제 상황 제시
⇩

사과 6개를 나타내어 보시오. ○○○○○○

4개를 지워 보시오. ØØØØ○○

조작 활동
⇩

몇 개 남았는지 알아 보시오.

식으로 나타내어 보시오. $6-4=2$

기호화

- 비교 상황
  빨간 색종이가 8장 있고, 노란 색종이는 5장 있습니다. 빨간 색종이는 노란 색종이보다 몇 장 더 많습니까?

문제 상황 제시
⇩

빨간 색종이 8장을 나타내어 보시오. □□□□□□□□

노란 색종이 5장을 나타내어 보시오. □□□□□

조작 활동
⇩

빨간 색종이가 몇 장 더 많은지 알아 보시오.

식으로 나타내어 보시오. $8-5=3$

기호화

2수01-06 두 자리 수의 범위에서 덧셈과 뺄셈의 계산 원리를 이해하고 그 계산을 할 수 있다.

자연수 연산을 지도할 때에는 항상 문제 상황 제시 → 조작 활동 → 기호화(형식화)의 과정을 경험하도록 하여 기호의 의미를 이해하게 한다.

조작 활동하여 문제를 해결하는 과정에서 수학적 원리나 법칙을 깨닫게 하고, 이를 기호로 번역하게 하여 기호의 의미를 이해하게 한다.

수학적인 원리가 내재되지 않은 활동은 활동으로서 의미가 없으며, 놀이에 지나지 않습니다.
조작 활동을 하는 이유는 수학적 원리를 학생 스스로 깨닫게 하는 것이므로 한 번의 조작 활동으로 원리를 깨닫지 못하면 2, 3회 또는 그 이상 조작 활동을 해야 합니다.

1) 한 자리 수 덧셈

한 자리 수의 덧셈을 연역적 발견학습 수업모형으로 수업을 전개하면 다음과 같은 과정을 예상할 수 있다.

Piaget의 반영적 추상화(反映的抽象化; Reflective abstraction)에 대하여 알아보세요.

연역적 발견학습은 자칫 교사 중심의 수업, 설명식 수업이 되기 쉽습니다.

문제 상황 제시

사과가 7개 있는데 5개를 더 땄습니다. 사과가 몇 개입니까?

수학적 원리의 필요성 인식

어떻게 해야 하는지 생각해봅시다. 7과 5를 더하면 되겠다

수학적 원리가 내재된 조작 활동

7개를 나타내어 보시오. ○○○○○○○

5개를 나타내어 보시오. ○○○○○

몇 개인지 알아 보시오. 12개

어떻게 알았는지 말해 봅시다.

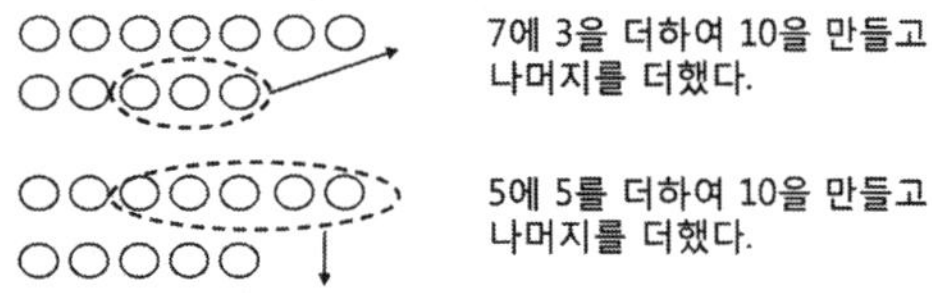

수학적 원리의 형식화

덧셈식으로 나타내어 보시오. 7+5=12

$$\begin{array}{r} 7 \\ +\ 5 \\ \hline 12 \end{array}$$

일반화 및 적용

- 어머니께서 사과 9개와 감 4개를 사 오셨습니다. 어머니께서 사 오신 과일은 모두 몇 개입니까?
- 7+□=15

2) (십 몇) – (몇)

충분히 활동하여 이해되었다고 판단되면 게임이나 놀이를 통하여 숙달시켜야 합니다.

받아내림이 있는 (십 몇)−(몇)의 문제 상황을 제시하고, 조작 활동으로 문제를 해결하게 하면서 학생들의 활동을 관찰하면 두 가지 방법으로 문제를 해결한다는 것을 발견할 수 있다. 하나는 감감법이고 다른 하나는 감가법이다. 개인마다 선호하는 방법이 있으므로 다양한 방법이 나올 수 있도록 지도한다.

① 감감법

13-7의 계산 방법(감감법)

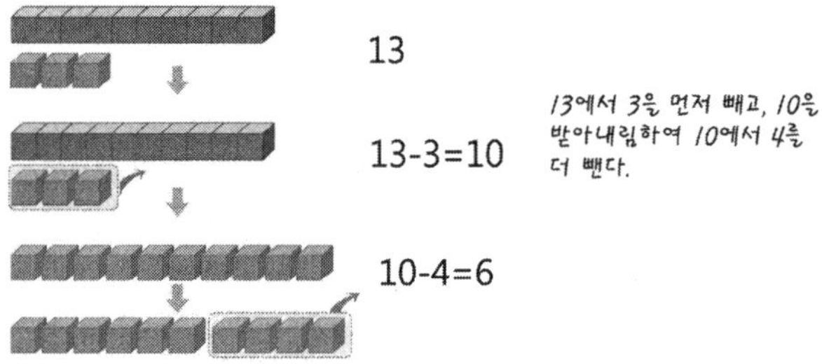

② 감가법

13-7의 계산 방법(감가법)

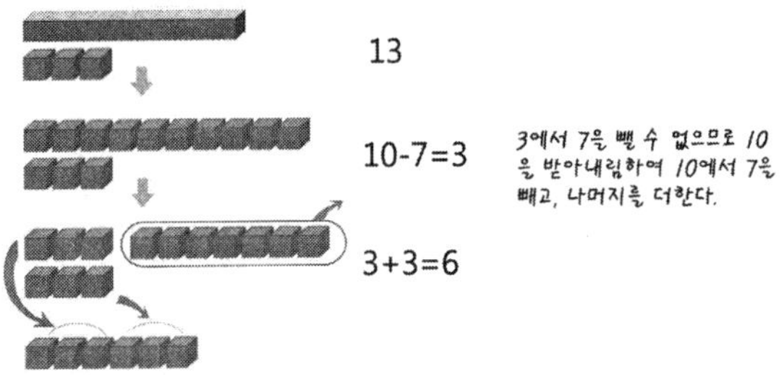

3) 두 자리 수 덧셈

계산 기능 숙달보다는 문제 상황을 구체물 또는 그림으로 나타내고 조작활동을 통하여 덧셈 알고리즘을 개발할 수 있도록 지도한다.

이를 귀납적 발견학습으로 수업을 전개한다면 다음과 같은 과정이 예상된다.

귀납적 발견학습에서는 수학적 원리(같은 단위끼리 계산한다, 10이 되면 받아올림한다)를 발견하는 것이 목표라는 것에 유의합니다.

사례 1)

냉장고 위칸에 달걀이 27개 있고, 아래칸에 18개가 있습니다.
달걀은 모두 몇 개입니까?

조작 활동으로 해결하기

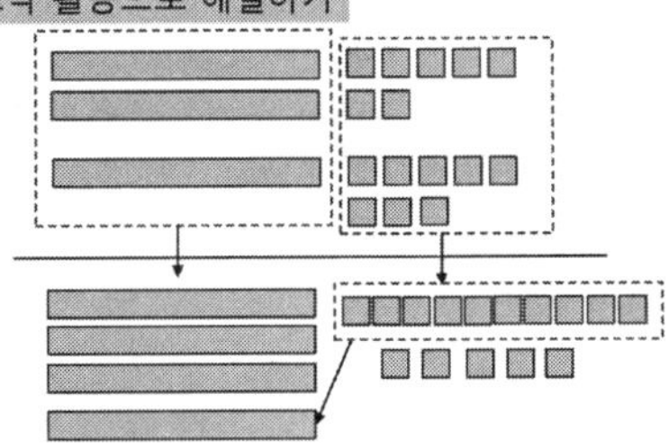

27+18=45

$$\begin{array}{r} 27 \\ +18 \\ \hline 45 \end{array}$$

사례 2)

밀가루에 달걀 16개를 넣었는데 부족하여 18개를 더 넣었습니다.
달걀은 모두 몇 개 넣었습니까?

조작 활동으로 해결하기

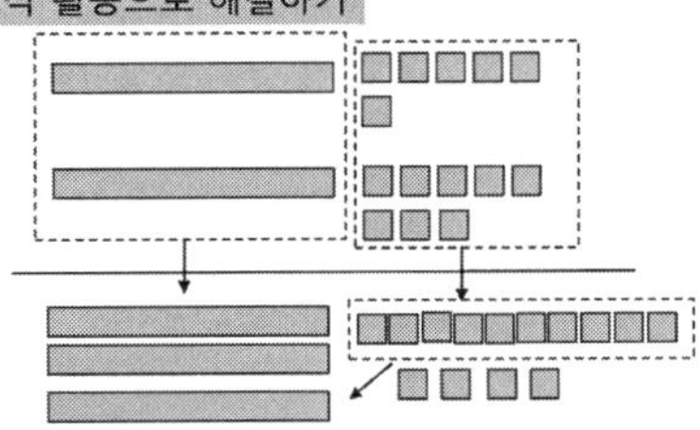

16+18=34

$$\begin{array}{r} 16 \\ +18 \\ \hline 34 \end{array}$$

사례 3)

덧셈 문제 상황을 제시하여 조작 활동을 통하여 문제를 해결하게 한다.

가설 설정

활동을 통하여 알 수 있는 사실은 무엇입니까?

낱개는 낱개끼리, 10모형은 10모형끼리 더했다.

10이 되면 10모형으로 바꿔서 10 모형에 더했다.

가설 검증

발견한 사실에 의하여 다음 문제를 해결해 보시오.
버스에 26명이 타고 있는데 15명이 더 탔습니다.
버스에 몇 명이 있습니까?

$$\begin{array}{r} 26 \\ +15 \\ \hline 41 \end{array}$$

조작 활동으로 확인

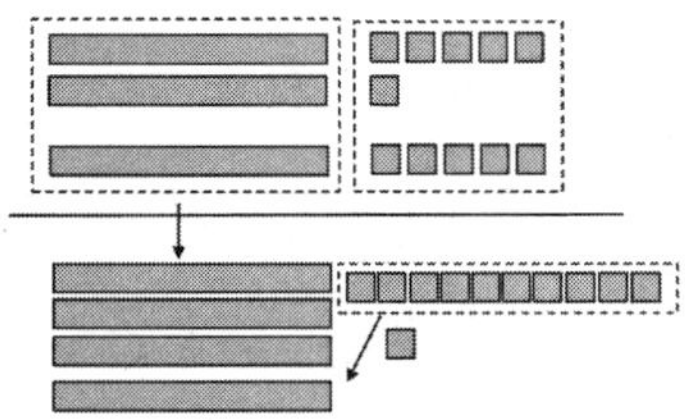

일반화 및 적용

4) 두 자리 수 뺄셈

계산 기능 숙달보다는 조작활동을 통하여 계산원리를 깨달을 수 있도록 지도한다.

수학 언어를 배우기 시작하는 단계이므로 문제 상황 제시-조작 활동-기호의 과정을 많이 경험시켜서 수학 언어를 이해할 수 있도록 합니다.

자신만의 알고리즘을 개발하거나 여러 가지 계산 방법을 발표하게 하여 수 감각, 연산 감각을 길러주어야 합니다.

문제 상황 제시

45명까지 탈 수 있는 버스에 17명이 타고 있습니다.
몇 명이 더 탈 수 있습니까?

조작 활동

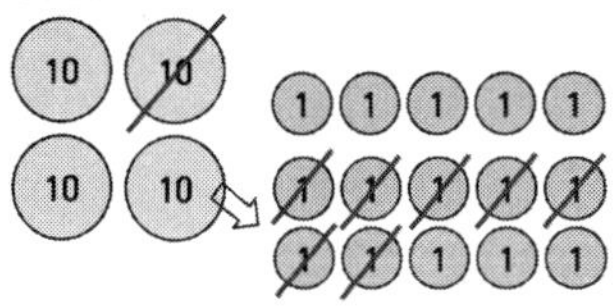

$$\begin{array}{r} {\scriptstyle 3\ 10} \\ \not{4}5 \\ -\ 17 \\ \hline 20 \\ 8 \\ \hline 28 \end{array} \qquad \begin{array}{r} {\scriptstyle 3\ 10} \\ \not{4}5 \\ -\ 17 \\ \hline 8 \\ 20 \\ \hline 28 \end{array}$$

기호(형식화)

$$\begin{array}{r} {\scriptstyle 3\ 10} \\ \not{4}5 \\ -\ 17 \\ \hline 28 \end{array}$$

2수01-07 덧셈과 뺄셈의 관계를 이해한다.

덧셈과 뺄셈은 역연산 관계이고, 이 관계를 이해하려면 가역적 사고가 필요하다. 즉, 더한 것을 빼거나 뺀 것을 더하면 처음 상태가 된다. 물리적으로는 되돌릴 수 없지만 머릿속에서는 가능하다. 이런 관계를 이용하면 미지수를 구할 수 있다.

26+14=40

더한 것을 빼면

40-14=26

원래 있었던 것을 빼면

40-26=14

32-18=14

뺀 것을 더하면

14+18=32

□ +14=40

어떤 수에 14를 더했더니 40이 되었다. 어떤 수를 구하려면 더했던 수를 빼면 된다.
40-14=16

□ -18=14

어떤 수에서 18을 뺐더니 14가 되었다. 어떤 수를 구하려면 뺐던 것을 더하면 된다.
14+18=32

2수01-08 두 자리 수의 범위에서 세 수의 덧셈과 뺄셈을 할 수 있다.

덧셈과 뺄셈이 이루어지는 생활 장면을 이용하여 덧셈과 뺄셈의 혼합계산을 지도한다.

> 버스에 34명이 타고 있습니다. 정류장에서 18명이 내리고 15명이 탔습니다. 버스에는 몇 명이 타고 있습니까?

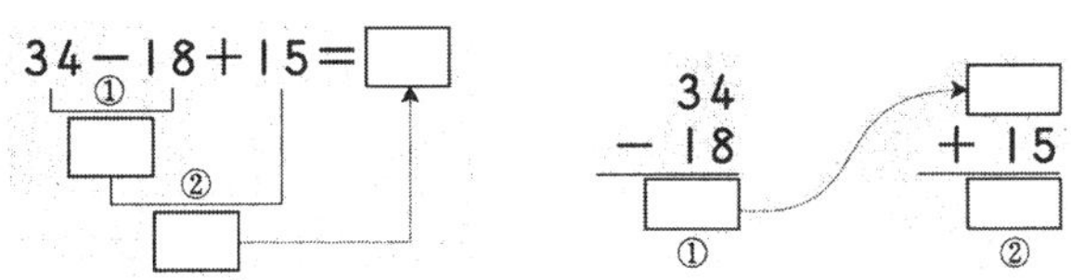

2수01-09 □가 사용된 덧셈식과 뺄셈식을 만들고, □의 값을 구할 수 있다.

a+b=c라고 하였을 때 3가지 문제 유형이 있다. 즉, a를 구하는 문제, b를 구하는 문제, c를 구하는 문제가 있다. a를 구하는 문제를 초기값 미지수, b를 구하는 문제를 변화값 미지수, c를 구하는 문제를 결과값 미지수라고 한다.

학생들은 c를 구하는 문제는 쉽게 해결하지만 a나 b를 구하는 문제에서는 어려움을 겪는 것으로 알려져 있다.

미지수를 구하기 위해서는 가역적 사고가 요구되고, 덧셈과 뺄셈의 관계를 알고 있어야 한다.

이론적 배경의 문장제 유형 참조

결과값 미지수

연못에 오리가 16마리 놀고 있는데 5마리가 더 들어 왔습니다.
오리는 몇 마리가 되었습니까?

16+5=□

변화값 미지수

버스에 21명이 타고 있었는데 정류장에서 몇 명이 내렸는데 버스에 9명이 남았습니다.
정류장에서 몇 명이 내렸습니까?

21-□ =9

초기값 미지수

상자에 사탕이 있었는데 동생에게 8개를 주었더니 5개가 남았습니다.
상자에는 사탕이 몇 개 있었습니까?

□ -8=5

2수01-10 곱셈이 이루어지는 실생활 상황을 통하여 곱셈의 의미를 이해한다.

동수누가로 해결할 수 있는 실생활 상황을 제공하여 곱셈을 도입하고, 배의 개념으로 곱셈의 의미를 확장하여 지도한다.

동수누가의 의미로 곱셈을 지도하면 곱셈의 본질인 배 개념으로 발전되지 못합니다.

자동차가 6대 있습니다. 바퀴는 모두 몇 개입니까?

세발 자전거가 5대 있습니다. 바퀴는 모두 몇 개입니까?

자동차가 3대 있습니다.

바퀴 수는 4+4+4=12개 입니다. → 바퀴 수는 4의 3배입니다.

2수01-11

곱셈구구를 이해하고, 한 자리 수의 곱셈을 할 수 있다.

1) 곱셈구구의 이해

곱셈구구에서 교환법칙, 항등원, 패턴 등을 찾아보시오.

조작 활동을 통하여 곱셈구구를 이해하고 하고, 뛰어세기 놀이나 게임을 이용하여 곱셈구구를 익힐 수 있도록 지도한다.

곱셈구구를 지도하는 순서는 일정하지 않지만 2, 5의 단을 먼저 지도하는 것은 뛰어세기 등을 통하여 쉽게 익힐 수 있기 때문이다. 또, 3과 6의 단, 4와 8의 단을 함께 지도하는 것은 패턴을 찾을 수 있고, 그들 사이의 관계를 파악할 수 있기 때문이다.

백제시대의 구구단

뛰어세기를 하면서 기린의 다리 수를 세어보시오.

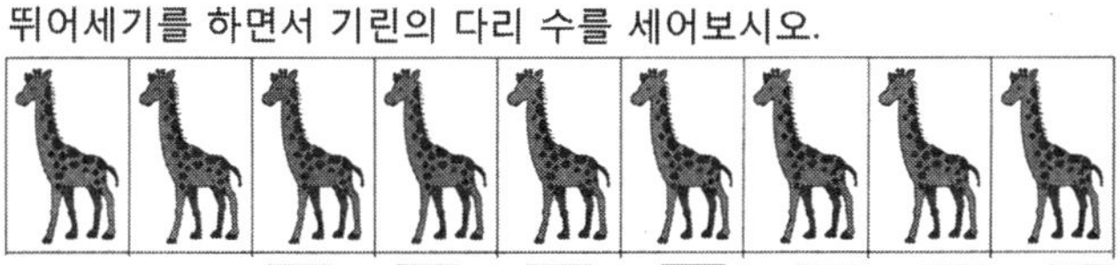

4 − 8 − □ − □ − □ − □ − □ − □ − □

곱셈구구의 이해가 선행되어야 하고, 충분히 이해되었다고 판단되면 게임이나 놀이를 통하여 곱셈구구가 숙달되도록 지도해야 합니다.

2) 한 자리 수의 곱셈

곱셈구구의 범위 안에서 문제 상황 제시 → 조작 활동 또는 암산 → 기호의 과정을 반복하여 수학 언어를 이해하도록 한다.

문제 해결 과정에서 같은 수를 반복하여 더한다는 것을 인식할 수 있도록 하고, 이때 곱셈구구를 이용하면 편리하다는 것을 깨닫게 한다. 이 수준까지 도달하면 구체물 조작 활동이 필요 없게 된다.

곱셈구구를 이용하여 문제를 해결하였다면 교실 안에서 곱셈구구를 이용하여 개수를 알 수 있는 것이 무엇인지 살펴보고 이를 곱셈 문제로 만들어 보게 하여 친구들과 함께 풀어보게 하면 곱셈구구의 이해를 발달시킬 수 있다.

2. 3~4학년군

4수01-03 세 자리 수의 덧셈과 뺄셈의 계산 원리를 이해하고 그 계산을 할 수 있다.

세 자리 수의 덧셈과 뺄셈의 원리는 수의 범위가 커졌을 뿐이고, 두 자리 수의 계산 원리와 같다. 따라서 지도 방법도 문제 상황 제시 → 조작활동 → 형식화(기호화) 과정을 거치게 한다.

세 자리 수의 덧셈과 뺄셈에서는 계산하기 전에 결과가 얼마쯤 될 것인지 어림하는 기회를 제공하면 결과에 대한 타당성을 검토할 수 있고, 수 감각과 암산 능력을 발달시킬 수 있다.

지도의 예를 살펴보면 다음과 같다.

문제 상황 제시

철호네 농장에서 귤을 472상자, 효리네 농장에서 369상자 수확하였습니다. 두 농장에서 수확한 귤은 모두 몇 상자입니까?

결과 어림하기 ➤ 몇 상자쯤 되겠습니까? *700, 800, 830 상자 등*

조작 활동

- 수 모형으로 조작 활동을 하여 문제를 해결한다.
- 조작 활동을 통하여 다양한 알고리즘이 개발되도록 한다.
- 어떻게 계산하였는지 발표시켜 아이디어를 공유하도록 한다.

형식화

- 자신의 조작 활동을 기호로 나타내어 보게 한다.
- 창의적인 알고리즘을 전체 학생들과 공유하도록 한다.

자연수의 덧셈과 뺄셈은 3-1에서 끝마치며, 더 큰 수의 계산은 세 자리 수의 계산 원리를 일반화하여 계산합니다. 필요하다면 계산기를 사용할 수 있습니다.

덧셈은 세 자리 수의 범위에서 다루되, 합이 네 자리 수인 경우도 포함됩니다.

알고리즘의 예

```
  472
+ 369
-----
  700
  130
   11
-----
  841
```

472 + 369 = 7 ⇨ 472 + 369 = ~~7~~ 83 ⇨ 472 + 369 = ~~7~~ 8~~3~~ 41

```
  472
+ 369
-----
   11
  130
  700
-----
  841
```

(받아올림 1) 472 + 369 = 1 ⇨ (받아올림 11) 472 + 369 = 41 ⇨ (받아올림 11) 472 + 369 = 841

472+369=(400+300)+(70+60)+(2+9)

자신의 조작활동이 기호로 연결되었을 때 기호의 의미를 이해할 수 있습니다.

4수01-04 세 자리 수의 덧셈과 뺄셈에서 계산 결과를 어림할 수 있다.

지도 방법은 4수01-03 을 참고하세요.

계산 문제라고 해서 성급하게 계산하려 덤비지 않고 결과가 얼마쯤 될 것이라고 어림한 다음에 계산하는 것이 바람직하다. 특히, 계산기를 사용한다면 숫자나 다른 기호를 입력하는 실수로 인하여 엉뚱한 계산 결과가 나타날 수 있다. 이때 결과를 어림하였었다면 실수를 깨닫고 다시 계산할 수 있을 것이다.

4수01-05

곱하는 수가 한 자리 수 또는 두 자리 수인 곱셈의 계산 원리를 이해하고 그 계산을 할 수 있다.

1) 곱하는 수가 한 자리 수

계산 알고리즘을 성급하게 도입하면 학생들은 기호의 의미를 이해하지 못한 채 기계적으로 학습하게 되고, 창의성 발달에 도움이 되지 않는다. 학생들의 머릿속에서 조작 활동과 기호가 잘 연결되어야 추상적인 수학 언어를 이해할 수 있다.

문제 상황 제시

철호는 사과를 42개 땄고, 효리는 철호의 3배를 땄다.
효리가 딴 사과는 몇 개입니까?

결과 어림하기 ➤ 몇 개쯤 될까? *120개, 100개 등*

조작 활동

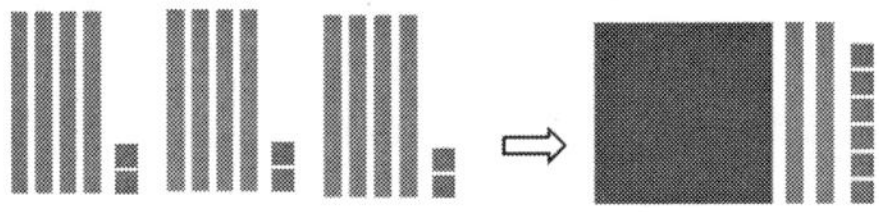

형식화

```
  4 2        4 2        4 2
×   3  ➡  ×   3  ➡  ×   3
-----      -----      -----
               6      1 2 6
```

```
  4 2        4 2        4 2
×   3  ➡  ×   3  ➡  ×   3
-----      -----      -----
            1 2 0      1 2 0̸
                           6
```

(세 자리 수)×(한 자리 수)의 계산은 (두 자리 수)×(한 자리 수)의 계산 원리를 유추하여 지도한다.

2) 곱하는 수가 두 자리 수

곱하는 수가 두 자리 수인 곱셈은 수가 커서 구체물 조작 활동으로 지도하기 어렵다. 따라서 그림 그리기 전략을 사용하여 지도한다.

문제 상황 제시

1상자에 32개씩 들어있는 빵이 24상자 있습니다.
빵은 모두 몇 개입니까?

결과 어림하기 ➢ 몇 개쯤 될까? *600개, 640개 등*

조작 활동

- 한 줄에 32개씩 24줄에 색칠하여 보시오.

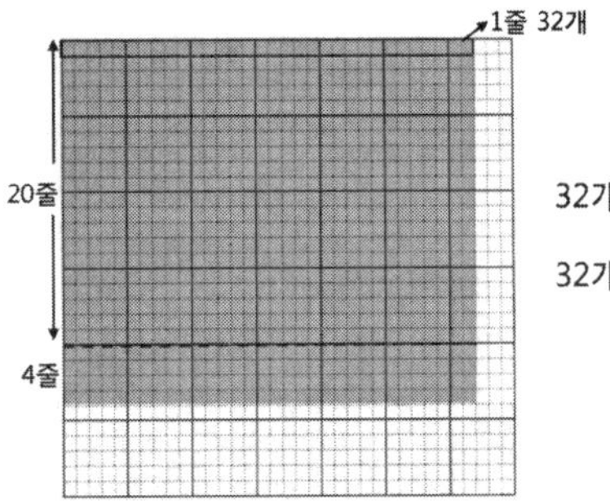

32개씩 20줄이면 몇 개? *32 x 20 = 640*

32개씩 4줄이면 몇 개? *32 x 4 = 128*

형식화

```
  32          32
 ×24         ×24
 640    ➡    640
             128
             768
```

```
  32          32
 ×24         ×24
 128    ➡    128
             64
             768
```

곱셈은 '(두 자리 수)×(한 자리 수)', '(세 자리 수)×(한 자리 수)', '(두 자리 수)×(두 자리 수)', '(세 자리 수)×(두 자리 수)'가 포함됩니다.

4수01-06 곱하는 수가 한 자리 수 또는 두 자리 수인 곱셈에서 계산 결과를 어림할 수 있다.

4수01-05 참고하세요.

4수01-07 나눗셈이 이루어지는 실생활 상황을 통하여 나눗셈의 의미를 알고, 곱셈과 나눗셈의 관계를 이해한다.

1) 나눗셈의 의미

나눗셈이 이루어지는 상황은 등분 상황과 측정 상황이다. 생활 장면을 제시하고, 조작 활동을 통하여 문제를 해결한다. 문제를 해결하는 조작 활동이 나눗셈과 연결된다는 것을 이해하도록 한다.

① 등분 상황

등분 상황은 단위의 크기, 몫의 크기를 구하는 것으로 시행착오를 통하여 해결할 수 있다.

> 바나나가 15개 있습니다. 3봉지에 똑같이 나누어 담으려면
> 한 봉지에 몇 개씩 담으면 되겠습니까?

3봉지에 똑같이 나누어 담기 위하여 우선 1개씩 담아보고, 많이 남아 있어서 3개씩 담았는데 또 남았다. 남은 것을 다시 1개씩 나누어 담았다. 이런 시행착오를 거쳐서 똑같이 나눌 수 있다. 한 봉지에 5개씩 들어가고, 이것은 단위의 크기(한 봉지의 크기)를 의미한다.

② 측정 상황

측정 상황은 단위의 수를 구하는 것으로 단위로 측정하거나 할당을 통하여 해결할 수 있다.

> 학생 24명을 6명씩 한 팀을 만들어 운동을 하려고 합니다.
> 몇 팀이 되겠습니까?

한 팀이 6명씩이므로 6명씩 할당하면 4팀을 만들 수 있다. 단위의 크기(한 팀의 사람 수)는 6이고, 단위의 수(팀의 수)는 4이다. 즉, 1단위가 6인 것으로 24를 측정하면 4번 잴 수 있다는 의미이다.

2) 곱셈과 나눗셈의 관계

곱셈과 나눗셈의 관계는 덧셈과 뺄셈의 관계처럼 역연산의 관계이고, 가역적 사고가 요구된다. 곱셈을 나타내는 그림이 곧 나눗셈을 나타내기도 한다.

❖색종이를 그림처럼 늘어 놓았습니다.

- 색종이는 몇 장인지 곱셈식으로 나타내어 보시오.
- 색종이 20장을 5장씩 묶으면 몇 묶음이 되는지 나눗셈으로 알아 보시오.
- 색종이 20장을 4장씩 묶으면 몇 묶음이 되는지 나눗셈으로 알아 보시오.
- 곱셈과 나눗셈의 관계를 말해 보시오.

4수01-08 **나누는 수가 한 자리 수인 나눗셈의 계산 원리를 이해하고 계산을 할 수 있으며, 나눗셈에서 몫과 나머지의 의미를 안다.**

1) 나눗셈의 계산 원리

등분 상황과 측정 상황을 제시하고, 수 모형으로 조작 활동을 하여 해결하고, 그 과정을 형식화하여 나눗셈의 계산 원리를 이해하도록 한다.

42를 나타낼 때 반드시 십 모형과 일 모형으로 나타내어야 합니다.

계산 원리를 학생 스스로 깨달을 때까지 충분하게 조작 활동을 제공해야 합니다.

문제 상황 제시

사과 42개를 3상자에 똑같이 나누어 담으면 한 상자에 몇 개씩 담으면 되겠습니까?

결과 어림하기 ➢ 몇 개쯤 될까? *10개, 15개 등*

조작 활동

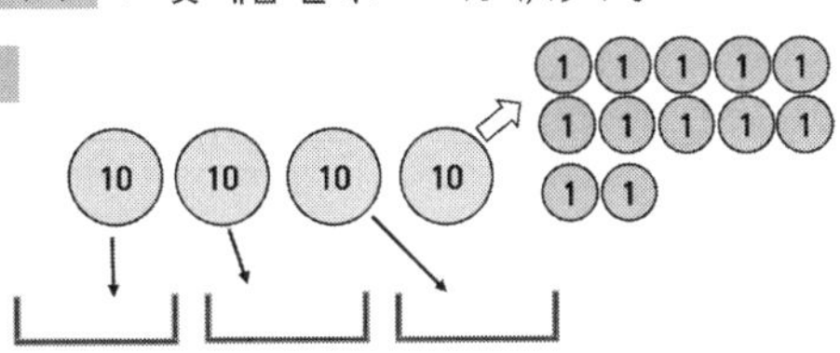

형식화

```
  10              4
3)42             10̸
  30      ⟹    3)42
  12              30
                  12
                  12
                   0
```

2) 몫과 나머지

몫과 나머지를 지도할 때에는 등분 상황보다 측정 상황이 더 자연스럽다. 등분 상황에서는 나머지도 쪼개어 나누어주어야 하는 상황이 있다. 예를 들면, 빵 5개를 2명이 똑같이 나누어 가지려면 나머지 1개도 반으로 쪼개어 가지면 나머지가 없게 되지만 쪼갤 수 없는 상황이라면 나머지로 처리한다. 그러나 포함 상황에서는 이런 상황이 발생하지 않는다.

17을 5로 나누면 몫은 3이고 2가 남습니다.
이 때, 2를 17 ÷ 5의 나머지라고 합니다.

17 ÷ 5 = 3 ··· 2

15 ÷ 5의 몫은 3이고, 나머지는 0입니다.
나머지가 0일 때, 나누어떨어진다고 합니다.

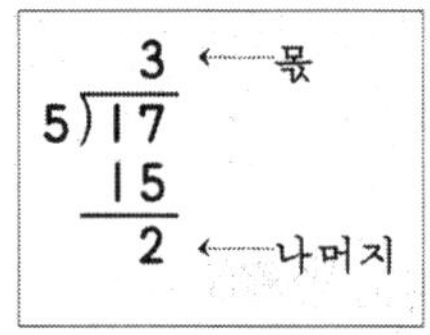

3) 검산

곱셈과 나눗셈의 관계를 이용하면 계산이 맞았는지 확인하는 검산을 할 수 있다. 즉, 나누어서 나머지가 남았다면 가역적으로 사고하여 곱하여 나머지를 더하면 원래대로 될 것이다.

나눗셈 : 17÷5=3 ··· 2

검산 : 5x3+2=17

평가할 때에도 검산의 목적과 필요성에 초점을 두어 평가합니다.

검산을 지도할 때에는 나눗셈식을 보고 곱셈식으로 나타내는 활동보다는 검산의 목적과 필요성을 이해하는 데 초점을 둔다.

4수01-09

나누는 수가 두 자리 수인 나눗셈의 계산 원리를 이해하고 그 계산을 할 수 있다.

나누는 수가 두 자리 수인 나눗셈에서는 몫을 결정하는 데 어려움이 있다. 임시 몫을 정하고 계산이 되는지를 살펴보아야 한다. 몫을 크게 하면 뺄 수 없을 것이고, 몫을 작게 하면 나머지가 나누는 수보다 크게 된다.

나눗셈에서 '(두 자리 수)÷(한 자리 수)'는 나누어떨어지는 경우와 나누어떨어지지 않는 경우를 포함하여 몫과 나머지를 이해하게 합니다.

나누는 수가 두 자리 수인 나눗셈에서는 '(두 자리 수)÷(두 자리 수)' '(세 자리 수)÷(두 자리 수)'를 다룹니다.

자연수의 나눗셈은 4학년 1학기에서 마무리 됩니다. 이보다 더 큰 수에 대한 나눗셈은 두 자리 수 나눗셈의 원리를 확장하여 적용합니다. 필요하다면 계산기를 사용할 수 있습니다.

문제 상황 제시

귤 159개를 한 상자에 38개씩 담으면 몇 상자가 되겠습니까?

결과 어림하기 ➤ 몇 상자쯤 될까? *5상자, 4상자 등*

조작 활동

- 수 모형으로 조작 활동을 한다.

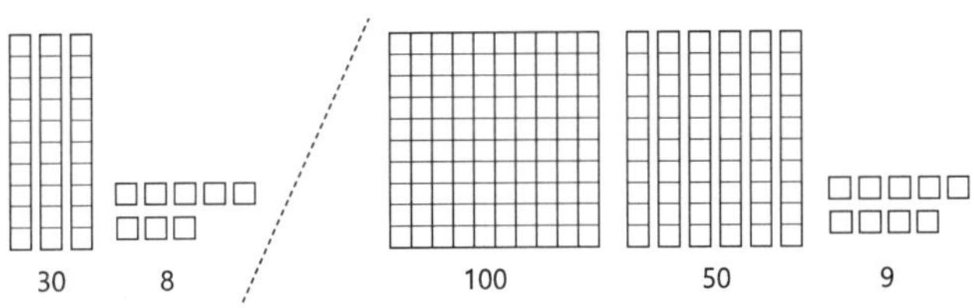

형식화

$$\begin{array}{r} 5 \\ 38\overline{)159} \\ 190 \\ \hline ? \end{array} \xrightarrow{\text{몫을 작게 한다.}} \begin{array}{r} 4 \\ 38\overline{)159} \\ 151 \\ \hline 8 \end{array}$$

$$\begin{array}{r} 3 \\ 38\overline{)159} \\ 114 \\ \hline 51 \end{array} \xrightarrow{\text{몫을 크게 한다.}} \begin{array}{r} 4 \\ 38\overline{)159} \\ 151 \\ \hline 8 \end{array}$$

51 → 나머지가 나누는 수보다 크다.

즉, 더 나누어 줄 수 있다.

3. 5~6학년군

6수01-01 덧셈, 뺄셈, 곱셈, 나눗셈의 혼합 계산에서 계산하는 순서를 알고, 혼합 계산을 할 수 있다.

혼합 계산은 3~4학년군에서 5~6학년군으로 이동되었다. 혼합 계산이 이루어지는 생활 장면을 이용하여 지도한다.

혼합 계산에서 중요한 것은 계산 순서이므로 이를 강조하여 지도하되 지나치게 복잡한 혼합 계산은 다루지 않도록 한다.

혼합계산의 계산 순서는 다음과 같다.

① 덧셈과 뺄셈의 혼합계산: 차례대로 계산한다.

② 곱셈과 나눗셈의 혼합계산: 차례대로 계산한다.

③ 덧셈, 뺄셈, 곱셈의 혼합계산: 곱셈 먼저 계산하고, 덧셈과 뺄셈을 계산한다.

④ 덧셈, 뺄셈, 나눗셈의 혼합계산: 나눗셈 먼저 계산하고, 덧셈과 뺄셈을 계산한다.

⑤ 괄호가 있는 혼합계산: 괄호 안을 먼저 계산하고, 나머지는 위의 계산 규칙에 따라 계산한다.

지도 내용은 다음과 같다.

1) 덧셈과 뺄셈의 혼합계산

버스에 25명이 타고 있는데 정류장에서 4명이 내리고 7명이 탔습니다. 버스에는 몇 명이 타고 있습니까?

- 하나의 식으로 나타내어 보시오.
- 버스에는 몇 명이 타고 있습니까?
- 어떻게 계산하였습니까?

2) 곱셈과 나눗셈의 혼합계산

학생 26명을 4개 모둠으로 나누어 축구 연습을 하려고 합니다. 한 모둠에 축구공을 5개씩 주려면 축구공은 몇 개가 있어야 합니까?

- 하나의 식으로 나타내어 보시오.
- 축구공은 몇 개가 필요합니까?
- 어떻게 계산하였습니까?

3) 덧셈, 뺄셈, 곱셈의 혼합계산

우유팩이 64개 있습니다. 한 사람에게 3개씩 15명에게 나누어주었습니다. 남은 우유팩은 몇 개입니까?

- 하나의 식으로 나타내어 보시오.
- 우유팩은 몇 개 남았습니까?
- 어떻게 계산하였습니까?

4) 덧셈, 뺄셈, 나눗셈의 혼합계산

과일 가게에서 하루에 사과 12상자를 팔고, 배는 이틀에 22상자를 팔았습니다. 하루에 판 과일은 어느 것이 얼마나 더 많습니까?

- 하나의 식으로 나타내어 보시오.
- 어느 과일이 몇 상자 더 팔렸습니까?
- 어떻게 계산하였습니까?

5) 괄호가 있는 혼합계산

공책이 100권 있습니다. 남자 12명과 여자 17명에게 공책을 한 사람에게 2권씩 주었습니다. 공책은 몇 권 남았습니까?

- 하나의 식으로 나타내어 보시오.
- 공책은 몇 권 남았습니까?
- 어떻게 계산하였습니까?

Co-Learning 5

1. 0 만들기 게임을 해보시오.

0 만들기 게임 규칙

1. 한 사람이 마음대로 수를 선택하여 말한다.
2. 상대방은 그 수에서 0보다 큰 한 자리 수를 뺀 다음, 결과를 말한다.
3. 번갈아 가면서 빼기를 한다.
4. 결과가 0이 되면 진다.

1) 상대방이 7이라고 하면 나는 그 수에서 얼마를 빼고 말해야 하는가?

2) 상대방이 11이라고 하면 나는 이길 수 있는가?

3) 이 게임에서 이기려면 어떤 전략을 세워야 하는지 말해 보시오.

2. 뺄셈 게임하기: 주사위를 던져 나온 수를 □ 안에 넣어 더 작은 수를 만든 사람이 이긴다.

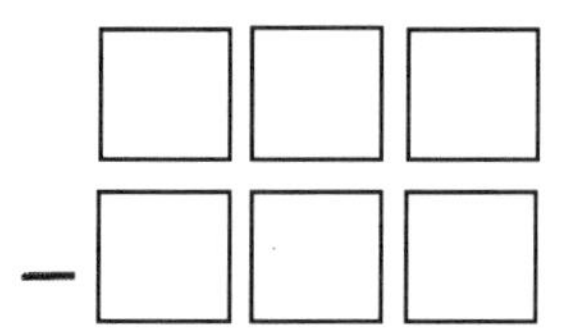

3. 다음 문제 상황을 수 모형으로 나타내고, 해결 과정을 기호로 나타내시오.

조작 활동을 기호로 연결하고, 자신만의 알고리즘을 개발한다.

1) 상자에 사과가 21개 있는데 6개를 먹었다. 남은 사과는 몇 개인가?

2) 연못에 오리가 243마리 놀고 있는데 178마리가 더 들어왔다. 연못에 오리는 몇 마리 있는가?

3) 연못에 오리가 243마리 있었는데 178마리가 집으로 돌아갔다. 몇 마리 남았는가?

4. 박교사는 일반적인 알고리즘에 따라 오른쪽에서 왼쪽으로 계산하는 덧셈을 지도하였는데 일부 학생들이 왼쪽에서 오른쪽으로 계산하고 있었다. 박교사는 다른 학생들에게 혼란을 일으킬 것 같아 일반적인 방법으로 계산할 것을 요구하였다. 여러분의 생각은 어떤가?

알고리즘(algorithm)
계산 절차 또는 방법을 말하는 것으로 아라비아의 수학자 Al Kwarizmi(780~850)의 이름에서 유래된 용어입니다.

5. 다음 나눗셈을 수 모형으로 해결하고, 교과서에 제시되지 않은 알고리즘을 만들어 다른 사람과 비교하시오.

1) $532 \div 4$

2) $235 \div 25$

6. 수학 수업에서 계산기를 사용하는 것에 대한 여러분의 의견을 근거와 함께 쓰시오.

7. 어떤 학생이 "뺀다는 말도 없는데 철수는 영희보다 책을 몇 권 더 가지고 있는지를 알아보기 위하여 왜 뺄셈을 해야 해요?"라고 질문하였다. 이 학생에게 어떤 설명을 해주겠는가?

8. 선행학습을 한 어느 학생이 다음과 같이 계산하였다. 이 학생의 알고리즘이 타당한가/그렇지 않은가? 3자리 수에서도 적용되는지 알아보시오.

$$\begin{array}{r} 55 \\ -17 \\ \hline -\ 2 \\ 40 \\ \hline 38 \end{array}$$

9. 어떤 교사는 여러 자리 수의 덧셈을 한 가지 방법으로 가르쳤다. 다른 교사는 학생 자신의 방법을 찾아 계산하도록 하였다. 두 방법에 대한 자신의 의견을 근거와 함께 제시하시오.

10. 우리나라 교육과정에서도 계산기의 사용을 권장하고 있지만 NCTM에서는 기본수의 덧셈, 빼셈, 곱셈, 나눗셈은 계산기 없이도 빨리 계산할 수 있어야 한다고 주장하고 있다. 계산기 없이 기본수의 계산을 빨리 계산하는 것이 왜 중요한지 말하시오.

기본수의 계산
한 자리 수의 덧셈과 곱셈, (십몇)−(몇), (두 자리 수)÷(한 자리 수)

11. 어느 학생이 다음과 같이 뺄셈을 하였다. 이 학생은 어디에서 잘못을 저질렀는가?

1)
```
  3 1 1
  5̸0̸0̸
 −247
 ────
  163
```

2)
```
  4 10
  5̸0̸0̸
 −247
 ────
  263
```

12. 1학년 학생이 7+4를 10만들기 방법으로 해결하였다. 이 학생이 해결한 방법을 그림으로 나타내고, 계산 과정에서 사용된 덧셈의 성질은 무엇인가?

13. 1학년 학생이 13−4를 2가지 방법으로 해결하였다. 해결 방법을 그림으로 나타내고, 어느 방법이 더 편리한지 그 이유를 쓰시오.

14. 교사가 15÷5를 그림으로 해결하라고 하였더니 철수와 영희가 다음 그림과 같이 해결하였다. 철수와 영희는 나눗셈의 어떤 의미로 해결하였는가?

철수: 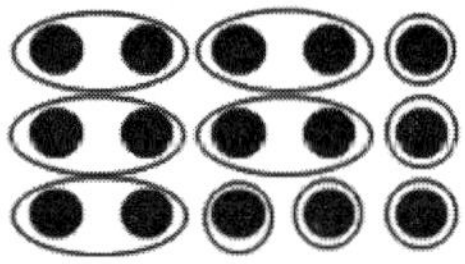

영희: 

15. A교사는 80÷16은 40÷8로 해결할 수 있다고 설명하였으나 학생들은 선뜻 이해하지 못하고 있다. 학생들을 위하여 그림을 그려서 왜 그런지 설명하시오.

16. 피자를 소재로 하여 26÷4로 해결할 수 있는 문장제를 등분 상황과 측정 상황으로 나타내시오. 해결 방법으로 그림으로 나타내고, 나머지를 어떻게 처리해야 하는지도 설명하시오.

(등분 상황) :

(그림)

(포함 상황) :

(그림)

17. 어떤 학생이 한 수를 증가시키는 대신 다른 수를 감소시켜 곱하였더니 (예 34×58과 37×55) 서로 다른 값이 나온다는 것을 의아하게 생각하였다. 이 학생이 이해할 수 있도록 설명하시오.

18. 곱셈에서 결합법칙의 필요성을 느낄 수 있는 예를 제시하시오.

19. NCTM에서는 '수 모형은 학생들이 수를 나타내는 것을 도와주고 수 감각을 발달시킬 수 있다. 그러나 수 모형을 사용하였다고 해서 특히, 기계적으로 사용하였다면 수를 이해했다고 확신할 수 없다.'라고 하였다. 수 감각에 대한 자신의 의견은?

20. 일상생활에서 정확한 계산보다는 어림이 더 유용한 사례를 찾아보시오.

예상과 확인 전략을 사용해 보시오.

21. 당나귀와 말이 짐 보따리를 싣고 가고 있다. 당나귀가 말에게 "네가 가진 보따리에서 하나를 주면 너와 내 짐이 같게 된다." 이에 말은 "네가 나에게 하나를 주면 내 짐은 네 것의 2배가 된다."고 대답하였다. 당나귀와 말의 짐을 각각 얼마인가?

22. 원둘레에 1~7까지의 수가 있다. 두 수 이상의 이웃하는 수를 더하면 8부터 28까지 나타낼 수 있다. 같은 방법으로 7부터 21까지 수를 나타낼 수 있도록 원둘레에 1~6까지의 수를 쓰시오.

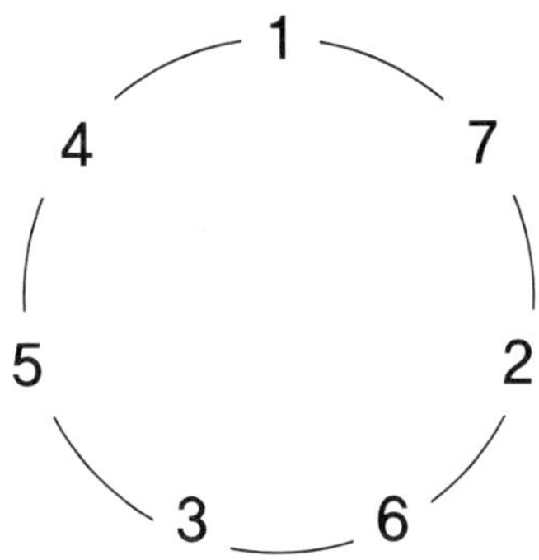

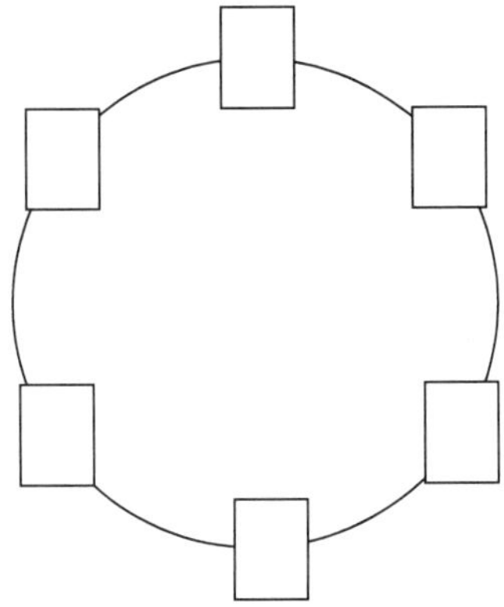

23. 1~9까지의 수를 한 번만 사용하여 덧셈식을 완성하시오.

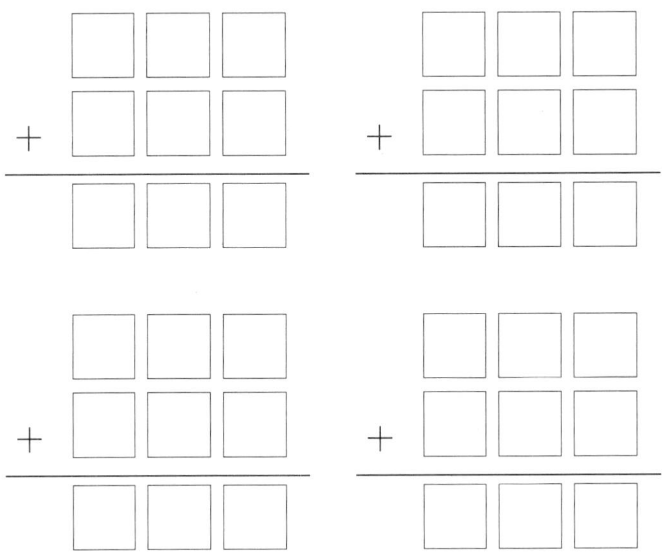

24. 왼쪽에서 오른쪽 방향으로 부분의 합을 이용하여 덧셈을 하시오.

```
              356        476
             +123       +959
             ----       ----
부분의 합     400
               70
                9
             ----
              479
```

25. 왼쪽에서 오른쪽 방향으로 덧셈을 하시오.

```
  874        2361
 +258       +7788
 ----       -----
```

26. 1~9까지의 수를 한 번만 사용하여 덧셈식을 완성하시오.

```
    □ □ □        □ □ □
  + □ □ □      + □ □ □
  -------      -------
    9 9 9        9 9 9
```

27. 12~27까지의 수를 한 번만 사용하여 마방진을 완성하시오.

27			
		21	19
20	18		
	25		12

마방진

12~27까지의 합은 312임을 이용합니다.

28. 1~9까지의 수를 한 번만 사용하여 가로, 세로, 대각선의 합이 모두 다른 이종 마방진을 만드시오.

마방진(魔方陣, magic square)
가로, 세로, 대각선에 있는 수들의 합이 모두 같은 정사각형 모양의 수

이종 마방진(hetero magic square)
가로, 세로, 대각선에 있는 수들의 합이 모두 다른 정사각형 모양의 수

반마방진(anti-magic square)
이종 마방진의 특수한 경우로 가로, 세로, 대각선에 있는 수들의 합이 모두 다르지만 합이 연속된 수로 나타나는 정사각형 모양의 수

29. 다음은 곱셈 마방진이다. 덧셈 마방진과 비슷한 점과 다른 점을 찾아 보시오. 36의 약수를 이용하여 곱셈 마방진을 만들어 보시오.

8	256	2
4	16	64
128	1	32

123+45−67+8−9,
123−4−5−6−7+8−9

30. 1~9까지의 수가 차례로 쓰여 있다. 괄호를 사용하지 않고 적절한 곳에 +, - 기호를 넣어 등식이 성립되도록 하시오.

1 2 3 4 5 6 7 8 9 = 100

1 2 3 4 5 6 7 8 9 = 100

31. 다음 계산의 패턴을 계속하시오.

1)	2)	3)
$1\times9+2=11$	$1\times99=99$	$1=1$
$12\times9+3=111$	$2\times99=198$	$3+5=2^3$
$123\times9+4=1111$	$3\times99=297$	$7+9+11=3^3$

32. □ 안에 알맞은 수를 넣으시오.

1)

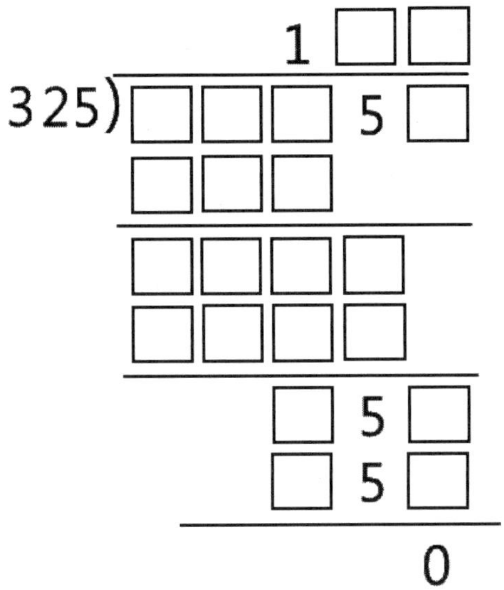

2)

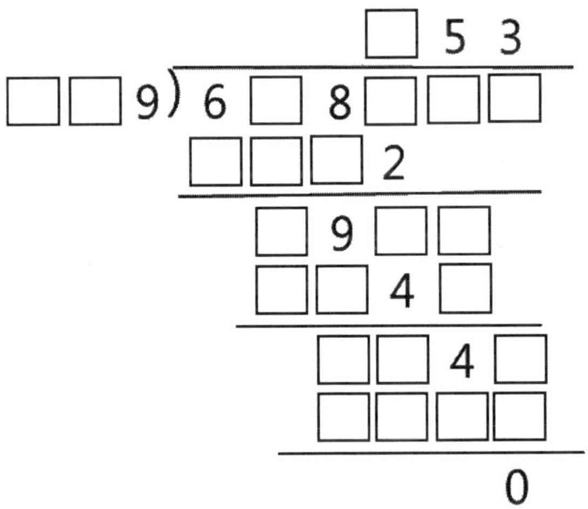

3)

$$\begin{array}{r} \square\,1\,\square \\ \times \quad 3\,\square\,2 \\ \hline \square\,3\,\square \\ 3\,\square\,2\,\square \\ \square\,2\,\square\,5 \\ \hline 1\,\square\,8\,\square\,3\,0 \end{array}$$

4)

$$\begin{array}{r} \square\,\square\,3 \\ \times \quad \square\,\square\,3 \\ \hline 3\,\square\,\square \\ \square\,3\,\square \\ \square\,\square\,3 \\ \hline \square\,\square\,\square\,\square\,\square \end{array}$$

5) $235 \times \square\square = \square\square 56 \square$

33. 어떤 나눗셈 문제인데 숫자 4가 4개 있고 나머지는 모두 빈칸이다. □ 안에 알맞은 수를 쓰시오.

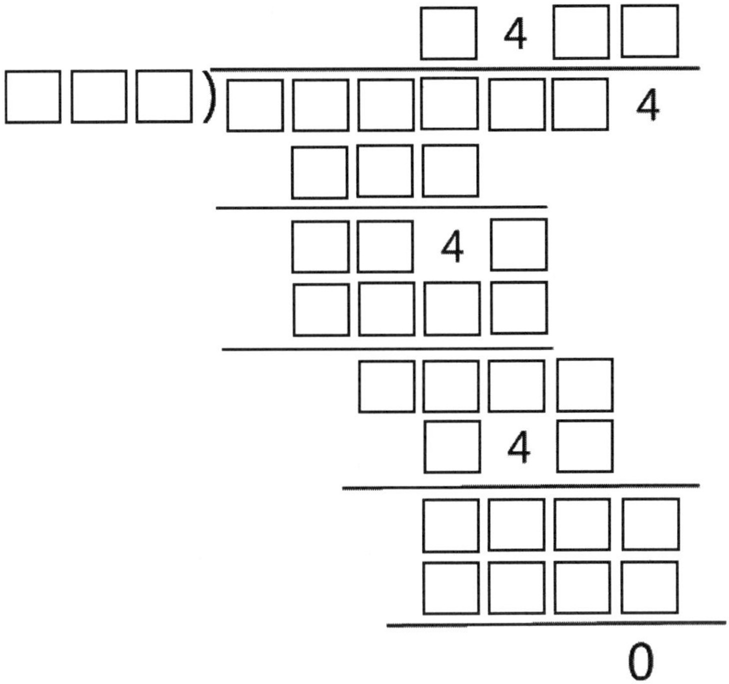

34. 다음 곱셈에서 □ 의 숫자는 지워져 알 수 없다. A, B, C에 해당하는 숫자를 구하시오.

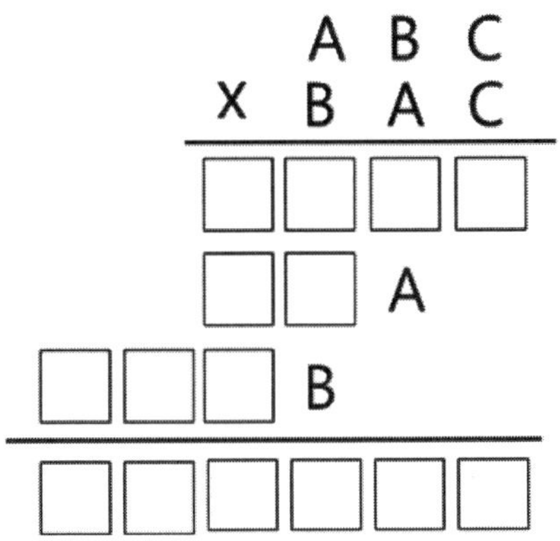

어렵지만 재미있는 문제이므로 인내심을 가지고 생각해 보세요.

답은 4가지 경우가 있으며, 나누어지는 수의 첫 자리 수는 1, 나누는 수의 첫 자리 수는 8 또는 9인 경우도 있습니다.

35. 1~9까지의 수를 한 번만 사용하여 다음 식을 완성하시오.

$$\square + \square = \square$$

$$\square - \square = \square$$

$$\square \div \square = \square$$

36. 36×42에서 각 자리 수를 서로 바꾸어서 곱하여도 곱은 같다. 즉,

$$36\times42=1512 \qquad 63\times24=1512$$

이와 같은 예를 더 찾아보고, 그런 규칙이 적용되는 이유를 설명하시오.

괄호, 두 자리 수를 사용해도 됩니다.

37. 4개의 4를 이용하여 1부터 10까지 만드시오. (초등학교 교육과정 범위 안에서)

38. 다음을 암산으로 해결하고 어떻게 하였는지 쓰시오.

1) 87+55=

2) 245−189=

3) 36.2×5=

4) 85.5÷5=

5) 75×75=

6) 700÷25=

7) 99×48=

8) 101×64=

9) 16×14=

10) 47×53=

11) 66×15=

12) 5+2+7+7+4+4=

13) 9+6+4+7+6+2+8+3=

14) 210÷75=

15) 39÷15=

암산 전략
① 왼쪽에서 오른쪽으로 계산
② 받아올림/내림 없는 계산
③ 부분-합 계산
④ 10, 100, 1000 만들기 활용
⑤ 알고리즘 원리 활용
⑥ 기타

제6장

분수와 소수

Ⅰ. 이론적 배경

초등학교에 입학하면서 학습한 자연수는 절대적인 수나 크기를 나타내는 데 사용되지만 일상생활에서는 부분이나 상대적인 크기를 나타내어야 하는 상황에 자주 직면하게 된다. 부분이나 상대적인 크기를 자연수로 표현하기 어려운데 이를 해결하기 위하여 분수(유리수)라는 새로운 형태의 수가 필요하게 되었다.

분수는 부분, 상대적인 크기를 나타내는 수인데 이미 학습한 자연수 2개를 사용하여 전혀 다른 형태로 표현되기 때문에 초등학생들에게는 매우 낯설고 괴물처럼 보일 것이다. 낯설고 괴물처럼 보이는 분수를 수로 이해하기까지는 많은 시간과 노력이 필요할 뿐만 아니라 더 높은 수준의 사고가 요구된다. 따라서 성급하게 접근하기보다는 상황-언어-기호가 잘 연결될 수 있도록 충분한 활동이 필요하다.

1. 유리수와 분수

1) **유리수:** 몫을 나타내는 수 또는 정수 a, b의 비를 나타내는 수로서 $\frac{b}{a}$ 처럼 분수 형태로 나타낸다($a, b \in I, a \neq 0$).

2) **분수:** 몫을 나타내는 수 또는 두 수 a, b의 비를 나타내는 수로서 $\frac{b}{a}$ 꼴로 나타낸다($a \neq 0$).

3) **유리수와 분수의 차이점:** $\frac{\sqrt{2}}{2}$는 분수이지만 유리수는 아니다. 무리수를 학습하지 않는 초등학교에서는 유리수와 분수를 같은 의미로 사용하고 있다.

유리수
rational number
ratio 즉, 비를 나타내는 수라는 뜻입니다.

I: integer
정수를 나타냅니다.

2. 분수학습의 어려움

1) 분수 내적인 문제

① 여러 가지 의미와 다양한 성질을 지니고 있다.

② 분자와 분모의 관계에 주목해야 한다.

예 $\frac{2}{3}$ 는 하나의 수이지만 3과 2의 관계를 동시에 생각해야 한다.

③ 학습한 자연수 개념이 분수를 학습하는 데 오히려 방해가 될 때가 있다.

예 $3 > 2$ 이지만 $\frac{1}{3} < \frac{1}{2}$ 이다.

2) 분수 외적인 문제

① 학습 내용 구성이 분수의 발생적인 측면을 고려하지 않았다.

② 교과서에 제시된 학습 자료가 제한적이고 편중되어 있으며, 조작활동이 필요 없는 자료가 많다.

무리수를 둔 피타고라스

3) 지도 방법의 문제

① 분수의 양적인 이해가 고려되지 않고 있다. $\frac{2}{3}$는 전체를 3으로 나눈 것 중의 2이라는 전체-부분의 의미가 강조되고 있어 하나의 수로 인식하는 데 어려움이 있다.

② 성급하게 기호화를 요구하고 있고, 계산 알고리즘에 치중하고 있다.

3. 분수의 여러 가지 의미

1) 전체-부분의 의미: 전체를 똑같이 몇으로 나눈 것 중의 몇

2) 몫의 의미: 전체를 똑같이 나누었을 때 한 부분의 크기. 예를 들면, 빵 3개를 똑같이 두 사람이 나누면 한 사람의 몫은 $1\frac{1}{2}$이다.

3) 비의 의미: 기준에 대한 부분의 상대적인 크기. 예를 들면, 남자 6명과 여자 3명이 있다면 남자는 여자(기준)의 2배이고, 여자는 남자(기준)의 $\frac{1}{2}$이다.

4) 측정의 의미: 단위로 대상을 측정하는 의미. 예를 들면, 길이가 2인 막대를 단위가 1인 자로 재면 막대의 길이는 2이고, 단위가 $\frac{1}{2}$인 자로 재면 $\frac{4}{2}$, 단위가 $\frac{1}{3}$인 자로 재면 $\frac{6}{3}$이다.

5) 연산자의 의미: 도형이나 집합에 작용하여 대상을 변화시킨다는 의미. 예를 들어, 12의 $\frac{2}{3}$ 는 얼마인가에서 $\frac{2}{3}$ 는 12에 작용하여 8로 변화시킨다.

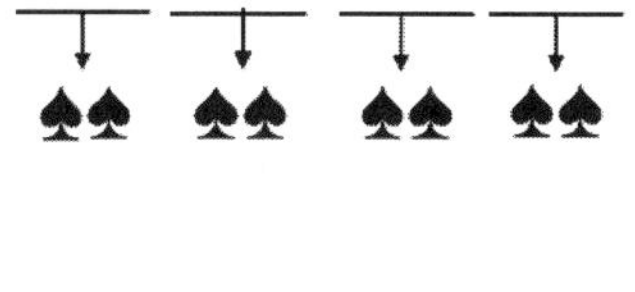

4. 분수 학습에 사용되는 모델

1) 연속량 모델

① 넓이 모델: 전체를 크기가 똑같게 등분할하는 모델

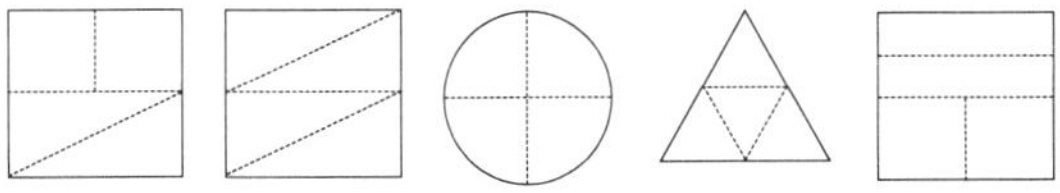

② 영역 모델: 넓이 모델 중에서 모양도 같은 모델로 구체적이고 조작하기 쉽다.

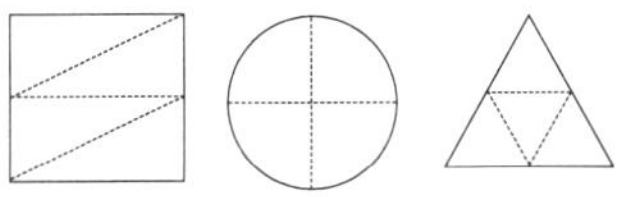

3, 4학년에서는 영역모델을 사용합니다.

③ 길이 모델: 가느다란 종이테이프나 수직선과 같이 길이의 속성을 지닌 모델

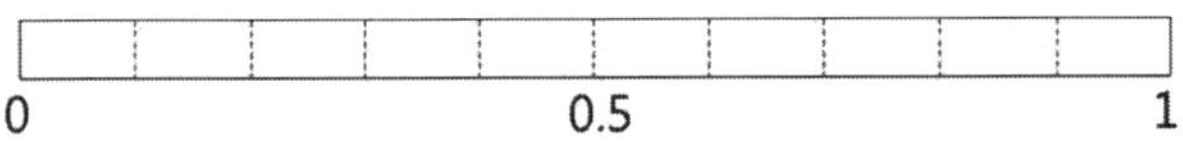

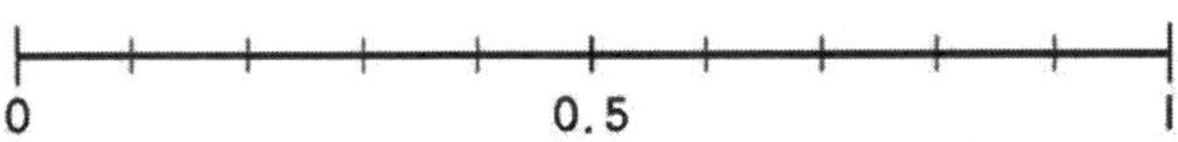

④ 기타: 비커, 시계 눈금 등

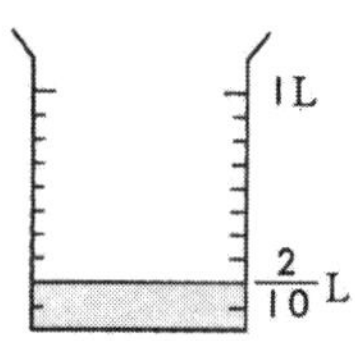

2) 이산량 모델

집합 모델: 사물의 한 집합을 전체로 생각하는 모델인데 이산량인 전체를 1로 생각하는 것이 학생들에게는 약간 어려울 수 있다.

5. 분수 지도

모델, 읽기, 기호를 상호 연결하여 지도한다.

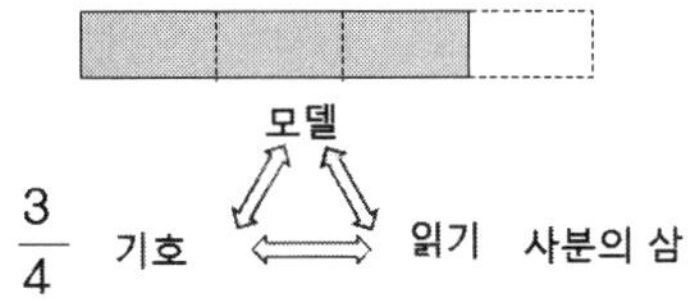

6. 여러 가지 분수

단위분수單位分數 unit fraction
측정하는 단위를 나타내는 분수입니다.

진분수眞分數 proper fraction
분수의 발생 과정을 생각하면 1보다 작은 분수를 진분수라고 하는지 짐작할 수 있습니다.

1) 단위분수: 분모가 1인 분수 예 $\frac{1}{2}$, $\frac{1}{3}$, $\frac{1}{5}$, $\frac{1}{10}$ 등

2) 진분수: 1보다 작은 분수 예 $\frac{1}{3}$, $\frac{3}{4}$, $\frac{2}{5}$, $\frac{9}{10}$ 등

3) 가분수: 1과 같거나 1보다 큰 분수 예 $\frac{4}{4}$, $\frac{5}{3}$, $\frac{20}{10}$, $\frac{2}{1}$ 등

4) 대분수: 자연수와 진분수의 합으로 이루어진 분수 예 $2\frac{3}{4}$ $(2+\frac{3}{4})$, $10\frac{1}{2}$ 등

5) 기약분수: 분자와 분모의 공약수가 1뿐인 분수 예 $\frac{1}{5}$, $\frac{2}{3}$, $\frac{7}{12}$ 등

6) 동치분수: 분모는 다르지만 크기가 같은 분수 예 $\frac{2}{5}$ 의 동치분수 $\frac{4}{10}$, $\frac{6}{15}$, $\frac{12}{30}$ 등

7. 크기 비교

단위분수를 이용하여 지도한다.

1) 동분모 분수

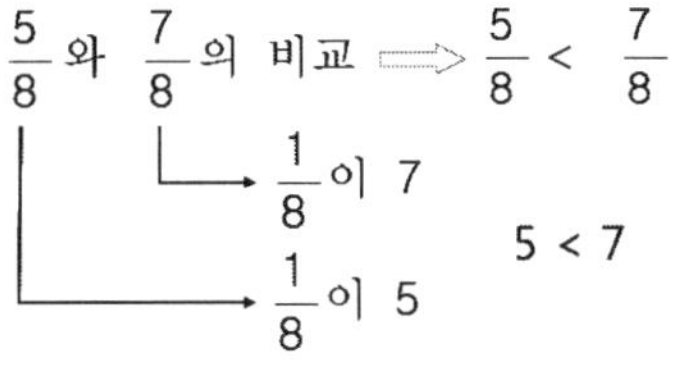

2) 이분모 분수

단위분수가 다르므로 직접 비교할 수 없다. 따라서 단위분수를 같게 한다.

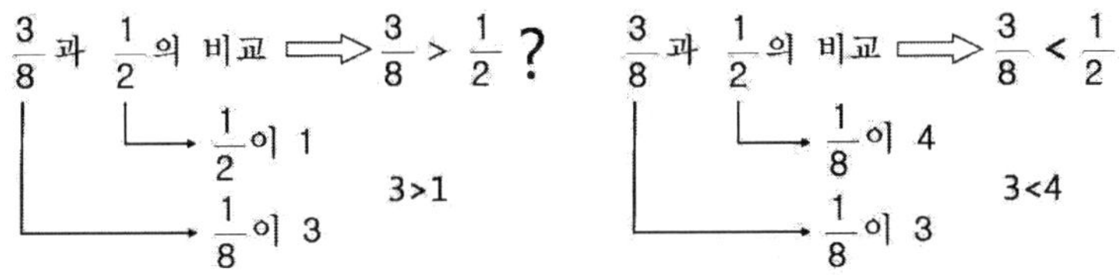

8. 소수

소수는 분모가 10, 100, 1000, …인 분수를 다른 방법으로 표현한 수인데 자연수와 비슷하여 분수보다 쉽게 이해할 수 있다.

십진기수법에서는 위치에 따라 자릿값이 달라지는데 각 자릿값은 그 오른쪽에 있는 자릿값의 10배이다. 따라서 왼쪽으로 위치가 변하면 연속적으로 10배씩 된다.

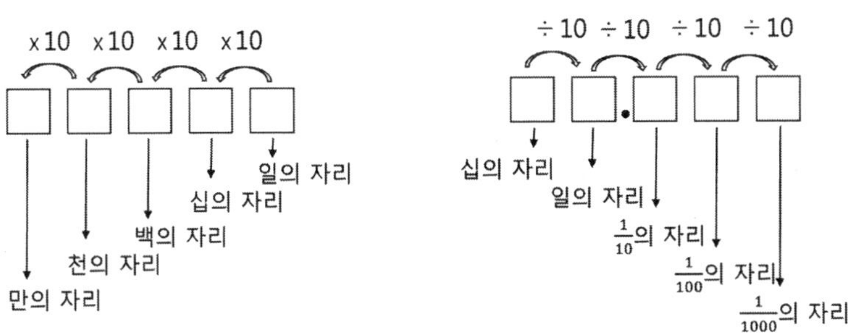

오른쪽으로 한 자리씩 이동하면 자릿값은 $\frac{1}{10}$이 되므로 일의 자리에서 한 자리 더 오른쪽으로 이동하면 자릿값은 $\frac{1}{10}$, $\frac{1}{100}$, $\frac{1}{1000}$, …이 된다.

0.3과 0.30이 왜 같은 크기의 수인지 알 수 있습니다.

1) 소수 나타내기

$\frac{1}{10}$을 0.1로 나타낸다. $\frac{3}{10}$은 $\frac{1}{10}$이 3인 수이므로 0.3이다.

$\frac{1}{100}$을 0.01로 나타낸다. $\frac{6}{100}$은 $\frac{1}{100}$이 6인 수이므로 0.06이고, $\frac{42}{100}$은 $\frac{1}{100}$이 42인 수이므로 0.42이다.

$\frac{1}{1000}$을 0.001로 나타낸다. $\frac{319}{1000}$는 0.319이고, $\frac{300}{1000}$은 0.300인데 $\frac{300}{1000}=\frac{3}{10}$이므로 0.3이다.

2) 소수 학습 모델

자연수 모형

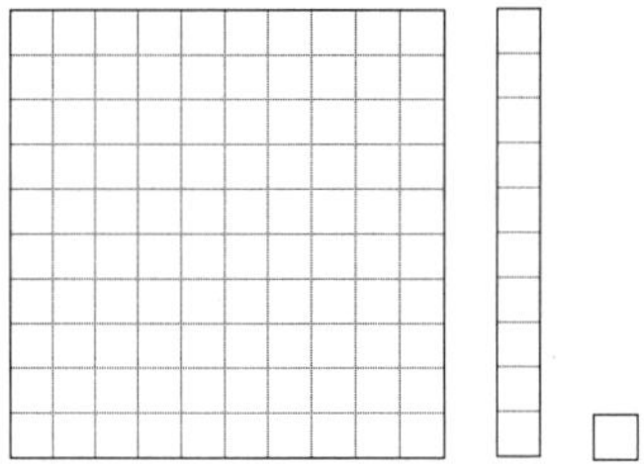

100 10 1

소수 모형

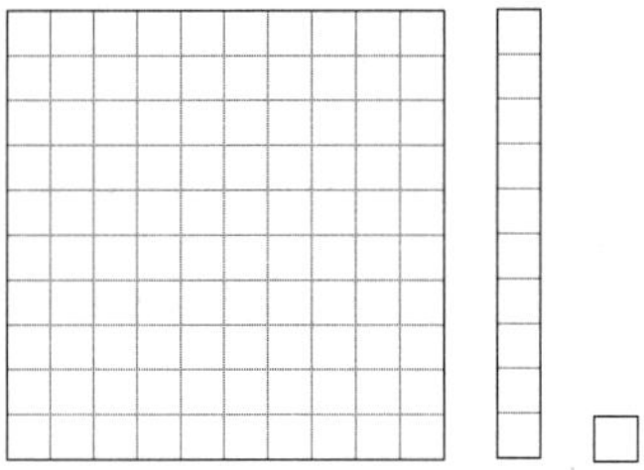

1 0.1 0.01

10 1 0.1

분모가 2, 4, 5, 8인 진분수와 소수의 관계에 익숙해지면 수 감각이나 계산에서 편리합니다.

3) 분수와 소수의 관계

$\frac{1}{2}=0.5$ $\frac{1}{4}=0.25$ $\frac{3}{4}=0.75$ $\frac{1}{5}=0.2$ $\frac{1}{8}=0.125$

4) 세계 여러 나라의 소수 표기법

미국 등 많은 나라 45.98	영국 45·98
독일, 프랑스, 이탈리아 등 45,98	스칸디나비아 국가들 $45,^{98}$

9. 소수의 크기 비교

소수의 크기 비교는 단위 소수(0.1, 0.01 등)를 이용하거나 소수를 분수로 나타내어 비교하는 연역적 발견학습으로 지도할 수 있다.

0.4와 0.9의 비교: 0.4 < 0.9 → 0.1이 4, 0.1이 9 → 4 < 9

0.43과 0.42의 비교: 0.43 > 0.42 → 0.01이 43, 0.01이 42 → 43 > 42

0.507과 0.57의 비교: 0.507 < 0.57 → $\frac{507}{1000}$, $\frac{570}{1000}$

1.001과 0.999의 비교: 1.001 > 0.999 → $1\frac{1}{1000}$, $\frac{999}{1000}$

Ⅱ. 교과 내용과 교수법

1. 3~4학년군

4수01-10

양의 등분할을 통하여 분수를 이해하고 읽고 쓸 수 있다.

전체를 똑같이 몇으로 나눈 것 중의 몇이라는 양의 등분할(전체-부분의 의미)을 통하여 분수를 도입하는 것은 초등학생들이 분수를 받아들이기에 가장 편리하고 쉬운 방법이다. 그러나 전체-부분의 의미로 분수를 계속 지도하게 되면 학생들의 분수 개념은 더 이상 발전하지 못하게 된다. 전체-부분의 의미로 도입하여 분수에 대한 기초 개념이 형성되었다면 측정의 의미나 비의 의미를 이해할 수 있도록 지도해야 한다.

전체-부분의 의미로서 분수는 하나의 수로 인식하기보다는 등분할 상태를 표현한 것으로 인식하기 쉽다. 따라서 1보다 작은 양을 나타내는 수가 분수라는 것을 인식할 수 있도록 지도할 때 주의를 기울여야 한다.

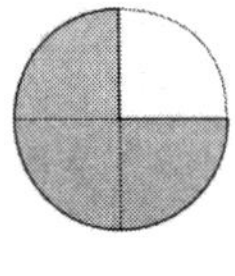

뜻 전체를 똑같이 4으로 나눈 것 중의 3

쓰기 $\frac{3}{4}$ 3 → 부분의 수, 4 → 전체의 수

읽기 4분의 3

1단계: 양을 등분할 하기

똑같이 3으로 나누시오. 똑같이 5으로 나누시오. 똑같이 4으로 나누시오.

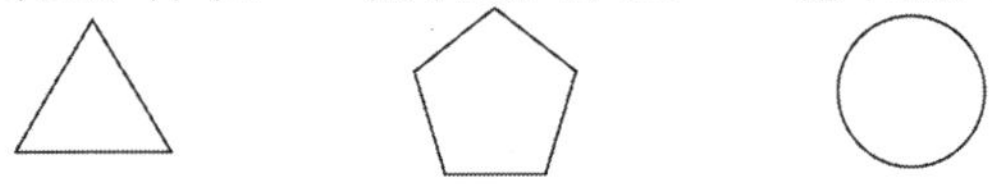

2단계: 구체물 ⟷ 언어

색칠한 부분을 분수로 말하시오. 5분의 3만큼 색칠 하시오.

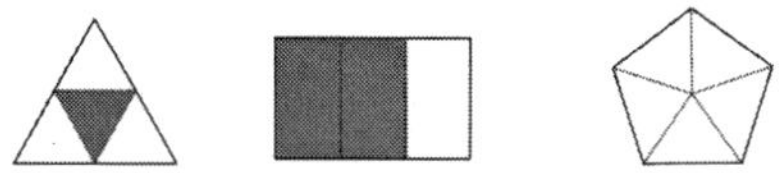

3단계: 구체물, 언어 ⟷ 기호

색칠한 부분을 분수로 써 보시오. $\frac{3}{8}$ 만큼 색칠 하시오.

4수01-11 단위분수, 진분수, 가분수, 대분수를 알고, 그 관계를 이해한다.

1) 단위분수와 진분수

$\frac{3}{4}$은 $\frac{1}{4}$이 몇인지 알아보시오.

 으로 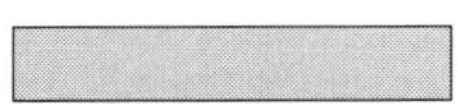 을 재어보시오.

$\frac{1}{4}$

 $\frac{3}{4}$ 이다.

$\frac{3}{4}$은 $\frac{1}{4}$이 3입니다.

$\frac{5}{8}$는 $\frac{1}{8}$이 몇입니까?

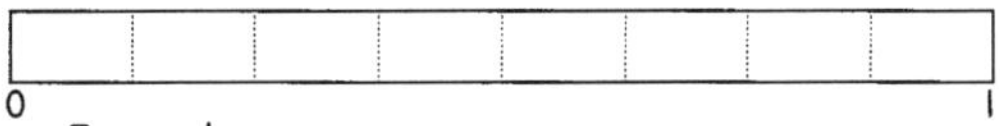

$\frac{5}{8}$는 $\frac{1}{8}$이 □입니다.

$\frac{4}{6}$는 $\frac{1}{6}$이 몇입니까?

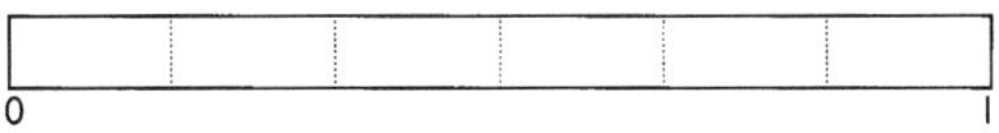

$\frac{4}{6}$는 $\frac{1}{6}$이 □입니다.

$\frac{5}{9}$는 $\frac{1}{9}$이 몇입니까?

$\frac{4}{5}$는 $\frac{1}{5}$이 몇입니까?

$\frac{3}{7}$은 $\frac{1}{7}$이 몇입니까?

단위분수는 측정의 단위가 되는 분수를 말하며, 분자가 1인 분수이다. 진분수는 분자가 분모보다 작은 분수를 말한다.

2) 가분수와 대분수

전체-부분의 의미로서 분수에서는 가분수를 지도할 수 없으며, 양의 의미로서 분수로 가르쳐야 한다. 즉, 단위분수로 어떤 양을 측정하면 가분수를 자연스럽게 가르칠 수 있다.

가분수假分數 improper fraction
진분수에 대립되는 분수입니다. 왜 가분수라고 하는지 생각해보세요.

 으로 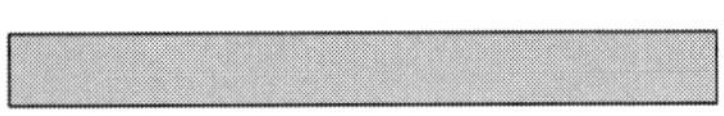 을 재어보시오.

$\frac{1}{3}$

$\frac{1}{3}$이 5이므로 $\frac{5}{3}$입니다.

가분수를 도입한 후, 분수의 크기를 수직선에 나타내는 활동을 통하여 가분수를 지도한다.

$\frac{2}{3}$, $\frac{3}{3}$, $\frac{4}{3}$, $\frac{6}{3}$, $\frac{7}{3}$을 수직선에 ↓로 나타내어 보시오.

1과 2에 겹쳐지는 분수는 $\frac{3}{3}$, $\frac{6}{3}$이다.

이와 같은 활동을 통하여 1은 $\frac{2}{2}$, $\frac{3}{3}$, $\frac{4}{4}$, … 등과 같이 분모와 분자가 같은 분수와 크기가 같다는 것을 알 수 있다. 또, 2는 $\frac{4}{2}$, $\frac{6}{3}$, $\frac{8}{4}$, … 등과 같이 분자가 분모의 2배인 분수와 크기가 같다는 것을 알 수 있다.

대분수帶分數 mixed fraction 자연수와 분수가 연결된 분수를 의미합니다.

대분수는 자연수와 진분수의 합을 나타내는 분수이다. 즉, $1+\frac{3}{4}$을 간단하게 $1\frac{3}{4}$으로 나타내는데 이를 대분수라고 한다.

2와 $\frac{1}{4}$을 $2\frac{1}{4}$이라 쓰고, **2와 4분의 1**이라고 읽는다.
$2\frac{1}{4}$과 같은 분수를 **대분수**라고 한다.

대분수를 가분수로, 가분수를 대분수로 나타내는 방법을 지도할 때는 귀납적 발견학습 수업모형을 적용하여 학생 스스로 대분수 ⇆ 가분수로 고치는 수학적 원리를 발견하게 하는 것이 바람직하다.

다음은 가분수를 대분수로 나타내기를 귀납적 발견학습 수업모형으로 전개한 수업의 예이다.

사례 1)

$\frac{15}{6}$ 를 대분수로 나타내시오.

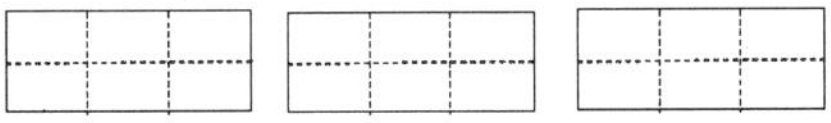

조작 활동을 통하여 $\frac{15}{6}=2\frac{3}{6}$임을 알았다.

사례 2)

$\frac{11}{4}$ 을 대분수로 나타내시오.

조작 활동을 통하여 $\frac{11}{4}=2\frac{3}{4}$임을 알았다.

사례 3)

$\frac{16}{3}$ 을 대분수로 나타내시오.

조작 활동을 통하여 $\frac{16}{3}=5\frac{1}{3}$임을 알았다.

가설 설정

- 사례 1, 2, 3, ...로 부터 알 수 있는 사실은 무엇인가?
- 조작활동을 하지 않고 가분수를 대분수로 고칠 수 있는 방법은 무엇일까?
- 분모와 분자 사이의 관계를 살펴보세요.

분자를 분모로 나누어서 몫은 자연수로, 나머지는 분자에 쓰면 되겠다.

가설 검증

- 조작 활동을 하지 않고 가설에 따라 $\frac{17}{5}$ 을 대분수로 나타내시오.

17÷5=3....2이므로 $3\frac{2}{5}$이다.

- 조작 활동으로 확인해보시오.

일반화 및 적용

$5\frac{\square}{4}=\frac{27}{4}$

4수01-12 분모가 같은 분수끼리, 단위분수끼리 크기를 비교할 수 있다.

분수의 크기를 비교하려면 단위의 크기가 같아야 한다. $\frac{3}{5}$은 $\frac{1}{5}$이 3이고, $\frac{2}{3}$는 $\frac{1}{3}$이 2이므로 3과 2를 비교하여 $\frac{3}{5}$이 더 크다고 할 수 없다. 따라서 비교 가능하려면 단위가 같아야 한다. 분수에서 단위를 같게 만드는 방법은 5~6학년군에서 학습하므로 3~4학년군에서는 단위가 같은 분수 즉, 동분모 분수의 크기를 비교한다.

단위분수끼리의 비교는 단위의 크기가 다르지만 분자가 1이라는 점에서 크기를 비교할 수 있다. 단순히 분수의 크기만을 비교한다면 분모를 같게 하거나 분자를 같게 하면 비교할 수 있다.

분수의 크기 비교는 귀납적 발견학습 또는 연역적 발견학습 수업모형으로 지도할 수 있다.

4수01-13

분모가 10인 진분수를 통하여 소수 한 자리 수를 이해하고 읽고 쓸 수 있다.

분모가 10인 분수는 소수로 나타낼 수 있다. 즉, 전체를 10등분하여 그 중 하나를 $\frac{1}{10}$이라고 하는데 이를 0.1이라고도 한다.

뜻

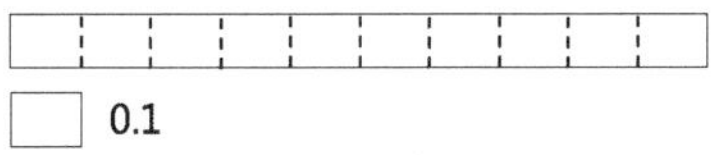

쓰기 **0.1**

읽기 **영점 일**

0.1, 0.2, 0.3, ...1.2, 21.5 ....와 같은 수를 소수라고 합니다.
소수에서 점을 소수점이라고 합니다.

학생들의 생활 주변에서 쉽게 찾을 수 있는 자를 이용하여 소수를 지도한다.

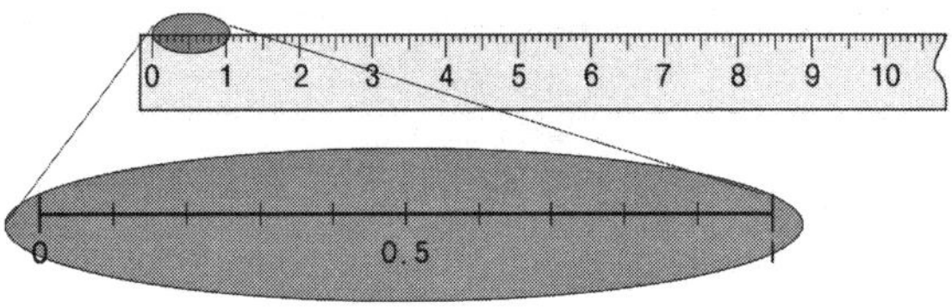

1cm는 10mm입니다.
1mm는 몇 cm입니까?
5mm는 몇 cm입니까?
0.7cm는 몇 mm입니까?

자연수를 학습할 때 사용한 수 모형을 이용할 수도 있다.

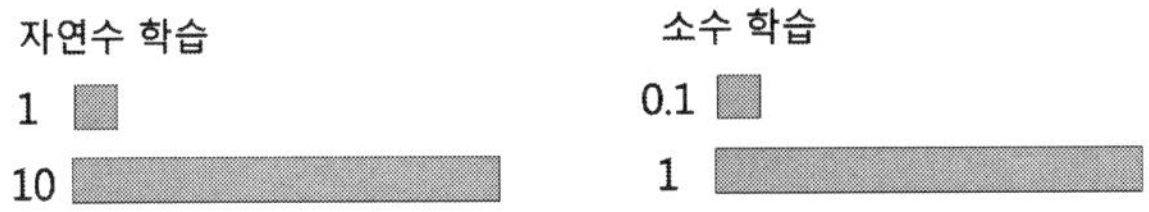

뛰어세기를 통하여 소수의 계열을 지도한다.

뛰어세기를 하면서 숫자가 변하는 모습에 유의하도록 합니다.

❖ 뛰어세기를 해 봅시다.

0.5 − 0.6 − 0.7 − ☐ − ☐ − ☐ − ☐

1.7 − 1.8 − 1.9 − ☐ − ☐ − ☐ − ☐

3.4 − 3.3 − 3.2 − ☐ − ☐ − ☐ − ☐

4수01-14 **자릿값의 원리를 바탕으로 소수 두 자리 수와 소수 세 자리 수를 이해하고 읽고 쓸 수 있다.**

1) 소수 두 자리 수, 소수 세 자리 수

혼소수(mixed decimal)는 2.4와 같이 자연수와 소수의 합으로 나타낸 수입니다.

전체를 10등분한 것 중의 하나를 0.1이라고 하였으므로 전체를 100등분, 10000등분할 수도 있을 것이다. 자연수를 지도할 때 사용하던 수 모형을 이용하면 조작 활동하기에 편리하다.

$\frac{1}{100}$ 은 0.01로 나타낸다.

뜻

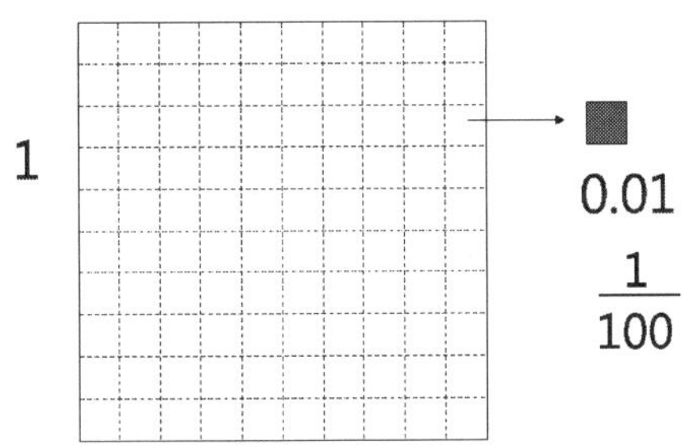

쓰기 0.01

읽기 영점 영일

100 칸짜리 모눈종이로 다음을 알아보시오.

- 35 칸을 색칠하시오.
- 이것은 전체의 얼마인지 분수로 나타내시오.
- 분수 $\frac{35}{100}$는 $\frac{1}{100}$이 몇입니까?
- 분수 $\frac{35}{100}$를 소수로 어떻게 나타내어야 한다고 생각합니까?

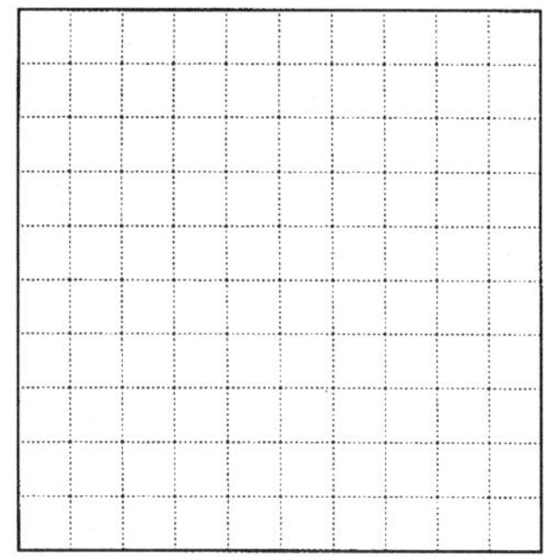

$\frac{1}{10000}$은 0.001로 나타낸다.

뜻

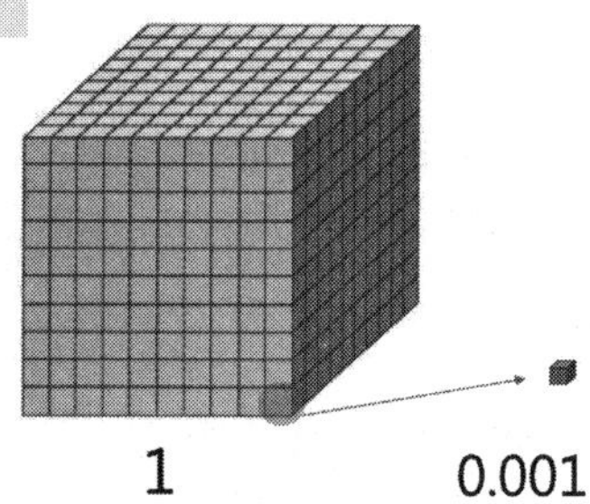

쓰기 0.001

읽기 영점 영영일

2) 소수의 자릿값의 원리

소수 자릿값의 원리는 자연수의 자릿값의 원리를 확장한 것으로 같은 규칙을 가지고 있다. 즉, 왼쪽으로 한 자리 옮길 때마다 10배가 되고, 오른쪽으로 한 자리 옮길 때마다 $\frac{1}{10}$이 된다.

일의 자리		영점 일의 자리	영점 영일의 자리
4	.	2	8

4.28에서

4는 일의 자리 숫자이고, 4를 나타내고,
2는 0.1의 자리(소수 첫째 자리) 숫자이고, 0.2를 나타내고,
8는 0.1의 자리(소수 둘째 자리) 숫자이고, 0.08를 나타냅니다.

4			
0	.	2	
0	.	0	8

4.28=4+0.2+0.08

3) 소수의 계열

뛰어세기를 통하여 소수의 계열을 지도한다.

❖ 뛰어세기를 해 봅시다.

2.15 −2.16 −2.17− □ − □ − □ − □

1.75 −1.85 −1.95− □ − □ − □ − □

3.32 −3.23 − 3.12− □ − □ − □ − □

1.13 −1.12 − 1.11− □ − □ − □ − □

뛰어세기를 하면서 어느 자리 숫자가 변하는지 유의하도록 합니다.

4수01-15

소수의 크기를 비교할 수 있다.

소수의 크기 비교는 수직선에 소수의 위치를 나타내어 비교하거나 분수의 크기 비교를 할 수 있으므로 소수를 분수로 고쳐서 크기 비교를 지도할 수 있다.

❖ 0.5와 0.8은 어느 수가 더 큰지 그림으로 알아보시오.

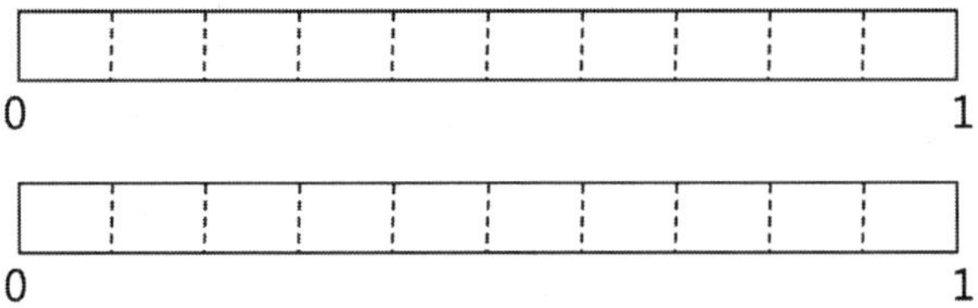

0.5 ___ 0.8

❖ 2.6과 2.3은 어느 수가 더 큰지 그림으로 알아보시오.

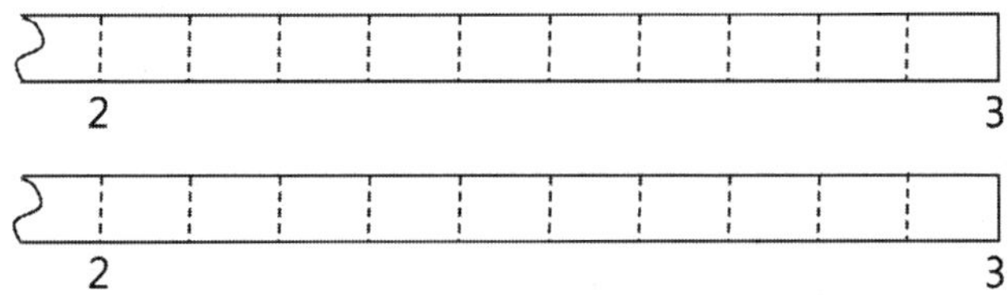

2.6 ___ 2.3

귀납적 발견학습 수업모형으로 수업을 전개하면 소수의 크기를 비교하는 수학적 원리를 발견할 수 있다. 소수의 크기를 비교하는 원리는 자연수의 크기 비교 → 소수 첫째자리 비교 → 소수 둘째자리 비교 등이다.

연역적 사고를 촉진시키기 위하여 다음과 같은 질문이 효과적이다.

질문 0.8과 0.6은 어느 수가 더 큰가?

답 *0.8이 더 크다.*

질문 그 이유는?

답 *0.8은 0.1이 8이고, 0.6은 0.1이 6이므로 0.8이 더 크다.*

0.8은 $\frac{1}{10}$이 8이고, 0.6은 $\frac{1}{10}$이 6이므로 0.8이 더 크다.

이와 같은 추론을 질적인 추론(qualitative reasoning)이라고 한다.

3. 5~6학년군

6수01-05

분수의 성질을 이용하여 크기가 같은 분수를 만들 수 있다.

자연수에서는 크기가 같으면서 이름이 다른 수는 없지만 분수에서는 크기가 같으면서 다른 이름을 가진 분수가 매우 많다. 분수가 지니고 있는 여러 가지 성질 중에서 분모, 분자에 0이 아닌 같은 수를 곱하거나 나누어도 크기는 같다는 성질을 이용하면 크기가 같은 분수를 만들 수 있다.

귀납적 발견학습 수업모형으로 수업을 전개하면 대체적인 수업 흐름은 다음과 같다.

사례 1)

$\frac{1}{4}$과 $\frac{2}{8}$의 크기를 비교하여 보시오.

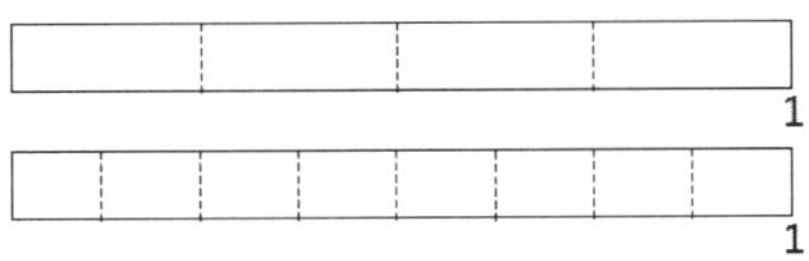

$\frac{1}{4} = \frac{2}{8}$

사례 2)

$\frac{2}{3}$와 $\frac{6}{9}$ 의 크기를 비교하여 보시오.

$\frac{2}{3} = \frac{6}{9}$

* 조작 활동 그림 생략

사례 3)

$\frac{2}{5}$, $\frac{6}{15}$, $\frac{12}{30}$ 의 크기를 비교하여 보시오.

$\frac{2}{5} = \frac{6}{15} = \frac{12}{30}$

가설 설정

- 알 수 있는 사실은?
- 어떻게 하면 크기가 같은 분수를 만들 수 있을까?

가설 검증

$\frac{3}{4}$과 크기가 같은 분수를 쓰고, 그림으로 나타내어 확인하시오.

일반화 및 적용

$\frac{5}{6}$와 크기 같으면서 분모와 분자의 합이 77인 분수를 쓰시오.

6수01-06

분수를 약분, 통분할 수 있다.

약분은 분수를 간단하게 나타내기 위함이고, 통분은 분모를 같게(단위를 같게) 만들기 위함이다.

약분은 분모와 분자를 같은 수로 나누어 간단히 하는 것을 '약분한다'라고 하며, 더 이상 약분할 수 없는 분수를 '기약분수'라고 한다.

통분할 때 최소공배수를 이용하여 공통분모를 구하지만 분모가 간단한 수일 경우에는 분모를 서로 곱하여 공통분모를 사용해도 됩니다.

계산 결과를 반드시 기약분수로 나타내어야 하는 것은 아닙니다.

- **다음 분수를 통분하시오.**

$\frac{5}{6}$ $\frac{3}{4}$

- **다음 분수를 약분하고, 기약분수를 말하시오.**

$\frac{16}{24} = \frac{\square}{\square} = \frac{\square}{\square} = \frac{\square}{\square}$

$\frac{24}{36} = \frac{\square}{\square} = \frac{\square}{\square} = \frac{\square}{\square} = \frac{\square}{\square}$

6수01-07

분모가 다른 분수의 크기를 비교할 수 있다.

분모가 다르다는 것은 단위가 다르다는 것이고, 단위가 다르면 크기를 직접 비교할 수 없다. $\frac{3}{8}$은 $\frac{1}{8}$이 3이고, $\frac{2}{3}$는 $\frac{1}{3}$이 2이므로 3과 2를 비교하여 $\frac{3}{8}$이 더 크다고 할 수 없다. 단위가 다른 두 분수의 크기를 비교하려면 단위를 같게 만들어야 하는데 이것이 곧 통분이다.

이를 연역적 발견학습 수업모형으로 수업을 계획하면 다음과 같이 예상할 수 있다.

문제 상황 제시

민영이는 색종이의 $\frac{2}{3}$를, 민주는 $\frac{3}{4}$을 그림과 같이 잘랐다. 두 사람은 자신의 색종이가 더 크다고 말하고 있다. 누구의 색종이가 더 큰지 알아보시오.

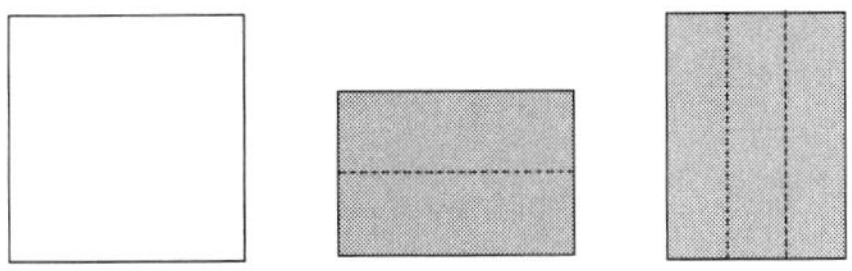

색종이 1 $\frac{2}{3}$ $\frac{3}{4}$

수학적 원리의 필요성 인식

- 어떻게 비교할 수 있을까? 분모가 같으면 쉽게 비교할 수 있는데 ……

아, 하나는 세로로 4등분하고, 다른 하나는 가로로 3등분하면 되겠다.

수학적 원리가 내재된 조작 활동

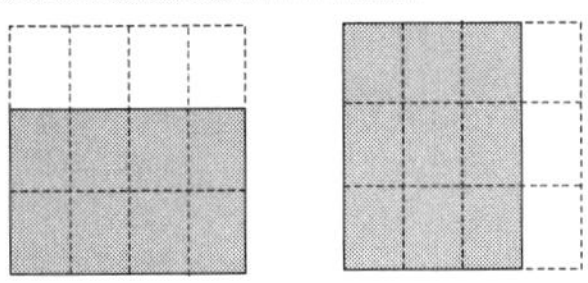

$\frac{2}{3}=\frac{8}{12}$ $\frac{3}{4}=\frac{9}{12}$

$\frac{1}{12}$이 8 < $\frac{1}{12}$이 9

수학적 원리의 형식화

- 분모 3, 4의 최소공배수는 12이므로 12를 공통분모로 한다.
- 통분하여 분모를 같게 만들어서 비교한다.

$\frac{2}{3}=\frac{8}{12}$ $\frac{3}{4}=\frac{9}{12}$ $\frac{2}{3}<\frac{3}{4}$

일반화 및 적용

- 분모가 12이면서 $\frac{3}{4}$보다 큰 분수를 모두 쓰시오.

6수01-12

분수와 소수의 관계를 이해하고 크기를 비교할 수 있다.

1) 분모가 다른 분수의 크기 비교

$\frac{3}{5}$과 $\frac{5}{8}$는 크기를 직접 비교할 수 없다. 그 이유는 단위의 크기 즉, 분모가 다르기 때문이다. 단위를 같게 해야 비교 가능하다.

분모가 다른 분수의 크기를 비교하기 위해서는 통분하여 분모를 같게 한다.

❖ $\frac{3}{5}$과 $\frac{5}{8}$의 크기를 비교하여 봅시다.

- 두 분수를 통분하시오. $\frac{3}{5}=\frac{24}{40}$ $\frac{5}{8}=\frac{25}{40}$
- 어느 수가 더 큽니까? $\frac{5}{8}$가 더 큽니다.

2) 분수와 소수의 관계

소수는 분모가 10, 100, 1000,…인 분수를 다른 방법으로 표현한 것이다. 즉, $\frac{1}{10}$을 0.1, $\frac{1}{100}$을 0.01, $\frac{1}{1000}$을 0.001이라고 한다. 따라서 분수를 소수로 나타내려면 분모를 10, 100, 1000 등으로 만들어야 한다. 또 다른 방법은 나눗셈을 이용하는 것이다.

① 분모를 10,100, …으로 고쳐서 분수를 소수로 나타내기

❖ $\frac{3}{4}$을 소수로 나타내어 봅시다.

- 분모를 10으로 만들 수 있습니까? 아니오.
- 분모를 100으로 만들 수 있습니까? 25를 곱하면 100이 된다.
- 분모, 분자에 25를 곱하여 소수로 나타내어 보시오. $\frac{3\times25}{4\times25}=\frac{75}{100}$, 따라서 0.75

② 나눗셈을 이용하여 분수를 소수로 고치기

(자연수)÷(자연수)를 분수로 나타낼 수 있다는 사실을 이용하여 분수를 소수로 나타낼 수 있다. 즉, $2÷5=\frac{2}{5}$ 로 나타낼 수 있고, 2÷5=0.4이므로 $\frac{2}{5}=0.4$이다.

3) 분수와 소수의 크기 비교

분수와 소수의 크기를 직접 비교하기는 어려우므로 분수를 소수로 고치거나 소수를 분수로 고쳐서 비교해야 한다.

학생들의 질적인 추론을 활용하여 지도하는 것이 효과적입니다.

❖ $\frac{3}{5}$과 0.7의 크기를 비교하시오.

- 방법 1 분수를 소수로 고쳐서 비교하기

  $\frac{3}{5}=0.6$이므로 0.7이 더 크다.

- 방법 2 소수를 분수로 고쳐서 비교하기

  $0.7=\frac{7}{10}$이고, $\frac{3}{5}=\frac{6}{10}$이므로 0.7이 더 크다.

4) 수 감각을 이용하여 크기 비교하기

분수와 소수의 크기를 비교할 때 일일이 단위의 크기를 같게 만들거나 분수를 소수 또는 소수를 분수로 고쳐서 비교하지 않고 수 감각을 이용하여 비교할 수도 있다. 이런 수 감각은 분수, 소수, 분수와 소수의 관계 등을 충분히 이해해야 발달될 수 있다.

❖ 다음 중 $\frac{1}{2}$보다 큰 수를 말하시오.

$\frac{1}{3}$ $\frac{3}{5}$ $\frac{2}{4}$ $\frac{2}{3}$ 0.4 0.7

❖ 다음 중 어느 수가 더 큽니까?

$(\frac{1}{3}, \frac{2}{4})$ $(\frac{1}{3}, 0.6)$ $(\frac{4}{5}, \frac{5}{4})$ $(\frac{4}{7}, \frac{7}{15})$

토론을 통하여 자신의 방법과 다른 사람의 방법을 비교해 보고, 자신의 아이디어를 수정하거나 친구들과 공유하여 지식이 발전할 수 있도록 합니다.

통분을 하지 않아도 이분모 분수의 크기를 비교할 수 있습니다.

Co-Learning 6

1. 많은 학생들이 색칠한 부분을 $\frac{3}{5}$이라고 하는 오류를 범하고 있다. 이들의 생각을 추측해 보고, 그들의 주장을 지지하거나 반박하여 보시오.

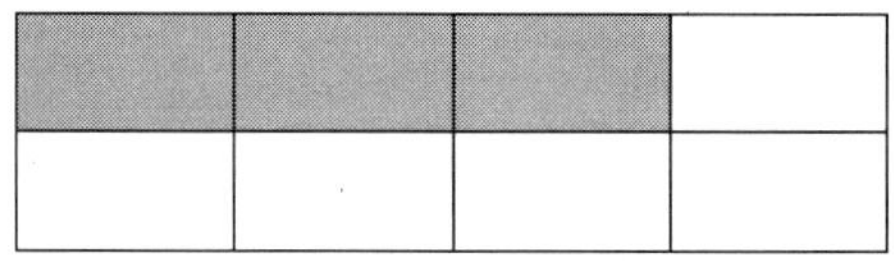

$\frac{3}{5}$

2. 어떤 학생이 '두 분수에서 분모끼리, 분자끼리 더하면 두 분수 사이의 분수를 구할 수 있다'는 가설을 생각하였다. 예를 들면, $\frac{1+2}{3+5}=\frac{3}{8}$은 $\frac{1}{3}$보다 크고 $\frac{2}{5}$보다 작다. 이 가설이 참인가? 질문한 학생에게 어떤 설명이 필요한가?

3. 어느 학생이 분수의 덧셈이나 뺄셈에서 왜 공통분모가 필요한지를 물었다. 어떻게 대답할까?

4. 프로야구 선수 A는 15일 3타석 2안타, 16일 4타석 3안타를 기록하였다.

1) A의 타율을 분수로 나타내시오.

15일:　　　　　　　　　　　　16일:

2) 이틀 동안 A의 타율을 분수로 나타내시오.

3) $\frac{2}{3}+\frac{3}{4}=\frac{5}{7}$ 임이 타당한가/아닌가? 그 이유는?

4) 분수가 어떤 의미로 사용되었는가?

5. 자연수를 학습할 때 사용한 수 모형을 사용하여 소수를 학습한다. 이때 학생들이 겪는 인지적 장애는 무엇인가?

6. 어느 학생이 답을 $\frac{4}{6}$라고 썼는데 A교사는 옳다, B교사는 분수는 항상 기약분수로 나타내어야 하기 때문에 틀렸다라고 하였다. 여러분의 의견은? 그 이유는?

7. 어떤 학생이 a×b=c×d이면 $\frac{a}{b}=\frac{c}{d}$라고 주장하였다. 그 주장이 잘못되었음을 어떻게 설명하겠는가?

분자와 분모의 배분을 고려하면 여러 가지 답이 나올 수 있습니다.

8. 1부터 9까지의 수를 한 번씩 모두 사용하여 크기가 $\frac{1}{2}$, $\frac{1}{3}$, ⋯, $\frac{1}{9}$ 인 분수를 만드시오.

$\frac{1}{2} = \frac{6\square2\square}{\square3\square\square8}$ $\frac{1}{3} = \frac{5\square\square\square}{1\square\square\square9}$

$\frac{1}{4} = \frac{\square9\square\square}{1\square\square69}$ $\frac{1}{5} = \frac{2\square\square\square}{13\square\square\square}$

$\frac{1}{6} =$

$\frac{1}{7} =$

$\frac{1}{8} =$

$\frac{1}{9} =$

9. 영희네 반과 철수네 반은 분수 시험을 봤는데 영희네 반은 25명 중 20명이 통과되었고, 철수네 반은 30명 중 24명이 통과되었다. 이 결과를 듣고 영희는 두 반 똑같이 잘했다고 말했다. 영희의 말은 옳은가? 그 이유는?

10. $\frac{3}{6}$ 보다 크고 $\frac{4}{6}$ 보다 작으면서 분모가 같은 분수를 10개 쓰시오.

11. 크기가 $\frac{2}{3}$ 와 같으면서 분자와 분모의 합이 70인 분수를 쓰시오.

12. ($\frac{3}{8}$, $\frac{27}{72}$)는 크기는 서로 같지만 분자는 분모의 역순으로 되어 있다. 이와 같은 분수 쌍을 3개 이상 찾아 쓰시오.

13. 분수 수업 중에 어느 학생이 분모, 분자에 같은 수를 곱하면 크기가 변하지 않는데 같은 수를 더하면 크기가 변하는 이유가 무엇인지 물었다. 학생의 질문에 적절한 설명을 쓰시오.

14. 어느 학생이 분수를 계산할 때에는 분모를 공통분모로 바꾸면 편리하다고 하였다. 과연 그런지 설명하시오.

15. 많은 학생들이 분수와 비의 관계를 이해하는 데 많은 어려움을 겪고 있다. 어느 학생이 "교실에 남학생과 여학생의 비가 3:2이기 때문에 전체의 $\frac{2}{3}$가 여학생이라고 하였는데 왜 틀렸는가?"라고 하였다. 이 질문에 어떻게 대답하겠는가? 구체물을 사용하여 설명하시오.

16. 다음 그림은 한 변의 길이가 1인 정사각형을 잘라서 만든 탱그램(tangram)이다. 각 부분의 넓이를 구하시오.

칠교놀이

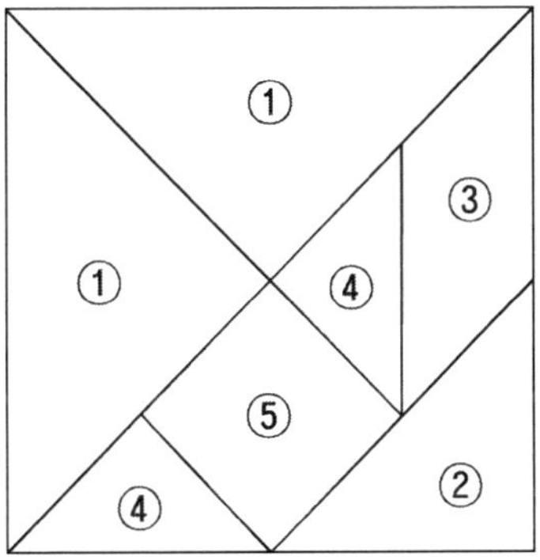

17. 다음과 같은 수 배열표에서 원 안의 수를 선으로 이으면 마름모가 된다(모든 변의 길이가 같다).

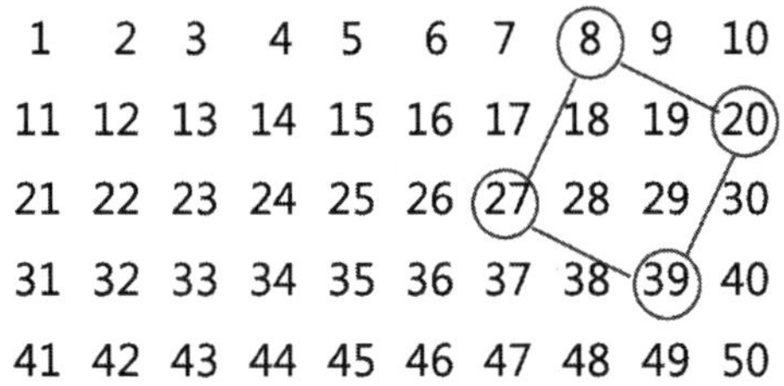

1) 원 안에 있는 수들의 합을 A, 마름모 안에 있는 수들의 합을 B라고 하면 $\frac{A}{B}$는 얼마인가?

2) 임의로 같은 마름모를 여러 개 만들고 1)처럼 $\frac{A}{B}$를 구하시오.

3) 그 이유를 설명하시오.

18. 자연수를 1보다 작은 분수로 나누면 답은 항상 1보다 작다/경우에 따라 1보다 작다/1보다 작지 않다. 어느 것인가? 그 이유는?

19. 다음 수직선에서 C와 D에 있는 수를 곱하였다면 답은 어느 수에 가장 가깝겠는가?

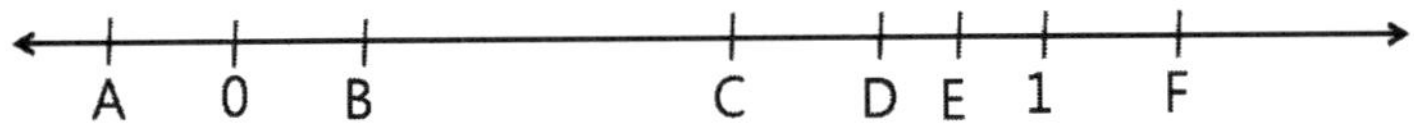

20. 색칠한 부분은 전체의 얼마인가? 그 이유는?

통분과 관련되는 활동입니다.

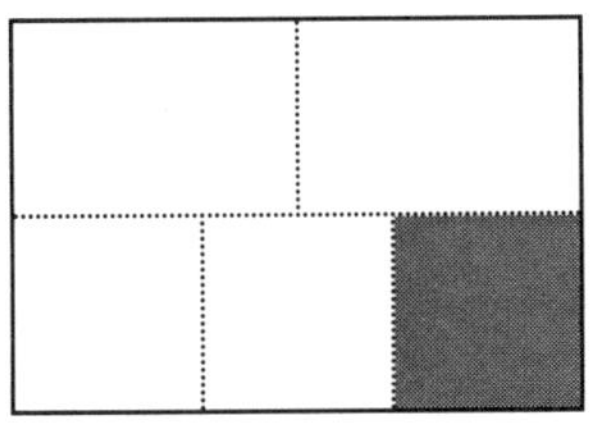

21. 어떤 학생이 우연하게 8을 지워서 $\frac{286}{583}$을 $\frac{2\cancel{8}6}{5\cancel{8}3}=\frac{26}{53}$으로 약분하였는데 실제로 크기는 같다. 이와 같은 방법으로 $\frac{2886}{5883}$을 $\frac{2\cancel{88}6}{5\cancel{88}3}=\frac{26}{53}$으로 약분하였다. 이런 규칙이 타당한가? 그 이유는?
또, 이와 유사한 분수를 만들어보시오.

$\frac{286}{583}$을 실제로 약분해 보면 규칙을 발견할 수 있습니다.

22. 어떤 학생이 분자와 분모에 있는 6을 지워서 $\frac{1\cancel{6}}{\cancel{6}4} = \frac{1}{4}$로 약분하였다. 이와 같은 방법으로 약분할 수 있는 다른 분수를 찾아보시오.

$\frac{1}{4}=\frac{16}{64}$에서 분자와 분모사이의 관계를 찾아보세요.

23. 어느 학생이 두 분수의 크기를 쉽게 비교하는 방법을 알고 있다고 말하였다. 즉, 분자가 크면 그 분수는 크고, 분모가 크면 그 분수는 작다는 것이다. 이 주장이 참/거짓인지 설명하시오.

24. 범인이 많은 금괴를 훔쳤는데 탈출하려면 경비초소 4곳을 통과해야 한다. 첫째 초소를 통과할 때 경비병이 가지고 있는 금괴의 반과 1개를 요구해서 주고 통과했다. 둘째 초소에서도 경비병이 같은 요구를 해서 주고 통과했다. 셋째, 넷째 초소도 같은 방법으로 통과하였더니 범인이 가지고 있는 금괴는 1개뿐이었다. 범인이 훔친 금괴는 몇 개였는지 구하시오.

계산 결과에서 패턴을 찾아보세요.

25. 다음 물음에 답하시오.

첫째 곱: $(1+\frac{1}{1})(1+\frac{1}{2})$

둘째 곱: $(1+\frac{1}{1})(1+\frac{1}{2})(1+\frac{1}{3})$

셋째 곱: $(1+\frac{1}{1})(1+\frac{1}{2})(1+\frac{1}{3})(1+\frac{1}{4})$

1) 넷째 곱을 구하시오.

2) n째 곱을 구하시오.

26. 땡땡이는 분수는 반복되거나 끝이 있는 소수로 나타낼 수 있다고 하였다. 그런데 $\frac{12}{17}$을 계산기로 계산하였더니 소수가 반복되지도 않고 끝이 없었다. 그래서 $\frac{12}{17}$은 분수가 아니라고 하였다. 땡땡이의 판단이 타당한가? 그 이유는?

27. 병호는 1.0001은 0.9999보다 작다고 주장한다. 병호는 왜 그렇게 주장한다고 생각하며, 그의 주장이 타당한지 밝히시오.

28. A는 자연수에서 오른쪽에 0을 쓰면 수가 커지므로 소수에서도 그렇다고 주장하였다. A가 이해할 수 있도록 설명하시오.

자연수: 430, 4300, 43000

소수: 5.3, 5.30, 5.300, 5.3000

29. 1.4와 1.5 사이에 있는 수를 구하라고 하였더니 어떤 학생이 $1.4\frac{1}{2}$이라고 하였다. 옳은 답인가? $1.4\frac{1}{2}$가 의미하는 수를 소수로 나타내시오.

제7장

분수와 소수의 연산

Ⅰ. 이론적 배경

초등학생들이 어려워하거나 싫어하는 계산이 분수 계산이다. 그 이유는 계산 절차가 복잡할 뿐만 아니라 문제 유형마다 계산 절차가 다르고, 분수 개념이 충분히 형성되지 않은 채 의미 없이 분수 계산을 하기 때문이다.

분수 계산 절차를 이해시키기 위해서는 문제 상황을 구체물이나 그림으로 나타내어 보게 하고, 조작 활동을 통하여 문제를 해결하게 한 다음, 해결 과정을 수나 식으로 표현하게 하여 활동을 기호와 연결지음으로써 계산 절차의 의미를 이해하도록 하는 것이 중요하다.

성급하게 계산 절차를 일반화하거나 기능 숙달을 위하여 반복 연습을 하게 하는 것은 수학을 싫어하게 되거나 기피하게 되는 원인이 될 수 있다.

1. 분수의 덧셈과 뺄셈

자연수의 덧셈, 뺄셈과 같은 방법으로 도입한다. 즉, 분수의 덧셈과 뺄셈이 이루어지는 상황은 첨가, 합병, 구잔, 구차, 동치 등이다.

1) 첨가: 물 $\frac{1}{5}$L가 들어 있는 그릇에 물 $\frac{2}{5}$L를 더 부었다. 그릇에 들어 있는 물은 얼마인가?

2) 합병: 색종이의 $\frac{1}{4}$에 빨강, $\frac{2}{5}$에는 노랑 색칠하였다. 색칠한 부분은 전체의 얼마인가?

3) 구잔: 피자 $\frac{3}{4}$이 있는데 동생이 $\frac{1}{6}$만큼 먹었다. 남은 피자는 얼마인가?

4) 구차: $\frac{3}{4}$시간에는 수학을, $\frac{1}{5}$시간에는 과학을 공부하였다. 어느 과목을 얼마나 더 많이 공부하였는가?

5) 동치: 우유가 A그릇에는 $\frac{2}{3}$L, B그릇에는 $\frac{1}{4}$L 들어 있다. B그릇에 얼마를 더 부어야 A그릇의 우유와 같아지겠는가?

분수의 덧셈: 임의의 분수 $\frac{b}{a}$, $\frac{d}{c}$에 대하여

$$\frac{b}{a}+\frac{d}{c}=\frac{bc}{ac}+\frac{ad}{ac}=\frac{bc+ad}{ac}$$

분수의 뺄셈: 임의의 분수 $\frac{b}{a}$, $\frac{d}{c}$에 대하여

$$\frac{b}{a}-\frac{d}{c}=\frac{bc}{ac}-\frac{ad}{ac}=\frac{bc-ad}{ac}$$

2. 분수의 곱셈

1) 자연수와 분수의 곱셈

자연수의 곱셈 $a \times b$는 a를 b배 한다는 의미, a를 b번 더한다는 의미가 있지만 분수에서는 조금 다른 부분이 있다. 즉, $\frac{1}{3} \times 6$은 $\frac{1}{3}$을 6번 더한다는 의미(how many)일 수 있지만 $6 \times \frac{1}{3}$은 $\frac{1}{3}$번 더할 수 없다. 이 경우에는 6의 $\frac{1}{3}$(얼마; how much)을 의미한다.

$\frac{1}{3} \times 6$

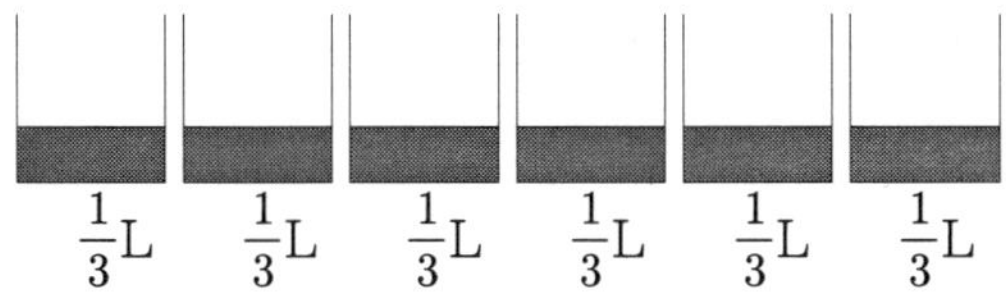

분수의 연산자 의미입니다.

$6 \times \frac{1}{3}$

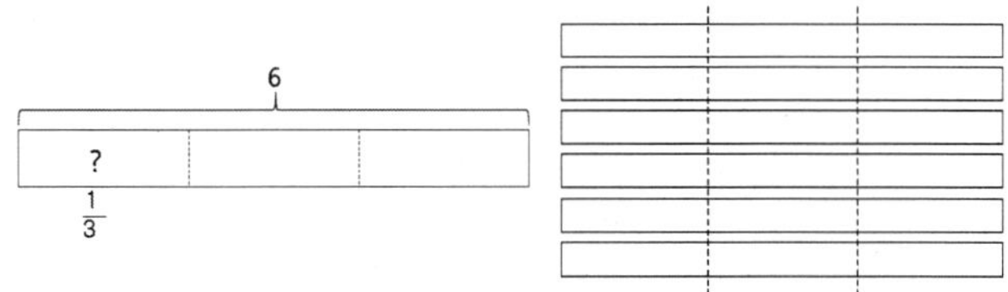

> 자연수와 분수의 곱셈: 자연수 k, 임의의 분수 $\frac{b}{a}$에 대하여
>
> $$k \times \frac{b}{a} = \frac{kb}{a},\quad \frac{b}{a} \times k = \frac{bk}{a}$$

2) 분수끼리의 곱셈

$\frac{1}{5} \times \frac{1}{3}$은 $\frac{1}{5}$의 $\frac{1}{3}$을 의미한다. 이를 그림으로 나타내면 다음과 같다.

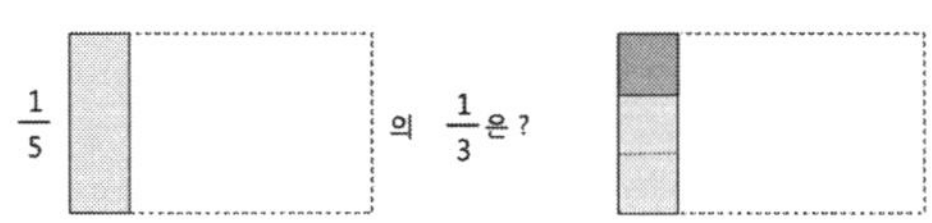

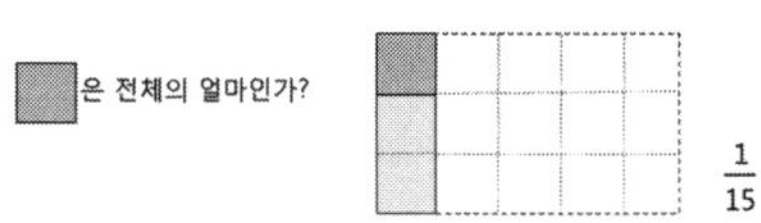

- 분수끼리의 곱셈: 임의의 분수 $\frac{b}{a}$, $\frac{d}{c}$에 대하여

$$\frac{b}{a}\times\frac{d}{c}=\frac{bd}{ac}$$

- 대분수끼리의 곱셈: 임의의 분수 $a\frac{c}{b}$, $d\frac{f}{e}$에 대하여

$$a\frac{c}{b}\times d\frac{f}{e}=(a\times d)+(a\times\frac{f}{e})+(d\times\frac{c}{b})+(\frac{c}{b}\times\frac{f}{e})$$

그림을 통하여 대분수 곱셈의 알고리즘을 개발할 수 있습니다.

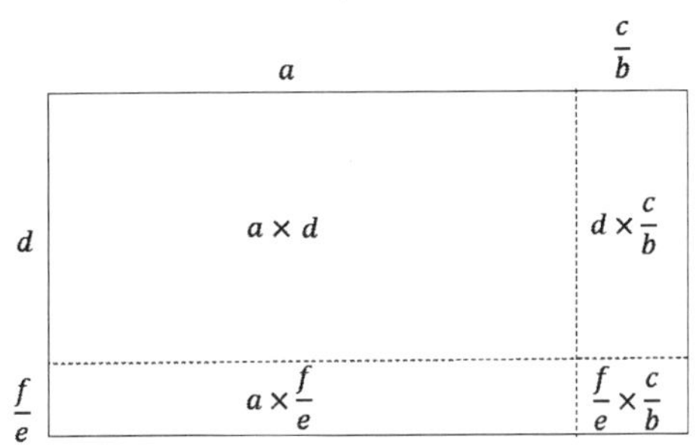

두 자리 수의 곱셈 그림을 유추하여 지도하면 효과적입니다.

3. 분수의 나눗셈

자연수의 나눗셈이 이루어지는 상황에는 등분 상황과 측정 상황이 있듯이 분수의 나눗셈에도 등분 상황과 측정 상황이 있다. 15÷5는 15에서 5를 몇 번 뺄 수 있는가를 알아보는 상황 즉, 15를 단위가 5인 자로 측정하는 측정 상황이 있고, 15를 5로 똑같이 나누면 몫이 얼마인지 알아보는 등분 상황이 있다.

등분 상황에서 결과는 몫의 크기, 단위의 크기를 나타내며, 측정 상황에서는 단위의 횟수를 나타낸다.

1) 나눗셈이 이루어지는 상황 비교

＊자연수의 등분 상황: 사과 12개를 4명에게 똑같이 나누어 주면 한 사람의 몫은 얼마인가?

12(개) ÷ 4(명) = 3(개/명)

→ 1명당 사과의 수, 단위의 크기

자연수 등분 상황에서는 'how many in each group?(각각의 몫이 얼마인가?)'를 의미하는데 분수의 등분 상황에서는 'how many in one group?(한 집단이 몇 개인가?)'를 의미합니다. 결국 단위의 크기를 구하는 것입니다.

① 분수의 등분 상황: $\frac{1}{3}$m의 무게가 $\frac{4}{5}$kg인 전선이 있다. 이 전선 1m의 무게는 얼마인가? 또, 1kg의 길이는 얼마인가?

$$\frac{1}{3}(\text{m}) \div \frac{4}{5}(\text{kg}) = \frac{5}{12}(\text{m/kg})$$

→ 1kg당 길이, 단위의 크기

$$\frac{4}{5}(\text{kg}) \div \frac{1}{3}(\text{m}) = \frac{12}{5}(\text{kg/m})$$

→ 1m당 무게, 단위의 크기

자연수의 측정상황을 유추해 보세요.

* 자연수의 측정 상황: 사과 12개를 한 사람에게 4개씩 주면 몇 사람에게 줄 수 있는가?

$$12(\text{개}) \div 4(\text{개}) = 3$$

→ 측정의 횟수

② 분수의 측정 상황: $\frac{5}{6}$L인 우유를 $\frac{1}{3}$L인 컵에 담으면 몇 컵이나 되는가?

$$\frac{5}{6}(\text{L}) \div \frac{1}{3}(\text{L}) = 2\frac{1}{2}$$

→ 측정의 횟수

2) 분수 나눗셈의 알고리즘

초등학교에서는 번분수를 다루지 않습니다.

① 분모끼리, 분자끼리 나누기

$$\frac{3}{5} \div \frac{2}{3} = \frac{3 \div 2}{5 \div 3} = \frac{\frac{3}{2}}{\frac{5}{3}} \;??$$

$$\frac{3}{5} \div \frac{2}{3} = \frac{9}{15} \div \frac{10}{15} = 9 \div 10 = \frac{9}{10}$$

나누는 수가 1이면 계산하기 편리합니다.

② 역수의 곱셈

$$\frac{3}{5} \div \frac{2}{3} = ?$$

$$\frac{3}{5} \div \frac{2}{3} = \frac{3}{5} \times \frac{3}{2} \div \frac{2}{3} \times \frac{3}{2} = \frac{3}{5} \times \frac{3}{2}$$

나누는 수에 역수를 곱하여 1로 만듦

나누어지는 수에도 같은 수를 곱함

4. 소수의 덧셈과 뺄셈

자연수의 덧셈과 뺄셈을 같은 방법으로 도입하며, 분수 계산을 이미 학습하였으므로 분수 계산과 연결 짓는다.

1) 첨가: 물 0.5L가 들어 있는 그릇에 물 0.4L를 더 부었다. 그릇에 들어 있는 물은 얼마인가?

0.5+0.4 = 0.9

0.5 ↓ 0.1이 5

0.4 ↓ 0.1이 4

$$\begin{array}{r} 0.5 \\ +0.4 \\ \hline 0.9 \end{array}$$

2) 합병: 어미 고양이의 무게는 5.9kg이고, 새끼 고양이의 무게는 2.23kg이다. 어미와 새끼 고양이의 무게는 얼마인가?

5.7+2.23 = 7.93

5.7 ↓ 5+0.7

2.23 ↓ 2+0.2+0.03

$$\begin{array}{r} 5.7 \\ +\ 2.23 \\ \hline 7.93 \end{array}$$

3) 구잔: 철사 3.4m가 있는데 1.8m를 사용하였다. 남은 철사는 얼마인가?

3.4 - 1.8=1.6

3.4 ↓ 3+0.4

1.8 ↓ 1+0.8

$$\begin{array}{r} {\scriptstyle 2\ \ 10} \\ \not{3}.4 \\ -\ 1.8 \\ \hline 1.6 \end{array}$$

4) 구차: 집에서 학교까지 거리는 1.74km, 집에서 공원까지 거리는 2.3km이다. 집에서 어느 곳까지의 거리가 얼마나 더 먼가?

2.3 – 1.74=0.56

2.3 ↓ 2+0.3

1.74 ↓ 1+0.7+0.04

$$\begin{array}{r} {\scriptstyle 1\ \ 9\ \ 10} \\ \not{2}.3 \\ -\ 1.74 \\ \hline 0.56 \end{array}$$

5. 소수의 곱셈

1) 자연수와 소수의 곱셈

① 집에서 문방구까지 거리는 0.6km이다. 집에서 문방구를 다녀오면 거리는 몇 km인가?

0.6×2는 자연수의 곱셈과 같이 동수누가로 계산할 수 있다. 즉, 0.6×2=0.6+0.6=1.2

$0.6 \times 2 = 1.2$
$6 \times 2 = 12$

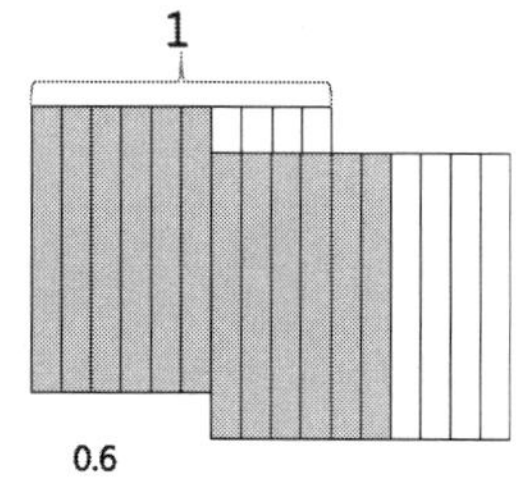

- 소수를 분수로 고쳐서 계산하기

$$0.6 \times 2 = \frac{6}{10} \times 2 = \frac{12}{10} = 1.2$$

② 2kg짜리 소금의 0.6를 김치 담그는 데 사용하였다. 사용한 소금은 얼마인가?

2×0.6은 2의 0.6을 의미한다.

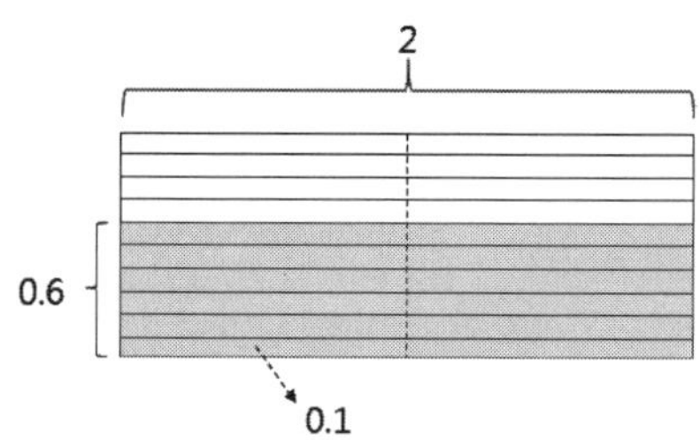

0.1이 12이므로 2 x 0.6=1.2

- 분수로 고쳐서 계산하기

$$2 \times 0.6 = 2 \times \frac{6}{10} = \frac{12}{10} = 1.2$$

2) 소수끼리 곱셈

가로 0.6m, 세로 0.2m인 벽지의 넓이는 얼마인가?

0.6×0.2는 0.6의 0.2를 의미한다.

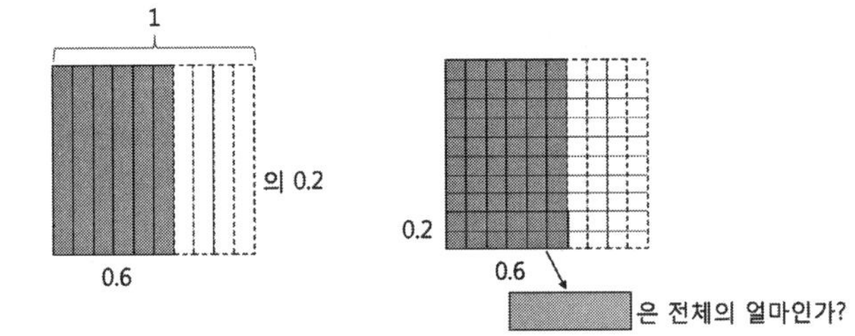

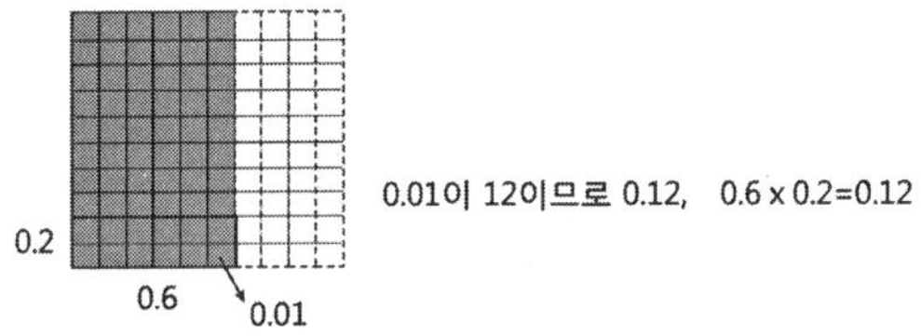

• 분수로 고쳐서 계산하기

$$0.6 \times 0.2 = \frac{6}{10} \times \frac{2}{10} = \frac{12}{100} = 0.12$$

3) 혼소수의 곱셈

자연수와 소수의 합으로 나타낸 혼소수의 곱셈은 자연수의 두 자리 수끼리 곱셈과 같은 모델을 사용하며, 알고리즘도 소수점의 위치를 제외하면 같다. 2.4×1.7의 계산 방법은 다음과 같다.

혼소수(mixed decimal)란 대소수(帶小數)라고도 하는데 2.4와 같이 자연수와 소수가 섞인 소수를 말합니다.

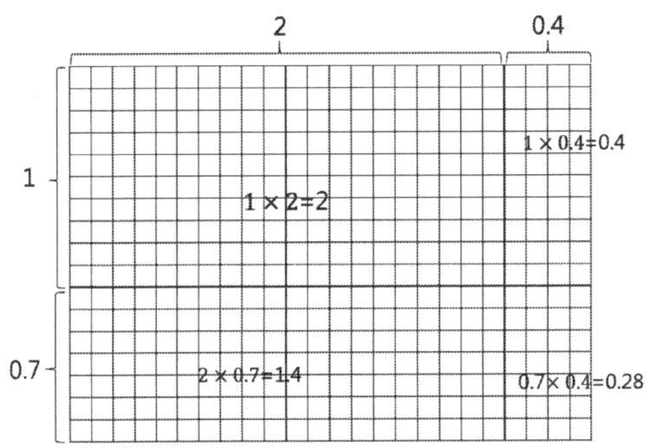


```
     2.4
  ×  1.7
  ------
     2 8
   1 4
   2 4
  2
  ------
  2 4. 0 8
```

분수로 고쳐서 계산하면 소수점의 위치를 이해할 수 있습니다.

• 분수로 고쳐서 계산하기

$$2.4 \times 1.7 = \frac{24}{10} \times \frac{17}{10} = \frac{2408}{100} = 24.08$$

• 16세기의 소수 곱셈 방법

유럽에서는 분수를 사용하였으나 16세기에 이르러 소수를 사용하기 시작하였다. 특별한 방법으로 소수를 나타내었는데 예를 들면, 34.21은 3421...②, 2.3은 23...①, 3.421은 3421...③으로 나타내었다.

3.421×1.8을 다음과 같이 계산하였다. 소수점의 위치는 원 안에 있는 수를 더하면 된다. 따라서 계산 결과의 소수점 위치는 6과 1 사이이다.

```
     3421 ...③
x      18 ...①
-----------
    27368
    3421
-----------
    61578 ...④
```

6. 소수의 나눗셈

나눗셈의 두 가지 의미는 소수의 나눗셈을 설명하는 데에도 유용하다. 측정 상황에서는 단위로 측정한 횟수, 등분 상황은 단위의 크기를 구하는 것이다.

측정 상황: 0.9L의 우유를 컵에 0.15L씩 담으면 몇 컵이나 되겠는가?

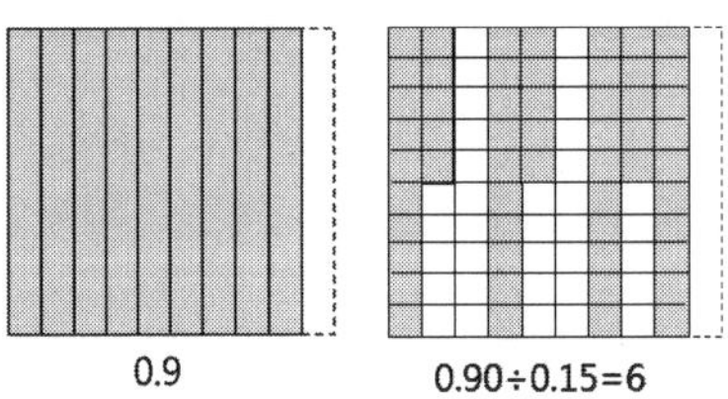

0.9　　0.90÷0.15=6

$0.15\overline{)0.9} \Rightarrow 0.15_{\wedge}\overline{)0.90_{\wedge}} \Rightarrow 15\overline{)90}$ (몫 6)

• 분수로 계산하기

$$0.9 \div 0.15 = \frac{9}{10} \div \frac{15}{100} = \frac{90}{100} \div \frac{15}{100} = 90 \div 15$$

등분 상황: 부피가 5.4m^{3}인 대리석의 무게가 13.5톤이다. 대리석 1m^{3}의 무게는 얼마인가?

$$12.96_{(t)} \div 5.4_{(m^3)} = 2.4_{(t/m^3)} \qquad 5.4_{\wedge}\overline{)12.9_{\wedge}6} \quad \Rightarrow \quad \begin{array}{r} 2.4 \\ 54\overline{)129.6} \\ 108 \\ \hline 216 \\ 216 \\ \hline 0 \end{array}$$

• 분수로 계산하기

$$12.96 \div 5.4 = \frac{129.6}{10} \div \frac{54}{10} = 129.6 \div 54 = 2.4$$

$$12.96 \div 5.4 = \frac{1296}{100} \div \frac{54}{10} = \frac{1296 \div 54}{100 \div 10} = \frac{24}{10} = 2.4$$

7. 소수의 나눗셈에서 나머지 처리

소수나 분수는 비를 나타내는 유리수이기 때문에 나머지가 의미 없지만 일상생활의 측정 상황에서는 나머지가 유용한 경우가 있다.

문제 상황: 찰흙 인형 1개를 만드는 데 찰흙이 5.4kg이 필요하다. 찰흙 13.5kg으로는 찰흙 인형 몇 개를 만들고 찰흙은 얼마나 남는가?

$$5.4\overline{)13.5} \quad \Rightarrow \quad \begin{array}{r} 2 \\ 5.4_{\wedge}\overline{)13.5_{\wedge}} \\ 108 \\ \hline 27 \end{array}$$

찰흙 인형 2개를 만들고 27kg이 남는다고 하면 나머지가 나누는 수보다 크기 때문에 잘못된 것이다. 나눗셈을 편리하게 계산하기 위하여 소수점의 위치를 옮겼지만 나머지를 표현할 때에는 원래 소수점의 위치로 나타내어야 한다. 따라서 나머지는 2.7kg이다.

Ⅱ. 교과 내용과 교수법

1. 3~4학년군

4수01-16 분모가 같은 분수의 덧셈과 뺄셈의 계산 원리를 이해하고 그 계산을 할 수 있다.

첨가 상황

자연수의 연산과 마찬가지로 학생들이 문제 상황을 구체물로 나타내어 조작 활동으로 해결하고, 조작 활동 과정을 기호로 형식화하여 수학적 언어를 이해할 수 있도록 지도한다.

분수의 덧셈과 뺄셈 지도는 자연수의 덧셈과 뺄셈 지도와 같은 방법으로 지도한다. 즉, 합병과 첨가 상황으로 덧셈을, 구잔과 비교 상황으로 뺄셈을 도입하였듯이 분수 계산에서도 같은 방법으로 도입한다.

1) 동분수의 덧셈

문제 상황 1: 물 $\frac{3}{5}$L가 들어 있는 그릇에 물 $\frac{4}{5}$L를 더 부었다.
그릇에 들어 있는 물은 얼마인가?

〈조작 활동, 그림〉

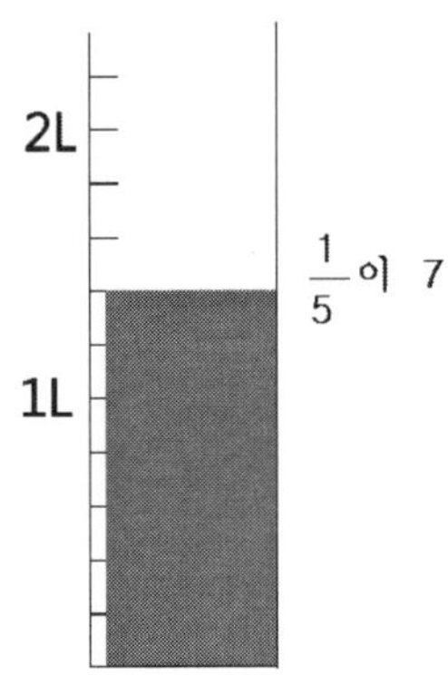

〈기호〉

$$\frac{3}{5}+\frac{4}{5}=\frac{7}{5}=1\frac{2}{5}$$

$\frac{1}{5}$이 4

$\frac{1}{5}$이 3

문제 상황 2: 동규는 종이를 $1\frac{3}{5}$kg, 영주는 $2\frac{4}{5}$kg 모았다.
두 사람이 모은 종이는 모두 몇 kg인가?

합병 상황
다양한 알고리즘을 개발하게 하면 창의성 발달에 도움이 된다.

〈조작 활동, 그림〉

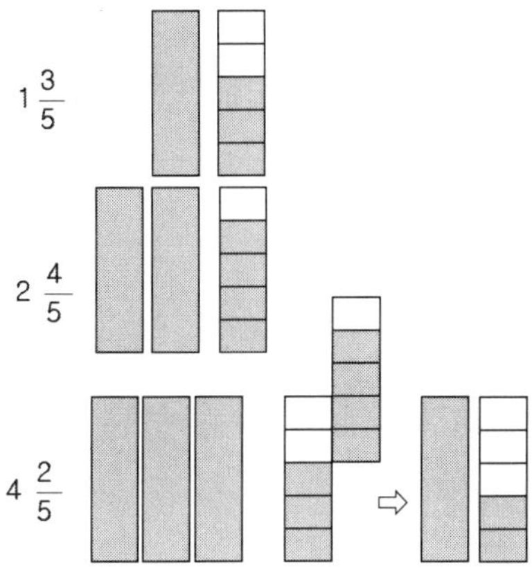

〈기호〉

$$1\frac{3}{5} + 2\frac{4}{5} = 3\frac{7}{5} = 4\frac{2}{5}$$

$1 + \frac{3}{5} \quad 2 + \frac{4}{5}$

$$\begin{array}{r} 1\frac{3}{5} \\ +\ 2\frac{4}{5} \\ \hline 3\frac{7}{5} \end{array}$$

2) 동분모 분수의 뺄셈

구간 상황

문제 상황 1: 우유가 $2\frac{1}{4}$L 들어 있는데 $\frac{3}{4}$L를 마셨다.
남은 우유는 몇 L인가?

〈조작 활동, 그림〉

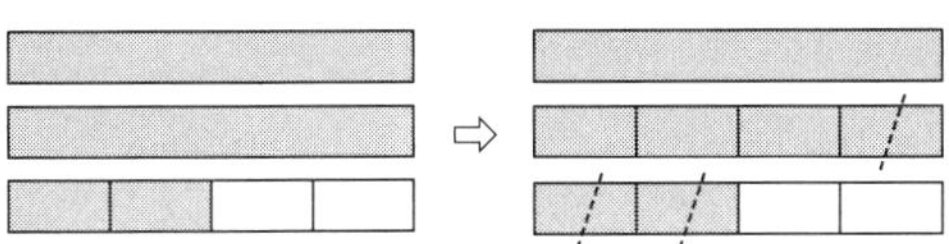

〈기호〉

$$2\frac{1}{4} - \frac{3}{4} = 1\frac{2}{4}$$

$\downarrow$

$1 + \frac{5}{4}$

비교 상황

> 문제 상황 2: 노란 끈이 $3\frac{2}{5}$m 있고, 파란 끈이 $1\frac{3}{5}$m 있다.
> 노란 끈이 파란 끈보다 몇 m 더 긴가?

〈조작 활동, 그림〉 〈기호〉

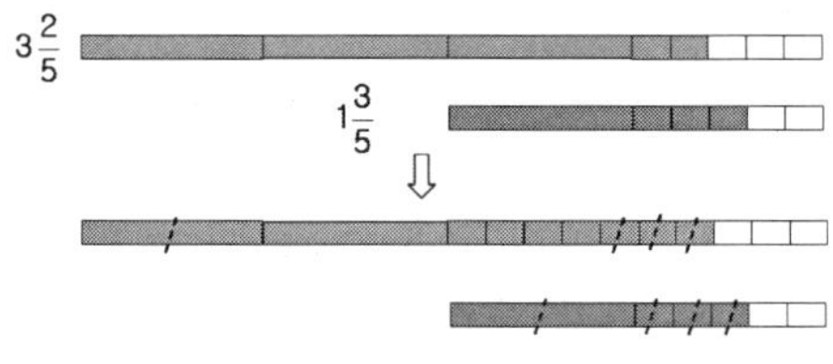

$$3\frac{2}{5} - 1\frac{3}{5} = 1\frac{4}{5}$$

$$3\frac{2}{5} \rightarrow 2+\frac{5}{5}+\frac{2}{5}$$

$$\begin{array}{r} \overset{2,}{\not 3}\,\overset{\frac{5}{5}}{\frac{2}{5}} \\ -\ 1\frac{3}{5} \\ \hline 1\frac{4}{5} \end{array}$$

4수01-17 **소수 두 자리 수의 범위에서 소수의 덧셈과 뺄셈의 계산 원리를 이해하고 그 계산을 할 수 있다.**

소수의 덧셈과 뺄셈은 계산 원리를 이해할 수 있는 수준에서 간단히 다룹니다.

소수의 덧셈과 뺄셈도 자연수의 덧셈과 뺄셈을 지도한 방법과 같은 방법으로 지도하며, 계산 원리도 소수점을 제외하면 자연수의 계산 원리와 같다.

1) 소수의 덧셈

> 문제 상황: 빵을 만들려고 밀가루 4.58kg과 설탕 1.24kg을 섞었습니다.
> 무게는 얼마입니까?

〈어림하기〉 얼마쯤 될까요?

〈조작 활동〉 (생략)

〈기호화〉

$$\begin{array}{r} 4.58 \\ +1.24 \\ \hline \end{array} \Rightarrow \begin{array}{r} \overset{1}{4.5}8 \\ +1.24 \\ \hline 2 \end{array} \Rightarrow \begin{array}{r} \overset{1}{4.5}8 \\ +1.24 \\ \hline 82 \end{array} \Rightarrow \begin{array}{r} \overset{1}{4.5}8 \\ +1.24 \\ \hline 5.82 \end{array}$$

첨가 상황은 생략합니다.

$$\begin{array}{r} 4.58=4+0.5+0.08 \\ +\ 1.24=1+0.2+0.04 \\ \hline 5+0.7+0.12 \\ 5.82=\ 5+0.82 \end{array}$$

2) 소수의 뺄셈

문제 상황: 실험 용액이 들어 있는 병의 무게를 재었더니 0.47kg이었습니다. 용액을 모두 사용하고 빈 병의 무게를 재었더니 0.23kg이었습니다. 사용한 용액의 무게는 몇 kg입니까?

〈어림 하기〉 얼마쯤 될까? 0.7kg

〈조작 활동〉

구차(비교) 상황은 생략합니다.

- 수 모형으로 0.47을 나타내어 보시오.

- 0.23을 빼 보시오.

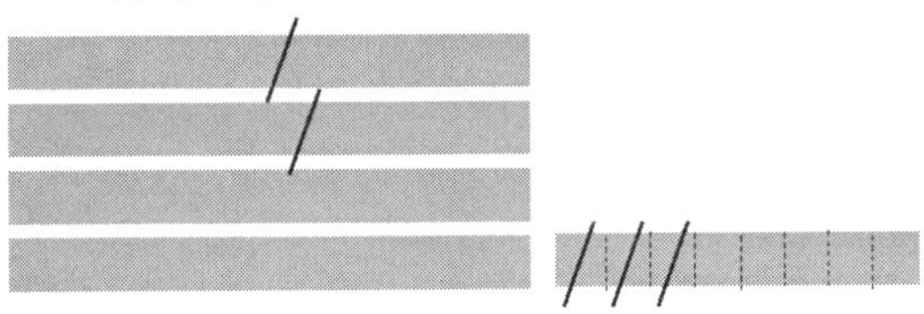

- 얼마입니까?

〈기호화〉 (생략)

2. 5~6학년군

6수01-08 분모가 다른 분수의 덧셈과 뺄셈의 계산 원리를 이해하고 그 계산을 할 수 있다.

분모가 같은 분수의 덧셈과 뺄셈은 3~4학년군에서 학습하였으므로 이를 바탕으로 분모가 다른 분수의 덧셈과 뺄셈을 지도한다.

문제 상황을 제시하여 분모가 달라서 계산하기 어렵다 또는 다른 계산 방법이 필요하다 등의 인지적 갈등을 느끼게 하는 것이 중요하며, 조작 활동으로 문제를 해결하는 과정에서 수학적 원리나 법칙을 깨달을 수 있어야 하고, 해결 과정을 그대로 기호로 옮겨 형식화할 수 있도록 한다.

1) 분수의 덧셈

덧셈의 합병 상황

> 문제 상황 1: 꽃밭의 $\frac{2}{5}$에는 채송화를 심고, $\frac{1}{3}$에는 봉숭아를 심었다.
> 이 꽃을 심은 부분은 전체 꽃밭의 얼마인가?

단위의 크기를 같게 할 수 있는 방법이 무엇인지 생각하게 합니다.

〈조작 활동, 그림〉

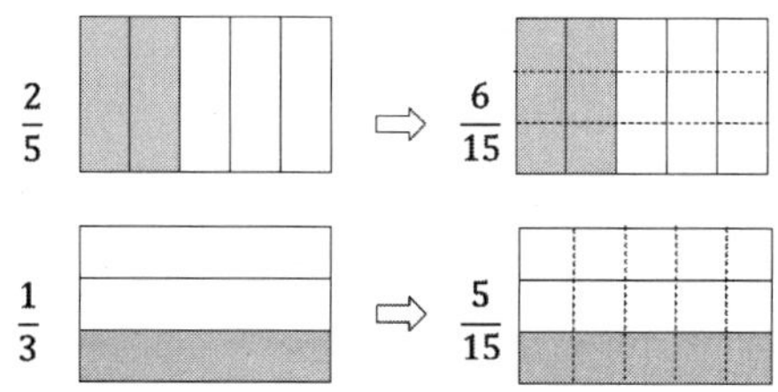

〈기호〉

$$\frac{2}{5}+\frac{1}{3}=\frac{6}{15}+\frac{5}{15}=\frac{11}{15}$$

덧셈의 첨가 상황

> 문제 상황 2: 밀가루가 $2\frac{2}{3}$kg이 있다. 피자를 만들려고 밀가루 $1\frac{4}{5}$kg을 더 넣었다. 밀가루의 무게는 몇 kg이 되었는가?

단위의 크기가 같아야 계산할 수 있음을 깨닫게 합니다.

〈조작 활동, 그림〉

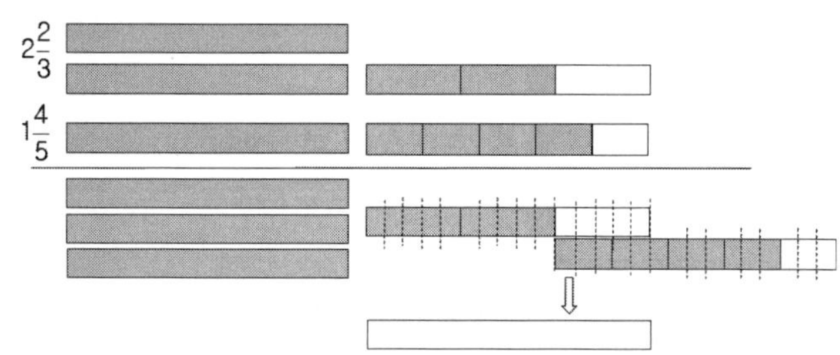

3 $\quad \frac{10}{15}+\frac{12}{15}=\frac{22}{15}=1+\frac{7}{15}$

〈기호〉

$$2\frac{2}{3}+1\frac{4}{5}=(2+1)+(\frac{2}{3}+\frac{4}{5})=3+(\frac{10}{15}+\frac{12}{15})=4\frac{7}{15}$$

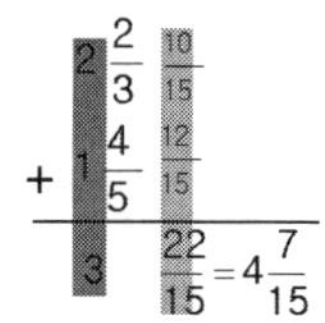

2) 분수의 뺄셈

문제 상황 3: 종이끈이 $3\frac{1}{2}$m 있는데 $1\frac{2}{3}$m를 잘라 사용하였다.
남은 종이끈의 길이는 몇 m인가?

빼셈의 구간 상황

〈기호〉

$$3\frac{1}{2} - 1\frac{2}{3} = 1\frac{5}{6}$$

$$\downarrow$$

$$\left(3 + \frac{1}{2}\right) \quad \left(1 + \frac{2}{3}\right)$$

$$\begin{array}{r} 3\frac{1}{2} \\ -\ 1\frac{2}{3} \\ \hline \end{array} \qquad \begin{array}{r} \overset{\frac{6}{6}}{\cancel{3}^{2}\,\frac{3}{6}} \\ -\ 1\frac{4}{6} \\ \hline 1\frac{5}{6} \end{array}$$

문제 상황 4: 종이끈의 길이는 $3\frac{1}{2}$m이고, 책상의 길이는 $1\frac{2}{3}$m이다.
종이끈이 몇 m나 더 긴가?

빼셈의 비교 상황

〈조작 활동, 그림〉

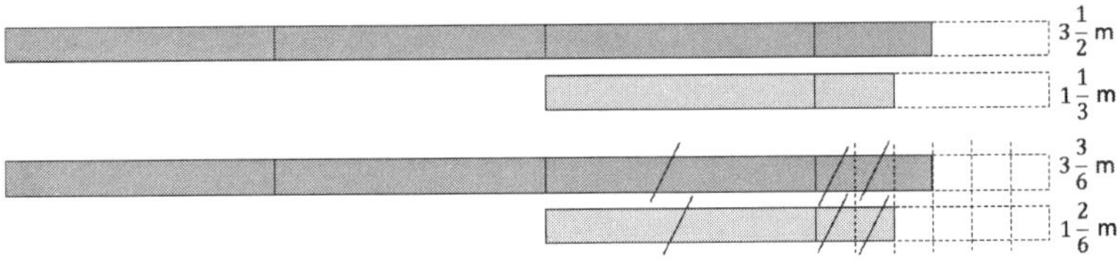

〈기호〉

$$3\frac{1}{2} - 1\frac{1}{3} = 2\frac{1}{6}$$

$$\downarrow$$

$$\left(3 + \frac{3}{6}\right) \quad \left(1 + \frac{2}{6}\right)$$

$$\begin{array}{r} 3\frac{1}{2} \\ -\ 1\frac{1}{3} \\ \hline \end{array} \Rightarrow \begin{array}{r} 3\frac{3}{6} \\ -\ 1\frac{2}{6} \\ \hline 2\frac{1}{6} \end{array}$$

6수01-09

분수의 곱셈의 계산 원리를 이해하고 그 계산을 할 수 있다.

1) (분수)×(자연수)

자연수의 묶음(동수누가) 상황

문제 상황 1: 소금물 $\frac{2}{3}$L씩 들어 있는 그릇이 5개 있다. 이 소금물을 한 곳에 모으면 몇 L가 되는가?

〈조작 활동, 그림〉

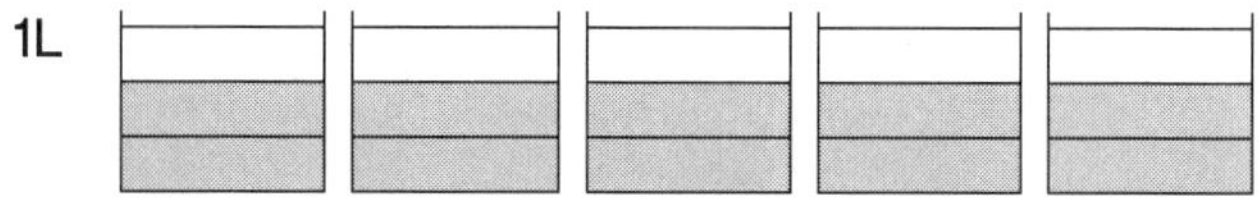

〈기호〉

(분수)×(자연수)의 계산 원리를 학생이 스스로 발견할 수 있도록 비슷한 상황을 반복하여 제시합니다.

$$\frac{2}{3}+\frac{2}{3}+\frac{2}{3}+\frac{2}{3}+\frac{2}{3}=\frac{10}{3} \quad \frac{2}{3}\times 5=\frac{10}{3}$$

문제 상황 2: 영민이네 집에서는 하루에 $1\frac{2}{3}$L씩 우유를 마신다고 한다. 3일 동안에는 마시는 우유는 몇 L인가?

〈조작 활동, 그림〉

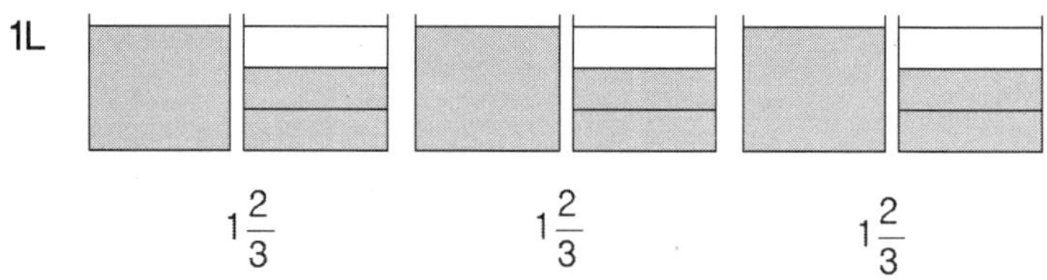

〈기호〉

$$1\frac{2}{3}\times 3=(1\times 3)+(\frac{2}{3}\times 3)=5 \qquad \begin{array}{r} 1\frac{2}{3} \\ \times\ 3 \\ \hline 3+\frac{6}{3} \end{array}$$

2) (자연수)×(분수)

문제 상황: 연필 1다스는 12자루이다. 연필 $\frac{3}{4}$다스는 몇 자루인가?

〈조작 활동, 그림〉

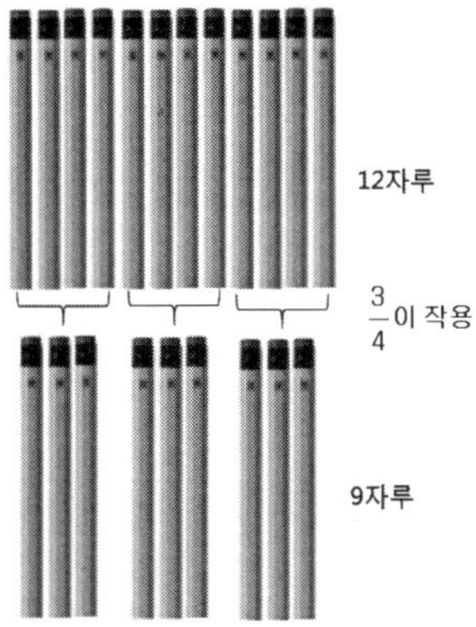

연산자의 의미

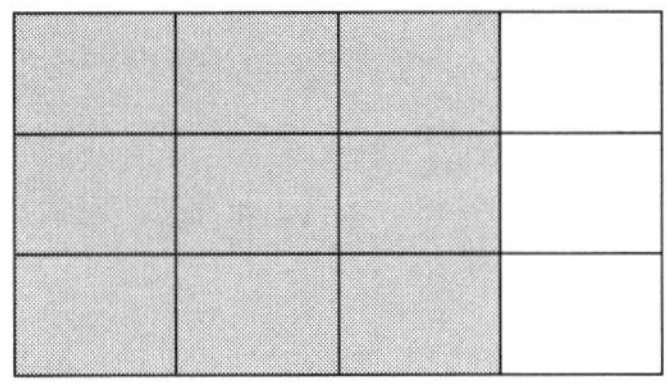

전체-부분의 의미

〈기호〉

$$12 \times \frac{3}{4} = 9$$

비슷한 상황을 반복 제시하고 조작 활동을 통하여 계산의 원리를 발견하게 하는 발견학습 수업모형이 적절합니다.

6수01-10

(자연수)÷(자연수)에서 나눗셈의 몫을 분수로 나타낼 수 있다.

1) (자연수)÷(자연수)의 몫을 분수로 나타내기

문제 상황: 빵 3개를 4명이 똑같이 나누어 먹으면
한 사람의 몫은 얼마인가?

〈조작 활동, 그림〉 〈기호〉

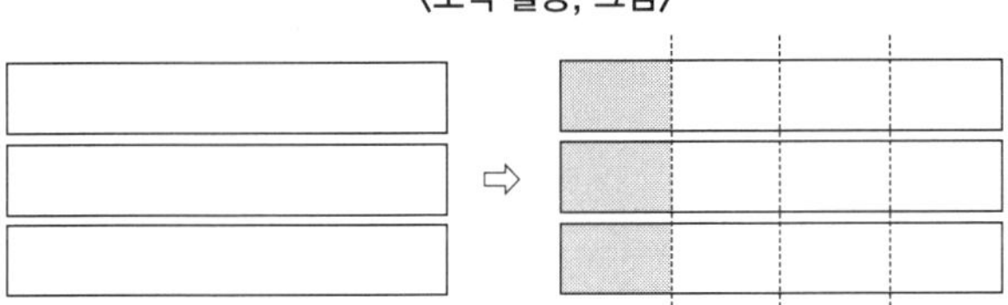

$$3 \div 4 = \frac{3}{4}$$

$3 \div 4$

$\frac{1}{4}$이 3이므로 $\frac{3}{4}$

6수01-11

분수의 나눗셈의 계산 원리를 이해하고 그 계산을 할 수 있다.

$\frac{3}{4} \div 5$를 나타낸 그림은 $\frac{3}{4} \times \frac{1}{5}$을 나타낸 그림과 같다는 것에 주목합니다.

1) (분수)÷(자연수)

> 문제 상황: 우유 $\frac{3}{4}$L를 5명이 똑같이 나누어 마셨다.
> 한 사람에 몇 L씩 마셨는가?

〈조작 활동, 그림〉

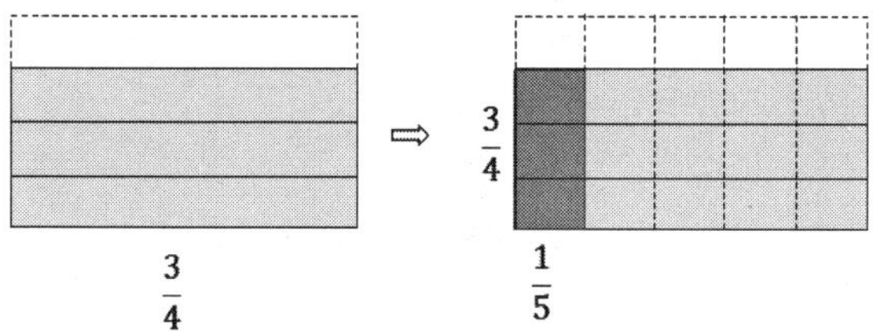

〈기호〉

$$\frac{3}{4} \div 5 = \frac{3}{4} \times \frac{1}{5} = \frac{3}{20}$$

2) (자연수)÷(분수)

> 문제 상황: 우유 3L를 $\frac{3}{4}$L인 컵에 나누어 담으면 몇 컵이나 되는가?

〈조작 활동, 그림〉

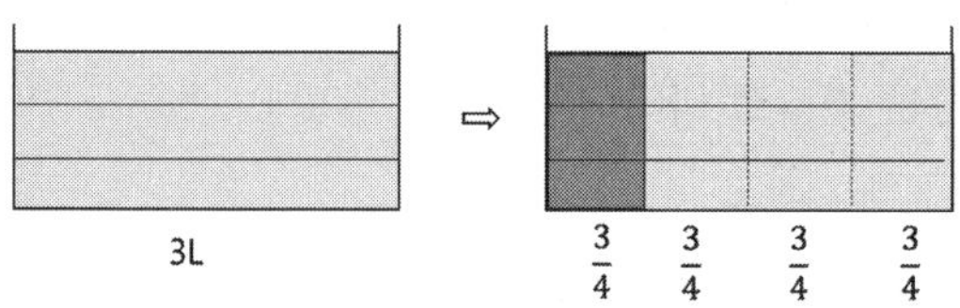

〈기호〉

$$3 \div \frac{3}{4} = \frac{12}{4} \div \frac{3}{4} = \frac{12 \div 3}{4 \div 4} = 4$$

3) (진분수)÷(진분수)

문제 상황(측정) 1: 길이가 $\frac{1}{2}$m인 테이프를 한 사람에게 $\frac{1}{6}$m씩 나누어 주면 몇 사람에게 줄 수 있는가?

〈조작 활동, 그림〉

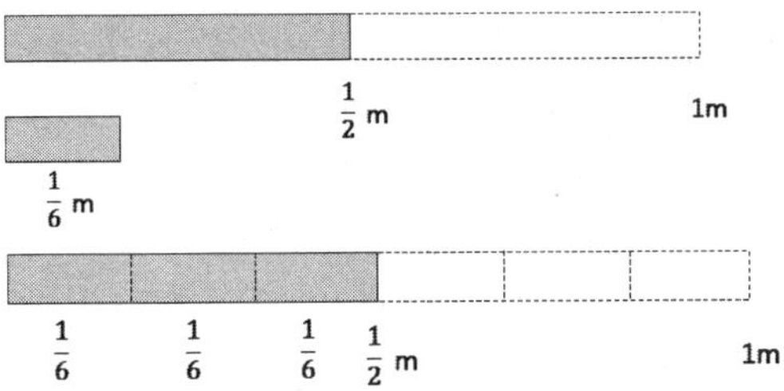

〈기호〉

$$\frac{1}{2} \div \frac{1}{6} = \frac{3}{6} \div \frac{1}{6} = 3$$

문제 상황(등분): 달팽이가 먹이를 찾아 $\frac{5}{6}$ 시간 동안 $\frac{2}{3}$km를 움직였다. 이 달팽이가 1시간 동안 움직이면 몇 km 움직일 수 있겠는가?

〈조작 활동, 그림〉

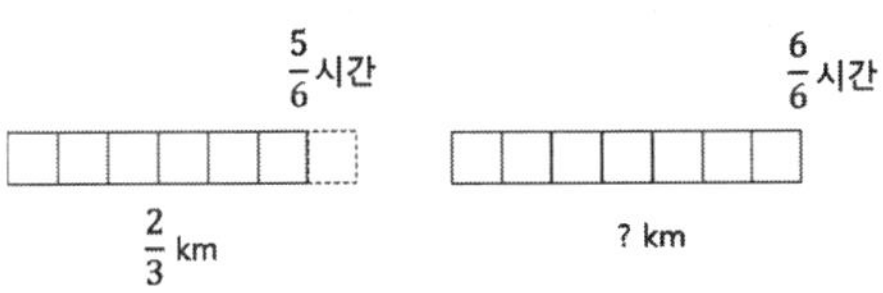

〈기호〉

$$\frac{2}{3} \div \frac{5}{6} = \frac{2}{3} \times \frac{6}{5} \div \frac{5}{6} \times \frac{6}{5} = \frac{2}{3} \times \frac{6}{5}$$

km ÷시간 = 1시간당 거리

☞ 시간 ÷ km = 1km당 시간

4) (대분수)÷(대분수)

문제 상황: 굵기가 일정한 막대 $2\frac{5}{6}$m의 무게가 $4\frac{7}{8}$kg이라고 하면 1m의 무게는 얼마인가?

〈기호〉

$$6\frac{2}{5} \div 1\frac{1}{3} = \frac{32}{5} \div \frac{4}{3} = \frac{32}{5} \times \frac{3}{4} = \frac{96}{20} = 4\frac{4}{5}$$

여러 번 조작 활동을 통하여 계산 원리를 깨닫게 합니다.

분수 나눗셈의 2가지 알고리즘

① 역수의 곱셈 방법

② 분모끼리, 분자끼리 나누는 방법

6수01-13

소수의 곱셈의 계산 원리를 이해한다.

소수의 곱셈은 자연수의 곱셈 지도 방법을 유추하여 지도하며, 계산 원리를 이해하는 수준에서 간단히 다루고, 복잡한 계산은 계산기를 사용할 수 있도록 한다.

소수의 곱셈은 자연수의 곱셈과 같으며, 소수점의 위치를 결정하는 것은 소수를 분수로 고쳐서 계산하면 그 원리를 깨달을 수 있다.

1) 소수와 자연수의 곱셈

문제 상황 1: 은주는 하루에 주스를 0.5L씩 마신다.
3일 동안 주스를 몇 L 마시겠는가?

〈조작 활동, 그림〉

동수누가로 소수의 곱셈을 도입합니다.

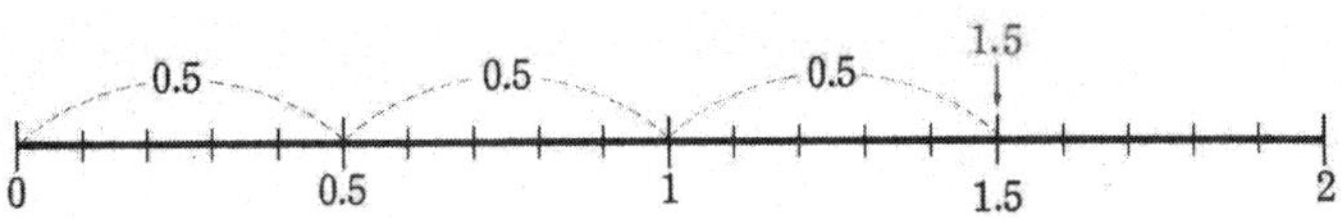

〈기호〉

$0.5+0.5+0.5=1.5 \quad 0.5\times3=1.5$

$$\begin{array}{r} 0.5 \\ \times\ \ 3 \\ \hline 1.5 \end{array}$$

〈분수로 계산하기〉

$$0.5\times3=\frac{5}{10}\times3=\frac{15}{10}=1.5$$

문제 상황 2: 돼지고기 1kg의 값은 4500원이다. 0.6kg의 값은 얼마인가?

〈조작 활동, 그림〉

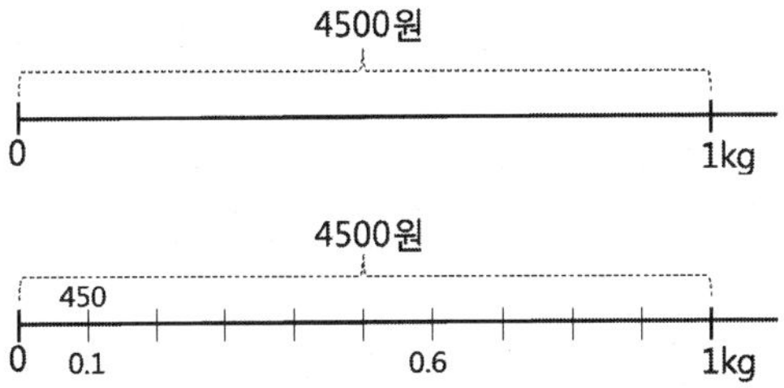

〈기호〉

4500×0.6=2700

$$\begin{array}{r} 4500 \\ \times\ 0.6 \\ \hline 2700.0 \end{array}$$

〈분수로 계산하기〉

$$4500 \times 0.6 = 4500 \times \frac{6}{10} = \frac{27000}{10} = 2700$$

2) 소수끼리 곱셈

문제 상황 1: 가로가 0.8m, 세로가 0.6m인 직사각형 모양의 액자가 있다.
이 액자의 넓이는 얼마인가?

〈조작 활동, 그림〉

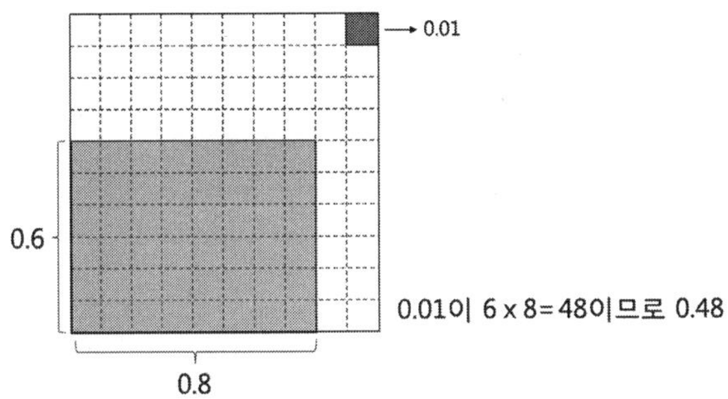

〈기호〉

0.6×0.8=0.48

$$\begin{array}{r} 0.6 \\ \times\ 0.8 \\ \hline 0.48 \end{array}$$

〈분수로 계산하기〉

$$0.6\times0.8=\frac{6}{10}\times\frac{8}{10}=\frac{48}{100}=0.48$$

문제 상황 1: 가로가 3.15m이고, 세로가 2.5m인 벽지가 있다.
이 벽지의 넓이는 얼마인가?

〈조작 활동, 그림〉

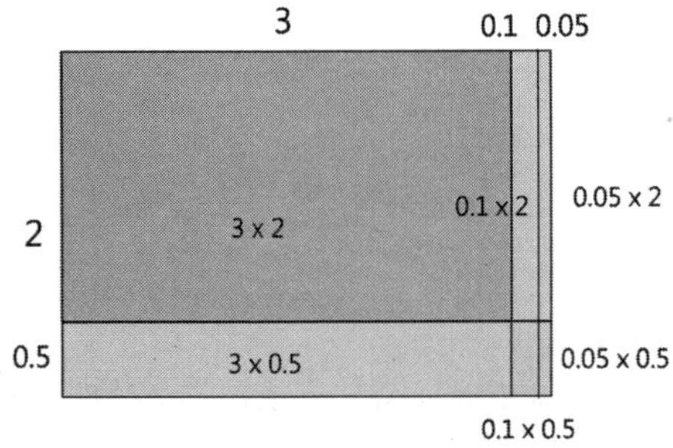

이론적 배경 16세기 소수 곱셈 방법을 참고하세요.

〈기호〉

3.15×2.5=7.875

```
   3.15          3.15   소수점 아래 2자리
 x  2.5        x  2.5   소수점 아래 1자리
 ------        ------
 6               1575
 0.30            630
 1.5           ------
 0.075          7.875   소수점 아래 3자리
 ------
 7.875
```

분수로 계산하였을 때 소수점의 위치를 결정하는 데 도움이 됩니다.

〈분수로 계산하기〉

$$3.15\times2.5=\frac{315}{100}\times\frac{25}{10}=\frac{7875}{1000}=7.875$$

6수01-14 '(자연수)÷(자연수)', '(소수)÷(자연수)'에서 나눗셈의 몫을 소수로 나타낼 수 있다.

소수의 나눗셈도 곱셈과 마찬가지로 소수 나눗셈의 원리를 이해하는 수준에서 간단히 다루고, 복잡한 계산은 계산기를 이용하도록 지도한다.

자연수 나눗셈의 지도 방법을 유추하여 지도하되 소수를 분수로 고쳐서 계산하게 하면 소수점의 위치를 이해하게 된다.

1) (자연수)÷(자연수)의 몫을 소수로 나타내기

문제 상황 1: 우유 5L를 4명이 똑같이 나누면 한 사람의 몫은 얼마인가?

〈조작 활동, 그림〉

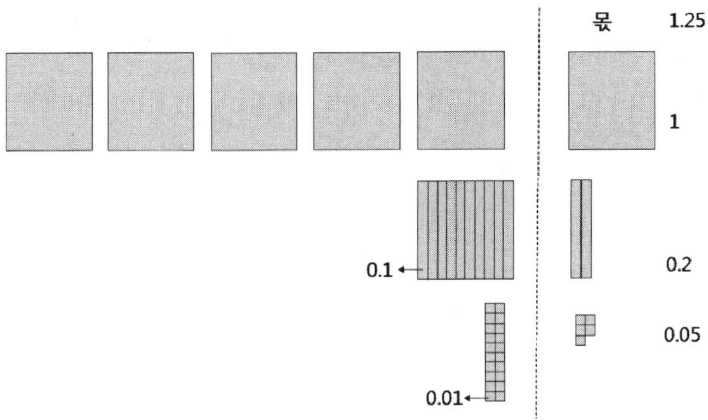

〈기호〉

5=5.0=5.00=5.000⋯ 입니다.

$$\begin{array}{r} 1 \\ 4\overline{)5} \\ \underline{4} \\ 1 \end{array} \quad \Rightarrow \quad \begin{array}{r} 1.2 \\ 4\overline{)5.0} \\ \underline{4} \\ 1\,0 \\ \underline{8} \\ 2 \end{array} \qquad \begin{array}{r} 1.25 \\ 4\overline{)5.00} \\ \underline{4} \\ 1\,0 \\ \underline{8} \\ 20 \\ \underline{20} \\ 0 \end{array}$$

$$5 \div 4 = \frac{5}{1} \times \frac{1}{4} = \frac{\cancel{50}}{10} \times \frac{1}{\cancel{4}} \quad ?$$

$$5 \div 4 = \frac{5}{1} \times \frac{1}{4} = \frac{\overset{125}{\cancel{500}}}{100} \times \frac{1}{\underset{1}{\cancel{4}}} = 1.25$$

2) (소수)÷(자연수)의 몫을 소수로 나타내기

> 문제 상황 2: 똑같은 약 5알의 무게를 재었더니 20.4g이었다.
> 약 1알의 무게는 얼마인가?

〈조작 활동, 그림〉

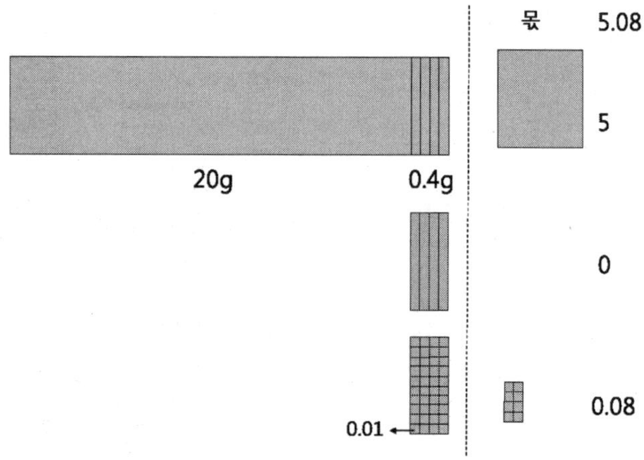

〈기호〉

동치 분수를 이용하면 20.4 =20.40=20.4000임을 알 수 있습니다.

```
   4.            4.0            4.08
5)20.4   →   5)20.4   →   5)20.40
  20           20             20
               ----           -----
                 4              40
                                40
                                ---
                                 0
```

〈분수로 계산하기〉

$$20.4 \div 5 = \frac{\cancel{204}}{10} \times \frac{1}{\cancel{5}} \qquad ?$$

$$20.4 \div 5 = \frac{\overset{408}{\cancel{2040}}}{100} \times \frac{1}{\underset{1}{\cancel{5}}} = 4.08$$

6수01-15

나누는 수가 소수인 나눗셈의 계산 원리를 이해한다.

소수 나눗셈에서 나누는 수가 자연수인 경우는 큰 어려움 없이 해결할 수 있지만 나누는 수가 소수일 경우에는 몫을 결정하기가 매우 어렵다. 따라서 편리하게 몫을 결정하기 위하여 나누는 수를 자연수로 고쳐서 계산한다.

나누어지는 수와 나누는 수에 같은 수를 곱하거나 나누어도 몫은 같다는 성질을 이용한 것입니다.

$$800\div50=(800\div10)\div(50\div10)=80\div50=16$$

$$800\div50=(800\times2)\div(50\times2)=1600\div100=16$$

$$80\div0.4=(80\times10)\div(0.4\times10)=800\div4=200$$

$$80\div1.6=(80\times10)\div(1.6\times10)=800\div16=50$$

문제 상황 1: 우유가 1.8L 있는데 한 사람이 0.2L씩 마시면 몇 사람이 마실 수 있는가?

〈조작 활동, 그림〉

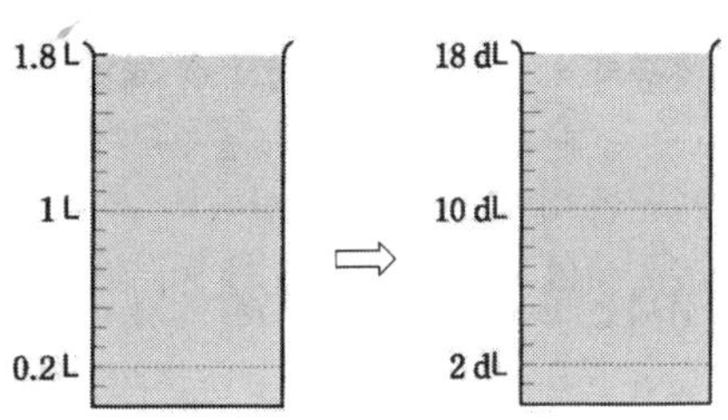

1.8÷0.2=?　　18÷2=9

〈기호〉

$$0.2_{\wedge}\overline{)1.8_{\wedge}} \Rightarrow 2\overline{)18}$$

9 (몫), 18, 0

〈분수로 계산하기〉

$$1.8 \div 0.2 = \frac{18}{10} \div \frac{2}{10} = 18 \div 2 = 9$$

문제 상황 2: 1.5L의 무게가 1.8kg인 소금물이 있다.
이 소금물의 1L의 무게는 얼마인가?

〈조작 활동, 그림〉

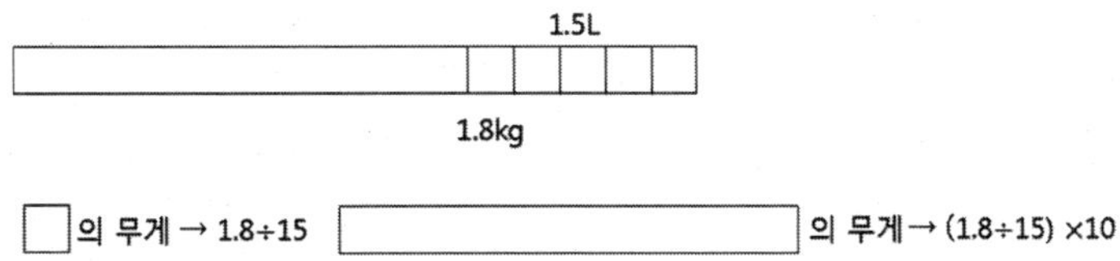

〈기호〉

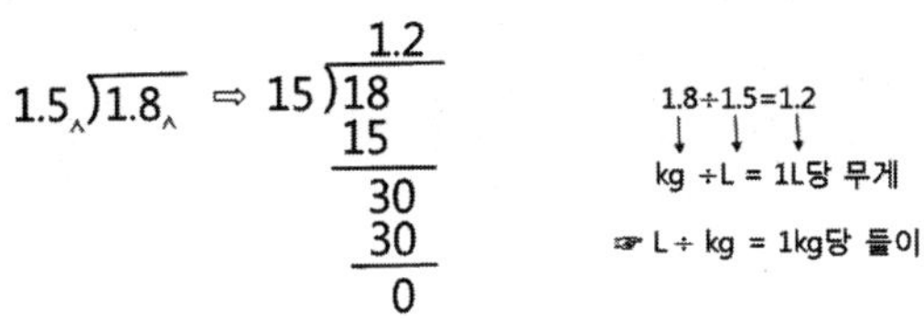

문제 상황 3: 넓이가 13.25m²인 벽지를 자르려고 한다.
가로를 2.5m로 하면 세로는 몇 m가 되어야 하는가?

〈기호〉

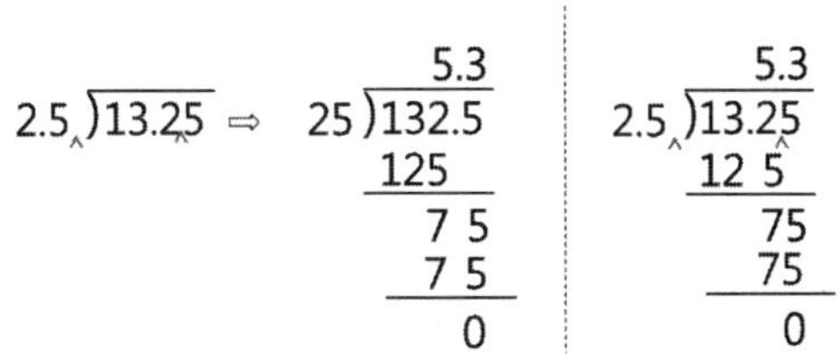

〈분수로 계산하기〉

$$13.25 \div 2.5 = \frac{132.5}{10} \div \frac{25}{10} = 132.5 \div 25 = 5.3$$

6수01-16

소수의 곱셈과 나눗셈의 계산 결과를 어림할 수 있다

계산 문제를 보고 성급하게 계산하기 보다는 계산하기 전에 답이 얼마쯤 되는지 어림하는 태도와 습관이 길러지도록 지도한다. 소수나 분수의 곱셈, 나눗셈에서는 계산 결과를 학생 자신이 의심하는 경우가 종종 발생하게 된다. 자연수의 곱셈에서는 계산 결과가 항상 곱하여지는 수보다 크지만 소수(분수)의 곱셈에서는 오히려 작아지는 경우가 있다.

25×3=75　　25×1.3=32.5　　25×0.3=7.5

또, 자연수의 나눗셈에서는 계산 결과가 항상 나누어지는 수보다 작지만 소수(분수)의 나눗셈에서는 오히려 커지는 경우가 있다.

27÷3=9　　27÷1.8=15　　27÷0.3=90

자연수를 학습한 결과로 인하여 소수의 곱셈, 나눗셈의 결과를 의심하는 경우가 있어 다시 계산하여 확인하게 된다.

1보다 큰 수를 곱하면 결과는 곱하여지는 수보다 커지지만 1보다 작은 수를 곱하면 작아지고, 1보다 큰 수로 나누면 결과는 나누어지는 수보다 작아지지만 1보다 작은 수로 나누면 커집니다.

계산하기 전에 답을 어림해보았다면 이런 혼란이나 결과를 의아하게 생각하지 않을 것이다. 또, 계산기를 사용할 때에는 숫자나 기호를 잘못 눌러 엉뚱한 결과가 나왔음에도 계산기를 신뢰하여 그대로 답을 쓰는 경우도 있다. 따라서 계산기로 계산하기 전에 결과를 어림하는 것이 매우 중요하다.

문제를 보고 성급하게 계산하기보다는 계산하기 전에 답이 얼마쯤 되겠다고 어림을 하는 태도와 습관이 길러지도록 지도한다. 특히, 계산기를 사용할 때에는 더욱 중요하다.

42.5 x 2.9은 얼마입니까?　　120쯤 되겠다.

42.5÷0.25는 얼마입니까?　　42보다 클 것이다.

Co-Learning 문제 참고 바람

Co-Learning 7

1. 어느 학생이 $\frac{1}{4}\times 3$을 다음 그림과 같이 그려서 $\frac{3}{12}$이라고 하였다. 이 학생에게 적절한 설명을 해주시오.

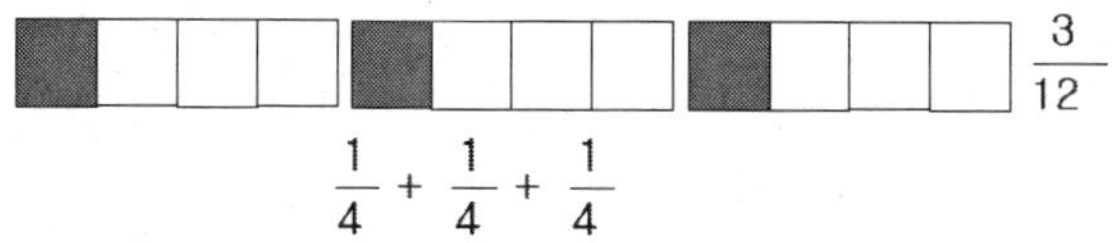

2. 어떤 학생이 소수의 덧셈을 다음과 같이 하였다.

$$\begin{array}{r} 4.\ 7 \\ +\ 3.\ 9 \\ \hline 7.16 \end{array} \qquad \begin{array}{r} 24.\ 7 \\ +\ 18.\ 9 \\ \hline 42.16 \end{array}$$

실수(mistake)
부주의 하여 발생한 잘못

오류(error)
오개념으로 인하여 발생한 잘못

오개념(misconception)
결정적 속성을 잘못 이해해서 형성된 개념

상투개념
비결정적 속성을 결정적 속성으로 이해해서 형성된 개념

1) 이 학생은 실수(mistake)한 것인가/소수 덧셈에 대한 오개념(misconception)으로 인한 오류(error)인가/상투개념(stereotype conception)이 형성된 것인가? 그 근거는?

2) 이 학생이 잘못한 것은 무엇인가?

3) 이 학생의 이해를 돕기 위하여 어떤 모델을 어떻게 사용해야 하는가?

3. 어떤 학생이 분수 곱셈을 공통분모를 쓰고 분자끼리 곱하면 된다고 하였다(예 $\frac{2}{3}\times\frac{3}{4}=\frac{8}{12}\times\frac{9}{12}=\frac{72}{12}$). 분수를 덧셈할 때에도 공통분모를 쓰고 분자끼리 더하였기 때문에 곱셈도 이렇게 계산하였다고 하였다. 이 학생의 잘못을 어떻게 이해시킬 수 있는지 말해보시오. 또, 그 학생의 대답이 합리적이지 않은 이유는 무엇인가?

4. 6÷3과 $6 \div \frac{1}{3}$으로 해결할 수 있는 상황을 문장제로 나타내시오. 또, 그림으로 나타내어 해결해 보시오.

(문장제) 6÷3

$6\div\frac{1}{3}$

(그림) 6÷3

$6\div\frac{1}{3}$

5. 분수와 자연수가 포함된 나눗셈 문장제를 만들어 보고, 그 문제를 해결하는 활동을 하게 되면 분수 나눗셈을 더욱 분명하게 이해할 수 있다. 다음과 같은 나눗셈이 이루어지는 문장제를 만들고 해결하시오.

1) 분수÷자연수

(등분 상황)

(포함 상황)

2) 자연수÷분수

(등분 상황)

(포함 상황)

3) 분수÷분수

(등분 상황)

(포함 상황)

6. 다음 그림은 어떤 계산을 나타낸 것인지 알아보시오.

1)

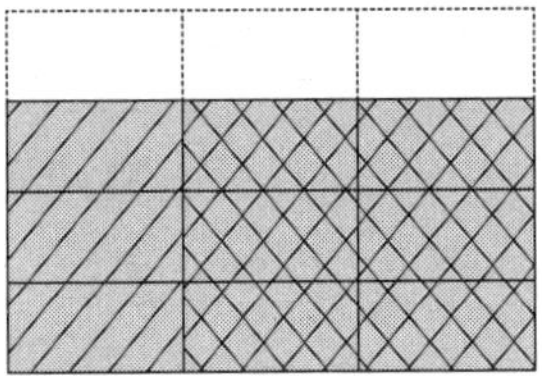

①

②

2)

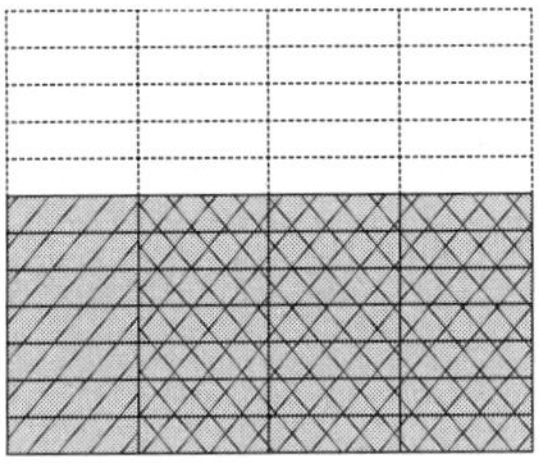

①

②

3)

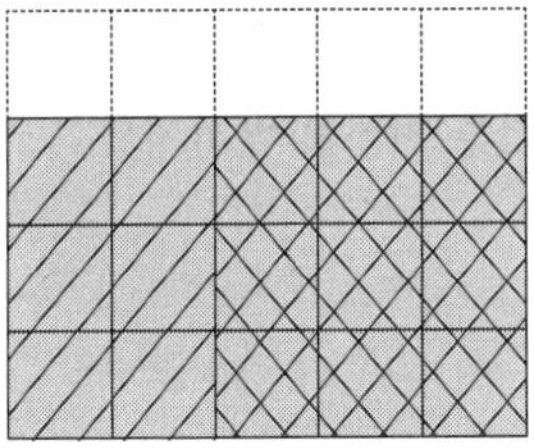

①

②

4)

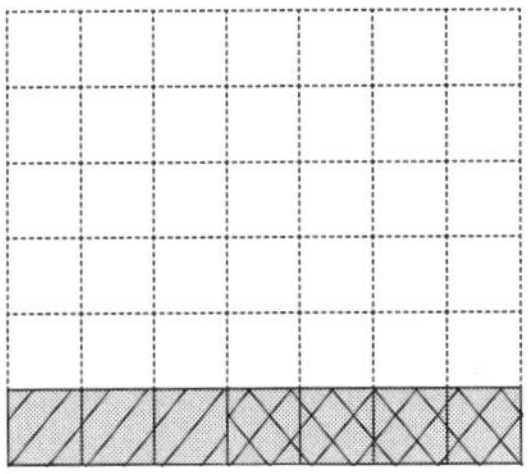

①

②

7. 철수와 영희는 다음 문제의 계산 결과를 보고 의견을 나누고 있다.

〈문제〉

빵 1개를 만드는 데 우유 0.3L가 필요하다면 우유 1.6L로는 빵 몇 개를 만들 수 있고 우유는 얼마나 남는가?

〈풀이〉 $1.6 \div 0.3 = \frac{16}{10} \div \frac{3}{10} = 5\frac{1}{3}$

철수 빵 5개를 만들 수 있고 우유는 $\frac{1}{3}$L 남는다.

영희 아니다. 빵 $5\frac{1}{3}$개를 만든다는 뜻이다.

철수 빵 $5\frac{1}{3}$개라니?? 빵을 만들다 그만 둔거니?

영희 그럼, 남는 우유는 없다는 거니?

철수와 영희의 의견에 대하여 당신의 의견은 어떤지 말하시오.

8. 수 막대를 이용하여 다음을 나타내고, 결과를 그림으로 나타내시오.

1) $1\frac{3}{4}+2\frac{1}{6}$

2) $2\frac{1}{6}-1\frac{3}{4}$

9. $\frac{6}{7} \div \frac{3}{14}$은 $\frac{6}{3} \div \frac{7}{14}$로 고쳐서 계산하면 편리하다. 타당한 이유를 밝히고, 같은 유형의 문제를 만들어보시오.

10. $4\frac{1}{4} \times 2\frac{2}{3} = (4 \times 2) + (\frac{1}{4} \times \frac{2}{3}) = 8\frac{2}{12}$의 계산이 잘못되었음을 그림을 그려 설명하시오.

11. 밭에서 잡초를 뽑아야 하는데 A가 혼자 하면 4시간 걸리고, B가 혼자하면 6시간 걸린다. 둘이 함께 하면 얼마나 걸리겠는가?

호루스의 눈

12. 고대 이집트인들은 단위분수 2개의 합으로 대부분의 분수를 나타내었다. 호루스의 눈(the Eye of Horus)을 사용하여 분수를 나타내기도 하였다. 호루스 눈의 각 부분을 다음과 같은 분수로 나타내었다.

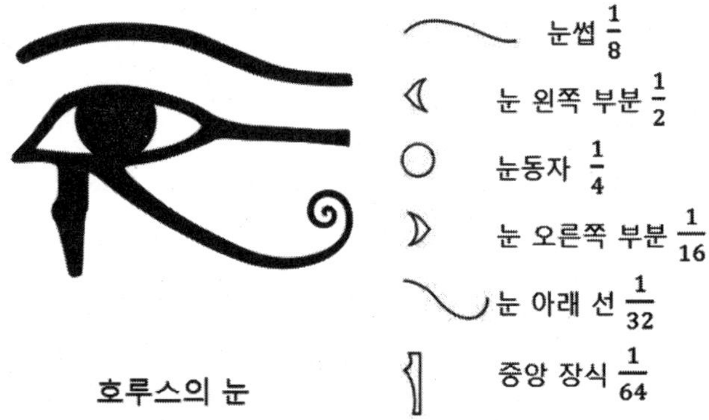

호루스의 눈

1) 모두 합하면 얼마인가?

2) 다음 분수를 호루스의 눈으로 나타내시오.

① $\frac{5}{8}$ ② $\frac{3}{4}$ ③ $\frac{3}{8}$

3) 호루스의 눈이 나타내는 분수를 정사각형에 그려 넣으시오.

13. 괴짜 선생님 반 학생의 $\frac{2}{3}$는 남학생이다. 남학생과 여학생의 수를 똑같이 맞추기 위하여 남학생 4명을 다른 반으로 보내고 여학생 4명을 받아들였더니 $\frac{1}{2}$이 남학생이 되었다. 괴짜 선생님 반 학생은 몇 명입니까?

14. 1~9까지의 수를 한 번만 사용하여 1에 가장 가까운 분수(1 제외)를 만드시오.

1) $\frac{\square}{\square} + \frac{\square}{\square} \approx 1$

2) $\frac{\square}{\square} - \frac{\square}{\square} \approx 1$

15. 1~9까지의 수를 한 번만 사용하여 등식이 참이 되게 하시오.

1) $\frac{\square}{\square} \times \frac{\square}{\square} \approx \frac{1}{2}$

2) $\frac{\square}{\square} \div \frac{\square}{\square} \approx \frac{1}{2}$

16. 0.45÷0.3을 그림으로 나타내어 알아보고, 나누었음에도 불구하고 답이 처음 수보다 커진 이유를 설명하시오.

17. 다음 계산 결과를 어림하여 가장 가까운 수를 ( ) 안에서 선택하고, 판단 근거를 쓰시오.

1) $\frac{6}{13}+\frac{7}{15}+\frac{11}{23}+\frac{17}{35}$ $(1,\ 2,\ 3,\ 3\frac{1}{2})$

2) $\frac{30}{41}+\frac{1}{100}+\frac{1}{1000}$ $(1,\ \frac{3}{8},\ \frac{3}{4},\ 2)$

3) $\frac{105}{200}+\frac{205}{600}+\frac{611}{896}$ $(0,\ \frac{1}{3},\ \frac{2}{3},\ 1)$

4) $\frac{1}{100}-\frac{1}{101}+\frac{1}{102}-\frac{1}{103}$ $(0,\ \frac{1}{2},\ 1)$

5) $\frac{19}{39}+\frac{81}{95}-\frac{150}{201}-\frac{99}{1000}$ $(0,\ \frac{1}{3},\ \frac{1}{2},\ 1)$

18. 0.65−0.4를 그림으로 나타내어 알아보시오.

19. 다음 계산에서 답이 1보다 큰지, 작은지 어림하고, 어떻게 어림했는지를 쓰시오.

1) $\frac{3}{4} \div \frac{1}{2}$

2) $1 \div \frac{7}{8}$

3) $\frac{8}{7} \div \frac{7}{8}$

4) $\frac{2}{3} \div \frac{1}{4}$

5) $\frac{3}{5} \div \frac{3}{4}$

먼저 자연수를 사용하여 매직 삼각형을 만들어 보시오. 다양한 답이 나올 수 있습니다.

20. 단위분수만 사용하여 각 변에 있는 수들의 합이 같은 매직 삼각형을 만드시오. 단, 같은 분수는 사용할 수 없음.

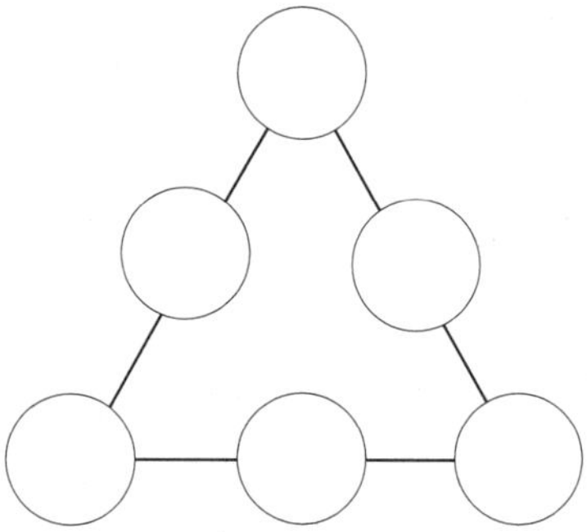

21. 고양이를 기르고 있는 어머니가 세 딸에게 고양이를 나누어주는데 첫째 딸에게는 기르고 있는 고양이의 $\frac{1}{2}$, 둘째에게는 $\frac{1}{3}$, 셋째에게는 $\frac{1}{9}$을 주기로 하였다. 그런데 어머니가 기르고 있는 고양이는 17마리이다. 어떻게 나누어가질 수 있습니까?

22. 현장학습 준비물로 사과를 사려고 과일가게 주인에게 가게에 사과가 몇 개나 있느냐고 물었더니 주인은 수학을 좋아하여 가게에 있는 사과의 $\frac{1}{4}$, $\frac{1}{5}$, $\frac{1}{6}$을 더하면 37이 된다고 하였다. 과일가게에 있는 사과는 몇 개인가?

23. 7년 전에 아들의 나이는 그 당시 내 나이의 $\frac{1}{3}$이었다. 지금은 내 나이의 $\frac{1}{2}$이 되었다. 아들의 나이는 몇 살인가?

24. 다음 식을 살펴보고 물음에 답하시오.

$$3+1\frac{1}{2}=3\times1\frac{1}{2} \qquad 4+1\frac{1}{3}=4\times1\frac{1}{3} \qquad 5+1\frac{1}{4}=5\times1\frac{1}{4}$$

1) 다음 패턴을 쓰시오.

2) 이 패턴은 항상 참인지 알아보고, 그 이유를 쓰시오.

25. 다음 수직선에서 C와 D에 있는 수를 곱하였다면 답은 어느 수에 가장 가깝겠는가?

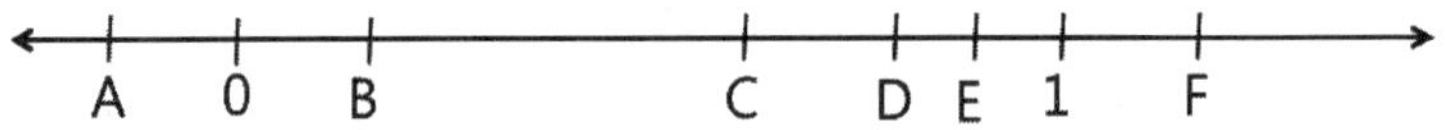

26. 1보다 작은 두 소수를 곱하면 곱은 두 소수보다 작다는 것을 확신시킬 수 있도록 그림과 함께 설명하시오.

27. 다음 계산을 어림하고 그 방법을 쓰시오.

1) 8÷0.48

2) 11.64÷0.4

3) 0.34×120

4) 0.23×81.60

28. 다음 나눗셈의 몫과 나머지를 말하시오.

1)
$$
\begin{array}{r}
1.37 \\
6.2_{\wedge}\overline{)8.5_{\wedge}15} \\
\underline{6\ 2} \\
231 \\
\underline{186} \\
455 \\
\underline{434} \\
21
\end{array}
$$

2) $7.51 \div 2.5 = \frac{751}{100} \div \frac{250}{100} = 3\frac{1}{250}$

29. 다음 나눗셈을 보고 민호는 몫이 8.4이고 나머지는 1이라고 하였다. 민호의 말이 잘못되었음을 민호가 이해할 수 있도록 설명하시오.

$$
\begin{array}{r}
8.4 \\
3\overline{)\,25.3} \\
\underline{24} \\
13 \\
\underline{12} \\
1
\end{array}
$$

30. 한, 두 자리 수의 계산을 할 수 있는 학생들조차도 저지르는 실수는 다양하다. 다음은 어떤 유형의 실수를 하였는지 말하시오.

1)
$$
\begin{array}{r}
0.7 \\
+\ 0.9 \\
\hline
0.16
\end{array}
$$

2)
$$
\begin{array}{r}
4.5 \\
-\ 1.68 \\
\hline
2.98
\end{array}
$$

3)
$$
\begin{array}{r}
12.5 \\
\times\ \ 0.5 \\
\hline
62.5
\end{array}
$$

4)
$$
\begin{array}{r}
7.91 \\
6\overline{)\,47.5} \\
\underline{42} \\
55 \\
\underline{54} \\
1
\end{array}
$$

5)
$$
\begin{array}{r}
1.53 \\
4\overline{)\,4.212} \\
\underline{4} \\
21 \\
\underline{20} \\
12 \\
\underline{12} \\
0
\end{array}
$$

제8장

도형

Ⅰ. 이론적 배경

도형과 그 성질을 학습하는 것은 초등수학 교육과정 전반에 걸쳐서 매우 중요하다. 도형 학습을 통하여 학생들은 풍부한 개념을 형성하게 되고, 문제 해결과 적용 능력이 발달된다.

초등학교에서 도형 학습은 가능한 한 다양한 형태의 도형을 경험하게 하는 것이 좋다. 건물 짓는 블록이나 타일로 어떤 모양을 만들게 하고, 연필이나 컴퓨터로 도형을 그리게 하고, 미술이나 자연, 건축물 등에서 도형을 찾아보게 하거나 조작 활동을 하도록 한다.

도형 학습에서는 추론과 공간감각을 발달시키는 데 역점을 두고 지도하는 것이 바람직하다.

1. 평면도형

도형의 시작은 점이고, 많은 점들로 이루어진 도형이 선이다. 유클리드(Euclid)의 원론(Elements)에 의하면 선은 길이가 있고 폭이 없는 것이고(정의 2), 선의 양끝은 점(정의 3)이다.

유클리드의 원론에서 정의, 공준, 공리 등을 알아보세요.

1) 곡선

양끝의 두 점을 잇는 방법에 따라 단순 곡선과 그렇지 않은 곡선으로 분류할 수 있다.

겹침이 없어야 단순 곡선입니다.

단순 곡선

단순 곡선

단순 곡선

단순 곡선 아님

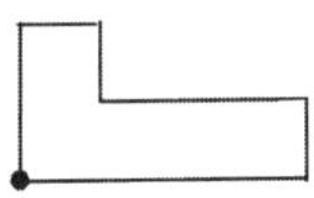

단순 곡선

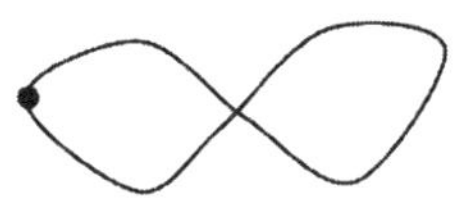

단순 곡선 아님

선분(직선)은 곡선의 특수한 경우이다.

2) 단순폐곡선

단순 곡선 중에서 시작점과 끝점이 같은 도형을 단순폐곡선이라고 한다.

폐곡선과 개곡선
시작점과 끝점이 만나는 선을 폐곡선이라 하고, 그렇지 않은 선을 개곡선이라고 합니다.

단순 폐곡선

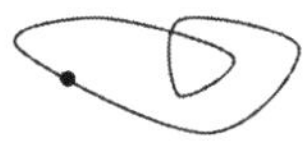

단순 폐곡선 아님

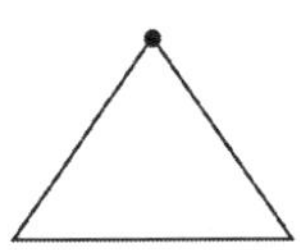

단순 폐곡선

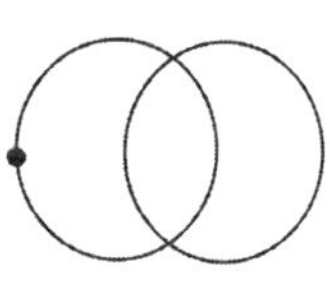

단순 폐곡선 아님

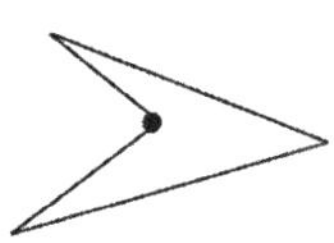

단순 폐곡선

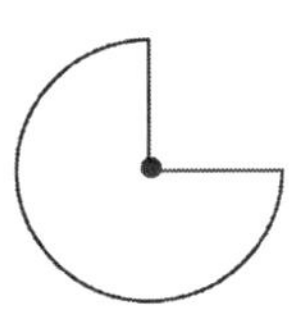

단순 폐곡선

3) 다각형

다각형에서 삼각형을 기본 도형이라고 하고, 이에 대한 많은 연구가 이루어졌습니다.

선분으로만 이루어진 단순폐곡선을 다각형이라고 한다. 다각형이 되려면 최소한 선분이 3개 있어야 한다(삼각형).

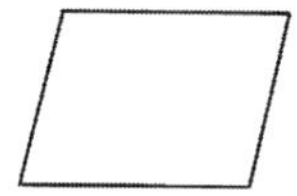
다각형

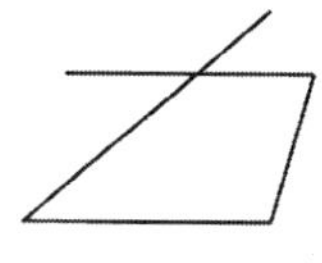
다각형 아님

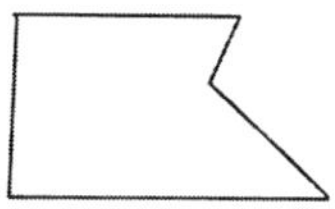
다각형

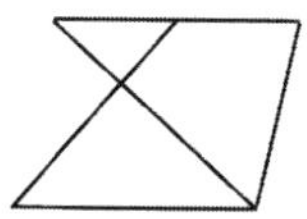
다각형 아님

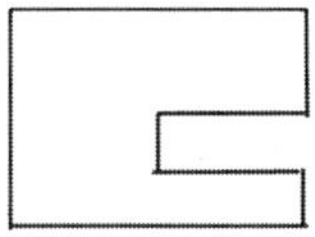
다각형

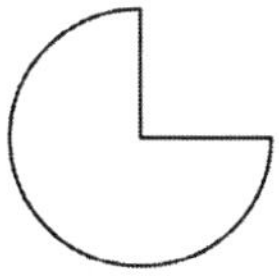
다각형 아님

선분의 개수에 따라 삼각형, 사각형, 오각형, … 이라고 한다.

선분의 길이가 모두 같으면 정다각형이라고 합니다.

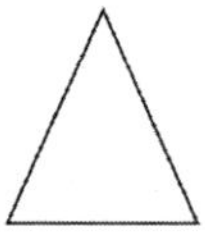
삼각형

사각형

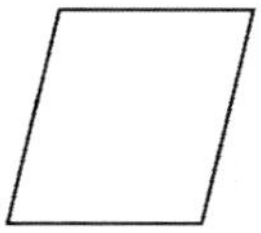
사각형

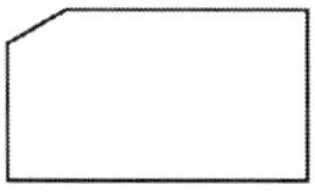
오각형

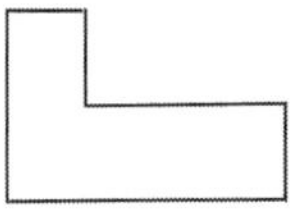
육각형

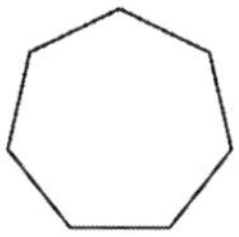
칠각형

4) 볼록 다각형, 오목 다각형

도형 내부에 있는 임의의 두 점을 이었을 때 도형 외부를 지나지 않는 다각형을 볼록 다각형이라고 한다. 볼록 다각형이 학습 대상이고, 오목 다각형은 특수한 경우에만 다룬다.

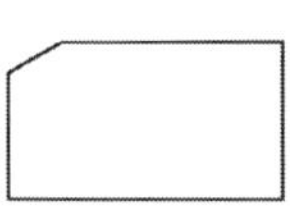
볼록 다각형

오목 다각형

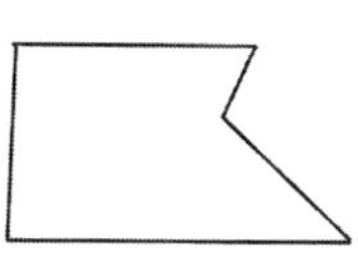
오목 다각형

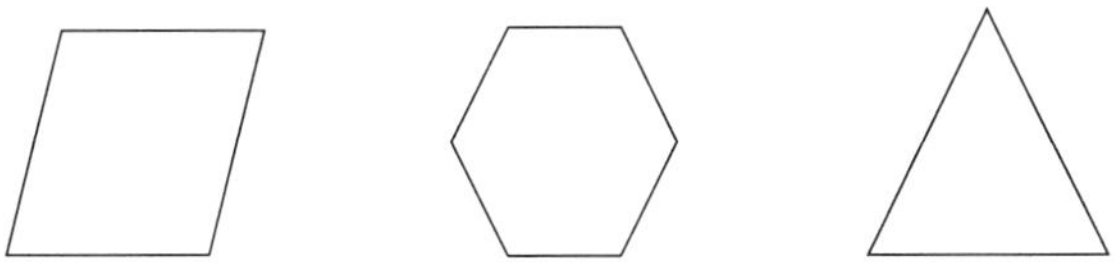

볼록 다각형　　볼록 다각형　　볼록 다각형

5) 삼각형

(1) 정의: 세 선분으로 둘러싸인 도형

(2) 속성에 따른 분류

① 변의 길이에 따라: 정삼각형, 이등변삼각형, 부등변삼각형

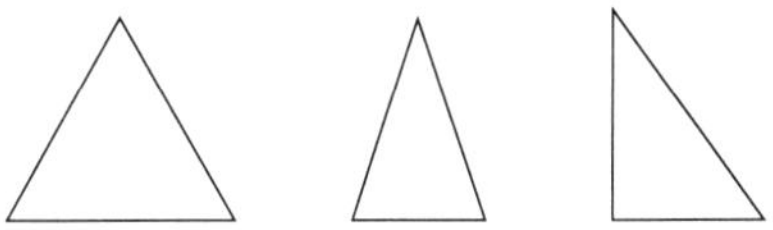

정삼각형　　이등변삼각형　　부등변삼각형

② 각의 크기에 따라: 예각삼각형, 직각삼각형, 둔각삼각형

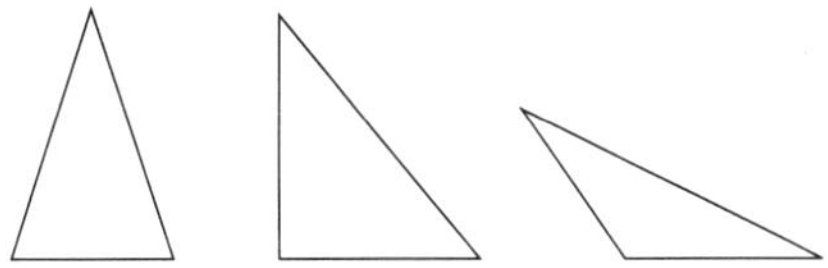

예각삼각형　　직각삼각형　　둔각삼각형

삼각형

6) 사각형

(1) 정의: 네 선분으로 둘러싸인 도형

(2) 속성에 따른 분류

① 마주보는 변이 평행하다: 사각형 / 사다리꼴

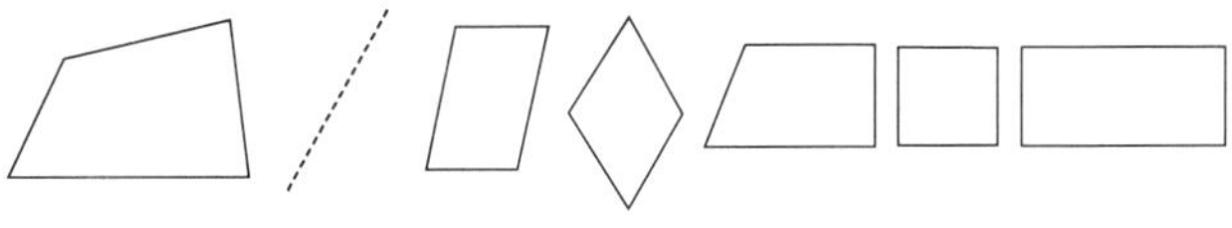

사각형　　사다리꼴

② 마주보는 두 쌍의 변이 평행하다: 사다리꼴 / 평행사변형

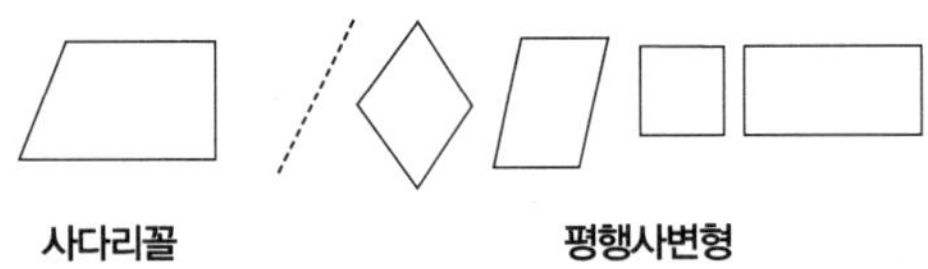

③ 네 각의 크기가 같다: 평행사변형 / 직사각형

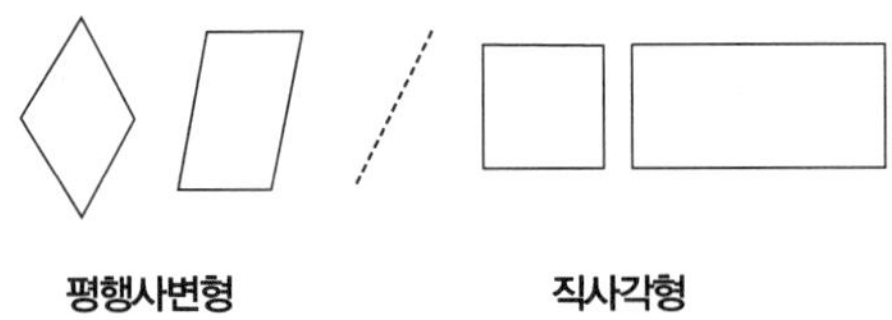

④ 네 변의 길이가 같다: 평행사변형 / 마름모

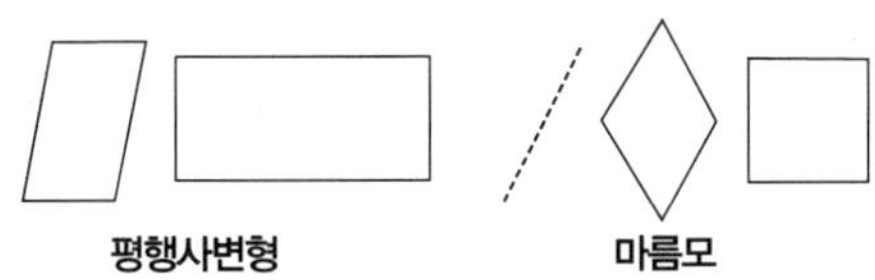

⑤ 네 변의 길이와 네 각의 크기가 같다: 평행사변형 / 정사각형

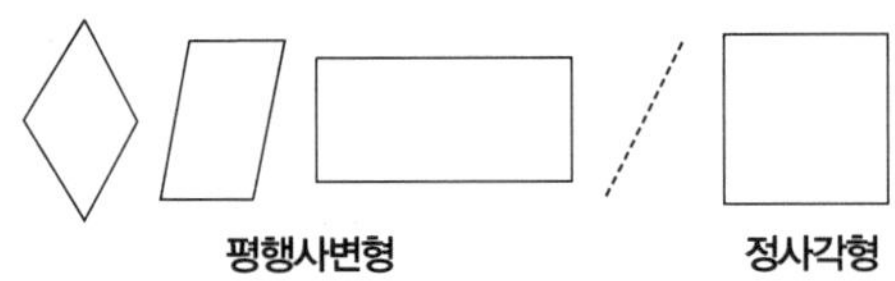

(3) 사각형의 포함관계

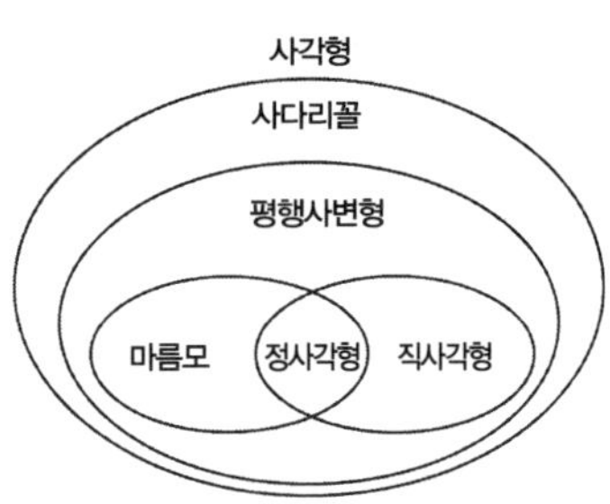

7) 원

(1) 정의: 한 점으로부터 같은 거리에 있는 점들의 집합

(2) 지름: 원의 중심을 지나고 원에 있는 두 점을 이은 선분

2. 입체도형

평면으로 둘러싸인 입체를 다면체라 하고, 다면체를 이루는 평면을 면, 다면체의 면과 면이 만나는 선을 모서리, 모서리와 모서리가 만나는 점을 꼭짓점이라고 한다. 다면체의 면이 정다각형이면 정다면체라고 한다.

다면체는 면의 수에 따라 사면체, 오면체, 육면체 등으로 분류하고, 면이 모두 정다각형이면 정사면체, 정육면체 등이라고 한다.

다면체의 어느 면을 연장하여도 다른 면과 만나지 않을 때 볼록다면체라고 하고, 그렇지 않은 것을 오목다면체라고 한다.

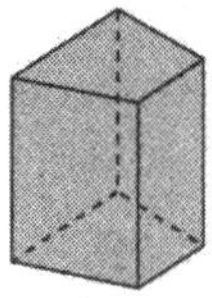
볼록다면체

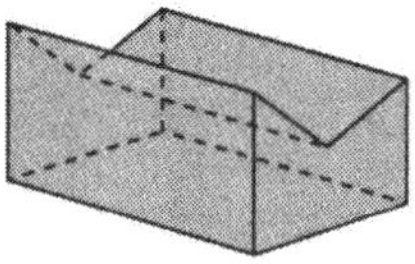
오목다면체

1) 각기둥

(1) 정의: 위와 아래에 있는 면이 서로 평행하고, 합동인 다각형으로 이루어진 입체도형

(2) 분류

① 밑면의 모양에 따라: 삼각기둥, 사각기둥, 오각기둥, …

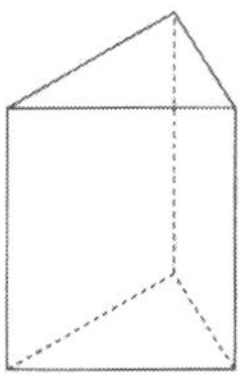
삼각기둥

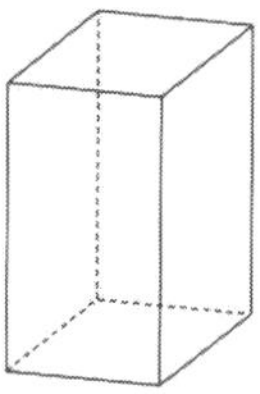
사각기둥

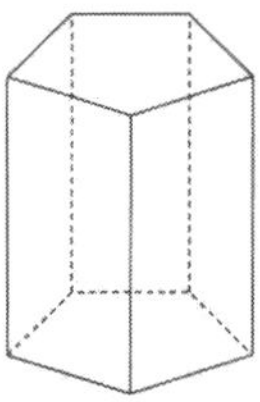
오각기둥

② 밑면과 옆면의 만나는 각에 따라: 직각기둥, 빗각기둥

빗각기둥은 초등학교에서 다루지 않습니다.

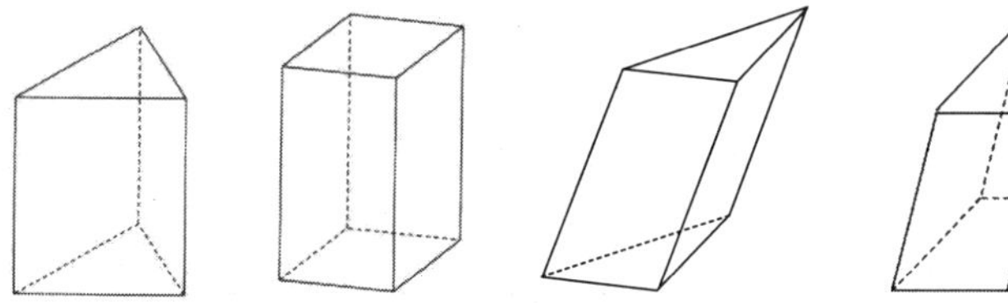

직각기둥　직각기둥　빗각기둥　빗각기둥

(3) 각 부분의 이름

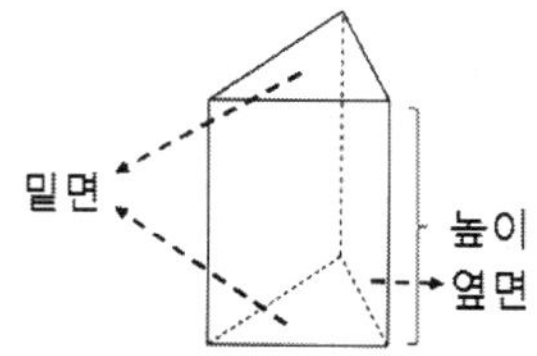

2) 각뿔

(1) 정의: 밑면이 다각형이고, 옆면이 삼각형으로 둘러싸인 입체도형

(2) 분류

① 밑면의 모양에 따라: 삼각뿔, 사각뿔, 오각뿔, 육각뿔, …

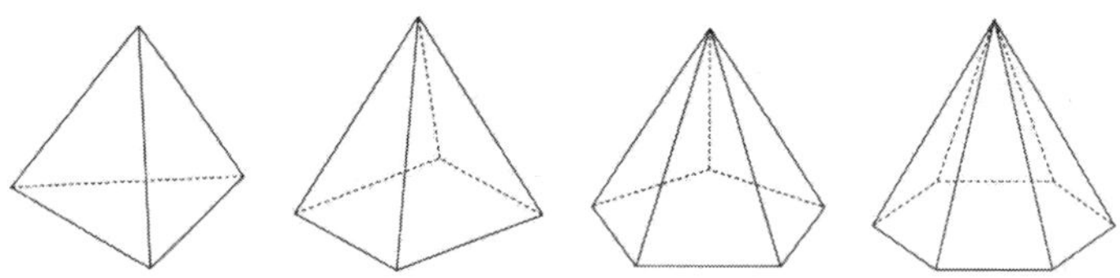

삼각뿔　사각뿔　오각뿔　육각뿔

② 각뿔의 꼭짓점의 위치에 따라: 직각뿔, 빗각뿔

각뿔의 꼭짓점에서 밑면에 내린 수선이 밑면의 중심과 만나면 직각뿔이라고 합니다.

초등학교에서는 직각뿔만 학습합니다.

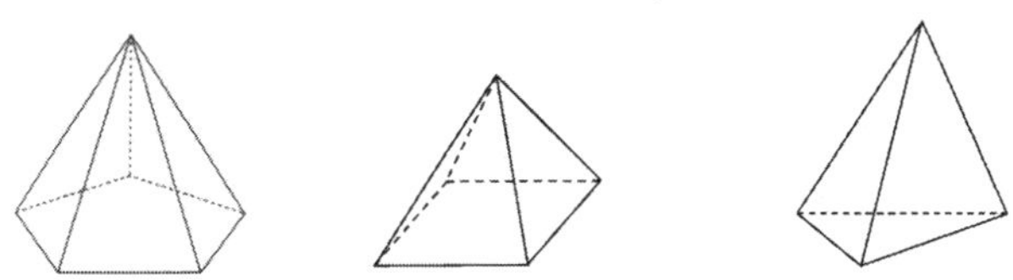

직각뿔　빗각뿔　빗각뿔

⑶ 각 부분의 이름

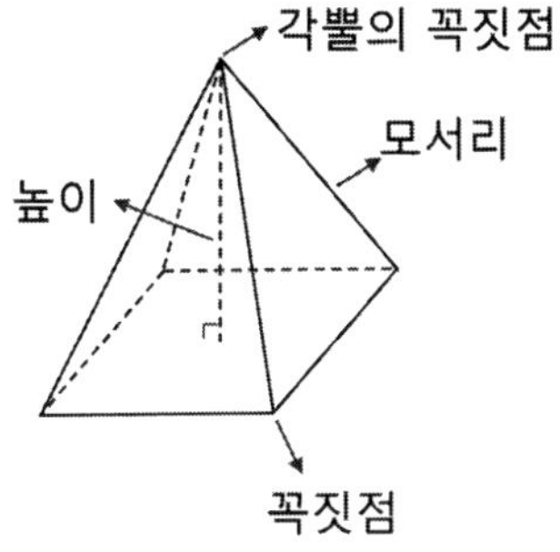

3) 원기둥

⑴ **정의:** 밑면이 합동인 원이고, 옆면이 곡면인 기둥 모양의 입체도형
또는 직사각형의 한 변을 회전축으로 하여 1회전 시킨 회전체

⑵ 분류

밑면과 옆면이 만나는 각에 따라: 직원기둥, 빗원기둥

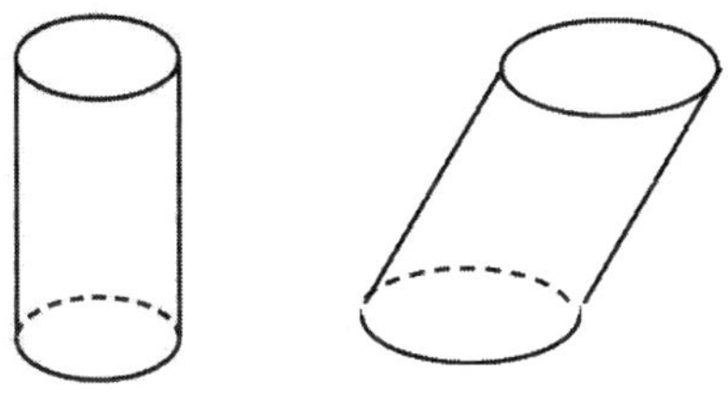

직원기둥　　빗원기둥

초등학교에서는 밑면과 옆면이 수직으로 만나는 직원기둥만 학습합니다.

⑶ 각 부분의 이름

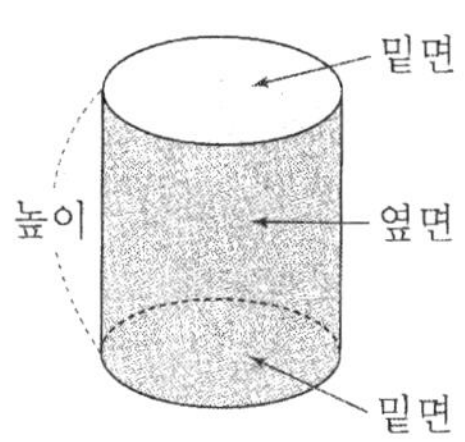

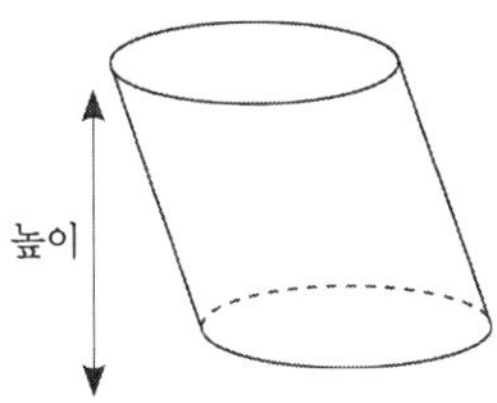

4) 원뿔

(1) 정의: 밑면이 원이고, 옆면이 곡면인 뿔 모양의 입체도형 또는 삼각형의 한 변을 축으로 하여 1회전 시킨 회전체

(2) 분류: 원뿔의 꼭짓점의 위치에 따라: 직원뿔, 빗원뿔

초등학교에서는 빗원뿔은 다루지 않습니다.

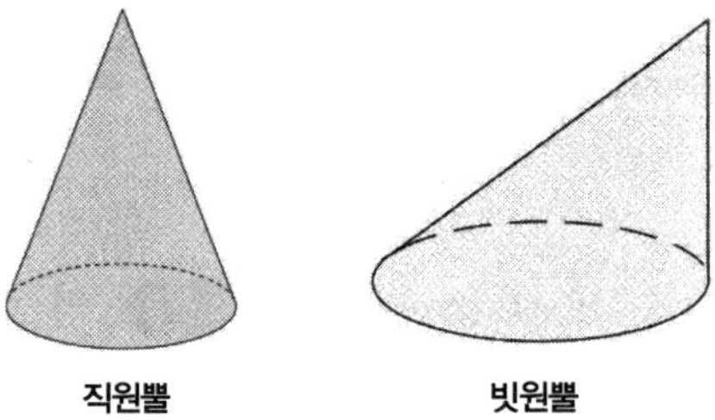

(3) 각 부분의 이름

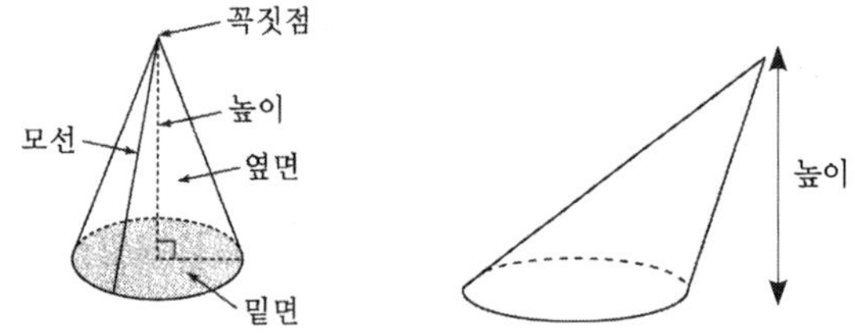

5) 구

(1) 정의: 공 모양의 입체도형 또는 지름을 회전축으로 하여 반원을 1회전 시킨 회전체

(2) 각 부분의 이름

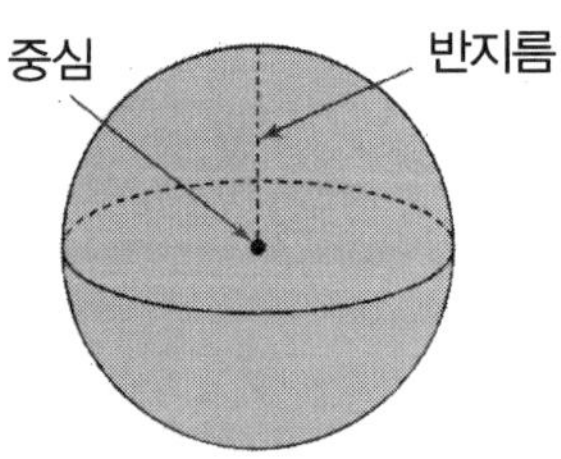

3. 합동과 대칭

합동은 두 도형 사이의 관계이고, 대칭은 한 도형이 가지고 있는 특성이다.

1) 대칭

(1) 선대칭 도형: 도형 내부를 지나는 한 직선을 축으로 하여 접었을 때 완전히 겹쳐지는 도형이다.

선대칭 도형의 예

(2) 선대칭 도형의 성질

① 각 대응점은 대칭축에서 같은 거리에 있다.
② 대칭축은 대응점을 이은 선분을 수직이등분 한다.

(3) 점대칭 도형: 도형 내부의 한 점을 중심으로 180도 회전하였을 때 처음 도형과 완전히 겹쳐지는 도형이다.

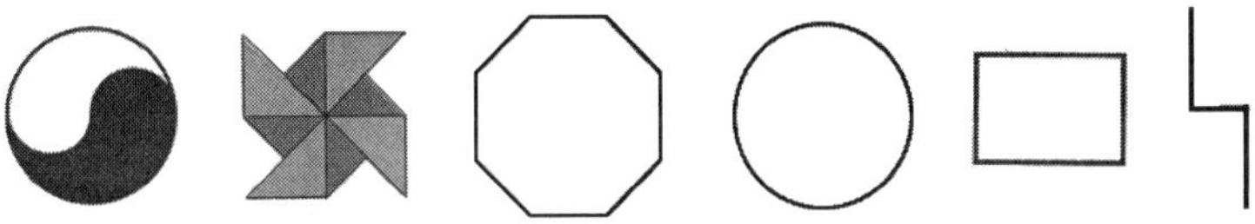

점대칭 도형의 예

(3) 점대칭 도형의 성질

① 대칭의 중심은 오직 1개이다.
② 대응점을 이은 모든 선분은 대칭의 중심에서 만난다.
③ 대칭의 중심에서 대응점끼리 이은 선분의 중점이다.

2) 합동

(1) 정의: 두 도형이 완전히 포개어졌을 때, 두 도형을 합동이라고 한다. 즉, 모양과 크기가 같은 두 도형을 말한다.

(2) 삼각형의 합동 조건

① 세 변의 길이가 같다(SSS).
② 한 변의 길이와 양 끝각의 크기가 같다(ASA).
③ 두 변의 길이와 그 끼인각이 같다(SAS).

4. 도형의 변환

도형의 변환이란 도형 F를 도형 F′로 옮기는 것이다. 도형을 점의 집합이라고 하면 점집합 F에서 다른 점집합 F′으로 대응시키는 것을 의미한다.

1) 변환의 종류

미술과 기하학

(1) 합동변환: 도형의 모양과 크기를 변화시키지 않고 이동하는 변환으로 점들의 1대1 대응, 선분은 선분으로 대응, 길이가 변하지 않는 대응이다. 합동변환에는 평행이동, 회전이동, 대칭이동이 있다.

(2) 닮음변환: 모양은 변하지 않고 크기만 확대, 축소하는 변환이다. 합동변환은 닮음비가 1:1인 닮음변환의 특수한 경우이다. 따라서 대응각의 크기는 변하지 않는다.

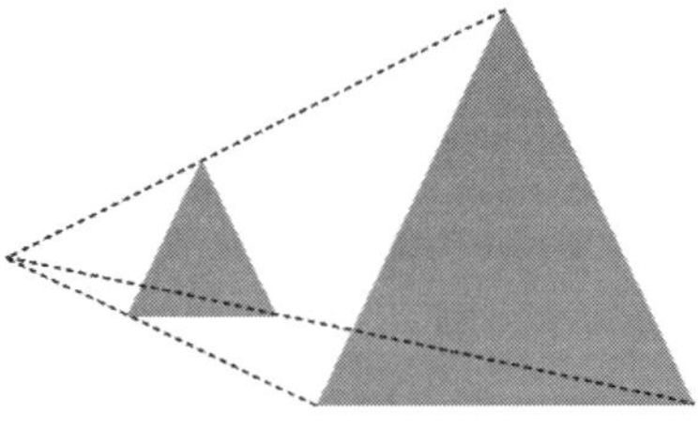

(3) 아핀(affine)변환: 합동변환이나 닮음변환이 원상과 스크린이 평행이지만 평행이 아닌 경우를 생각해 볼 수 있다. 원상과 스크린이 평행이 아닐 경우, 원상이 정사각형이었다면 스크린의 상은 정사각형이 아닌 다른 모양의 사각형일 것이다.

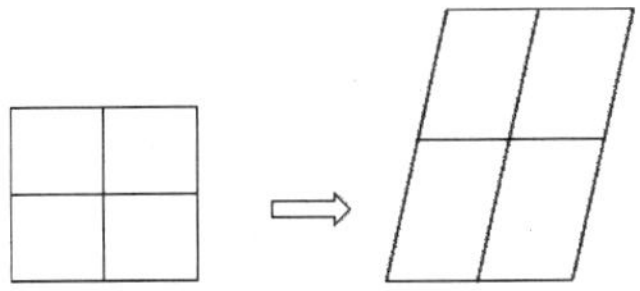

아핀변환에서는 모양과 크기가 변하지만 점들의 1대1 대응과 선분은 선분으로 대응이 유지되는 변환으로 대응각의 크기도 변한다. 따라서 합동변환, 닮음변환은 아핀변환의 특수한 경우이다.

(4) 사영(projective)변환: 유클리드 평면에서 평행하는 두 직선은 만나지 않지만 무한원점을 생각하면 만나게 되어 평행선은 존재하지 않게 된다. 예를 들면, 평행한 곧게 뻗은 철로를 멀리 내다보면 철로는 한 점에서 만나게 된다.

사영변환은 직선은 직선으로 대응시키는 변환이다. 닮음변환에서는 원상과 스크린이 평행이지만 사영변환에서는 이런 제한이 없다.

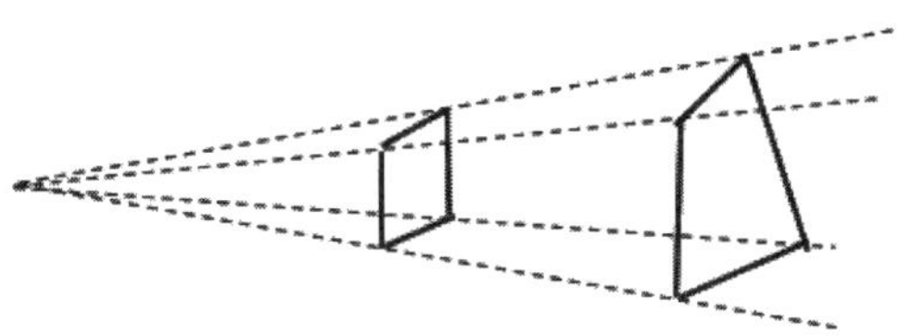

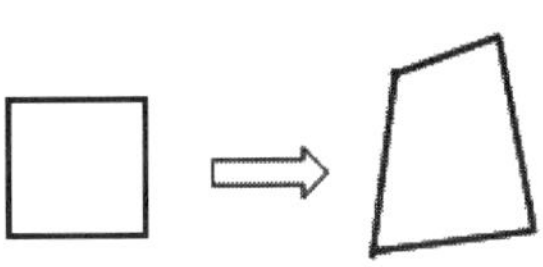

군과 기하학(아핀변환, 사영변환)

아핀(affine)의 어원은 affinity(밀접함, 비슷함)이므로 합동변환과 비슷한 변환이라는 의미입니다.

투시법과 사영기하학

위상수학

(5) 위상(topology)변환: 사영 변환에서는 원상과 스크린의 관계에 제한이 없었지만 여전히 평면과 평면이었다. 만약에 스크린이 평면이 아니고 울퉁불퉁한 곡면이라면 상의 모양은 어떻게 될지 상상해 보자. 이런 변환을 위상변환이라고 하는데 점들의 1대1 대응만 유지되며, 선분이 선분으로 이동되는 것을 보장하지 않으며 오직 점과 점의 위치 관계만 유지된다.

합동변환, 닮음변환, 아핀변환은 유클리드의 공준이 유지되므로 유클리드 변환이라고 하고, 사영변환과 위상변환은 그렇지 않으므로 비유클리드 변환이라고 합니다.

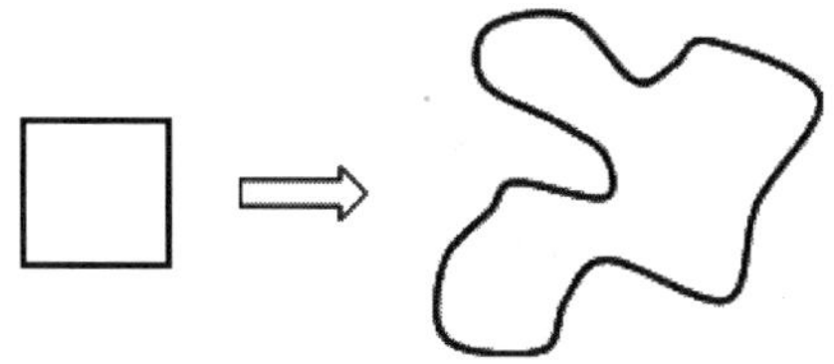

2) 합동변환

합동변환에는 평행이동, 대칭이동, 회전이동이 있다.

(1) 평행이동: 밀기

평행이동

도형을 일정한 거리만큼 이동하는 조작을 말한다. 따라서 평행이동에 의하여 도형의 모든 점은 같은 방향으로 같은 거리만큼 이동된다.

예 삼각형 ABC가 삼각형 A′B′C′와 겹치도록 이동되었다면 평행이동이다.

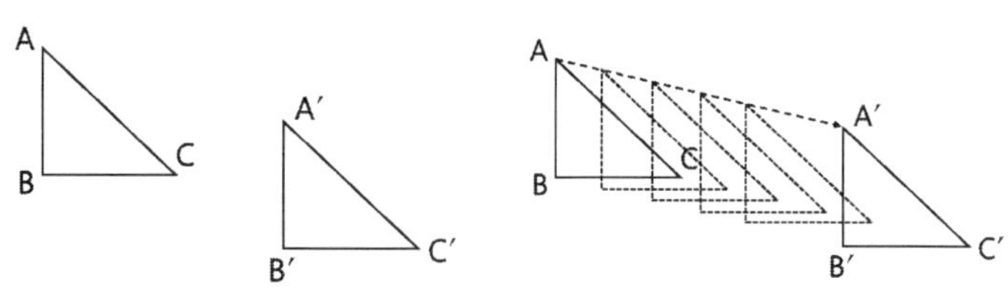

(2) 대칭이동: 뒤집기

도형의 모든 점을 한 직선에 대하여 대칭인 곳으로 이동(뒤집기, 선대칭)하거나 한 점에 대하여 대칭인 곳으로 이동(점대칭)하는 것이다.

대칭이동

예 삼각형 ABC가 삼각형 A′B′C′와 겹치도록 이동되었다면 직선에 대하여 대칭이동(선대칭 이동)이다.

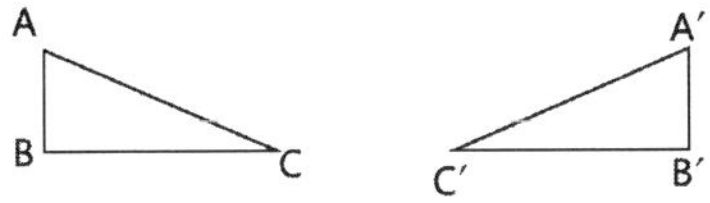

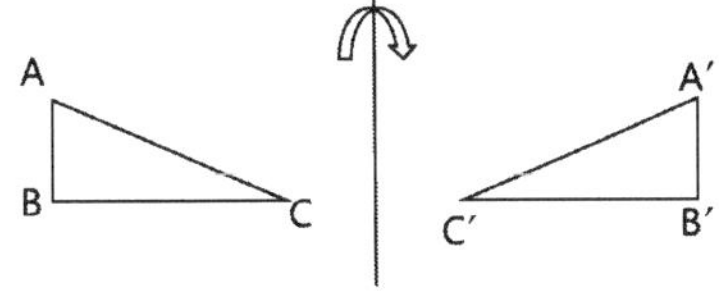

예 삼각형 ABC가 삼각형 A′B′C′와 겹치도록 이동되었다면 점을 중심으로 대칭이동(점대칭 이동)이다.

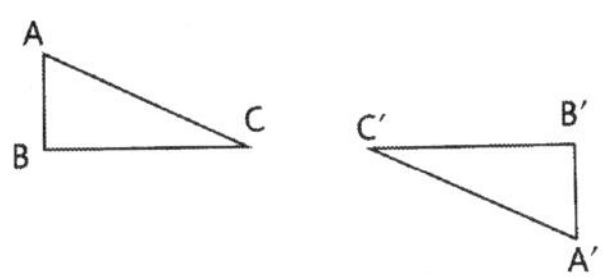

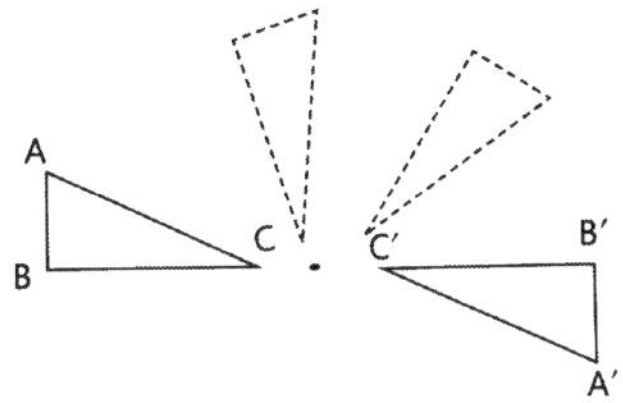

(3) 회전이동: 돌리기

도형을 한 점을 중심으로 하여 일정한 각도만큼 이동하는 것이다. 180° 이동하였다면 점대칭과 같게 된다.

회전이동

예 삼각형 ABC가 삼각형 A′B′C′와 겹치도록 이동되었다면 시계 반대 방향으로 90° 회전이동(돌리기)한 것이다.

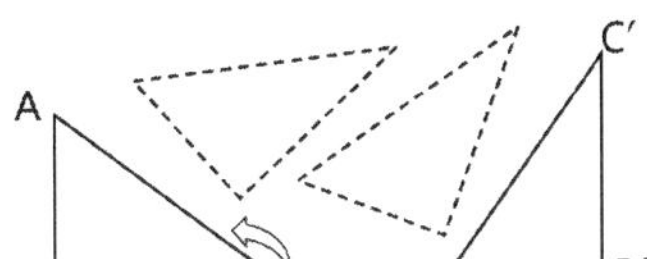

5. 평면도형의 이동을 이용한 규칙적인 무늬 만들기 활동

주어진 기본 도형을 밀기, 뒤집기, 돌리기를 하여 재미있고 규칙적인 무늬를 만들 수 있다.

테셀레이션과 관련된 활동입니다.

기본도형 만든 무늬의 예

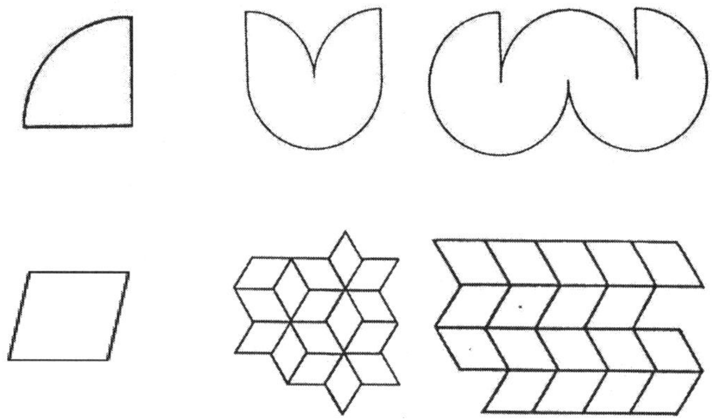

기본 도형

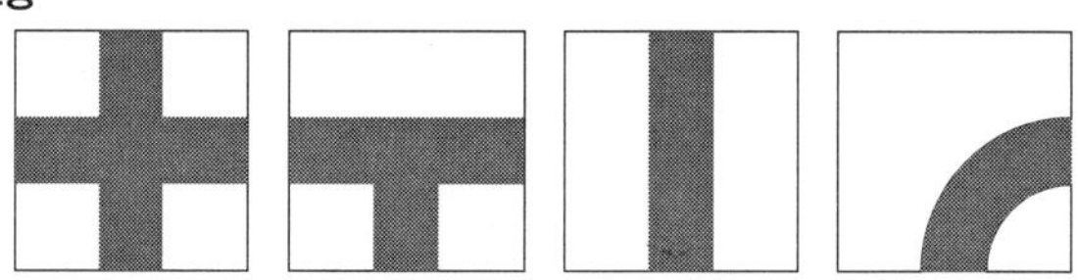

만든 무늬의 예

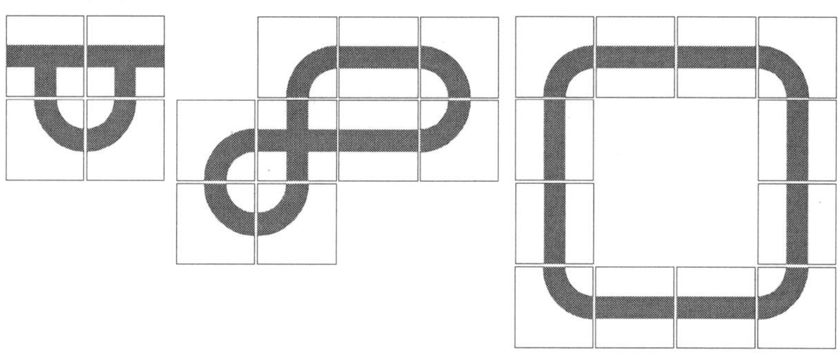

모양 만들기, 무늬 만들기 등의 활동을 평가할 때에는 과정 중심 평가를 합니다.

6. 공간지각

공간지각(spatial perception)은 공간감각(spatial sense), 공간 능력(spatial ability), 공간시각화(spatial visualization) 등과 함께 포괄적으로 같은 의미로 사용되며, 머릿속에서 인식, 기억, 이동, 회전, 변환 등 이미지를 조작하는 능력이다.

공간 능력의 구성요소는 다음과 같다.

1) 시각–운동 조정: 시각과 신체의 움직임을 조정하는 능력

예 줄긋기, 걷기 등

2) 도형–배경 지각: 복잡한 배경 속에서 특정 도형을 찾아내는 능력

예 숨은 그림 찾기, 색맹 검사지 등

3) 지각적 불변성: 공간에서 도형의 크기, 위치, 방향이 변해도 그대로 인식하는 능력

예 멀리 보이는 농구공이나 손에 있는 농구공을 같은 크기로 인지, 글자 '가'를 뒤집어 써 놓아도 '가'로 인지 등

4) 공간에서 위치 지각: 공간에 있는 도형을 자신의 위치와 관련짓는 능력

예 앞, 뒤, 좌, 우, 위, 아래 등

5) 공간 관계 지각: 공간에서 둘 이상의 도형을 보고 관련짓는 능력

예 최단거리 찾기, 미완성 도형 완성하기, 조각 그림 완성하기 등

6) 시각적 변별: 도형을 변별하는 능력

예 닮은 점과 다른 점 찾기 등

7) 시각적 기억: 도형을 기억하는 능력

예 사람 얼굴 기억 등

92%가 틀리는 공간지각력 문제

7. 도형 학습수준 이론

van Hiele은 네덜란드의 수학 교사였는데 학생들이 도형을 학습하는 데 어려움이 있음을 알고 이를 연구하여 박사학위 논문에 기하 학습수준 이론을 제시한 것입니다.

van Hiele가 1957년에 발표한 이론으로 1960년대 소련에서 집중적으로 연구하여 타당성을 인정받았으나 미국을 비롯한 서양에서는 주목을 받지 못하다가 1980년대에 이르러 전 세계적으로 확산되었는데 도형을 학습하는 5가지 수준을 제시하였다.

van Hiele은 도형 학습수준이론을 일반화하여 모든 수학에서도 적용된다고 주장하면서 수학 학습수준 이론을 제시하기도 하였다.

1) 도형 학습 5수준

1수준(인지 수준): 구체적인 도형을 비슷한 점과 다른 점으로 관찰하여 분류하며, 분류 활동을 통하여 이미지가 형성되어 눈에 보이지 않은 도형도 같은 방법으로 분류한다. 사물을 전체적인 모양으로 인지하는 수준으로 도형의 구성 요소를 인지하지 못하여 직사각형과 정사각형을 변별하지 못한다.

삼각형으로 인지하는 것은 사람에 따라 다를 수 있습니다.

모두 삼각형으로 인지

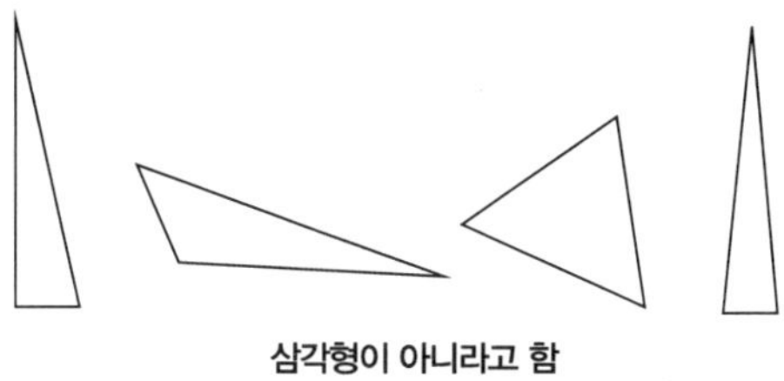

삼각형이 아니라고 함

이 수준에서 주요 활동은 비슷한 점과 같은 점을 중심으로 분류하고 정렬하게 하며, 범주에 속하는 예를 다양하게 제시하도록 한다. 이런 활동을 통하여 학생들이 도형의 구성 요소에 관심을 가지게 하여 1수준으로 발달을 돕는다.

2수준(분석 수준): 모양으로 인지한 도형을 구성 요소, 속성에 초점을 맞추어 도형을 설명할 수 있으며, 직사각형의 성질과 정사각형의 성질은 별개로 인지하여 정사각형이 직사각형임을 인식하지 못한다.

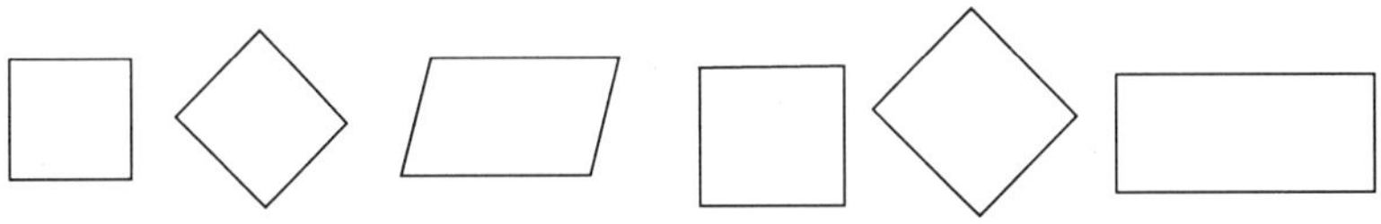

이 수준에서 주요 활동은 단순하게 같은 것보다는 구성 요소에 초점을 맞추고, 구성 요소의 수(길이, 각, 대칭, 평행, 수직 등)를 확장한다. 특정 도형에 대한 설명보다는 모든 종류의 도형(모든 직사각형, 모든 사다리꼴 등)에 적용하여 설명하게 한다. 교사는 '왜 그런가?', '그렇지 않은 예는 있는가?' 등의 질문을 자주하여 학생들이 근거를 바탕으로 추론을 하게 하여 3수준으로 발달을 돕는다.

3수준(관계 수준): 도형의 성질과 성질 사이의 관계를 파악하며, 비형식적 추론을 사용하여 명제의 참, 거짓을 판단한다.

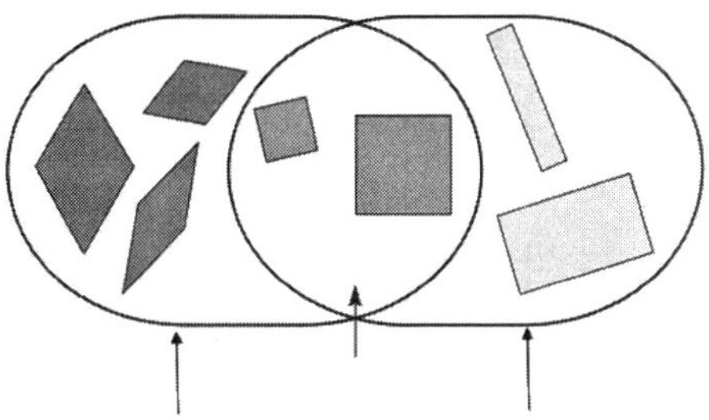

이 수준에서 주요 활동은 도형의 성질 사이의 관계에 대하여 가설을 만들고 검증하도록 하여 비형식적인 추론, 귀납적인 추론을 하게 한다. 또, 모든, 몇몇, 적어도, 만일 ~이라면 등 추론에 관한 언어를 사용하여 설명하게 하고, 다른 사람의 설명을 듣고 이해하도록 한다.

삼각형 세각의 합은 180도임을 증명해 보세요.

유클리드와 다른 공준으로 출발한 기하학을 찾아보세요.

4수준(연역 수준): 공준, 공리를 사용하여 명제를 연역적으로 증명할 수 있다. 명제가 연구 대상이 되어 공준, 공리 등을 사용하여 명제를 연역적으로 증명하고 연역추론을 이해할 수 있다. 그러나 증명의 엄밀성이 부족하여 다른 공리 체계의 가능성을 이해하지 못한다.

5수준(공리 수준): 구체적인 모델이 필요 없는 높은 수준의 추상이 가능하며, 스스로 공준이나 공리를 만들어 체계를 구성할 수 있으며, 여러 가지 공리 체계(유클리드, 비유클리드 등)를 비교할 수 있다.

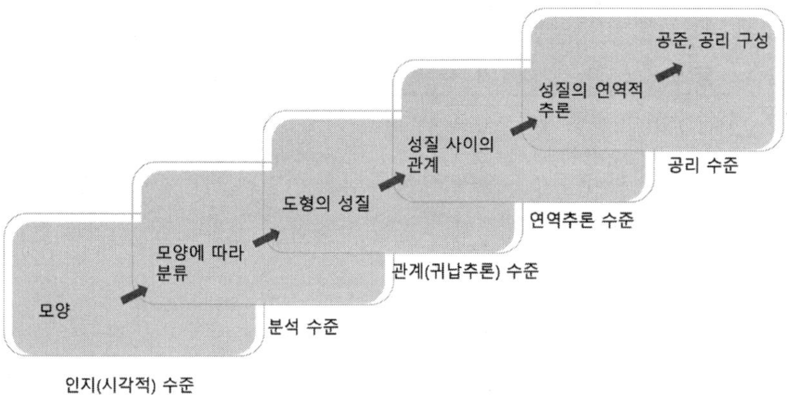

도형학습 수준과 활동

2) 도형 학습 수준의 교육적 시사점

① 도형 학습 수준의 발달은 점진적이고 순차적이다.

② 나이보다는 경험에 의존한다.

③ 서로 다른 수준에서 추론하는 두 사람은 서로를 이해할 수 없다.

④ 모든 학생들이 같은 속도로 수준을 통과하지 않는다.

⑤ 적절한 지도에 의하여 수준 발달이 촉진될 수 있다. 부적절한 지도 때문에 지연될 수도 있다.

8. 공간감각 발달에 도움이 되는 활동

칠교판에 대하여 알아보기

1) 칠교판(탱그램)

칠교판은 중국에서 4000여 년 전에 Tan이라는 신(神)이 만들었다는 설이 있으며, 19세기 초 유럽에 소개되었고, '경이로운 중국 퍼즐'이라고 하여 급속하게 유럽 대륙을 휩쓸었다. 나폴레옹은 유배 갈 때에도 칠교판을 가지고 갔으며, 유명한 시인 에드가 앨런 포도 광적으로 좋아했다고 전해지고 있다.

칠교판은 정사각형을 7조각으로 나누어서 만들었으며, 7조각으로 여러 가지 그림이나 문자, 숫자 등을 만드는 퍼즐인데 약 700여 장의 그림이 있다. 우리나라에는 조선시대에 칠교도해(七巧圖解)라는 이름으로 소개되었다.

칠교 게임

칠교판은 본래 비정규적인 도형을 만드는 것이었는데 근래에는 수학 교육 특히, 도형 영역을 지도할 때 도형의 개념을 형성시키고, 공간감각을 발달시키는 데 활용되고 있다.

비정규적인 도형을 만드는 활동은 3단계로 나누어 지도할 수 있다.

1단계: 분할된 조각 그림을 보고 놓아보기

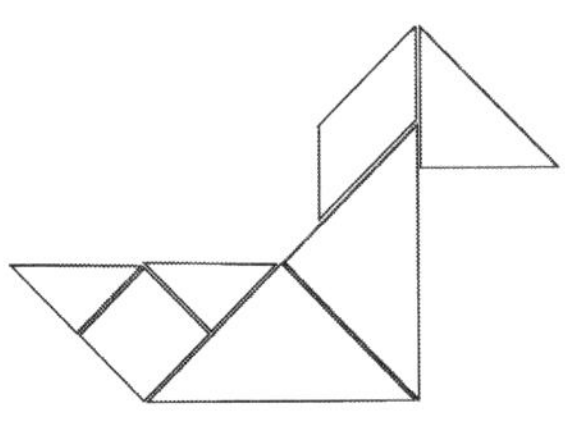

백조

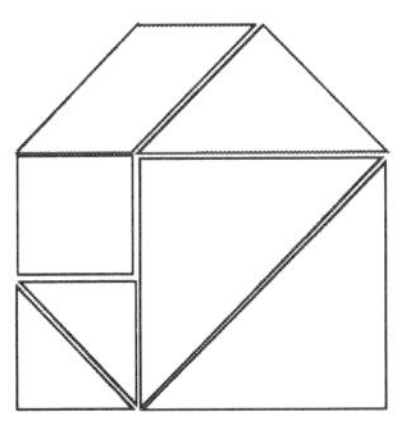

인장함

분할된 그림을 보고 놓아보는 활동에서 도형의 합동 변환을 경험하게 됩니다.

2단계: 그림 보고 만들기

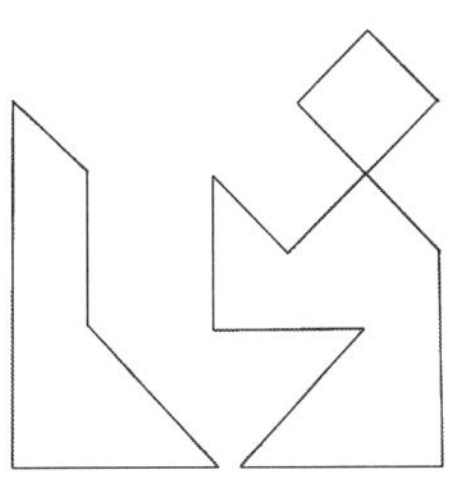

배석(拜石, 바위에 절하는 모습)

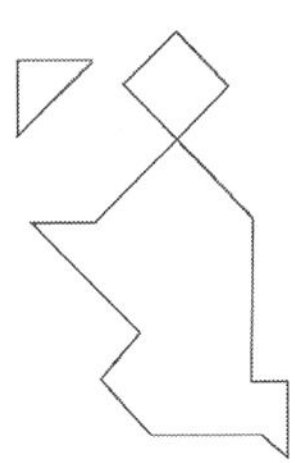

배월(拜月, 달을 보고 소원을 비는 모습)

그림을 분석해 보세요.

3단계: 창작 단계

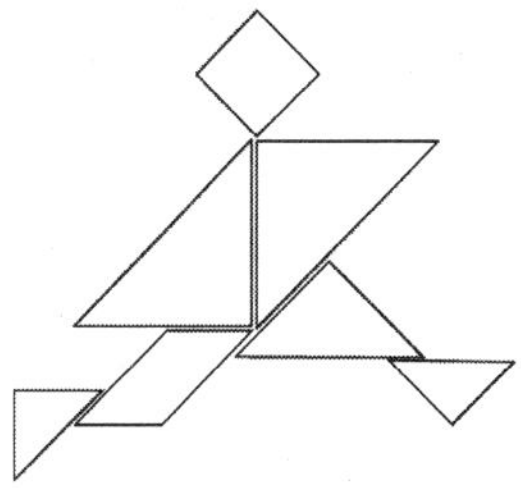

뛰어가는 모습

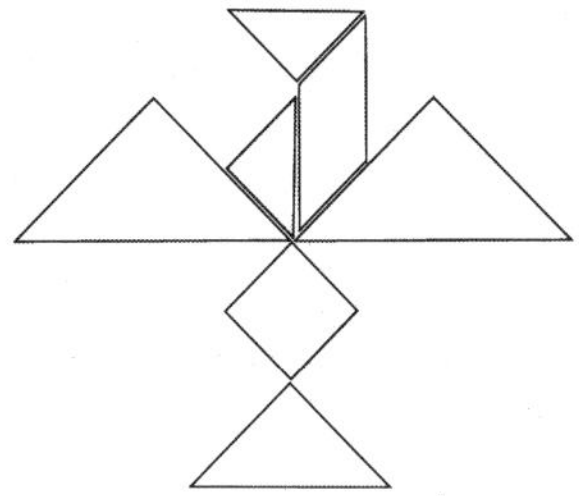

독수리

정규적인 도형을 만드는 활동은 다음과 같다.

(1) 직각 이등변삼각형 만들기

정규적인 도형 만들기 활동을 통하여 도형의 개념, 성질 등을 학습할 수 있습니다.

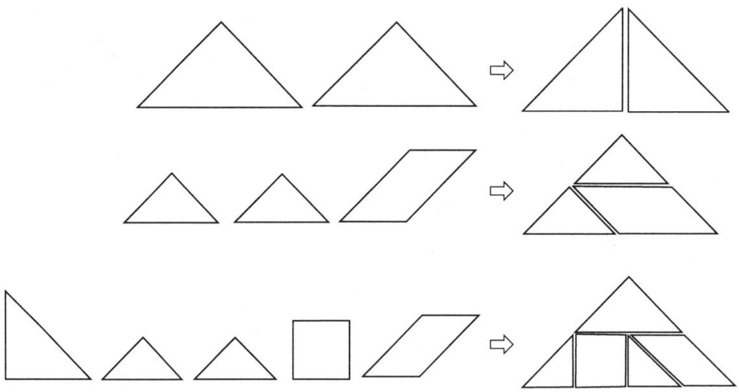

(2) 평행사변형 만들기

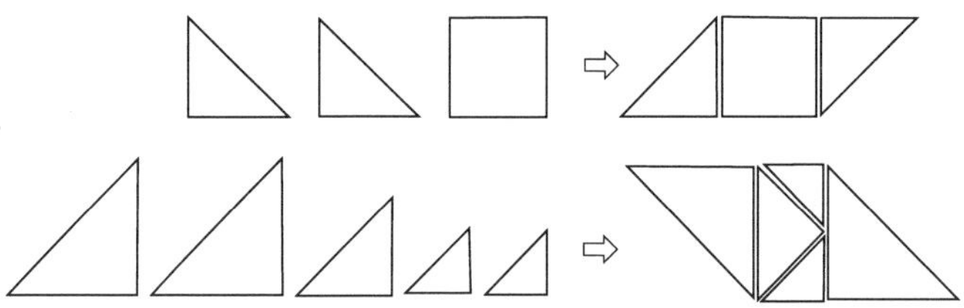

(3) 직사각형 만들기

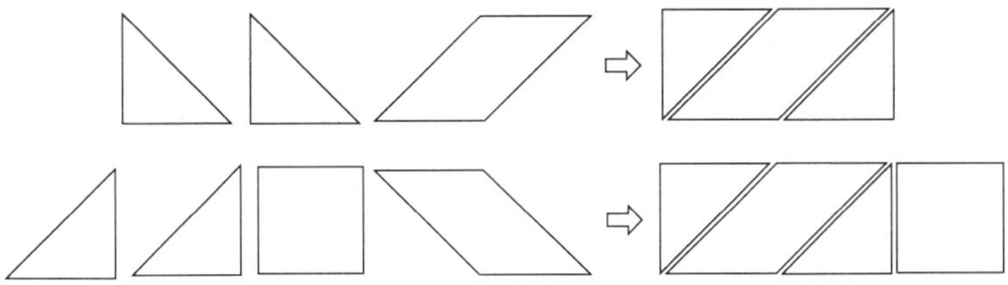

(4) 사다리꼴 만들기

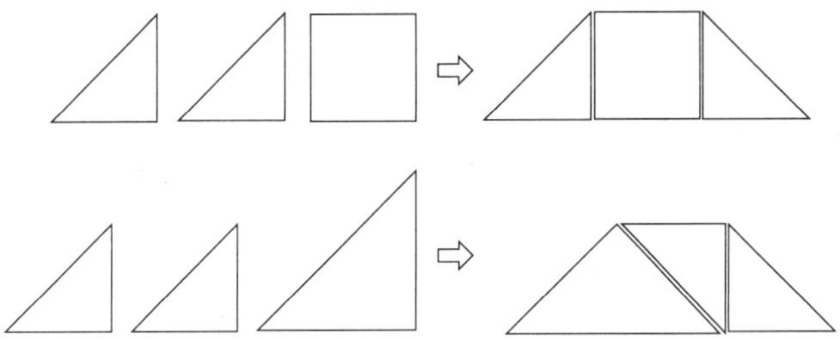

(5) 선대칭이 되는 오각형 만들기

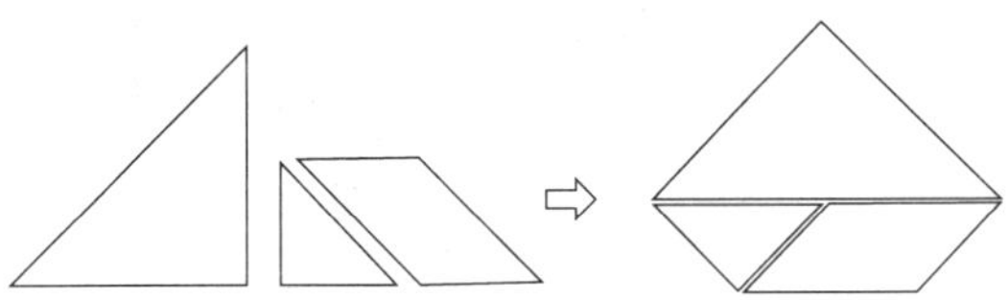

2) 펜토미노(pentominoes)

정사각형 5개를 이어 붙여 만든 도형을 펜토미노라고 하는데 모두 12가지가 있으며, 이를 이용하여 직사각형 만들기, 닮음 도형 만들기, 합동인 도형 만들기 등의 활동을 할 수 있다. 펜토미노 1개의 넓이가 5이므로 12개를 모두 사용하여 직사각형을 만들면 넓이는 60이 된다. 따라서 가로와 세로의 길이가 3×5인 직사각형부터 3×20인 직사각형까지 만들 수 있다.

펜토미노 알아보기

(1) 3×5인 직사각형 만들기

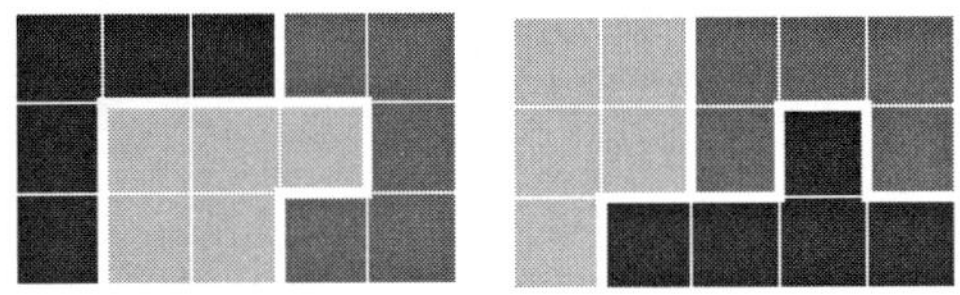

(2) 4×5인 직사각형 만들기

(3) 5×5인 직사각형 만들기

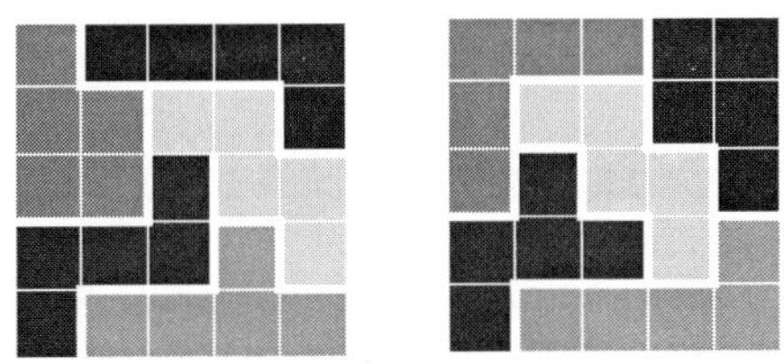

(4) 6×10인 직사각형 만들기

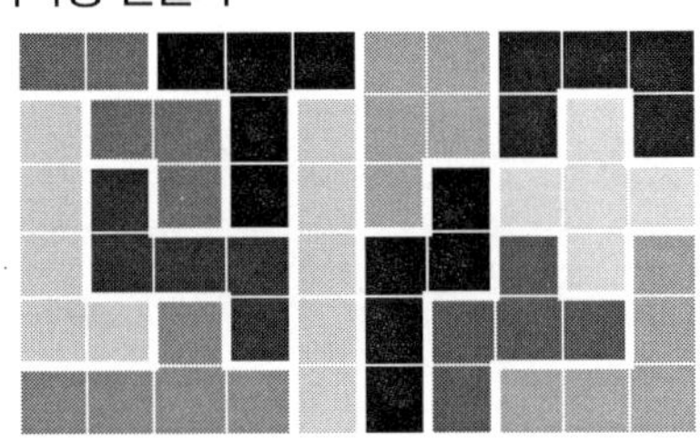

이외에도 펜토미노 12개를 모두 사용하여 3×20, 4×15, 5×12인 직사각형을 만들 수 있습니다.

3) 성냥개비 퍼즐

성냥개비 퍼즐은 다양하지만 여기에서는 도형과 관련된 퍼즐만 소개합니다.

성냥개비를 이용한 퍼즐 활동은 학생들이 좋아하고 도전감이 높아서 생각하는 힘과 습관을 기를 수 있어 공간감각을 배양하는 데 적절한 활동이다.

성냥개비 퍼즐은 만드는 문제, 옮기는 문제, 없애는 문제, 더하는 문제 등으로 나눌 수 있다.

(1) 만드는 문제

주어진 성냥개비로 조건에 맞는 도형을 만드는 문제이다.

예 성냥개비 24개로 정사각형 6개 만들기

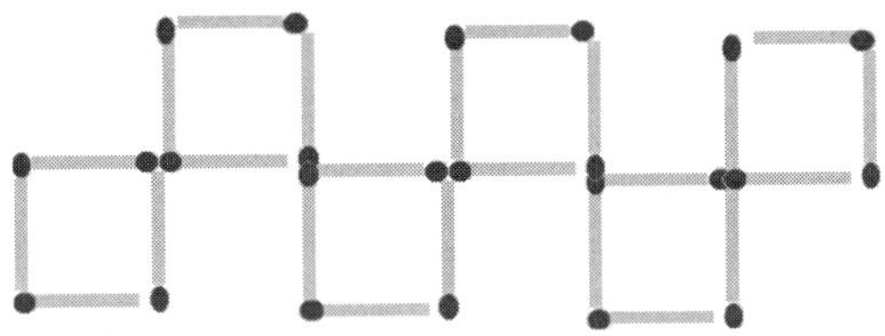

성냥개비와 도형

(2) 옮기는 문제

주어진 모양에서 성냥개비를 몇 개 옮겨 붙여서 다른 도형을 만드는 문제이다.

예 성냥개비 2개를 옮겨서 정사각형 4개을 만드시오.

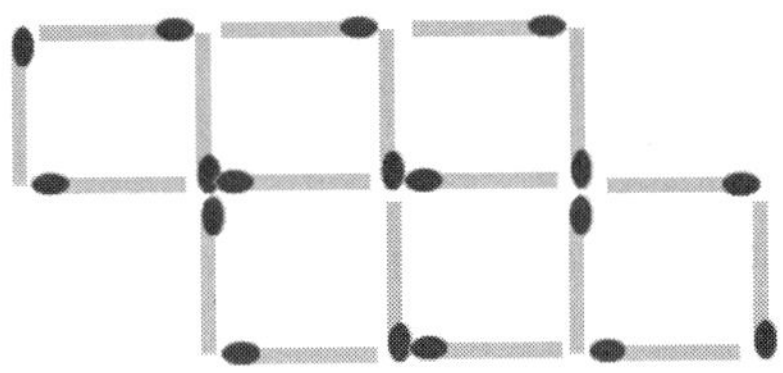

(3) 없애는 문제

주어진 모양에서 성냥개비를 덜어내어 다른 도형을 만드는 문제이다.

예 성냥개비 5개를 덜어내어 정사각형 3개를 만드시오.

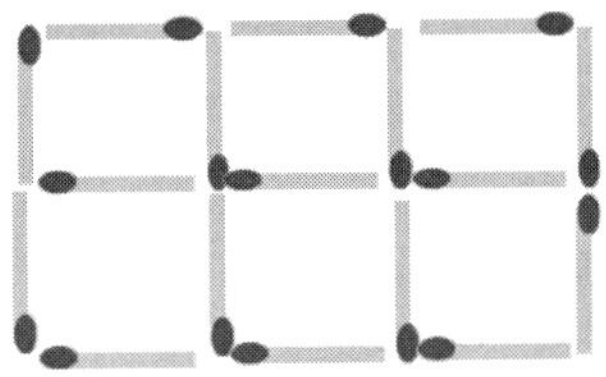

(4) 더하는 문제

주어진 모양에 성냥개비를 더하여 다른 도형을 만드는 문제이다.

예 성냥개비 3개를 더하여 다음 정삼각형과 크기가 같은 정삼각형 4개를 만드시오.

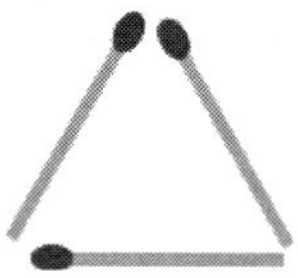

4) 종이 접어 오리기

종이 접기 활동이 여러 측면에서 교육적으로 가치가 있는데 종이를 접어서 일부분을 오려 낸 다음, 펼쳤을 때 어떤 모양이 되는지를 알아보는 활동으로 공간능력을 발달시키는 데 많은 도움이 된다. 한 번 접어 오리는 활동에서 두, 세 번 접어 오리는 활동으로 확장한다.

예 색종이를 반으로 접어 그림과 같이 일부분을 잘라내었다. 펼치면 어떤 모양이 되는지 그려보시오.

펼쳤을 때 모양을 상상하여 그려 보게 하는 것이 중요합니다.

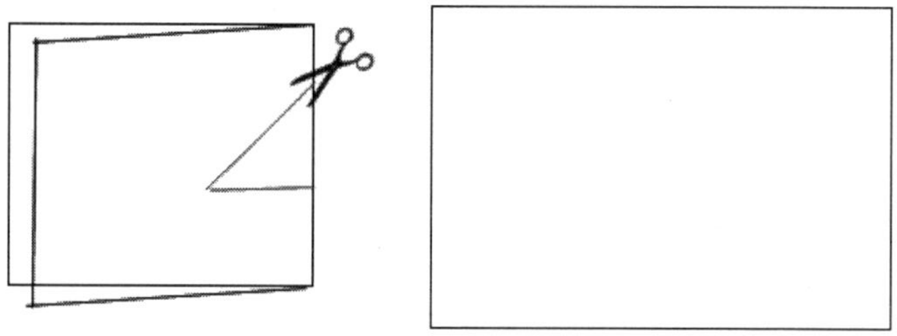

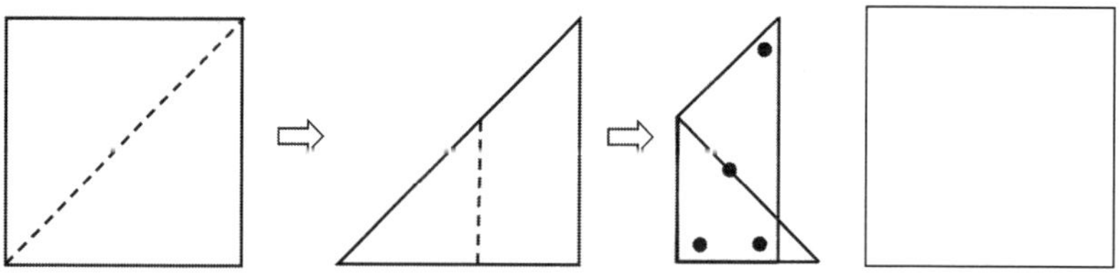

Ⅱ. 교과 내용과 교수법

1. 1~2학년군

2수02-01

> 교실 및 생활 주변에서 여러 가지 물건을 관찰하여
> 직육면체, 원기둥, 구의 모양을 찾고,
> 그것들을 이용하여 여러 가지 모양을 만들 수 있다.

생활 주변에 있는 물건을 '모양'이라는 외형적인 특징의 관점에서 사물을 인식하고 변별할 수 있도록 지도하고, 다양한 입체도형을 보고 만지고 조작해 보게 하여 모양과 그 특징을 추상하도록 한다.

1~2학년군의 활동은 대부분 van Hiele의 도형학습 1수준(시각적 수준)에 해당됩니다.

직육면체, 원기둥, 구 모양의 다양한 물건을 굴려보고 쌓아보는 조작활동을 하고, 여러 가지 모양을 만들어 보게 하면서 입체도형의 특징을 스스로 인지하게 한다.

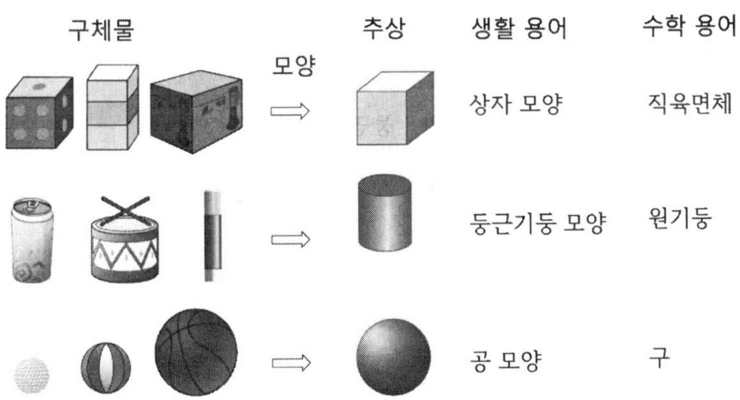

매년 필요한 자료이므로 수학자료실 또는 수학실험실에 모아두었다가 모든 학급이 사용하면 학습 효과를 높일 수 있습니다.

2수02-02 쌓기나무를 이용하여 여러 가지 입체도형의 모양을 만들고, 그 모양에 대해 위치나 방향을 이용하여 말할 수 있다.

주어진 쌓기나무를 이용하여 여러 가지 모양을 만들어 보게 하고, 만든 모양을 설명하게 하는 것은 학생들의 공간감각과 정확한 용어의 사용 능력을 기르는 데 도움이 된다. 예를 들어, 쌓기나무의 4개로 여러 가지 모양을 만들고, 만든 모양을 친구들에게 설명하게 하고, 친구들은 설명대로 만들어 보게 한다. 학생 자신이 만든 모양을 설명할 때 위치나 방향에 대한 용어(위, 아래, 앞, 뒤, 오른쪽, 왼쪽, 2층 등)를 사용하도록 지도한다.

자신이 만든 모양을 친구들에게 설명하게 하는 것은 수학용어 사용과 의사소통 능력을 발달시키는 데 큰 도움이 됩니다.

쌓기나무 5개로 여러 가지 모양 만들고 설명하기

2수02-03 교실 및 생활 주변에서 여러 가지 물건을 관찰하여 삼각형, 사각형, 원의 모양을 찾고, 그것들을 이용하여 여러 가지 모양을 꾸밀 수 있다.

생활 주변의 물건에서 삼각형, 사각형, 원의 모양을 찾아보는 활동을 통하여 평면도형을 추상하도록 지도한다. 물건을 모양에 따라 분류해 보기, 물건을 종이에 대고 그려보거나 도장 찍어 보기, 물건의 특징 말하기, 여러 가지 모양 꾸미기 등의 활동으로 평면도형 학습의 기초를 다지고, 공간감각을 기를 수 있도록 지도한다.

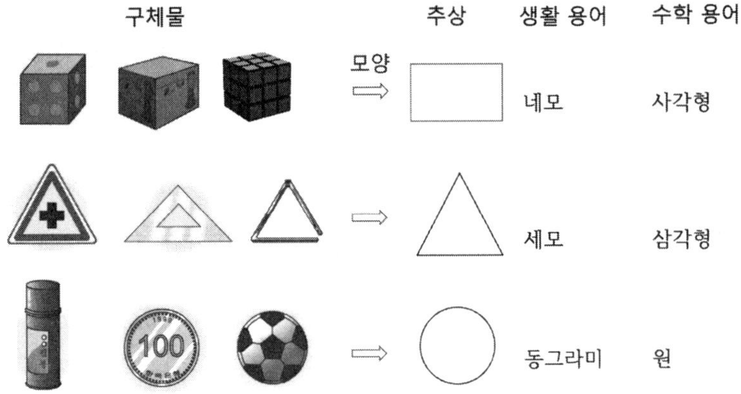

원으로 재미있는 모양 만들기

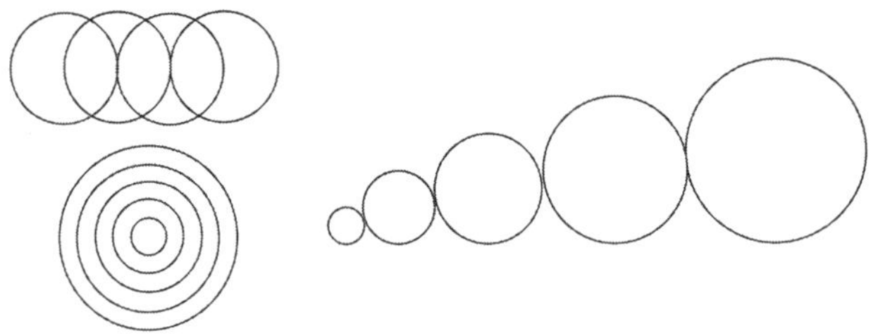

삼각형, 사각형, 원으로 재미있는 모양 만들고, 모양과 크기가 같은 것끼리 같은 색칠하기

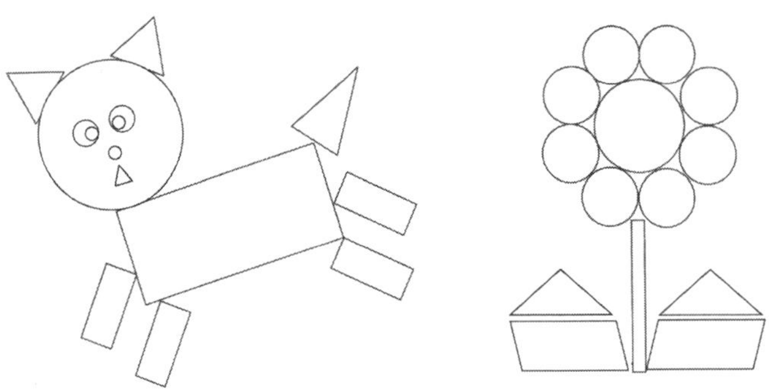

2수02-04

삼각형, 사각형, 원을 직관적으로 이해하고, 그 모양을 그릴 수 있다.

개념을 처음 도입하거나 인지 수준이 낮을 경우에 구체적인 대상을 예

'이런 것을 삼각형이라고 한다'와 같이 구체적 예를 제시하여 정의하는 것을 예시적 정의라고 하고, '세 선분으로 둘러싸인 도형을 삼각형이라고 한다'와 같이 사물의 속성을 이용하여 정의하는 것을 명명적 정의라고 합니다.

시하여 시각적, 직관적으로 설명하는 방법을 예시적 정의라고 하는데 1~2학년군의 수준에서는 전문적인 수학 용어를 학습하지 않은 단계이므로 도형을 예시적으로 정의한다.

학생들에게 개념의 1~2가지 예를 제시하는 것보다는 가능한 한 다양하게 제시하는 것이 개념을 올바르게 형성하는 데 도움이 된다.

Dienes의 수학적 다양성의 원리를 참고하세요.

다음과 같은 도형을 사각형이라고 합니다.

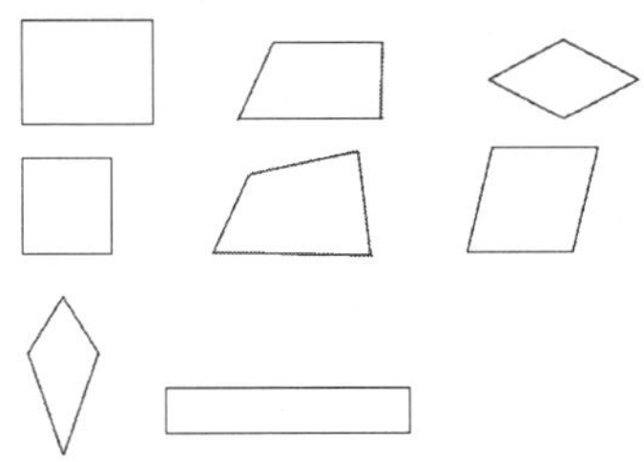

다음과 같은 도형을 삼각형이라고 합니다.

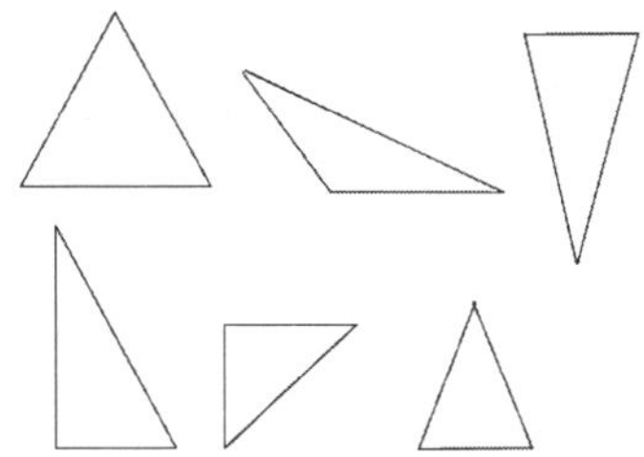

도형 지도에서는 학생들의 공간감각을 발달시키는 것이 매우 중요하므로 도형을 이용한 조작 활동의 기회를 많이 제공해야 합니다.

직관적으로 삼각형, 사각형, 원을 지도한 후, 점판(geoboard)이나 빨대 등을 이용하여 삼각형이나 사각형을 만들어 보게 하고, 다양한 크기와 모양의 삼각형, 사각형, 원 모양을 가지고 여러 가지 모양을 꾸며보게 한다.

2수02-05 삼각형, 사각형에서 각각의 공통점을 찾아 말하고, 이를 일반화하여 오각형, 육각형을 알고 구별할 수 있다.

다양한 삼각형을 관찰하면서 변이 3개, 꼭짓점이 3개, 다양한 사각형을 관찰하여 변이 4개, 꼭짓점이 4개라는 공통점을 찾을 수 있게 한다. 공통점과 도형의 이름을 연결 지어 다각형의 이름을 도입한다.

변 3, 꼭짓점 3개 → 삼각형

변 4, 꼭짓점 4개 → 사각형

 변 5, 꼭짓점 5개 → ?

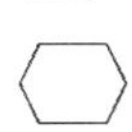 변 6, 꼭짓점 6개 → ?

2. 3~4학년군

4수02-01

직선, 선분, 반직선을 알고 구별할 수 있다.

3~4학년군에서는 외형적인 형태인 모양으로 사물을 인식하고 정리하였던 수준(van Hiele의 시각적 수준)에서 모양을 분석하는 수준(van Hiele의 분석적 수준)의 내용과 활동을 한다.

도형의 가장 기본적인 요소인 직선, 선분, 반직선을 이해하고, 이를 구별할 수 있도록 지도한다. 선분을 주제로 하여 개념 형성의 속성모형으로 수업을 전개하면 다음과 같은 절차를 생각해 볼 수 있다.

선분, 직선, 반직선의 정확한 정의나 표현보다는 구별할 수 있는지에 중점을 두어 지도합니다.

관찰하기

- 다음 선을 주의깊게 살펴보세요.

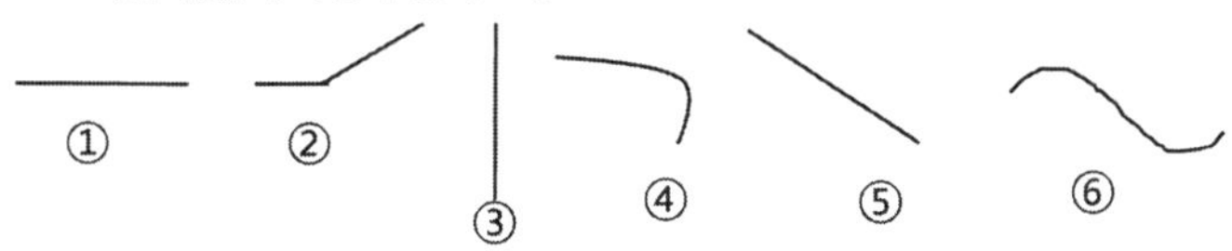

분류하기

- 선을 두 가지로 분류하시오.
- 어떻게 분류하였는지 말해보세요.

이름 짓기

- 곧은 선을 선분이라고 합니다.

일반화 및 적용

- 선분을 그어보시오.
- 선분을 말해보시오.

4수02-02 각과 직각을 이해하고, 직각과 비교하는 활동을 통하여 예각과 둔각을 구별할 수 있다.

1) 각과 직각

각

각이라는 용어는 일상생활에서 자주 사용하지 않아 학생들에게 낯설어 이해하기 어려울 수 있다. 다양한 예와 생활 주변에서 각을 찾아보고, 그려보고 '각'이라는 용어를 말하게 하여 친숙하게 한다.

각은 학년 수준에 따라 다르게 정의할 수 있지만 초등학교 수준에서는 한 점에서 그은 두 반직선으로 이루어진 도형으로 정의한다.

뜻

반직선 ㄴㄱ과 반직선 ㄴㄷ으로 이루어진 도형을
각이라고 한다.

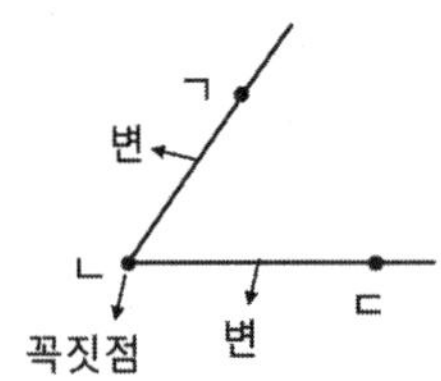

읽기

각 ㄱㄴㄷ, 또는 각 ㄷㄴㄱ 이라고 읽습니다.

그리기

각 ㄷㄹㅁ을 그려보시오.

직각은 삼각자나 직사각형 모양의 물건에서 본을 떠서 예시적 정의에 의하여 지도하고, 직각을 그려보거나 종이접기를 통하여 직각을 만들어 보게 하고, 생활 주변에서 직각을 찾아보게 한다.

이와 같은 정의를 예시적 정의라고 합니다.

다음과 같은 각을 직각이라고 합니다.

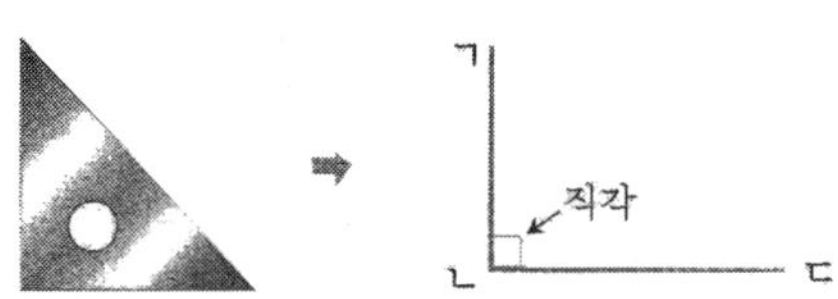

2) 예각과 둔각

직각을 바탕으로 예각과 둔각을 지도한다. 개념 형성의 원형모형으로 수업을 다음과 같이 전개할 수 있다.

학생들이 '90도보다 작다'라는 말로 정의하기를 기대한다면 예를 제시할 때 90도보다 조금 크거나 작은 각을 제시해야 할 것입니다.

원형 제시

- 이 각은 예각입니다.

예와 비예 제시

- 이 각은 예각입니다.

- 이 각은 예각이 아닙니다.

- 이 각은 예각이 아닙니다.

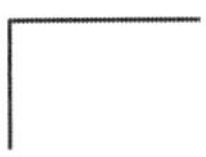

- 이 각은 예각 입니다.

정의하기

- 예각이란 무엇입니까? 전체 학생들과 함께 학생이 발표한 예각의 정의를 분명하고 간결하게 다듬는다.

일반화 및 적용

- 이 각은 예각입니까? 그 이유는?

- 교실에서 예각을 찾아봅시다.
- 생활 주변에서 예각이 사용되는 경우를 찾아봅시다.

4수02-03 교실 및 생활 주변에서 직각인 곳이나 서로 만나지 않는 직선을 찾는 활동을 통하여 직선의 수직 관계와 평행 관계를 이해한다.

1) 수직과 수선

수직이란 두 직선이 직각으로 만나는 상태를 의미하고, 수선이란 수직으로 만나는 직선을 의미한다. '직각으로 만난다'는 '수직이다'라는 말과 같은 말이다.

직각삼각자를 이용하여 수직으로 만나는 직선을 그어 보는 활동을 통하여 수직과 수선의 개념을 익히게 한다.

2) 수직과 평행

평면에 그어진 두 직선을 아주 길게 연장하면 만나는 경우가 있고 만나지 않는 경우가 있다.

창문, 책상, 운동시설 등 생활주변에서 평행한 경우를 찾아보게 하여 평행을 직관적으로 이해하게 한 다음, 수학적으로 지도한다. 즉, 한 직선에 수직인 두 직선을 그었을 때 그 두 직선은 평행하다고 하고, 두 직선을 평행선이라고 한다.

직각 삼각자를 이용하여 평행선을 그어보게 하고, 평행선 사이의 거리를 알아보게 한다.

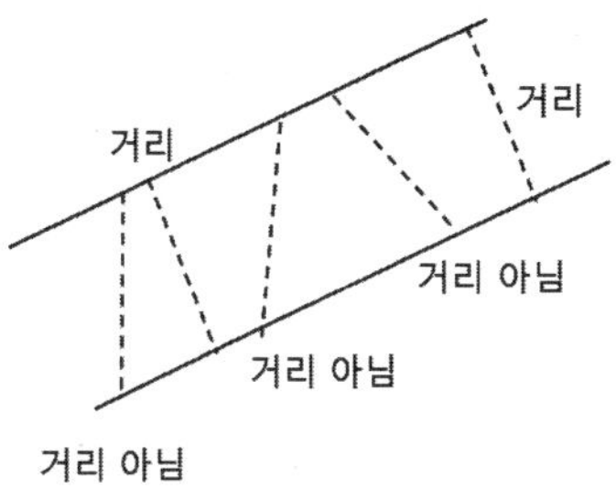

평행선의 거리는 평행선에 그은 수선의 길이를 말하며, 평행선의 거리는 어디에서나 같다.

4수02-04

구체물이나 평면도형의 밀기, 뒤집기, 돌리기 활동을 통하여 그 변화를 이해한다.

평면도형을 밀고, 뒤집고, 돌리는 활동은 합동변환인데 도형의 모양과 크기가 변하지 않는 변환이다.

도형의 변환을 지도할 때 밀기, 돌리기, 뒤집기 등의 용어를 이해하는 데 초점을 두기보다는 주어진 도형을 변환하여 여러 가지 재미있는 도형을 만들어 보게 하는 것이 좋다.

4수02-05

평면도형의 이동을 이용하여 규칙적인 무늬를 꾸밀 수 있다.

기본 도형을 제시하고 이를 이용하여 규칙적인 무늬를 만들어 보게 한다. 무늬를 만들기 위하여 기본 도형을 밀고, 뒤집고, 돌리는 과정에서 도형의 변환을 이해하고 공간 감각이 발달될 것이다.

이론적 배경 참고 바랍니다.

**을 밀기, 돌리기, 뒤집기를 하여 규칙적인 무늬를 만들어 보시오.**

기본 도형의 이동을 활용하여 자신만의 규칙적인 무늬를 만들어 다른 사람에게 설명하게 하고, 다른 사람이 만든 무늬에서 규칙을 찾아보게 합니다.

4수02-06

원의 중심, 반지름, 지름을 알고, 그 관계를 이해한다.

생활 주변의 물건에서 원 모양을 찾아 종이에 본을 떠서 원의 특징을 알아내어 원을 지도한다. 실에 단추를 매달에 원을 만들어 보거나 띠 종이에 구멍을 뚫어 원을 그려보는 활동, 또는 자전거 바퀴 등을 통하여 원의 중심을 지도한다.

컴퍼스를 이용하여 원을 그리고, 원의 중심, 반지름, 지름 등 구성 요소를 지도한다.

4수02-07

컴퍼스를 이용하여 여러 가지 크기의 원을 그려서 다양한 모양을 꾸밀 수 있다.

컴퍼스를 이용하여 여러 가지 크기의 원을 그려서 재미있는 모양을 만들어 보는 활동을 함으로써 원의 성질을 스스로 깨닫게 하고, 아름다움을 느끼게 하고 공간 감각이 발달되도록 한다. 또, 이런 활동은 고학년에서 원과 그 일부분의 넓이를 구할 때 도움이 된다.

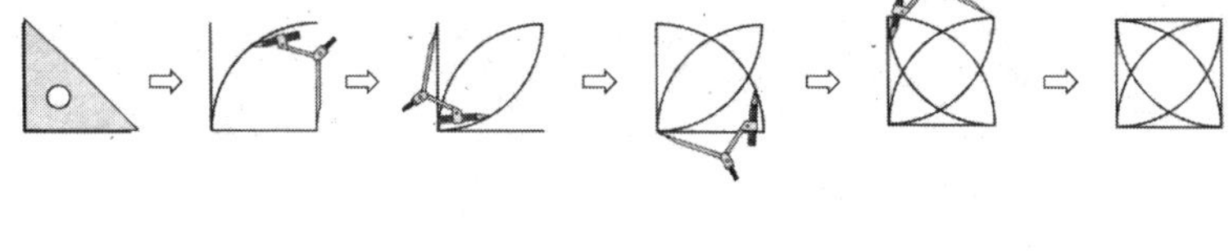

4수02-08

여러 가지 모양의 삼각형에 대한 분류 활동을 통하여 이등변삼각형, 정삼각형을 이해한다.

다양한 삼각형 모양을 관찰하고 분류하는 활동을 통하여 이등변삼각형, 정삼각형의 개념을 지도한다. 여기에서 분류 기준은 변의 길이이다. 길이가 같은 변이 있는 삼각형과 그렇지 않은 삼각형으로 분류하고, 길이가 같은 변이 있는 삼각형을 이등변삼각형이라고 이름 짓기를 한다.

이등변삼각형을 다시 분류하게 하여 세 변의 길이가 모두 같은 삼각형을 정삼각형이라고 이름 짓는다.

같은 속성을 지닌 도형의 이름을 짓는 것은 개념 형성의 속성모형에 따라 수업을 전개하였을 때 일어나는 활동입니다.

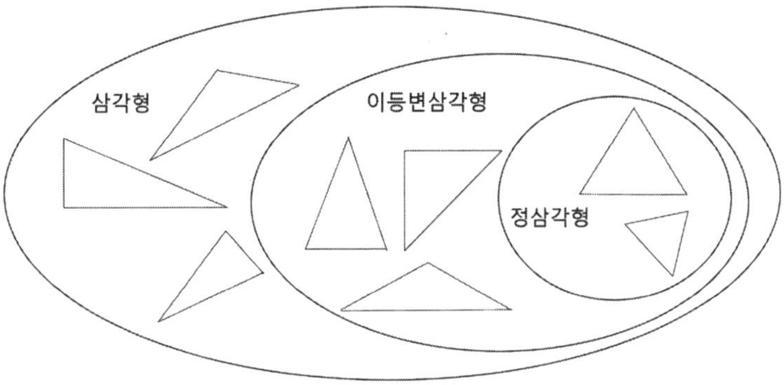

삼각형 분류 활동을 통한 이등변삼각형, 정삼각형 이해하기

4수02-09

여러 가지 모양의 삼각형에 대한 분류 활동을 통하여 직각삼각형, 예각삼각형, 둔각삼각형을 이해한다.

다양한 삼각형을 각의 크기에 따라 분류하게 하고, 직각이 있는 삼각형, 직각보다 큰 각이 있는 삼각형, 직각보다 작은 각만 있는 삼각형 등으로 분류한다.

예각, 직각, 둔각 삼각형의 개념은 포함관계가 없어서 세 개념이 모두 동위개념이다.

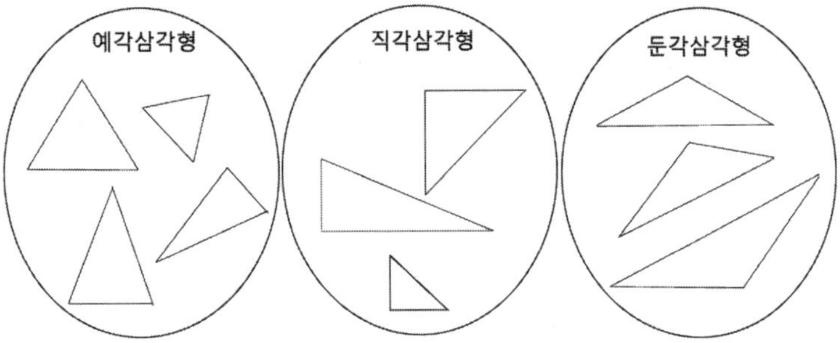

4수02-10 여러 가지 모양의 사각형에 대한 분류 활동을 통하여 직사각형, 정사각형, 사다리꼴, 평행사변형, 마름모를 알고, 그 성질을 이해한다.

교수학습지도상의 유의점
여러 가지 삼각형과 사각형을 이름 짓는 활동을 통하여 각 도형의 정의에 대해서 학생들 스스로 사고하게 한다.

⇩

「여러 가지 삼각형과 사각형을 이름 짓는 활동을 통하여」 → 개념 형성 수업모형 중에서 속성모형으로 수업을 전개하는 것이 바람직합니다.

「각 도형의 정의에 대해서 학생들 스스로 사고하게 한다」 → 개념 형성 수업모형 중에서 원형모형으로 수업을 전개하는 것이 바람직합니다.

다양한 사각형을 제시하고 분류 기준을 정하여 사각형을 분류하는 활동을 통하여 직사각형, 정사각형, 사다리꼴, 평행사변형, 마름모의 개념을 지도한다.

종전의 교육과정에서는 사각형의 포함관계도 다루었으나 현행 교육과정에서는 개념의 이해에 초점을 맞추고 있다.

개념 형성의 속성모형이나 원형모형으로 수업하기에 적절한 주제로서 원형모형에서는 정의를 학생 스스로 하게 된다. 자세한 내용은 이론적 배경을 참고하기 바란다.

4수02-11 다각형과 정다각형의 의미를 안다.

삼각형과 사각형을 일반화하여 다각형 개념을 지도하고, 그중에서도 변의 길이가 모두 같은 도형을 정다각형이라고 하고, 정삼각형과 정사각형이 그 예임을 알게 한다.

4수02-12

주어진 도형을 이용하여 여러 가지 모양을 만들거나 채울 수 있다.

주어진 도형을 이용하여 여러 가지 모양을 만들거나 채우는 활동은 학생들의 공간 감각을 발달시키는 데 매우 효과적인 활동이다. 특히, 칠교판은 공간감각 발달은 물론 도형의 성질도 학습할 수 있는 도구이다.

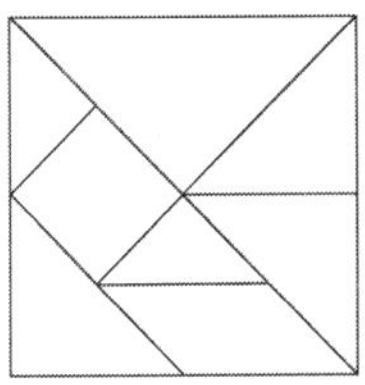

칠교판

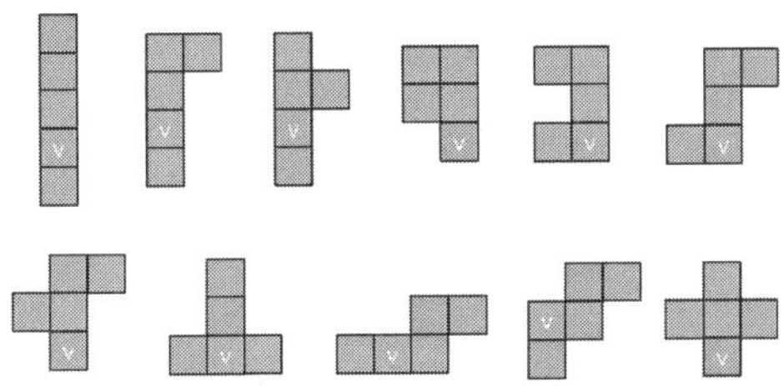

펜토미노(pentominoes)

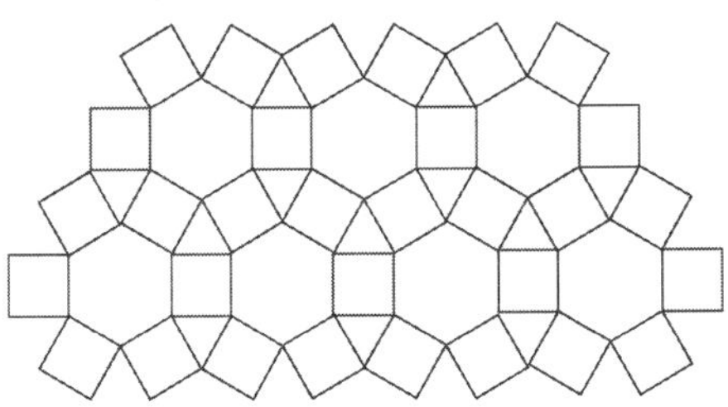

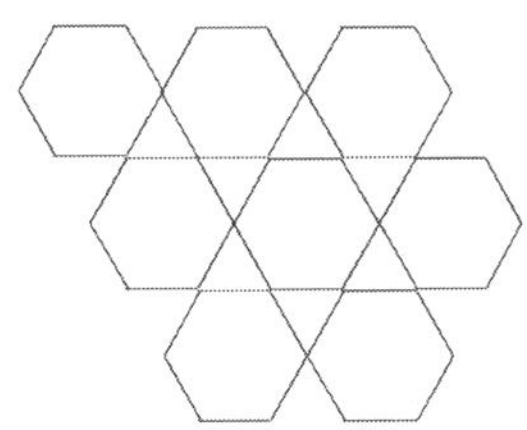

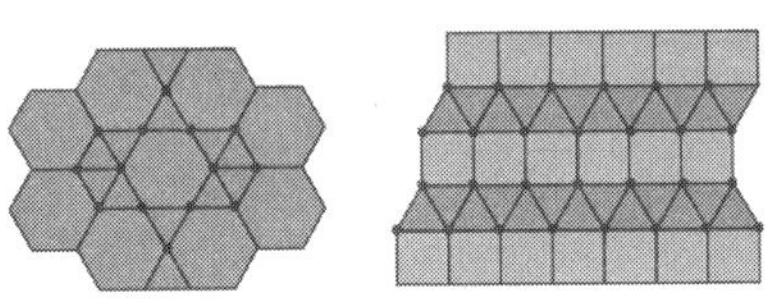

다각형을 이용한 테셀레이션

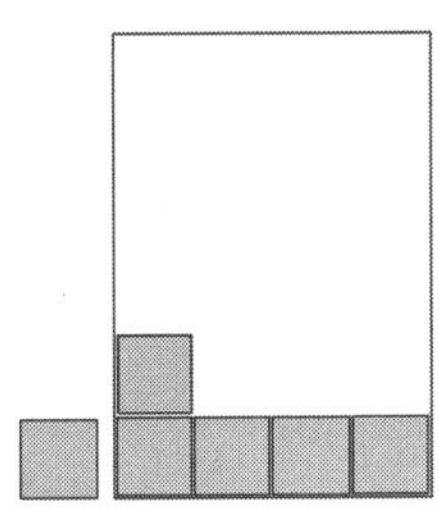

정사각형으로 채워넣기

테셀레이션 알아보기

주어진 도형으로 어떤 도형을 채워 넣는 활동을 테셀레이션(tessellation)이라고 합니다.

에셔의 작품

이슬람의 문양

정사각형으로 어떤 도형을 겹치지 않고 빈틈없이 채워 넣는 활동은 평면도형의 넓이를 구하는 활동과 관련됩니다.

3. 5~6학년군

6수02-01 **구체적인 조작 활동을 통하여 도형의 합동의 의미를 알고, 합동인 도형을 찾을 수 있다.**

실생활에서 같은 무늬 찾기, 종이 접어 오리기, 도장 찍기, 데칼코마니 등 구체적인 조작 활동을 통하여 도형의 합동의 의미를 지도하면 효과적입니다.

합동은 두 도형 사이의 관계를 말하며, 두 도형이 모양과 크기가 같으면 두 도형은 합동이라고 한다.

합동을 개념 형성의 원형모형으로 수업을 전개하려면 다음과 같이 수업계획을 세울 수 있다.

원형 제시

예와 비예 제시

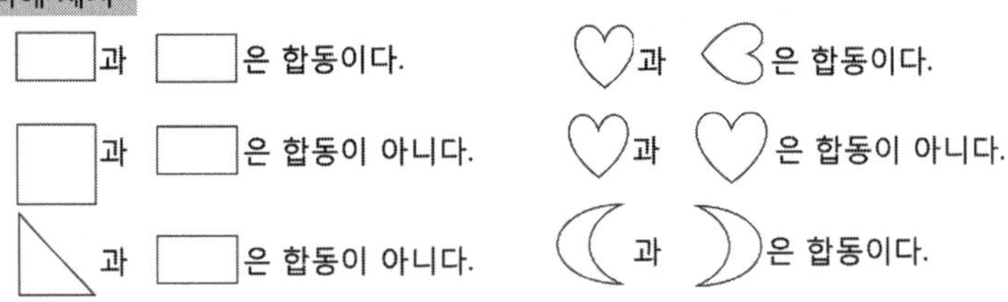

정의하기

- 합동이란 무엇입니까?
- 학생이 발표한 정의를 전체 학생과 함께 분명하고 간결하게 다듬어 정의한다.

일반화 및 적용

- 합동인 물건 찾아보기
- 합동인 도형 그려보기

학생이 합동의 정의를 다음과 같이 말하였을 때 전체 학생들과 함께 뜻이 분명하지 않거나 간결하지 않는 표현이 있는지를 살펴보고 정의를 분명하고 간결하게 다듬는다.

학생: 합동이란 모양과 크기가 같아서 포개었을 때 완전히 겹쳐지는 도형이다.
교사: 좀 더 간단하게 표현할 수 없을까?
학생: 포개었을 때 완전히 겹쳐진다는 말은 없어도 될 것 같아요.
교사: 그 말을 없애도 정의에 어긋나는 예가 있습니까?
교사: 모양과 크기가 같은 도형이라고 하는 것이 더 간결하구나.

학생: 합동이란 포개었을 때 겹쳐지는 도형이다.
교사: 좀 더 분명하게 표현할 수 없을까?
학생: 삼각형과 사각형을 포개어도 겹쳐져요.
교사: 그렇지. 겹쳐지긴 겹쳐지지. 그렇다면 어떻게 고쳐야 할까?
학생: 완전히라는 말을 넣으면 될 것 같아요.
교사: 포개었을 때 완전히 겹쳐지는 도형이다.
교사: 어긋나는 예가 있습니까?, 뜻이 분명합니까?
학생: 합동이란 두 도형을 포개었을 때 완전히 겹쳐지는 도형이다.

실생활에서 같은 무늬 찾기, 종이 겹쳐 오리기, 도장 찍기, 데칼코마니 등 구체적인 조작 활동을 통하여 도형의 합동의 의미를 지도하면 효과적입니다.

6수02-02

합동인 두 도형에서 대응점, 대응변, 대응각을 각각 찾고, 그 성질을 이해한다.

합동인 두 도형을 겹쳐보게 하고 서로 겹쳐지는 변과 각을 찾아보게 하여 대응변, 대응각을 지도하고, 활동을 통하여 대응변의 길이와 대응각의 크기가 같음을 깨닫도록 한다.

학생들은 개념 자체가 어려워서 이해를 못하는 것이 아니라 용어가 낯설어서 어려워 하는 경우가 많으므로 교사와 학생이 대응변, 대응각과 같은 수학 용어를 자주 사용해야 합니다.

❖ 다음 두 도형은 합동입니다. 포개었을 때, 겹쳐지는 곳을 찾아보시오.

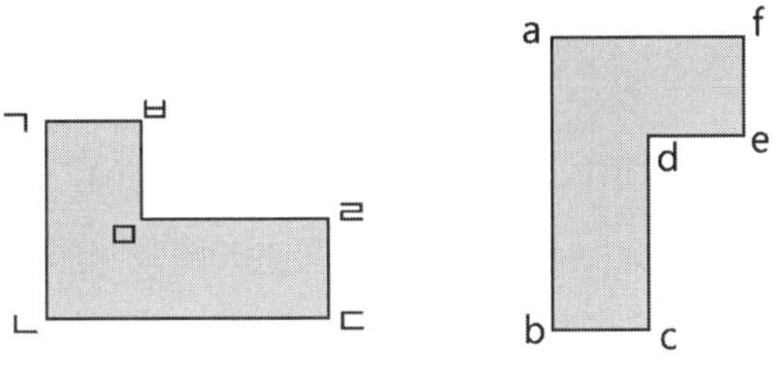

- 점 ㄹ의 대응점은 어느 점입니까?
- 변 ㄱㄴ의 대응변은 어느 변입니까?
- 각 ㄱㅂㅁ의 대응각은 어느 각입니까?

6수02-03

선대칭도형과 점대칭도형을 이해하고 그릴 수 있다.

한국전통문양

선대칭과 점대칭은 도형 자체가 가지고 있는 특성이다. 어떤 도형은 반으로 접으면 완전히 포개어지는 도형이 있는가 하면, 그렇지 않는 도형도 있다. 이 특성을 분류기준으로 하여 개념 형성의 속성모형으로 수업을 전개할 수 있다.

관찰

선대칭도형과 아닌 도형을 다양하게 제시

분류

이름 짓기 전에는 선대칭이라는 용어를 사용하면 안 되지만 이름 짓기 후에는 선대칭이라는 용어를 자주 사용해야 하고, 학생도 자주 말하고 쓰도록 지도해야 합니다.

- 도형을 두 가지로 분류해보시오.
- 어떤 기준으로 분류하였는지 말해보시오.
- 기준에 따라 바르게 분류하였는지 검토해보시오.

이름 짓기

- 반으로 접었을 때 완전히 겹쳐지는 도형을 선대칭 도형이라고 한다.

일반화 및 적용

점판이나 모눈종이를 이용하여 선대칭, 점대칭 도형을 그리게 합니다.

- 선대칭 도형인지 아닌지 확인하기
- 한글에서 선대칭이 되는 닿소리 찾아보기

우리나라 전통문양에서 선대칭, 점대칭 도형 찾기

식물이나 동물의 모습, 바람개비, 포장지, 카페트, 퀼트, 사진 등에서 선대칭, 점대칭의 예를 찾고 설명할 수 있도록 지도하고, 선대칭이나 점대칭을 이용하여 여러 가지 아름다운 무늬를 꾸며보는 활동을 한다.

6수02-04

직육면체와 정육면체를 알고, 구성 요소와 성질을 이해한다.

1~2학년군에서 생활 용어로 학습하였던 상자 모양, 기둥 모양을 5~6학년군에서 수학적, 형식적으로 학습하게 된다.

생활 주변에서 직육면체, 정육면체 모양의 상자를 수집하여 분류하는 활동을 하면서 지도한다.

직육면체의 속성은 직사각형 6개로 둘러싸인 도형을 말하며, 그런 도형들이 공통적으로 가지고 있는 특성, 즉, 꼭짓점이 8개, 모서리 12개, 면이 6개, 밑면 2개가 서로 합동이다, 두 밑면이 평행하다, 옆면과 밑면이 수직이다 등은 직육면체의 성질이다.

속성과 성질을 구별하여 지도해야 합니다. 속성과 성질에 대해서는 3장 수업모형을 참고하세요.

6수02-05

직육면체와 정육면체의 겨냥도와 전개도를 그릴 수 있다.

겨냥도는 입체도형의 모양을 잘 알 수 있도록 보이는 모서리는 실선으로, 보이지 않는 모서리는 점선으로 나타내어 입체감을 느낄 수 있도록 그린 그림을 말한다.

전개도를 그리는 것보다는 전개도가 되는 것과 되지 않는 것을 구별하는 데 역점을 둡니다.

직육면체 겨냥도 그리기

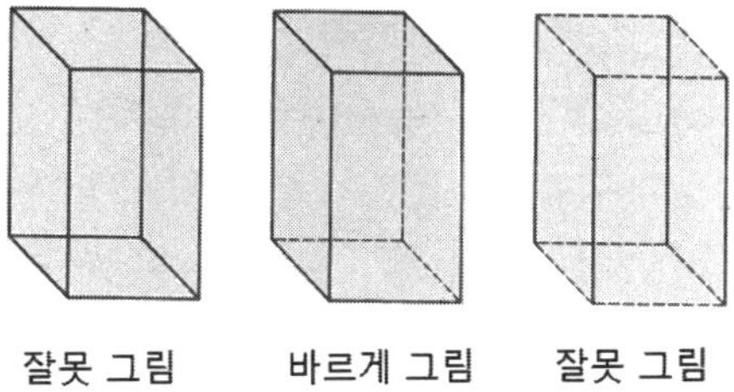

전개도는 입체도형의 모서리를 잘라 펼쳐놓은 그림을 말하며, 펼쳐서 잘린 모서리는 실선으로, 잘리지 않은 모서리는 점선으로 나타낸다.

전개도를 보고 입체도형으로 접었을 때의 모양을 상상하게 하는 것은 공간 능력을 발달시키는 데 큰 도움이 됩니다.

종이 상자의 모서리를 따라 오려서 펼친 그림

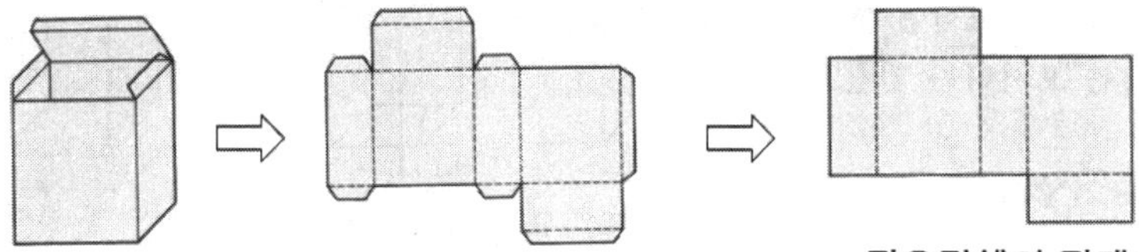

직육면체의 전개도

직육면체의 전개도에서 수직인 면과 평행한 면을 찾게 하여 전개도로부터 입체도형을 추측하게 하는 활동은 학생들의 공간 능력을 발달시키는 데 도움이 된다.

정육면체 전개도

❖ 다음 전개도로 주사위를 만들었을 때 평행인 두 면에 있는 점의 수가 7이 되도록 점을 그려 넣으시오.

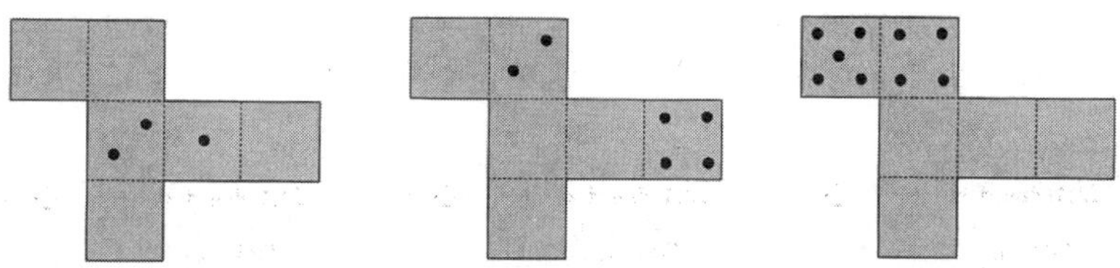

정육면체의 전개도는 모두 11가지입니다. Co-Learning 참고 바랍니다.

6수02-06 각기둥과 각뿔을 알고, 구성 요소와 성질을 이해한다.

생활 주변에서 다양한 각기둥과 각뿔을 수집하기 어렵기 때문에 미리 수학 자료실이나 수학 실험실에 준비해 놓는 것이 좋다.

원형 모형의 속성 모형으로 수업을 전개하였을 때 주된 흐름은 다음과 같다.

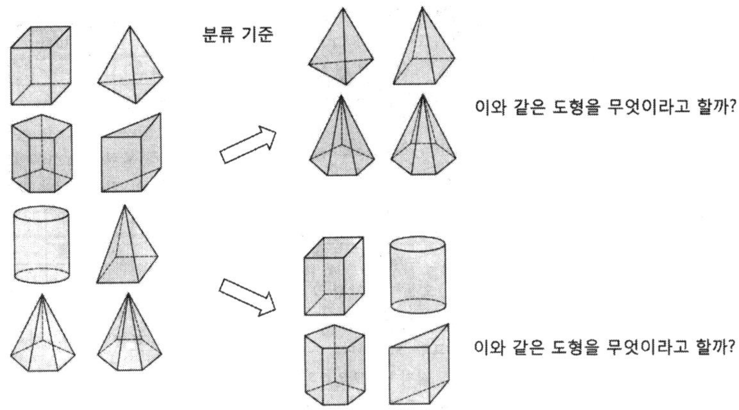

각뿔의 구성 요소

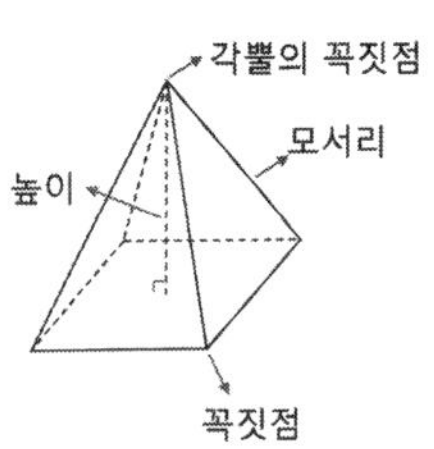

각기둥의 구성 요소

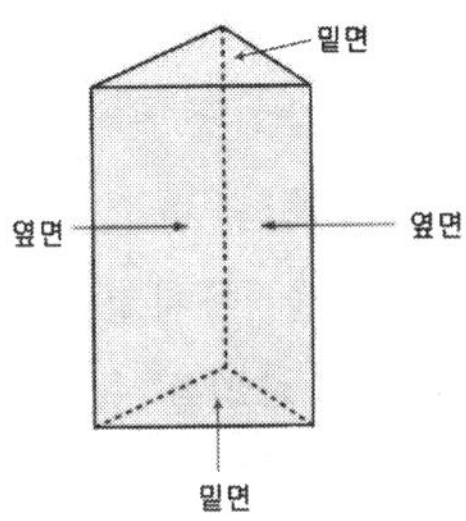

각뿔의 높이는 각뿔의 꼭짓점에서 밑면에 수직으로 만나는 선분의 길이이고, 각기둥의 높이는 밑면 사이의 거리이다.

6수02-07

각기둥의 전개도를 그릴 수 있다.

각기둥의 전개도를 살펴보면 밑면의 둘레는 옆면의 가로의 길이와 같음을 알 수 있다.

전개도에서 밑면의 둘레와 옆면의 가로의 길이가 같다는 사실을 알면 겉넓이를 구하는 데 도움이 됩니다.

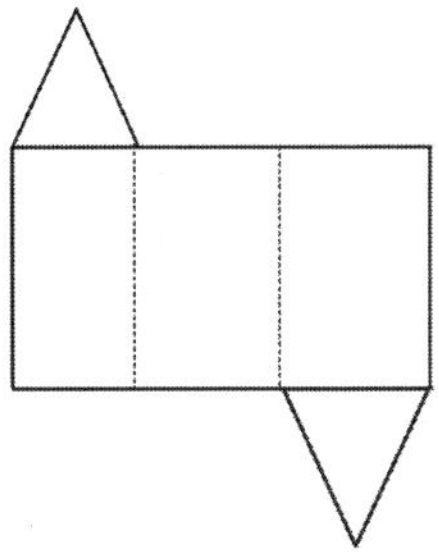

삼각기둥의 전개도

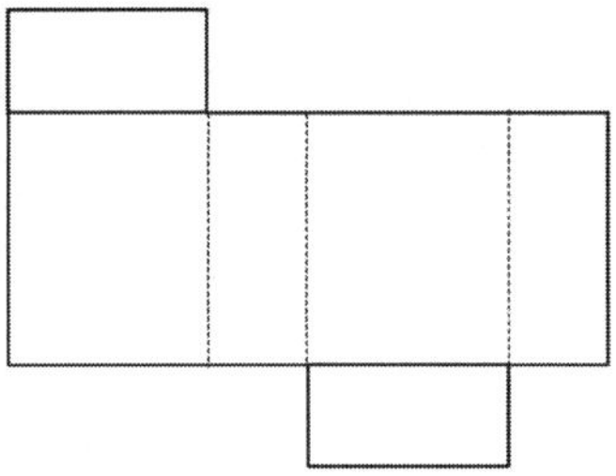

사각기둥의 전개도

각기둥의 전개도는 간단한 형태만 다루며, 각뿔의 전개도는 다루지 않습니다.

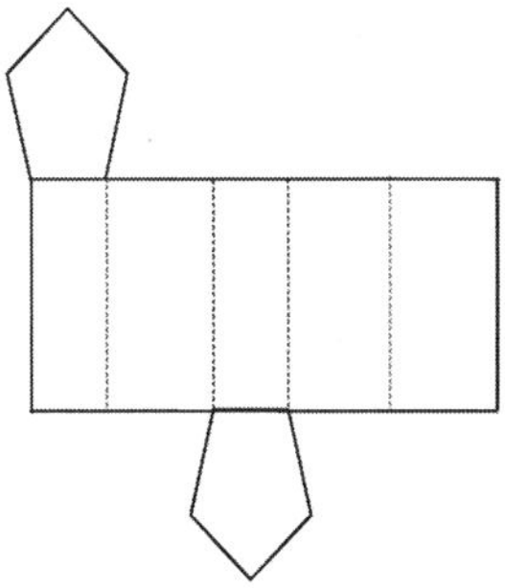

오각기둥의 전개도

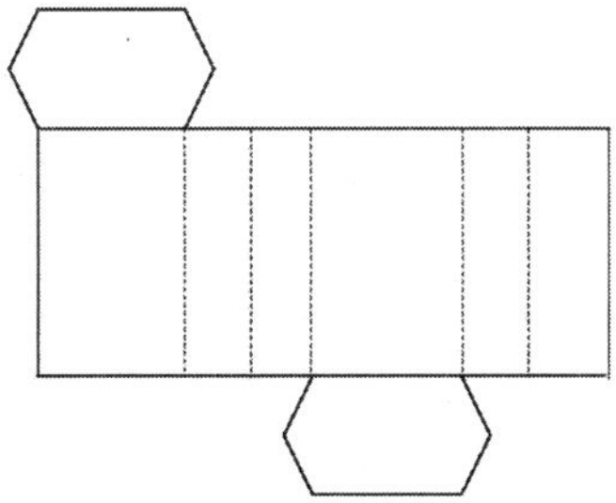

육각기둥의 전개도

6수02-08 원기둥을 알고, 구성 요소, 성질, 전개도를 이해한다.

각기둥은 옆면이 직사각형이고 평면이지만 원기둥은 옆면이 곡면이다. 그러나 원기둥을 펼치면 옆면은 직사각형이다.

원기둥의 구성요소와 전개도는 다음과 같다.

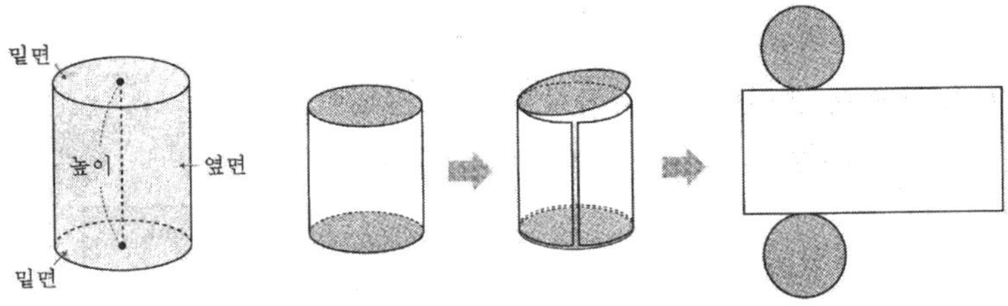

밑면의 둘레와 겹치는 곳을 알아보는 활동으로 밑면의 둘레와 옆면의 가로의 길이가 같음을 알도록 합시다.

6수02-09 원뿔과 구를 알고, 구성 요소와 성질을 이해한다.

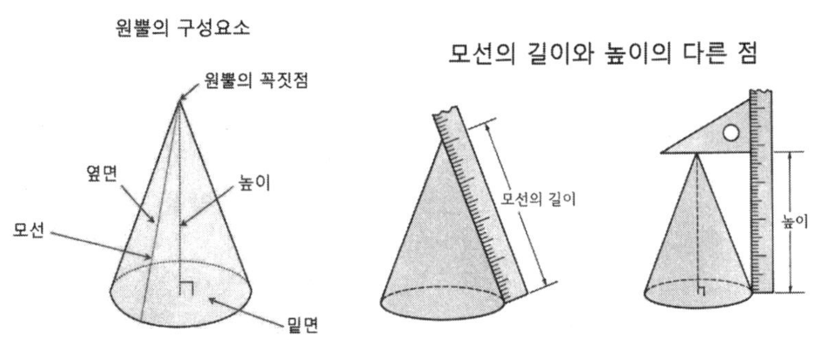

초등학교에서는 부채꼴을 다루지 않으므로 원뿔의 전개도는 학습하지 않습니다.

구는 반원의 지름을 중심으로 1회 회전하여 만든 도형이라고 정의한다. 평면도형을 한 직선을 중심축으로 하여 1회전하여 만든 도형을 회전체라고 하고, 중심이 된 축을 회전축이라고 한다.

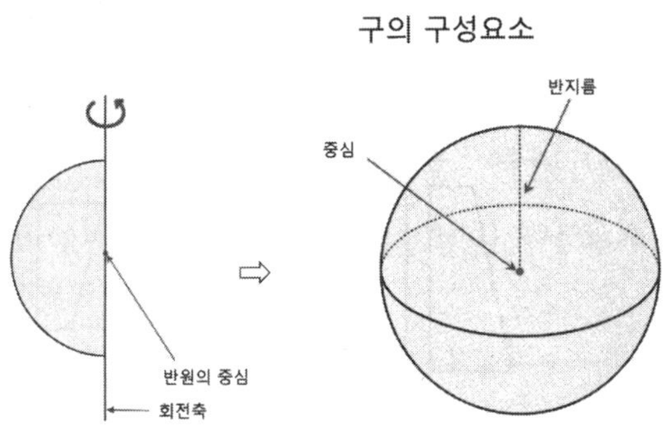

원기둥은 직사각형의 한 변을 회전축으로 하여 회전시키면 만들 수 있는 도형이고, 원뿔은 직각삼각형의 높이를 회전축으로 회전시키면 만들 수 있는 도형이다.

6수02-10 **쌓기나무로 만든 입체도형을 보고 사용된 쌓기나무의 개수를 구할 수 있다.**

쌓기나무로 입체도형을 만들게 하고, 쌓기나무가 몇 개인지 세어보게 하고, 어떻게 세었는지를 발표하도록 한다. 쌓기나무의 개수를 세는 여러 가지 방법 중에서 정확하고 간편하게 셀 수 있는 방법이 무엇인지를 알아보고, 그 방법대로 세어보게 한다.

쌓기나무의 개수를 쉽고 편리하게 구할 수 있는 방법은 밑면에 몇 개가 깔려 있고(밑넓이), 몇 층으로 쌓였는지(높이)를 알아보는 것입니다. 이를 통하여 직육면체의 부피 구하는 공식(부피=밑넓이×높이)을 발견할 수 있습니다.

쌓기나무는 몇 개인지 알아 보시오.

쌓기나무의 개수를 구하는 활동은 공간 능력을 발달시키는 데 도움이 됩니다.

주어진 모양과 같이 쌓기 위해 필요한 쌓기나무의 수를 구하고 직접 쌓아 보시오.

6수02-11

**쌓기나무로 만든 입체도형의
위, 앞, 옆에서 본 모양을 표현할 수 있고,
이러한 표현을 보고 입체도형의 모양을 추측할 수 있다.**

쌓기나무로 입체도형을 만들어 보게 하고, 이것을 친구도 똑같이 만들게 할 수 있는 방법을 생각해 보게 한다. 말로 설명하여 똑같이 만들 수 있지만 기호로 설명해 줄 수 있는 방법을 생각하여 친구에게 전달한다. 친구는 그 표현을 보고 입체도형을 만들고 똑같은지 확인하여 무엇이 잘못되었는지 살펴보고, 표현 방법을 수정한다.

위에서 본 모양을 그리기 위해서는 오직 윗면만 보이도록 수직으로 내려다보아야 하고, 옆에서, 앞에서 본 모양을 그릴 때도 마찬가지이다.

평가할 때에는 간단한 모양을 제시합니다.

❖ 위, 앞, 옆에서 본 모양을 그려 보시오.

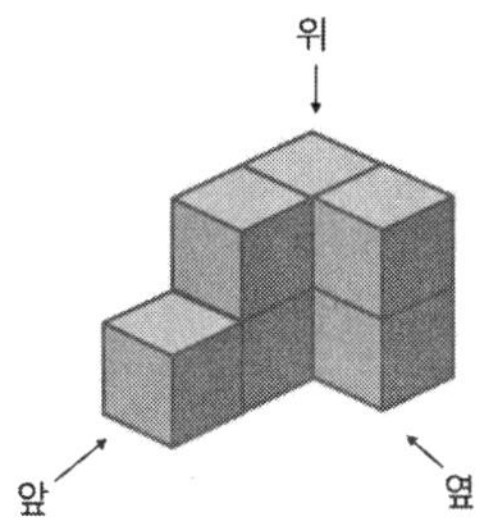

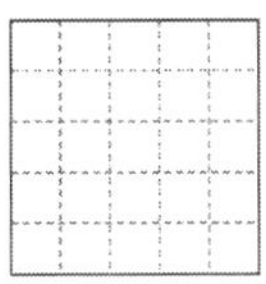
위에서 본 모양

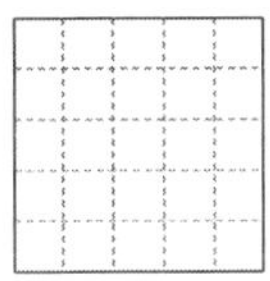
앞에서 본 모양

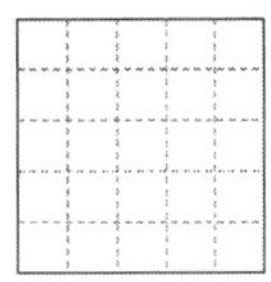
옆에서 본 모양

휴대폰으로 사진을 찍으면 더 쉽고 재미있게 학습할 수 있습니다.

❖ 위, 앞, 옆에서 본 모양을 보고 쌓기나무를 쌓아 보시오.

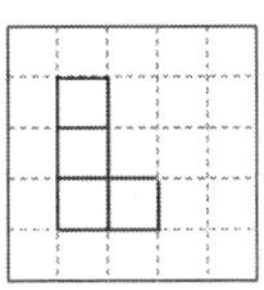
위에서 본 모양

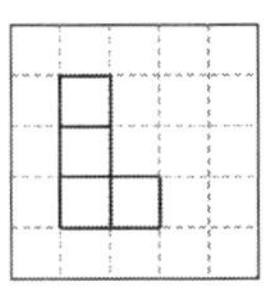
앞에서 본 모양

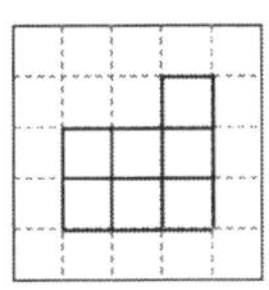
옆에서 본 모양

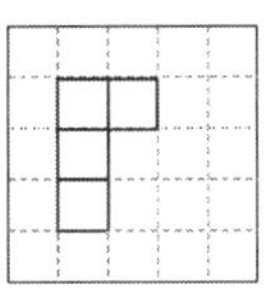
위에서 본 모양

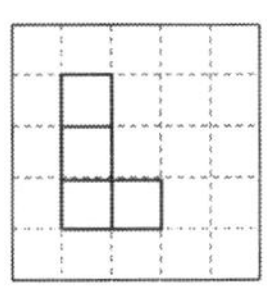
앞에서 본 모양

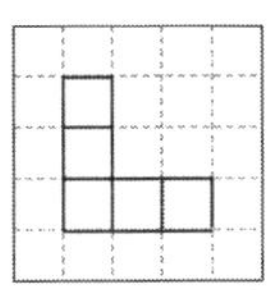
옆에서 본 모양

Co-Learning 8

1. 점판을 이용하여 친구와 함께 다음과 같이 활동해 보시오.

1) 점판에 다음 도형을 만들고, 친구에게 보여 주지 않는다.
2) 만든 도형에 대하여 친구에게 충분히 설명해 준다.
3) 친구는 설명을 듣고 도형을 만든다.
4) 만든 도형을 서로 비교하여 맞으면 1점, 틀리면 0점으로 한다.
5) 번갈아 활동한다.

〈만들 도형〉

부등변삼각형, 이등변삼각형, 정사각형, 평행사변형, 등변 사다리꼴, 직사각형, 정육각형, 마름모, 마름모가 아닌 연 모양, 임의로 만든 도형

2. 어느 학생이 다각형을 평행사변형과 그렇지 않은 도형으로 분류하였는데 직사각형과 정사각형을 평행사변형이 아닌 것으로 분류하였다. 이 학생들에게 직사각형과 정사각형도 평행사변형임을 이해하도록 어떻게 설명하겠는가?

3. 보라는 원이나 구의 정의는 같다고 하였다. 즉, 중심으로부터 같은 거리에 있는 점의 집합이다. 보라 의견에 동의하는가/그렇지 않은가? 이유는?

4. 지현이는 변의 길이는 같지만 각의 크기가 다르거나, 각의 크기는 같지만 변의 길이가 다른 육각형을 그릴 수 있는지 궁금하였다. 이에 대한 여러분의 의견을 근거와 함께 쓰시오.

5. 다음은 어떤 정사각형의 각 변에 있는 한 점만 남고, 변이 모두 지워졌다. 원래 정사각형을 그리시오.

1) 그린 방법을 친구와 말해 보시오.

2) 어느 방법이 일반화될 수 있는가?

6. 다음은 4-2 수학교과서의 일부이다.

> 사각형을 관찰해 보시오.
>
> 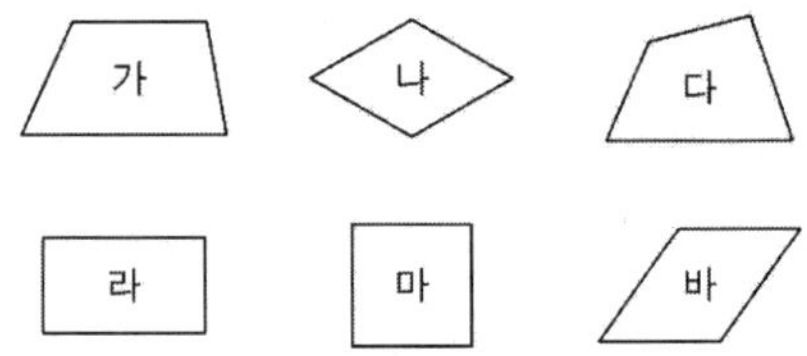
>
>
> ● 평행한 변이 한 쌍이라도 있는 사각형을 모두 찾아보시오.
>
> ● 평행한 변이 한 쌍도 없는 사각형을 찾아보시오.

1) van Hiele의 도형학습 수준에 따르면 어느 수준에 적절한 활동인가?

2) 이 활동 후에 예상되는 교수 활동을 쓰시오.

3) 수업을 마치고 수근이는 정사각형도 사다리꼴에 포함된다는 것을 깨달았다면 수근이는 도형학습의 어느 수준에 접근하고 있는가?

4) 서로 다른 사다리꼴을 3개 이상 그리라고 하였는데 재석이는 다음과 같이 그렸다. 재석이의 도형 학습수준은 어떤가?

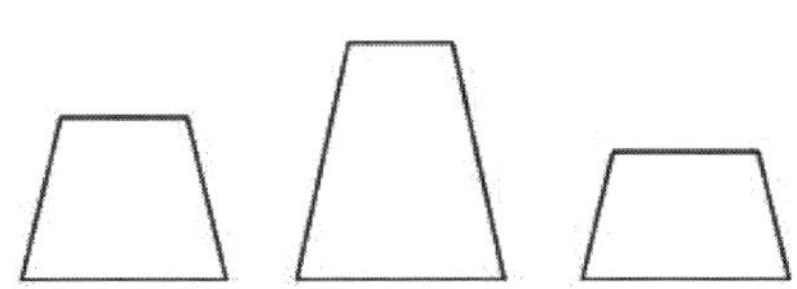

7. 민수는 모든 마름모는 모양이 한 가지라고 하였고, 철수는 정사각형도 마름모에 포함된다고 하였다. 그러자 민수는 마름모는 비스듬하기 때문에 정사각형은 마름모가 아니라고 하였다.

1) 누구의 말이 옳은가?

2) 민수의 도형학습 수준은 어떤가?

8. 다음 여러 가지 사각형을 보고 물음에 답하시오.

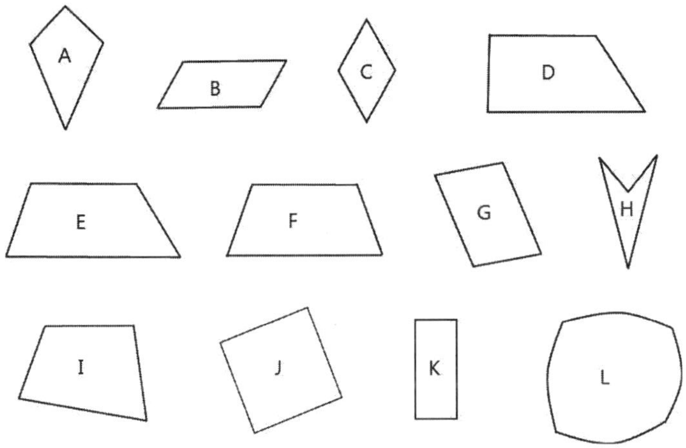

1) van Hiele의 도형학습 1수준에서 사각형을 찾아보시오.

2) van Hiele의 도형학습 2수준에서 직사각형을 찾아보시오.

3) van Hiele의 도형학습 2수준에서 사다리꼴을 찾아보시오.

4) van Hiele의 도형학습 3수준에서 평행사변형을 분류하시오.

9. 광수는 정사각형을 직사각형이라고 할 수 있다고 하였으며, 호동이는 정사각형은 네 변의 길이가 같아야 하는데 직사각형은 그렇지 않으므로 정사각형을 직사각형이라고 할 수 없다고 하였다.

1) 누구의 말이 옳은가?

2) 광수와 호동의 도형학습 수준에 대하여 말하시오.

10. 그림에서 다음 도형이 몇 개인지 찾아보시오.

계획을 세워서 세어야 빠뜨리거나 겹치지 않게 셀 수 있습니다.

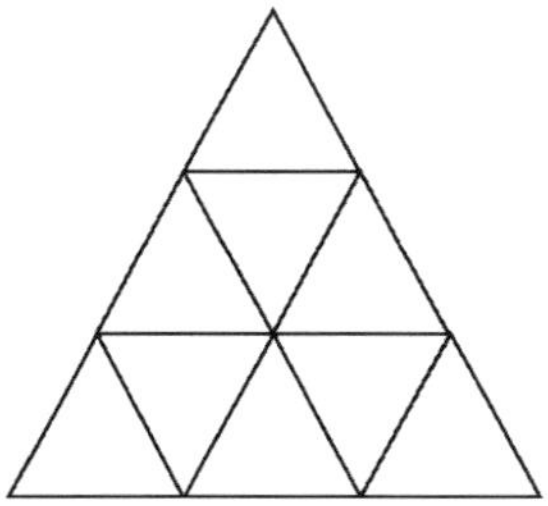

도형	수
정삼각형	
마름모	
사다리꼴	
평행사변형	

11. 명수는 교과서에 제시된 사다리꼴의 정의가 잘못되었다고 주장하고 있다. 즉, '마주 보는 한 쌍의 변이 서로 평행한 사각형'이라고 하기보다는 '적어도 한 쌍의 마주 보는 변이 서로 평행한 사각형'이라고 해야 한다는 것이다. 명수의 주장은 타당한가? 그 이유는?

12. 테트라미노(tetramino)는 서로의 변을 공유하도록 정사각형 4개를 이어 붙인 도형을 말한다. 가능한 테트라미노를 모두 그리시오.

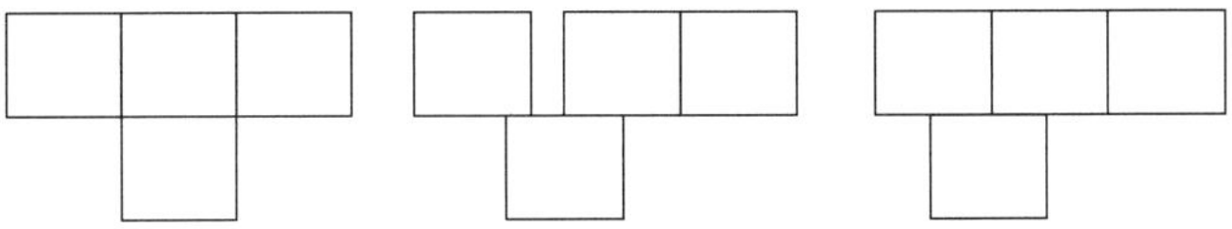

테트라미노　　　　테트라미노 아님

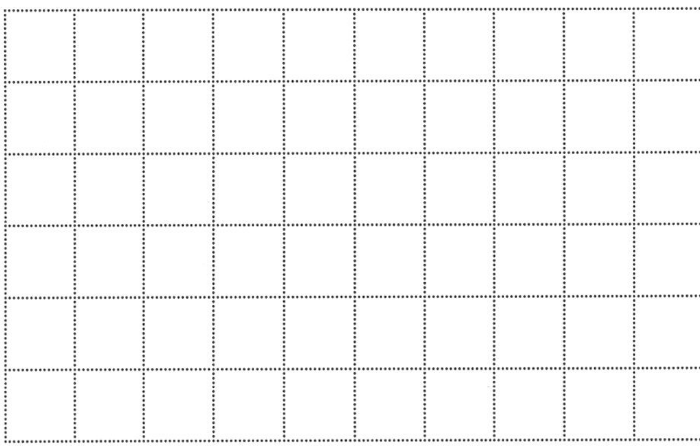

13. 철수는 평행사변형을 그림과 같이 잘라 포개면 겹쳐지므로 선대칭도형이라고 주장하고 있다. 이에 동의하는가? 그 이유는?

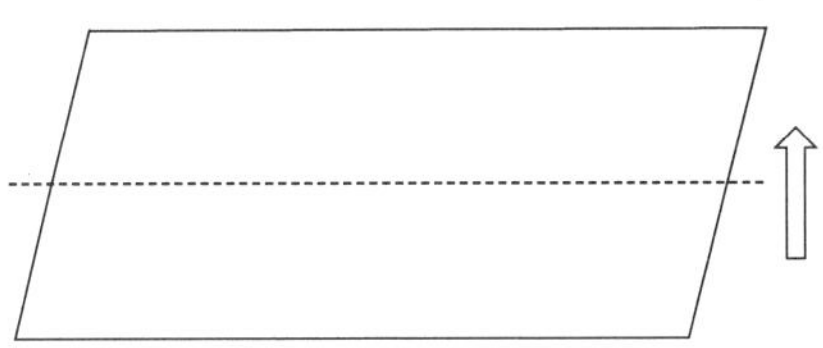

14. 미영이는 점대칭도형이면 당연히 선대칭도형이라고 주장하고 있다. 참인가? 이에 대한 반례를 제시하시오.

변을 공유하면서 정사각형 여러 개를 이어붙이면 여러 가지 도형을 만들 수 있습니다.

2개–도미노(dominoes)–1가지,

3개–트리오미노(triominoes)–2가지,

4개–테트라미노(tetraminoes)–5가지,

5개–펜토미노(pentominoes)–12가지,

6개–헥사미노(hexaminoes)–35가지

테트리스에 대하여 알아보기

15. 펜토미노(pentomino)는 정사각형 5개를 이어붙인 도형을 말한다. 펜토미노를 모두 그리시오.

1) 선대칭도형인 것은 어느 것인가?

2) 점대칭도형인 것은 어느 것인가?

3) 접었을 때 뚜껑이 없는 정육면체가 되는 펜토미노를 쓰시오.

16. 다음은 같은 주사위 5개를 이어서 늘어놓은 것이다.

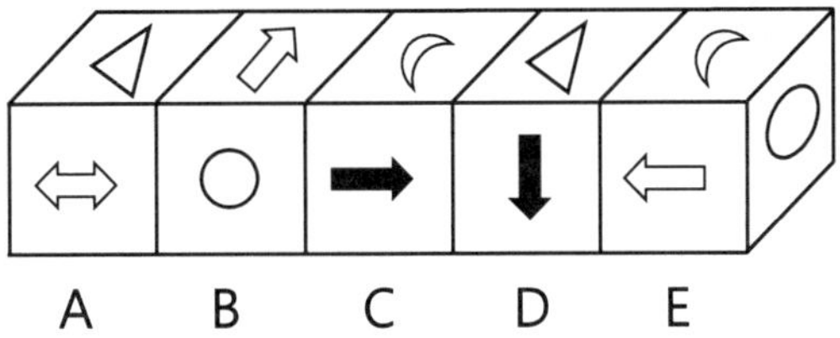

각 주사위의 뒷면과 밑면에 있는 그림을 그리시오.

	뒷면	밑면
A		
B		
C		
D		
E		

간단히 하여 풀기 전략을 사용하여 수학적인 원리를 찾아보시오.

17. 다음 그림은 단순폐곡선이다.

1) 점 a, b, c가 내부에 있는지 외부에 있는지 확인하시오. 여러분의 추론이 다른 단순폐곡선에도 적용되는지 설명하시오.

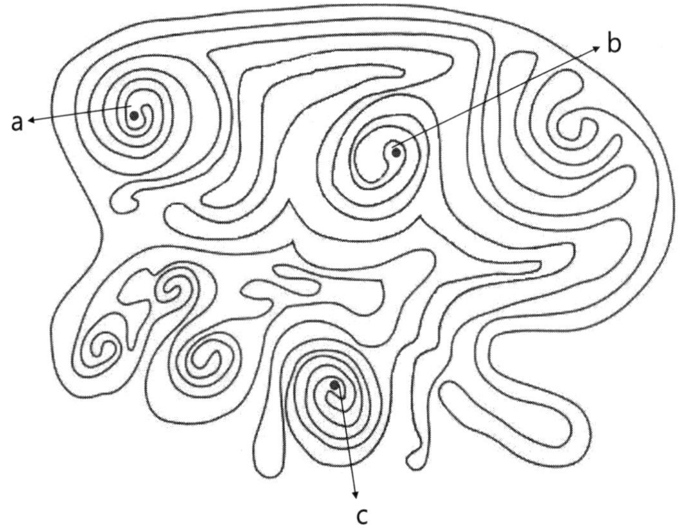

2) 같은 쪽에 있는 점을 찾아보시오.

Jordan의 곡선 정리
단순폐곡선은 곡선 위의 점, 곡선 내부의 점, 곡선 외부의 점으로 나누어진다. 이것은 A를 곡선 내부의 점, B를 곡선 외부의 점이라고 하면 선분 AB는 곡선과 만난다는 것을 의미합니다.

18. 다음 도형을 보고 물음에 답하시오.

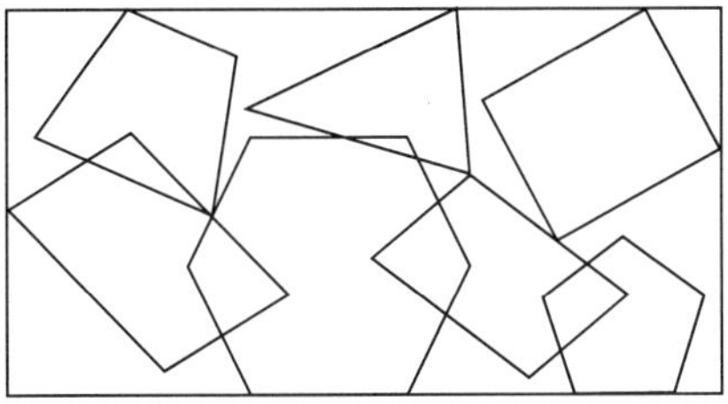

1) 이웃하는 도형은 서로 다른 색으로 색칠해야 한다면 최소 몇 가지 색이 필요한가?

2) 다음과 같은 모양을 찾아 색칠하시오.

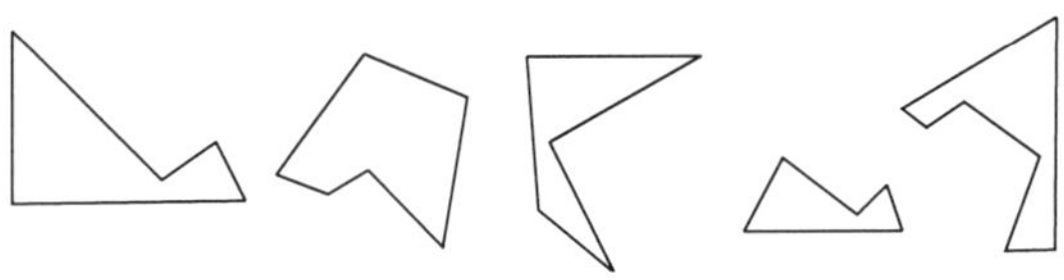

19. 입체도형에서 면, 모서리, 꼭짓점 수의 관계를 알아보시오.

1)

다면체	면의 수	꼭짓점의 수	모서리의 수
사각기둥			
오각기둥			
육각기둥			
팔각기둥			

관계식:

2)

다면체	면의 수	꼭짓점의 수	모서리의 수
삼각뿔			
사각뿔			
오각뿔			
육각뿔			

관계식:

3) 오일러 공식을 만족하는가?

네 색 문제(4-color problem),
네 색 정리(4-color theorem)
여러 영역으로 나누어져 있는 평면을 색칠할 때, 이웃한 영역은 서로 다른 색으로 칠한다는 조건에서 4가지 색이면 충분하다.

네 색 문제를 통해 위상수학과 그래프 이론이 한층 더 발전하였습니다.

네 색 문제(4-color problem)

오일러 정리

한붓그리기에 관한 정리, 다면체에서 면, 꼭짓점, 모서리의 수에 대한 정리 등 오일러 정리는 위상수학의 발단이 되어 그 의미가 매우 큽니다.

20. 다음은 정오각형을 이용하여 그린 별 모양이다, 표시된 각의 합을 구하시오.

Dienes의 수학적 다양성의 원리
올바른 개념 형성을 위하여 결정적인 속성을 제외한 나머지 속성을 다양하게 변화시켜 자료를 제공해야 한다.

21. 학생들에게 각기둥을 가르치려고 한다. Dienes의 수학적 다양성의 원리에 의하여 학생들에게 제시할 각기둥을 그려보시오.

22. 경규는 다음 입체도형을 보고 사각기둥이라고 하였으나 봉선이는 아니라고 하였다.

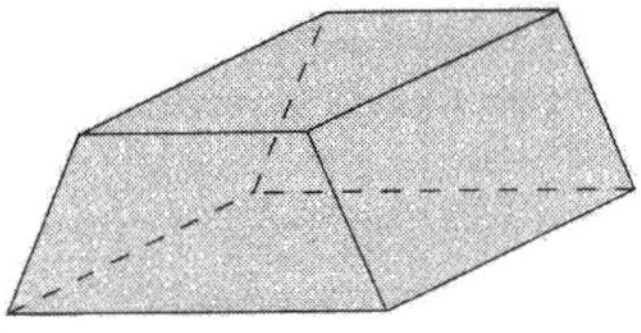

1) 누구의 말이 옳은지 판단하고, 그 이유는 무엇인가?

2) 사각기둥에 대하여 경규/봉선에게 형성된 개념에 대하여 말하시오.

23. 다음은 똑같은 크기의 정육면체를 쌓아 놓고, 위, 앞, 옆에서 본 모습을 그린 것이다. 쌓아 놓은 정육면체는 모두 몇 개인가?

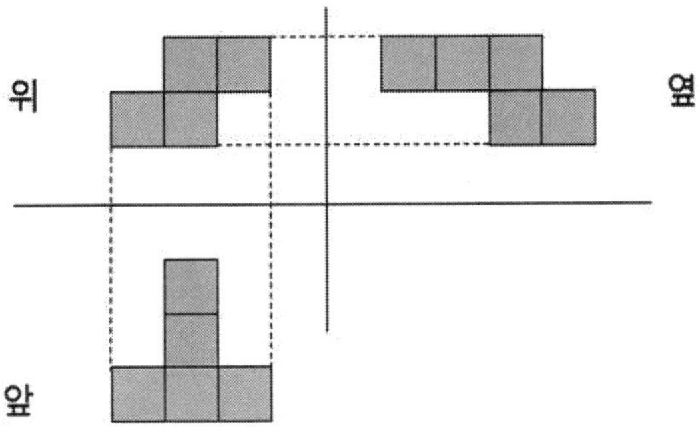

24. 수홍이는 사다리꼴을 대각선과 관련지어 분류하였다. 수홍이가 분류한 기준을 쓰고, 그에 따라 도형의 포함관계를 나타내시오.

25. 다음은 평면도형 4개를 겹쳐놓은 모양의 둘레를 그린 것이다. 어떤 도형을 겹쳐놓았는지 그려보시오.

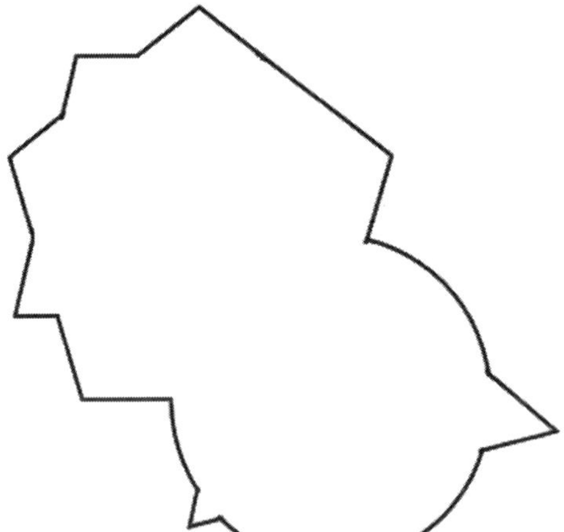

26. 현무는 다음 입체도형을 보고 밑면이 원이고 옆면이 곡면으로 이루어진 원기둥이라고 하였다.

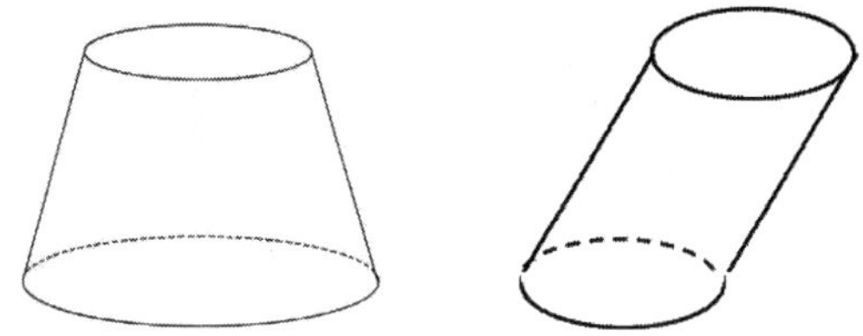

가　　　　　　　　나

1) 현무의 생각은 타당한가/그렇지 않은가?

2) 가와 나의 이름을 말하시오.

27. 합동인 도형끼리 같은 색을 칠하시오.

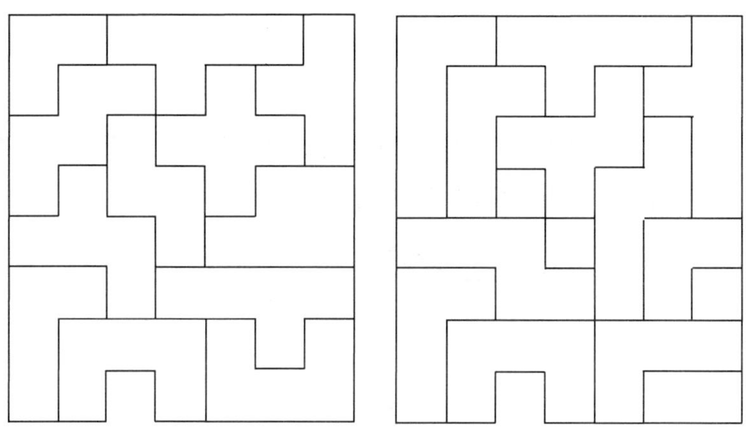

28. 직선 a와 b에 대하여 선대칭 도형이 되는 도형을 그리시오.

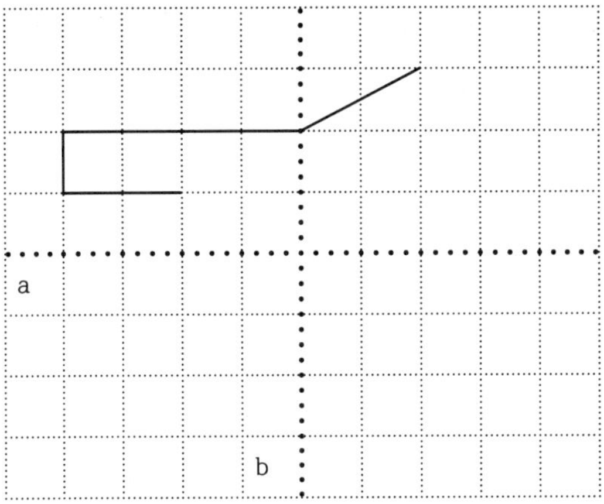

29. 다음은 대칭축이 2개인 선대칭도형의 일부이다. 나머지 부분을 완성하시오.

30. 선대칭이 되도록 나머지 그림을 완성하시오.

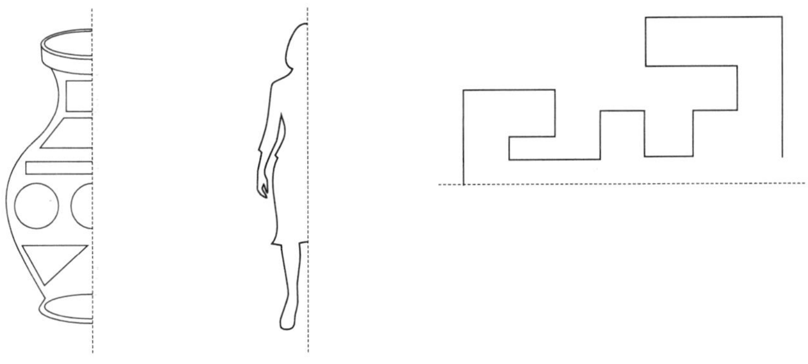

31. 왼쪽의 정사각형 색종이를 점선에 따라 접은 다음, 오른쪽 그림과 같이 잘랐다. 오른쪽 그림을 펼치면 어떤 모양이 되는지 그리시오.

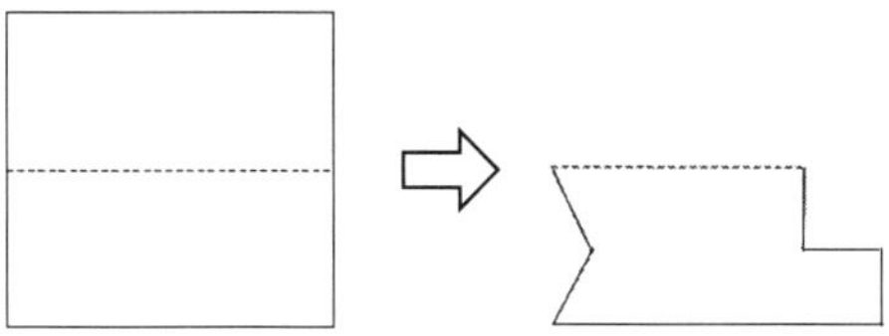

32. 왼쪽 그림은 정사각형을 점선에 따라 2번 접은 것이다. 접은 종이를 펼쳤을 때 오른쪽 그림과 같은 모양이 되도록 하려면 왼쪽 정사각형을 어떻게 잘라야 하는지 그려보시오.

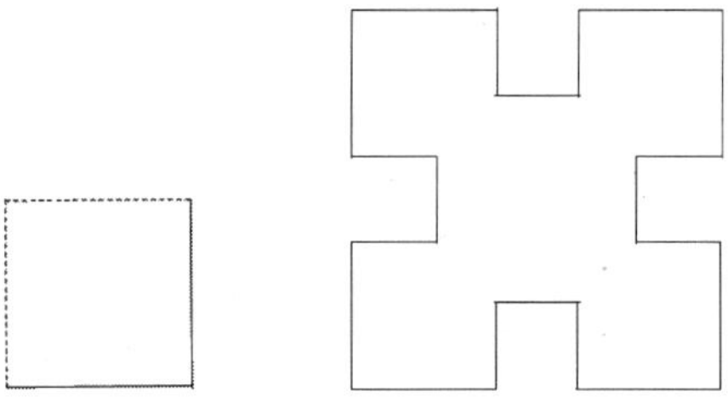

33. 다음 그림과 같이 종이를 접은 뒤 구멍을 뚫어서 펼쳤을 때 구멍의 위치를 그리시오.

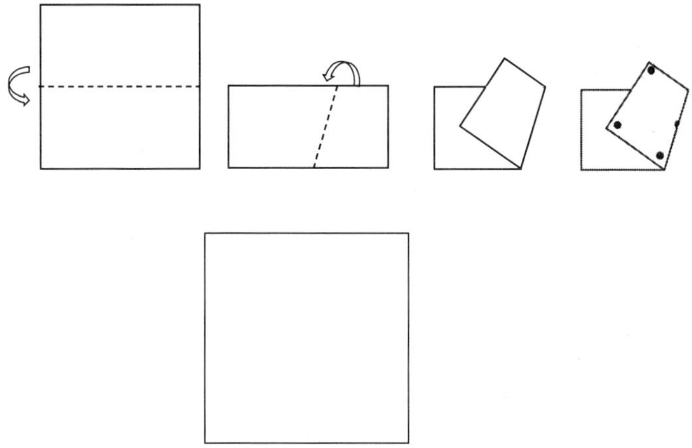

34. 정육면체 전개도를 모두 그리시오.

정육면체 전개도는 모두 11가지입니다.

35. 다음은 주사위의 전개도이다. 주사위의 면에 적절한 숫자를 쓰시오.

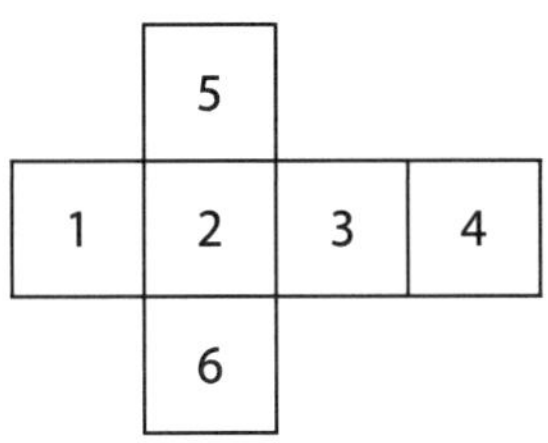

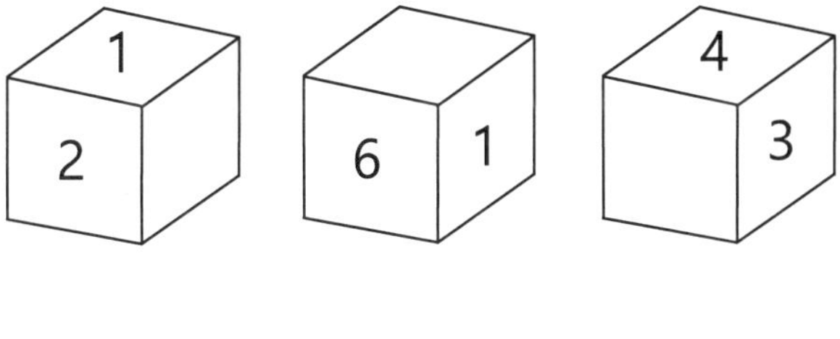

정육면체 전개도와 트리(tree)

36. 직사각형 종이를 둥글게 말면 직원기둥을 만들 수 있다. 빗원기둥을 만들려면 어떤 모양의 종이를 둥글게 말아야 하는가?

37. 정육면체의 6면에 빨간색 페인트를 칠한 다음, 가로, 세로, 높이를 각각 n등분하여 잘랐다. 표를 완성하시오.

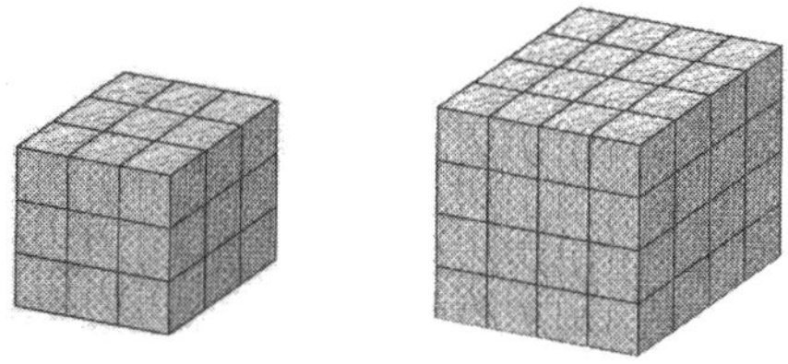

색칠된 면	3등분(개)	4등분(개)	5등분(개)	n등분(개)
1면만 색칠된 것				
2면만 색칠된 것				
3면만 색칠된 것				
4면만 색칠된 것				
전혀 색칠되지 않은 것				

38. 왼쪽과 같은 정육면체의 전개도를 접었을 때 정육면체에 무늬를 그려 넣으시오.

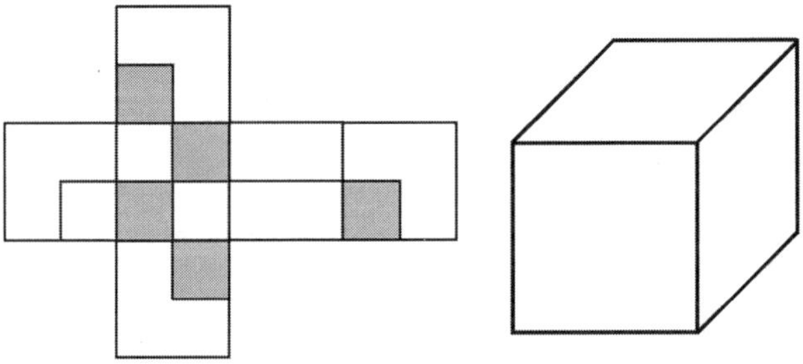

39. 칠교판을 모두 사용하여 직각 이등변삼각형, 평행사변형, 직사각형, 정사각형, 등변사다리꼴, 부등변 사다리꼴, 선대칭 오각형, 육각형을 만들어보시오.

직각 이등변삼각형

평행사변형

직사각형

정사각형

등변사다리꼴

부등변사다리꼴

선대칭 오각형

육각형

제9장

측정

Ⅰ. 이론적 배경

수천 년 전, 인류의 경제생활의 시작은 물물교환이었을 것이고, 물물교환을 하기 위해서는 대상을 측정해야 했을 것이다. 측정하기 위해서는 도구가 필요했는데 일상적인 물건이나 신체가 측정 도구가 되었다. 무게를 측정하기 위해 돌을 사용하였고, 길이를 측정하기 위해 손, 발 등을 사용하였다.

측정과 측정에 대한 수학적 개념은 사물이나 현상의 다양한 특성을 설명하거나 비교하는 과정에서 발달되었다. 예를 들어, 과거에는 키나 몸무게로 사람의 특성을 설명하였지만 지능, 감정 등에 대해서도 설명하거나 비교할 필요성을 느꼈으며, 이를 해결하기 위하여 새로운 수학적 개념과 측정방법이 발달되었다.

초등학교 수준에서 양(量)이란 사물의 크기 즉, 일정 단위로 세거나 잴 수 있는 구체적이거나 추상적인 대상이다. 초등학교에서는 사물의 크기라는 관점에서 접근하고, 비교하는 활동을 통하여 측정 방법과 결과를 탐구하는 활동으로 학습이 이루어진다.

측정 영역은 양감을 배양하는 데 역점을 두고 지도해야 하며, 그렇게 하기 위해서는 실제로, 그리고 자주 측정해 보아야 한다.

단위란 무엇인가?

■ 양의 분류

- 양
  - 이산량 (센다 How many~?)
  - 연속량 (잰다 How much~?)
    - 외연량
    - 내포량
      - 율(率)
      - 도(度)

이산량: 더 이상 분할할 수 없는 양 예 사람의 수, 연필의 수 등

연속량: 계속하여 분할할 수 있는 양 예 넓이, 부피, 무게, 속력, 농도 등

외연량: 사물의 외형적 크기를 나타내는 양 예 무게, 넓이, 부피 등

내포량: 사물의 속성의 크기를 나타내는 양 예 속력, 농도 등

율: 같은 종류의 양 비교 예 농도, 이율, 함유율 등

도: 서로 다른 종류의 양 비교 예 밀도, 속력 등

■ 양의 비교

직접 비교: 대상을 겹치거나 견주어 양을 비교하는 방법

간접 비교: 직접 비교가 불가능하거나 얼마나 더 크거나 작은지를 알아보기 위하여 같은 속성을 지닌 매개물을 이용하여 비교하는 방법으로 임의 단위와 표준 단위가 사용된다.

단위 착각에 의한 대형 사고

■ 임의 단위와 표준 단위

임의 단위를 사용하여 측정하는 과정에서 양의 독립성을 체득하게 되지만 의사소통에 어려움이 있으므로 표준 단위를 사용하게 된다.

인공위성이 폭발한 이유

■ 단위의 조건

측정하고자 하는 대상을 겹치지 않고 빈틈없이 덮을 수 있어야 단위가 될 수 있다. 정삼각형으로 평면을 완전히 덮을 수 있으므로 정삼각형은 넓이의 단위가 될 수 있지만 원은 그렇지 못하므로 넓이의 단위가 될 수 없다. 또, 아무리 작은 구슬이라도 그릇의 내부를 완전히 채울 수 없으므로 들이의 단위가 될 수 없다.

■ 측정 절차

측정하고자 하는 양 확인 ⇨ 측정 단위 선택 ⇨ 측정 ⇨ 결과 표현

1. 길이

1) **표현:** 길다(짧다), 높다(낮다), 두껍다(얇다), 깊다(얕다), 멀다(가깝다), (폭이) 넓다(좁다), (키가) 크다(작다) 등이 길이를 나타내는 표현이며, 다른 양에 비하여 어휘가 다양하다.

2) **직접 비교:** 맞대어 비교한다.

양자 비교

3개 이상을 비교할 때에는 추이율이 적용 됩니다.

추이율: A 〉 B, B 〉 C → A 〉 C

삼자 비교

3) **간접 비교:** 속성이 같은 매개물을 이용하여 비교

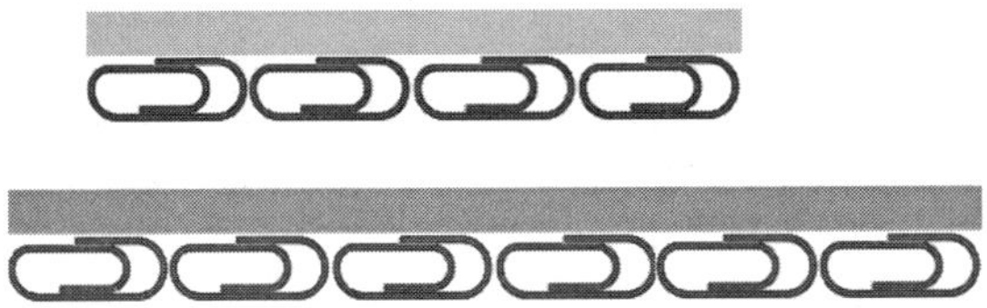

클립 2개 길이만큼 더 길다.

4) **표준 단위:** mm, cm, m, km 등

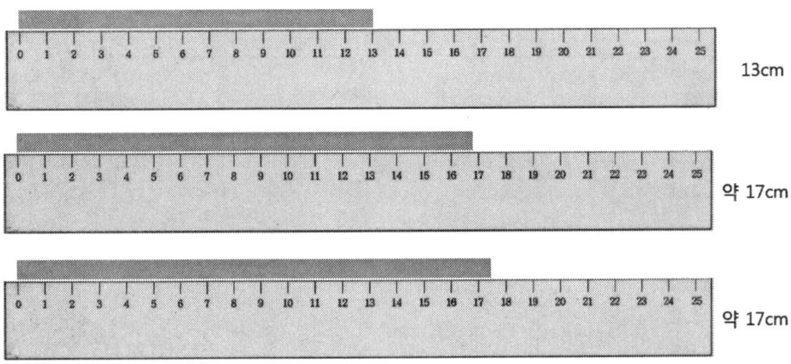

국제표준단위 1m는 지구 자오선 길이의 1/4000만에서 빛이 진공에서 1/299792458초 동안 간 거리로 바뀌었습니다.

5) **원둘레**

원둘레는 지름의 길이에 따라 결정되므로 컵, 동전, 캔, 병 등의 지름과 원둘레를 직접 측정하여 원둘레와 지름 사이의 관계를 귀납적으로 추론한다. 많은 사례를 통하여 원둘레는 지름의 약 3배 정도가 된다는 것을 알 수 있다.

$$\text{원주율} = \frac{\text{원둘레}}{\text{지 름}}$$

원주율

원주율 구하기(EBS동영상)

확률로 원주율 구하기

2. 무게

1) **표현:** 무겁다(가볍다)

2) **직접 비교:** 손에 들어서 비교, 양팔저울로 비교

무게 단위

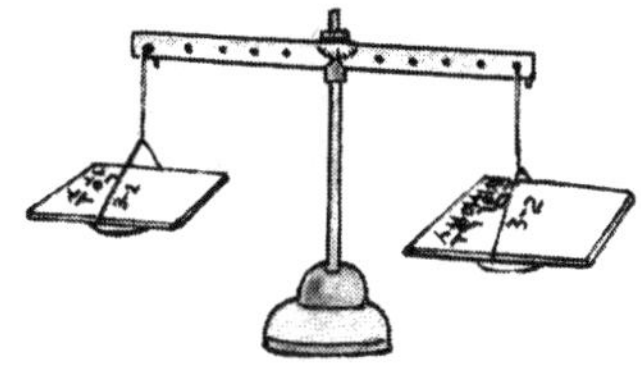

3) **간접 비교**

우리나라 전통의 무게 단위

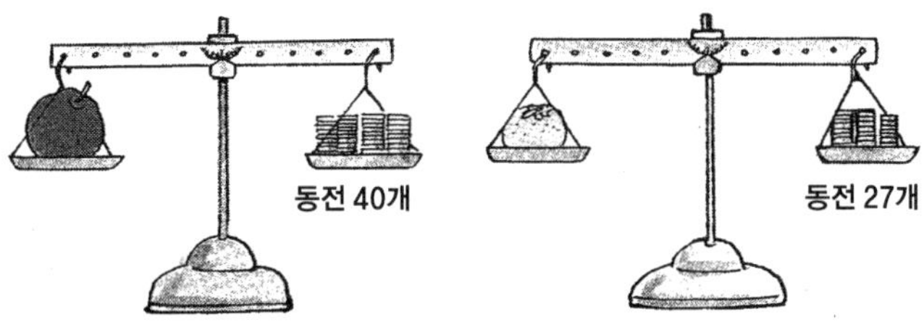

사과는 동전 40개의 무게와 같다. 귤은 동전 27개의 무게와 같다. 따라서 사과는 귤보다 동전 13개의 무게만큼 더 무겁다.

4) **표준 단위:** mg, g, kg, t, 등

물 1L의 무게를 1kg으로 정했으며, 물 1L는 가로, 세로, 높이가 각각 10cm인 정육면체의 부피와 같은 물의 양으로 하였다. 따라서 물 1L=1000cm^3=1Kg이다.

$$\text{물 } 1L=1000cm^3=1Kg$$

3. 들이

국제단위계

1) **표현:** 많다(적다)

2) **액체의 양, 작은 알갱이나 곡식 등의 양, 그릇 내부 공간의 크기**

3) **직접 비교**

주전자의 물을 대야에 부었더니 가득 차지 않았다. 따라서 대야가 더 크다.

국제단위계(SI) 기본단위 다시 정의

4) **간접 비교**

물통은 6컵이고, 주전자는 9컵이므로 주전자가 물통보다 3컵 더 많다.

5) **표준 단위:** cc, mL, L, kL 등

국제표준단위 1L
가로, 세로, 높이가 각각 10cm인 정육면체의 부피와 같은 물의 양

4. 넓이

1) **표현:** 넓다(좁다), 크다(작다)

2) **직접 비교**

얼마나 더 넓은지는 알 수 없습니다.

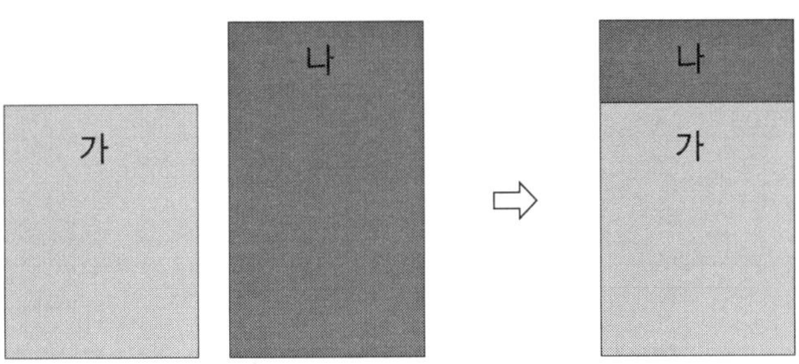

나가 가보다 더 넓다.

3) 간접 비교

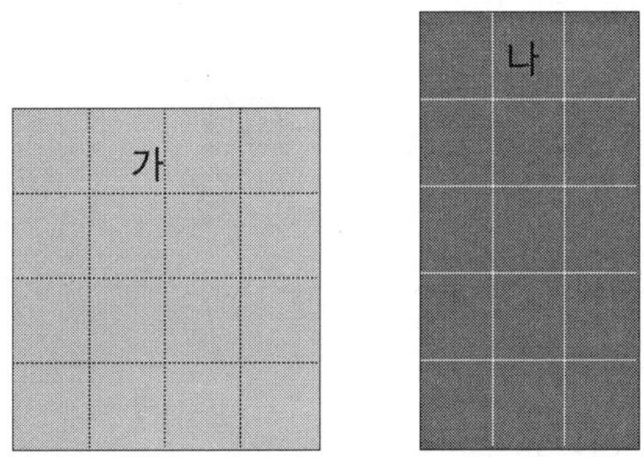

가는 정사각형 16개의 넓이이고, 나는 정사각형 15개의 넓이이므로 가가 정사각형 1개만큼 더 넓다.

4) 표준단위: cm^2, m^2, km^2, a, ha 등

a, ha는 일상생활에서 사용하는 경우가 드물어서 교육과정에서 삭제되었습니다.

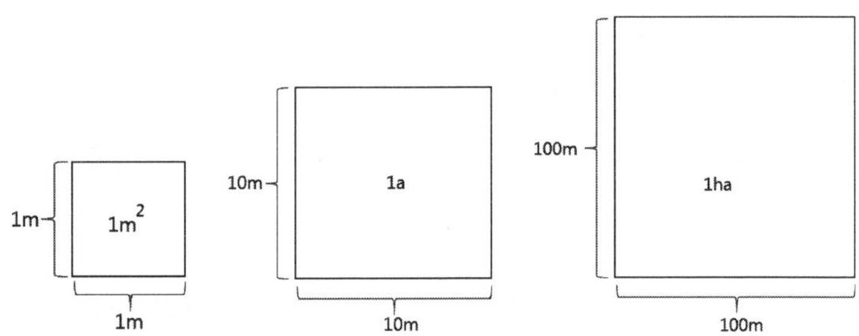

5) 직사각형의 넓이 구하기

교과서에 제시된 평면도형의 넓이에 대한 학습 순서는 직사각형(정사각형) ⇨ 평행사변형 ⇨ 삼각형 ⇨ 사다리꼴 ⇨ 마름모이지만 일정한 것은 아니다.

평면도형의 넓이를 구한다는 것은 넓이가 $1cm^2$인 정사각형이 몇 개 있는가를 구하는 것이다.

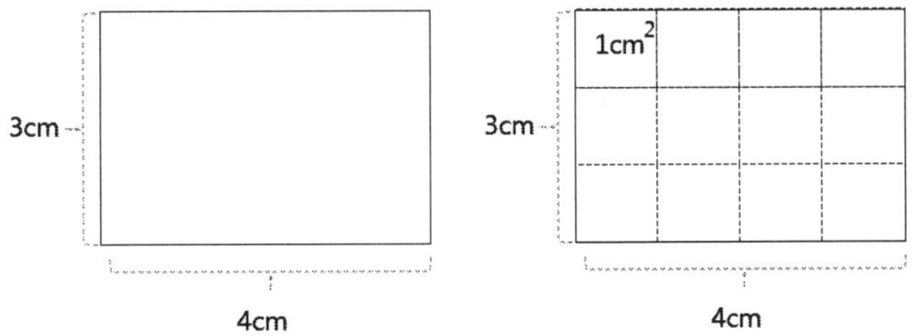

$1cm^2$인 정사각형이 가로 4개씩 세로 3줄이 있으므로 모두 3×4인 12개 있다. 따라서 넓이는 $12cm^2$이다.

직사각형의 넓이=(가로의 길이) x(세로의 길이)

6) 평행사변형

평행사변형의 넓이도 단위넓이인 $1cm^2$인 정사각형이 몇 개있는지를 구하는 것이므로 정사각형의 개수를 세기에 편리하도록 평행사변형을 직사각형으로 변형한다. 이를 등적(等積)변형이라고 한다.

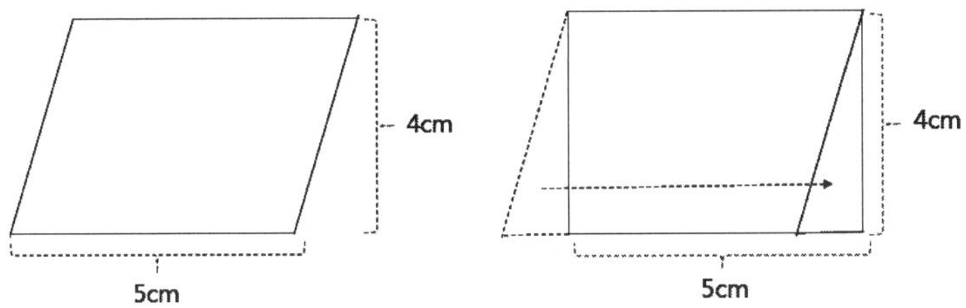

평행사변형의 넓이=직사각형의 넓이

(밑변) x (높이) = (가로) x (세로)

삼각형 넓이를 먼저 학습하였다면 평행사변형을 삼각형으로 분해하여 구할 수도 있다.

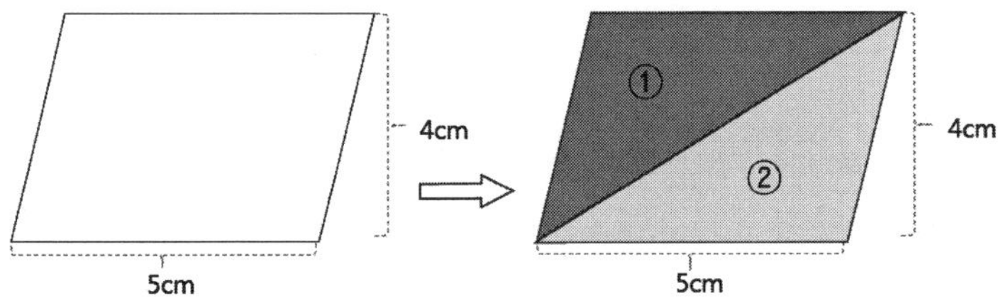

평행사변형을 삼각형 2개로 분해하여 삼각형 넓이를 각각 구하여 합하면 평행사변형의 넓이를 구할 수 있다.

7) 삼각형

삼각형의 넓이도 단위넓이인 $1cm^2$인 정사각형이 몇 개 있는지를 구하는 것이므로 삼각형을 직사각형으로 등적변형하거나 평행사변형의 넓이를 학습하였으므로 삼각형을 평행사변형으로 배적(倍積)변형하여 넓이를 구한다.

① 등적변형하여 구하는 방법

삼각형을 직사각형으로 등적변형하면 단위넓인 정사각형의 개수를 세는 데 편리하다.

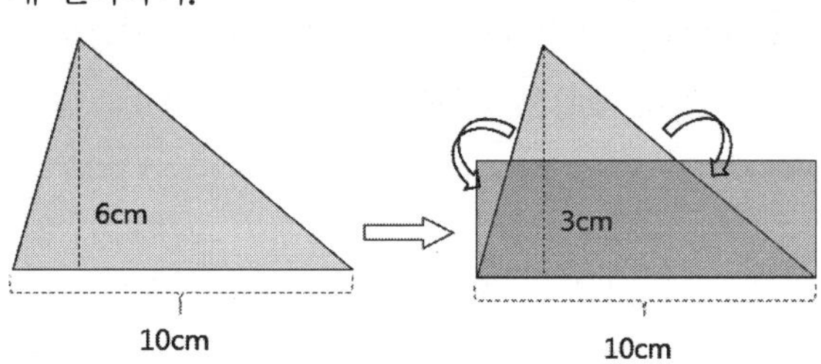

밑변이 10cm이고 높이가 6cm인 삼각형을 가로가 10cm이고 세로가 3cm인 직사각형으로 등적변형하였다. 따라서

삼각형의 넓이=직사각형의 넓이
=(가로의 길이)×(세로의 길이)
=밑변 × 높이÷2

옮겨 붙인 두 삼각형이 합동임을 증명해보자.

② 배적변형하여 구하는 방법

합동인 삼각형을 만들어서 원래 삼각형과 이어붙이면 평행사변형이 되는 성질을 이용한다.

평행사변형의 넓이는 삼각형 넓이의 2배가 되므로 평행사변형의 넓이를 구하여 2로 나누면 삼각형의 넓이가 된다.

배적 변형은 넓이가 2배인 도형으로 변형시키는 것을 말합니다. 합동인 삼각형 2개를 이어붙이면 평행사변형이 되는데 평행사변형의 넓이는 삼각형 넓이의 2배입니다.

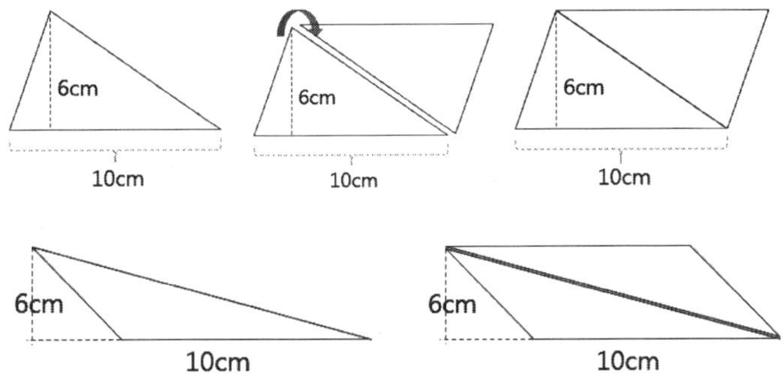

삼각형의 넓이=평행사변형의 넓이÷2
=밑변×높이÷2

8) 사다리꼴

사다리꼴의 넓이는 직사각형이나 평행사변형으로 등적변형하거나 평행사변형으로 배적변형하거나 분해하여 넓이를 구한다.

(1) 등적변형

① 높이의 $\frac{1}{2}$되는 곳을 아랫변과 평행하게 자른 다음, 돌려 이어붙이면 밑변의 길이는 (아랫변+윗변)이 되고, 높이는 원래 높이의 $\frac{1}{2}$인 평행사변형이 된다.

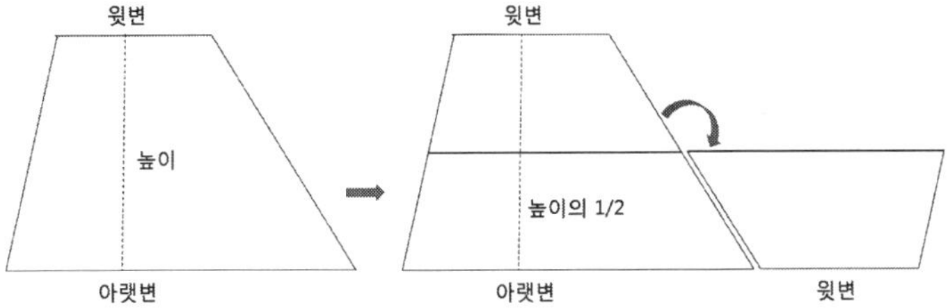

사다리꼴의 넓이=(아랫변+윗변)×높이×$\frac{1}{2}$

② 윗변과 아랫변 길이의 평균을 가로의 길이로 하는 직사각형을 만든다.

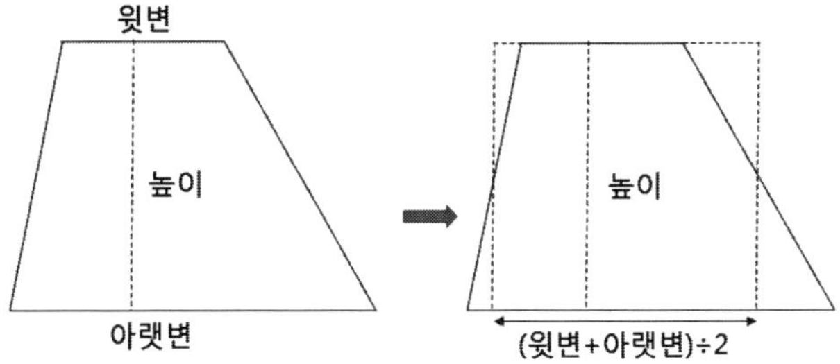

사다리꼴 넓이=(윗변+아랫변)÷2×높이

(2) 배적변형

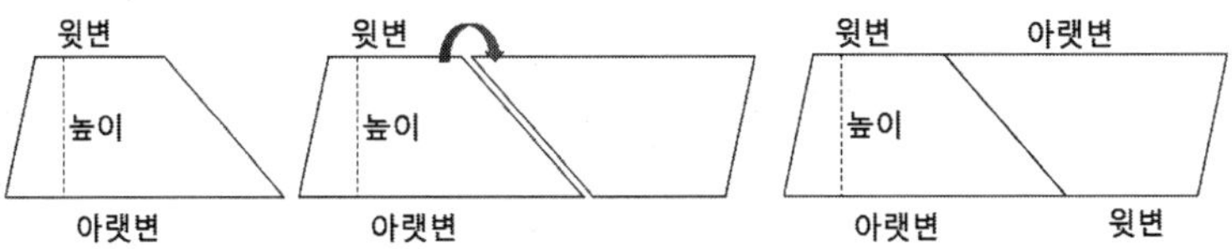

사다리꼴의 넓이=평행사변형의 넓이÷2
=(아랫변+윗변)×높이 ÷2

(3) 분해하는 방법

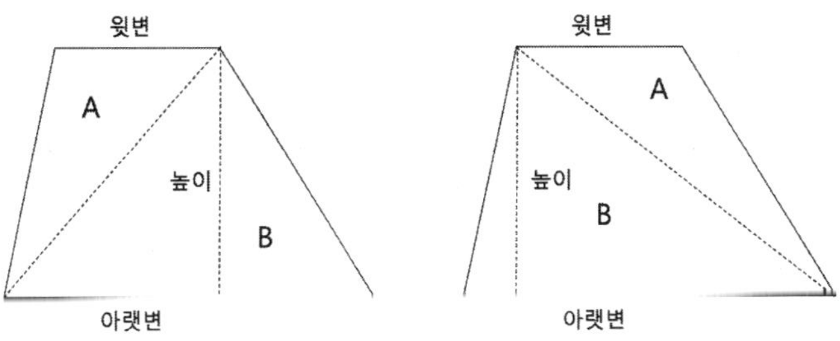

사다리꼴 넓이=(윗변의 길이)×높이÷2+(아랫변의 길이)×높이÷2

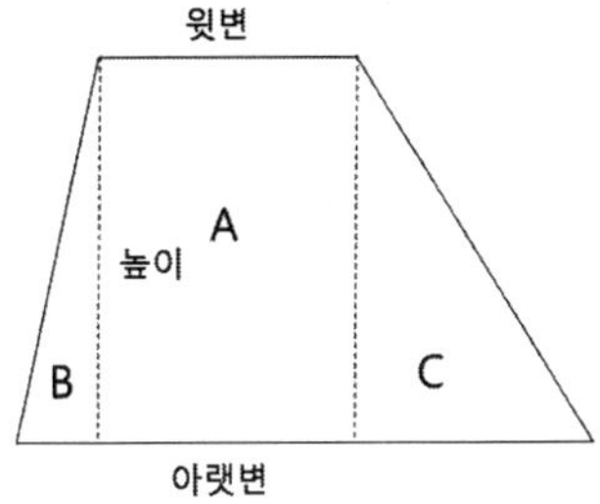

사다리꼴 넓이=(윗변의 길이)×높이+(아랫변-윗변)×높이÷2

9) 마름모

마름모의 넓이는 정사각형으로 배적변형하거나 삼각형으로 분해하여 넓이를 구한다.

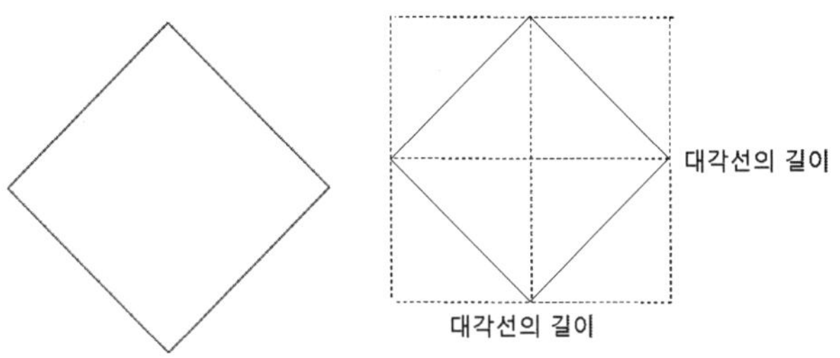

마름모의 넓이는 마름모 대각선의 길이를 한 변으로 하는 정사각형 넓이의 $\frac{1}{2}$이다. 또, 마름모를 대각선에 따라 자르면 합동인 삼각형이 2개가 되고, 삼각형의 밑변은 대각선의 길이와 같고, 높이는 대각선 길이의 $\frac{1}{2}$이므로 마름모의 넓이는 다음과 같다.

마름모의 넓이= 삼각형 넓이×2

= (대각선의 길이×대각선의 길이× $\frac{1}{2}$ × $\frac{1}{2}$)×2

= 대각선의 길이×대각선의 길이× $\frac{1}{2}$

10) 원 넓이

초등학교 수준에서는 어림과 귀납적 추론을 바탕으로 원 넓이를 구하고, 연역적으로 확인하는 방법으로 지도한다.

3월 14일은 π(파이)데이

(1) 모눈종이를 이용하여 원 넓이 구하기

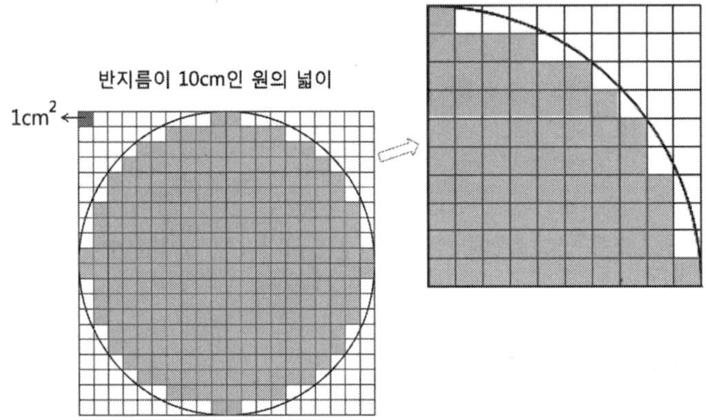

$\frac{1}{4}$원의 넓이를 구하면,

완전 / 거의 완전한 정사각형은

1+4+6+7+8+8+9+9+9+10 = 71개 → 넓이 71cm^2

$\frac{1}{2}$ 이상인 정사각형은 8개 → 넓이 약 6cm^2

$\frac{1}{2}$ 미만인 정사각형은 6개 → 넓이 약 2cm^2

$\frac{1}{4}$원 넓이는 약 79cm^{2}이므로 원의 넓이는 약 316cm^{2}이다. 이것은 반지름을 한 변으로 하는 정사각형 넓이 100cm^{2}의 약 3배 정도 된다.

원 넓이=반지름×반지름×3(원주율)

(2) 원에 외접하는 다각형을 이용하여 원 넓이 구하기

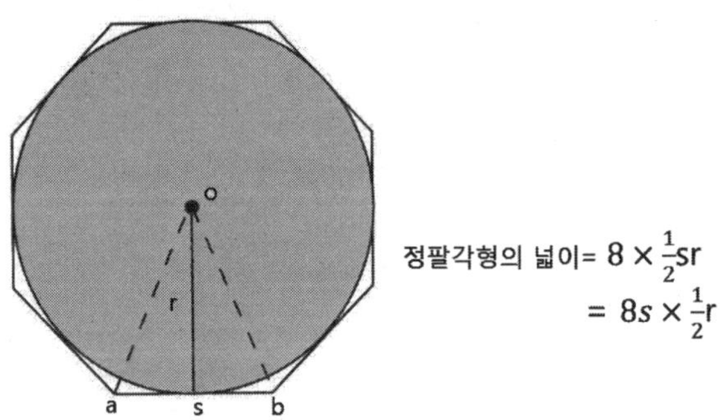

반지름이 r인 원을 외접하는 정팔각형의 넓이: $8\times\frac{1}{2}sr$

정팔각형의 둘레: 8s

정팔각형 대신에 정12각형, 정24각형 등으로 변의 수를 무한히 늘이면 정다각형의 둘레는 원 둘레와 같게 되고, 정다각형의 넓이는 원의 넓이와 같아진다.

$$
\begin{aligned}
\text{원 넓이} &= \text{정다각형의 넓이} \\
&= \text{정다각형의 둘레} \times \frac{1}{2}r \\
&= \text{원 둘레} \times \frac{1}{2}r \\
&= 2\pi r \times \frac{1}{2}r \\
&= r^2\pi
\end{aligned}
$$

(3) 원을 잘라서 원 넓이 구하기

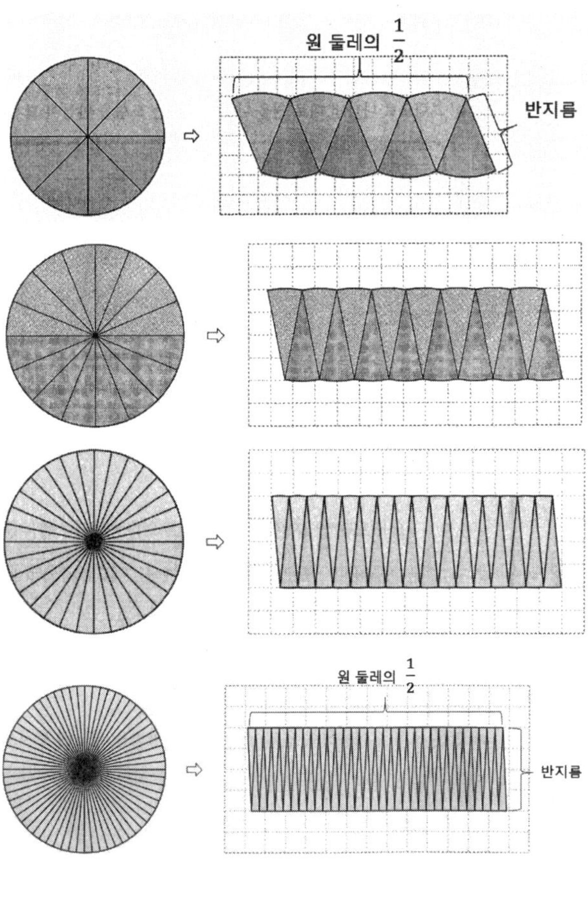

원 넓이 = 평행사변형의 넓이

$= 밑변 \times 높이$

$= 원\ 둘레의\ \frac{1}{2} \times 반지름$

$= 반지름 \times 2 \times 원주율 \times \frac{1}{2} \times 반지름$

$= 반지름 \times 반지름 \times 원주율$

11) 각기둥의 겉넓이

① 겉넓이: 입체도형을 둘러싸고 있는 모든 면의 넓이

② 각기둥의 겉넓이 = 밑넓이×2+옆넓이

③ 전개도를 이용하여 겉넓이를 구한다.

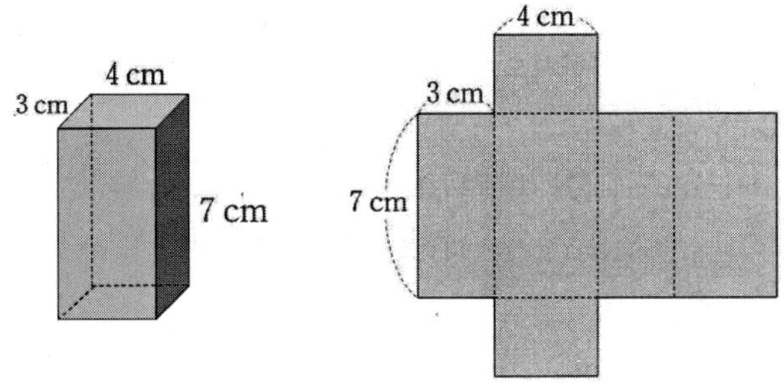

밑넓이 = $3 \times 4 = 12\text{cm}^2$

옆넓이 = $(3+4+3+4) \times 7 = 98\text{cm}^2$

겉넓이 = $12 \times 2 + 98 = 122\text{cm}^2$

12) 원기둥의 겉넓이

① 원기둥의 겉넓이=밑넓이×2+옆넓이

② 옆면의 가로의 길이는 원 둘레와 같다.

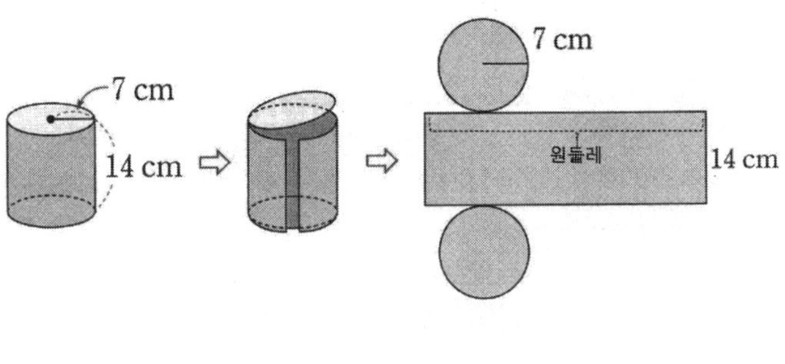

밑면의 넓이 = $7\times7\times3$(원주율)$=147cm^2$

옆면의 넓이 = 14×3(원주율)$\times14=588cm^2$

겉넓이 = $147\times2+588=882cm^2$

5. 부피

1) 표현: 크다(작다)

2) 물체가 공간에서 차지하는 크기

3) 직접 비교

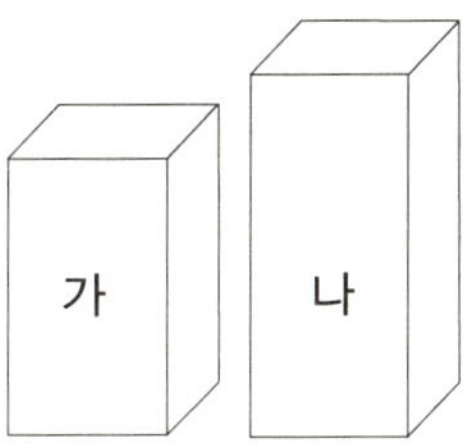

나가 더 크다

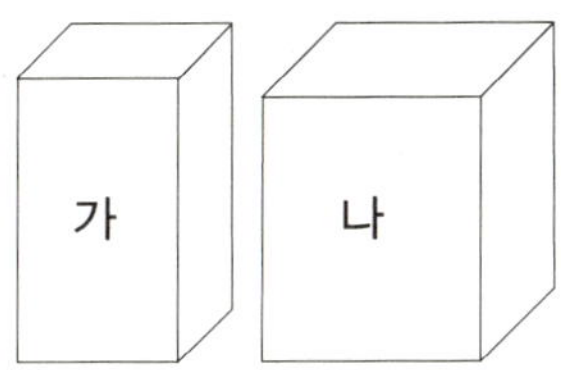

나가 더 크다

4) 간접 비교

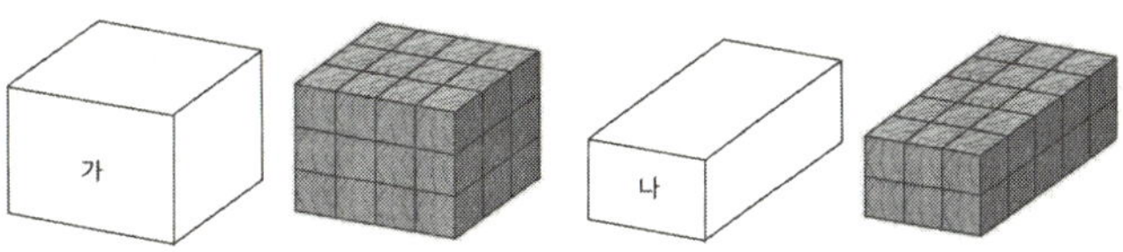

가는 정육면체 36개의 크기와 같고, 나는 정육면체 30의 크기와 같으므로 가가 정육면체 6개만큼 크다.

5) 표준 단위: cm^3, m^3 등

6) 각기둥의 부피 구하기

부피를 구하는 것은 단위 부피인 $1cm^3$인 정육면체를 측정하고자 하는 각기둥의 모양과 크기가 같게 쌓아놓고 그 개수를 세는 것이다. 정육면체의 개수를 효과적으로 세는 방법은 밑바닥에 깔려 있는 정육면체의 개수와 몇 층으로 쌓였는지를 아는 것이다.

초등학교에서는 직육면체의 부피를 구하는 학습을 하고, 나머지 입체도형(각기둥, 각뿔, 원기둥, 원뿔 등)의 부피는 중학교에서 학습합니다.

각기둥의 부피 = 밑바닥에 몇 개 × 몇 층

= 밑넓이×높이

7) 원기둥의 부피

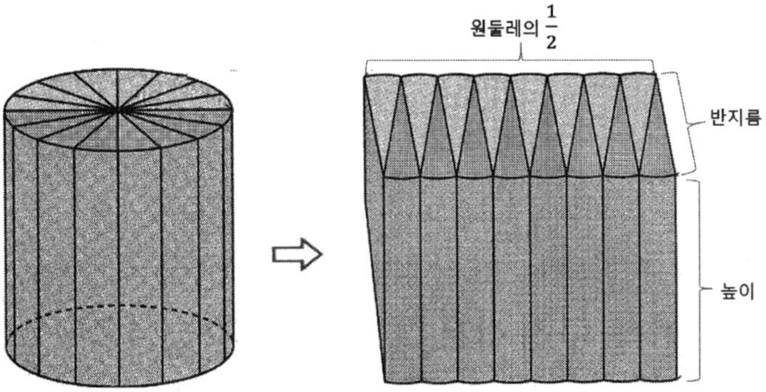

원기둥의 부피 = 밑넓이×높이

= 원둘레의 $\frac{1}{2}$×반지름×높이

= 반지름×2×원주율×$\frac{1}{2}$×반지름×높이

= 반지름×반지름×원주율×높이

Ⅱ. 교과 내용과 교수법

1. 1~2학년군

2수03-01 구체물의 길이, 들이, 무게, 넓이를 비교하여 각각 '길다, 짧다', '많다, 적다', '무겁다, 가볍다', '넓다, 좁다' 등을 구별하여 말할 수 있다.

1) 직접 비교하기

(1) 길이

길이를 나타내는 말은 길다, 짧다뿐만 아니라 높다, 낮다, 두껍다, 얇다 등 매우 다양하므로 생활 장면의 예를 충분히 제시하여 표현이 다를 뿐 모두 길이를 의미한다는 것을 깨닫게 한다.

삼자 비교에서는 양의 추이율이 적용됩니다.

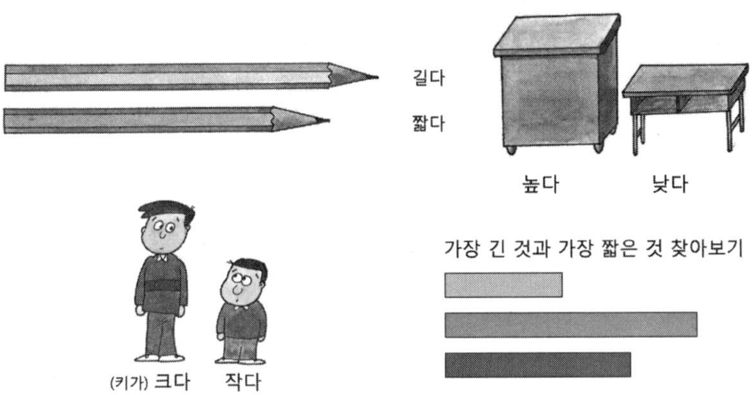

3~4학년군에서 학습이 이어집니다.

(2) 들이

많다 적다 적다 많다

시각적으로 많다, 적다를 비교할 수 있다. 그릇이 같을 경우에는 물의 높이를 비교하고, 물의 높이가 같을 경우에는 그릇의 크기를 비교한다.

가장 많은 것과 가장 적은 것 찾기

3~4학년군에서 학습이 이어집니다.

(3) 무게

무게는 시각적으로 비교하기 어려우며 직접 손으로 들어보거나 양팔저울 등을 이용해야 직접 비교할 수 있다.

무겁다 가볍다

가장 무거운 것과 가장 가벼운 것 찾기

5~6학년군에서 학습이 이어집니다.

(4) 넓이

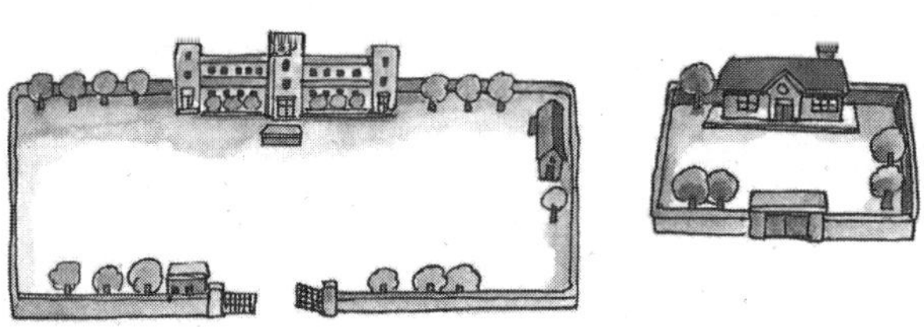

넓다 좁다

가장 넓은 것과 가장 좁은 것 찾기

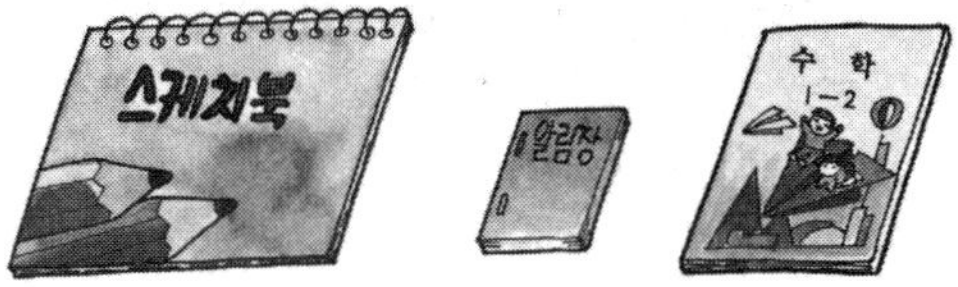

길이를 제외한 다른 양의 간접 비교는 3~4학년군에서 학습합니다.

2수03-02

시계를 보고 시각을 '몇 시 몇 분'까지 읽을 수 있다.

1~2학년의 학생들에게 시각, 시간의 개념은 어려운 개념이고, 성인들에게도 그리 쉬운 개념은 아니다.

양의 비교는 직접 비교, 간접 비교의 과정을 거쳐서 표준단위를 도입하지만 시간의 경우에는 직접 비교가 불가능하고 간접 비교도 어려우므로 어느 시점을 수로 표현하는 시계 보기를 통하여 직관적으로 지도한다.

시각과 시간은 일상생활과 매우 밀접하여 초등학교에 입학하기 전부터 익숙하게 학습되었을 것으로 짐작되어 소홀하게 다루기 쉽다.

1~2학년에서는 학생들의 일상생활을 시계와 관련지어 순간을 수로 나타낼 수 있고, 시간의 개념을 깨닫는 데 역점을 두어 지도한다.

시간의 탄생

몇 시, 몇 시 30분 읽기

시계가 나타낼 때 내가 하는 일 알아보기

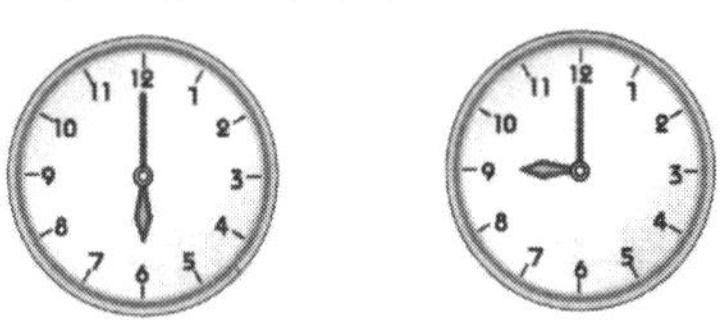

같은 9시인데 하는 일이 다르다는 것을 이용하여 오전, 오후도 함께 지도합니다.

1학년에서는 몇 시 30분까지, 2학년에서는 몇 분까지 학습합니다.

몇 시 몇 분 전을 지도할 때는 5분 전, 10분 전 등 간단한 경우만 다룹니다.

2수03-03 1시간은 60분임을 알고, 시간을 '시간', '분'으로 표현할 수 있다.

시각과 시간

시각과 시간은 분명히 다르지만 일상생활에서는 시간을 2가지 의미로 두루 사용되고 있습니다.

2학년에서는 시간의 개념을 지도하는 데 초점을 맞춘다. 매우 어려운 개념이지만 학생들의 생활과 관련지어 시간의 흐름을 느끼도록 한다.

집에서 출발한 시각과 학교에 도착한 시각을 시계에 나타내어 보게 하고, 그 사이에 어떤 일을 했는지, 학교까지 오는 데 얼마나 걸렸는지 등을 알아보게 하여 시간의 흐름을 깨닫게 한다.

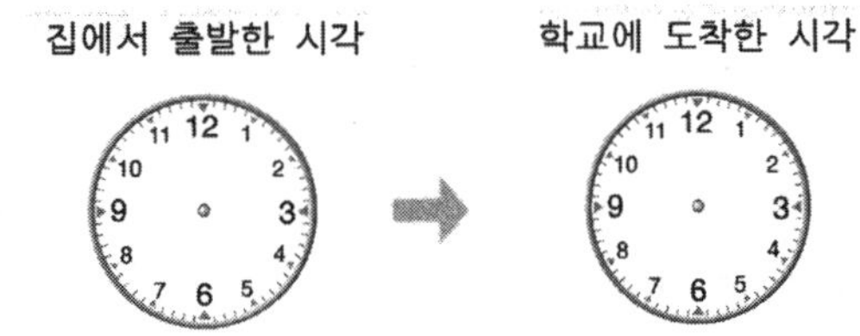

모형시계를 조작하여 1시간이 60분임을 알게 하고, 시간을 시간과 분으로 나타낼 수 있도록 지도한다.

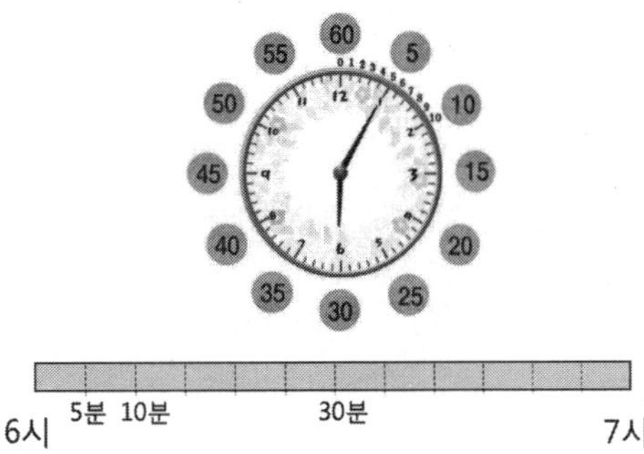

60분=1시간

시간을 띠 모양으로 나타내는 활동은 수직선을 사용하기 위한 사전 경험이고, 시간을 직선으로 시각화하는 것입니다.

80분을 1시간 20분처럼 나타내는 것을 복명수라고 하고, 1시간 20분을 80분으로 나타내는 것을 단명수라고 한다. 단명수와 복명수로 나타낼 때에는 시간과 분 사이의 관계를 이해하는 데 중점을 두고, 지나친 단위 환산은 다루지 않는다.

2수03-04 **1분, 1시간, 1일, 1주일, 1개월, 1년 사이의 관계를 이해한다.**

60분의 흐름을 학습한 후, 3시간 동안 한 일, 6시간 동안 한 일 등으로 확장하여 24시간이 1일임을 깨닫게 한다. 달력 만들기 활동을 통하여 7일=1주일, 30일=1달, 12달=1년을 지도한다.

시간 단위

달력을 이용하여 관계를 이해하도록 합니다.

2수03-05 **길이를 나타내는 표준 단위의 필요성을 인식하고, 1cm와 1m의 단위를 알며, 상황에 따라 적절한 단위를 사용하여 길이를 측정할 수 있다.**

직접 비교가 불가능한 상황을 제시하여 길이를 비교하기 위해서는 매개물이 있어야 함을 깨닫게 한다. 손 뼘, 발 등 신체의 일부가 매개물이 될 수 있고, 끈이나 막대 등도 매개물이 될 수 있는데 매개물의 속성은 길이이다.

같은 대상을 측정하였음에도 불구하고 측정 결과가 달라 의사소통에 어려움을 겪는 상황을 제시하여 표준단위가 필요함을 느끼도록 하여 1cm를 지도한다.

뜻	쓰기	읽기
1cm	1cm	일 센티미터

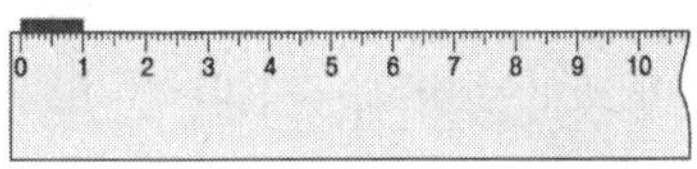

짧은 길이는 cm로 측정하지만 긴 길이를 cm로 측정하면 수가 커져서 다루기 어렵기 때문에 좀 더 큰 단위를 사용한다.

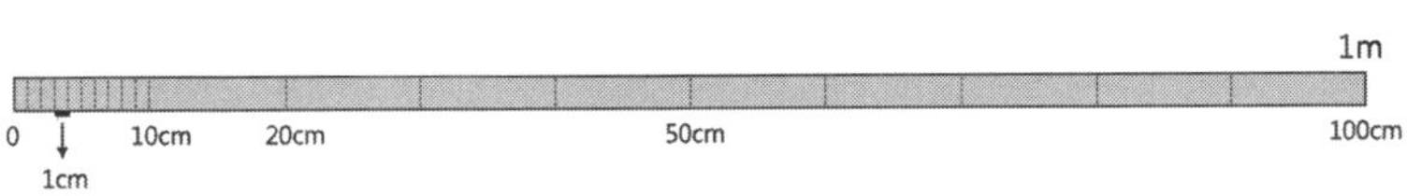

2수03-06 1m가 100cm임을 알고, 길이를 단명수와 복명수로 표현할 수 있다.

간단한 단위 환산만 다룹니다.

조작 활동을 통하여 cm와 m의 관계를 이해할 수 있도록 하며, 키, 책상 등 비교적 짧은 길이를 측정하고 그 결과를 단명수와 복명수로 나타내도록 한다.

120cm는 1m보다 20cm 더 깁니다.

쓰기 120cm를 1m 20cm라고 씁니다.

읽기 1m 20cm를 1미터 20센티미터라고 읽습니다.

120cm= 1m 20cm

단명수 복명수

2수03-07 여러 가지 물건의 길이를 어림하여 보고, 길이에 대한 양감을 기른다.

측정 영역의 지도에서는 학생들의 양감을 길러주는 것이 매우 중요하다. 단위나 단위 환산 등에 대한 지식은 풍부함에도 불구하고 연필, 책상, 운동장 등의 길이가 얼마인가를 물어보면 매우 엉뚱한 수치로 대답하는 경우가 많다. 이런 현상은 성인들에게도 종종 나타난다.

10cm, 50cm, 1m 등에 대한 양감이 있어야 하고, 자신의 키, 팔 길이 등을 알고 있어야 이를 바탕으로 길이를 어림할 수 있다.

길이에 대한 양감을 길러주기 위해서는 많이 측정해 보고 어림해 보는 활동이 필요합니다.

교사: (물건을 들어보이면서) 길이가 얼마쯤 되는지 어림해보시오.
교사: (자 없이)10cm만큼 선을 그어보시오.
교사: 주변에 있는 물건을 이어서 1m를 만들어 보시오.
교사: 운동장의 길이는 얼마쯤 될까요?

2수03-08

구체물의 길이를 재는 과정에서 자의 눈금과 일치하지 않는 길이의 측정값을 '약'으로 표현할 수 있다.

다음 그림과 같이 자로 길이를 재었을 때 눈금과 일치하지 않으면 길이를 말해야 하는지에 대하여 학생들과 토의한다.

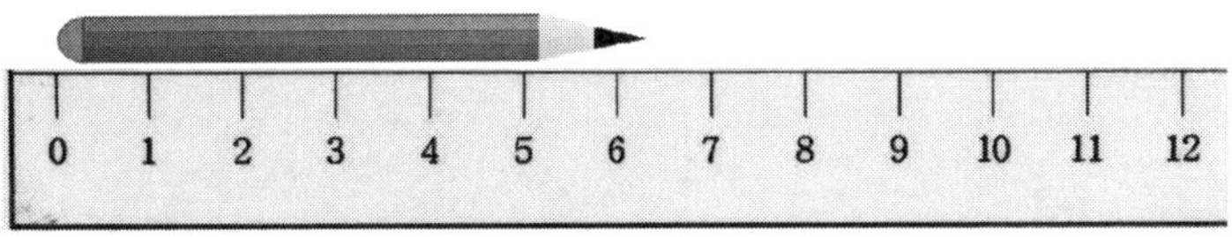

6cm와 7cm 사이에 있다.
6cm 조금 더 된다. ⇨ 약 6cm
7cm 못 된다.
가까운 눈금을 읽어서

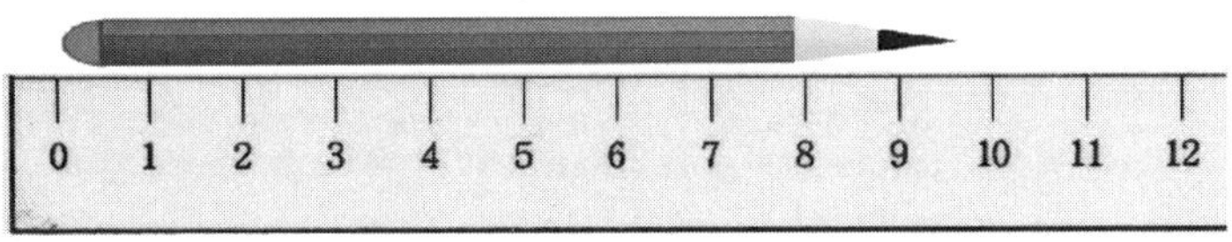

9cm와 10cm 사이에 있다.
10cm 조금 못 된다. ⇨ 약 10cm
9cm 더 된다.
가까운 눈금을 읽어서

다음 그림과 같이 mm 눈금까지 있는 자로 재면 학생들은 약 9cm라고 대답하지 않고 9cm 3mm라고 대답하여 교사의 의도대로 수업이 진행되지 않는다. 이럴 때에는 mm 눈금이 없는 자를 사용해야 한다.

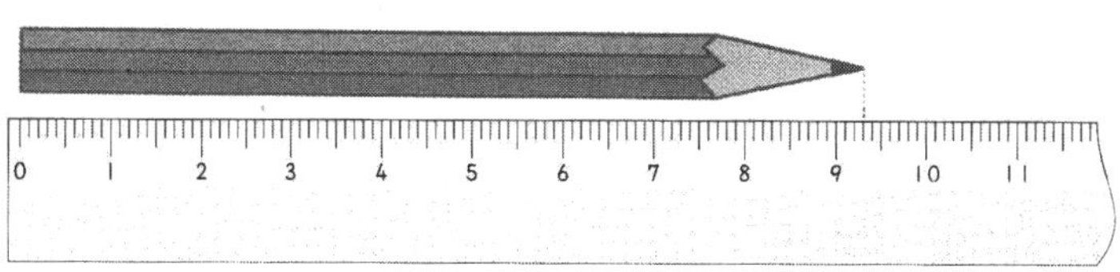

mm 눈금이 없는 자를 구하기 어렵기 때문에 교사가 미리 만들어서 수학실험실에 준비해 두어야 합니다.

2수03-09

실생활 문제 상황을 통하여 길이의 덧셈과 뺄셈을 이해한다.

길이의 덧셈과 뺄셈은 계산 원리(같은 단위끼리 계산한다)를 이해시키는 데 중점을 두고 지도한다. 복잡하거나 받아올림/받아내림이 있는 문제는 지도하지 않는다.

2. 3~4학년군

4수03-01

1분은 60초임을 알고, 초 단위까지 시각을 읽을 수 있다.

1초에 일어나는 일

1분보다 더 짧은 시간을 측정하기 위하여 새로운 단위가 필요함을 인식하게 하여 초 단위를 도입한다. 1분을 60등분한 시간을 1초라고 하고, 1초에 대한 양감을 기를 수 있도록 지도한다.

1초보다 짧은 시간은 1초를 60등분하는 것이 아니라 100, 1000,… 단위로 쪼개어 측정합니다. 100m 달리기 기록이 12초 85은 12초+85/100초입니다.

1초에 할 수 있는 일을 말해 보게 하여 매우 짧다고 생각되는 1초 안에 수많은 일이 일어날 수 있음을 알게 하고, 1초보다 더 짧은 시간을 측정하는 단위도 필요함을 느끼도록 지도한다.

4수03-02

초 단위까지의 시간의 덧셈과 뺄셈을 할 수 있다.

같은 단위끼리 계산하고, 1시간=60분, 1분=60초임을 이용하여 받아올림과 받아내림합니다.

초 → 분, 분 → 시간으로 받아올림이 있거나 시간 → 분, 분 → 초로 받아내림이 있는 초 단위까지 시간 계산을 다룬다. 시간 계산의 원리를 이해하는 수준에서 지도하고 복잡한 계산은 하지 않는다.

4수03-03

길이를 나타내는 새로운 단위의 필요성을 인식하여 1mm와 1km의 단위를 알고, 이를 이용하여 길이를 측정하고 어림할 수 있다.

1cm보다 짧은 길이를 재는 단위로 mm를 지도한다. 1mm는 1cm를 10등분한 길이이다. 또, m보다 긴 길이를 나타내는 km 단위를 도입하고, 길이를 측정하고 어림할 수 있도록 지도한다.

짧은 길이 단위
1μm(마이크로미터) = $\frac{1}{100만}$ m, 1nm(나노미터)= $\frac{1}{10억}$ m

긴 길이 단위
1광년=빛이 1년 동안 가는 거리, 1AU(천문단위)=1억 5000만 km(지구에서 태양까지 거리)

4수03-04

1cm와 1mm, 1km와 1m의 관계를 이해하고, 길이를 단명수와 복명수로 표현할 수 있다.

mm, cm, km의 관계를 이해하는 수준에서 길이를 단명수와 복명수로 나타내는 방법을 지도하고, 지나치게 복잡한 단위 환산은 다루지 않는다.

4수03-05

들이를 나타내는 표준 단위의 필요성을 인식하여 1L와 1mL의 단위를 알고, 이를 이용하여 들이를 측정하고 어림할 수 있다.

들이는 액체의 양이나 그릇에 담을 수 있는 양을 나타내는 개념으로 직접 비교와 간접 비교를 지도하고 표준단위로서 1L와 1mL를 지도한다.

들이의 단위와 단위 읽고 쓰기

들이 단위에는 1 **리터**와 1 **밀리리터**가 있습니다.
1 리터는 1 L, 1 밀리리터는 1 mL라고 씁니다.
1 리터는 1000 밀리리터와 같습니다.

1 L=1000 mL

1L 1mL

4수03-06 1L와 1mL의 관계를 이해하고, 들이를 단명수와 복명수로 표현할 수 있다.

일상생활에서 1L가 어느 정도인지 알아야 하는 경우가 많고, 1L가 널리 사용되고 있기 때문에 양감을 기르는 데 초점을 맞추어 지도한다. 크기가 다양한 그릇의 들이를 짐작해 보기, 물 1L 담아보기, 물의 양 어림하기 등의 활동이 양감을 기르는 데 도움이 된다.

단명수와 복명수를 지도할 때에는 mL와 L의 관계를 이해하는 데 지도의 초점을 두며, 지나친 단위 환산은 다루지 않는다.

1 L와 500 mL를 합하여 1 L 500 mL라고 씁니다.
1 L 500 mL는 1500 mL와 같습니다.

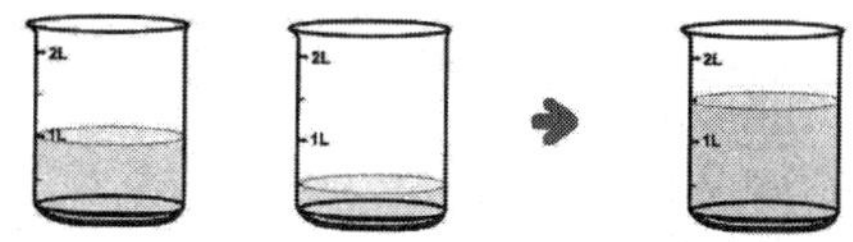

1 L　　500 mL　　1 L 500 mL

$$\begin{aligned} 1\text{ L }500\text{ mL} &= 1\text{ L} + 500\text{ mL} \\ &= 1000\text{ mL} + 500\text{ mL} \\ &= 1500\text{ mL} \end{aligned}$$

4수03-07 실생활 문제 상황을 통하여 들이의 덧셈과 뺄셈을 이해한다.

실생활 문제 상황을 제시하고 조작 활동을 통하여 문제를 해결하고, 조작 활동을 기호로 형식화한다. 계산 원리는 다른 양의 계산 원리와 같으며, 1L=1000mL임을 이용하여 받아올림하거나 받아내림한다.

4수03-08

무게를 나타내는 표준 단위의 필요성을 인식하여 1g과 1kg의 단위를 알고, 이를 이용하여 무게를 측정하고 어림할 수 있다.

무게의 단위에는 g. kg 등이 있음을 지도하고, 1g의 무게를 느끼거나 다루기는 어렵지만 500g인 물건 찾기, 주위의 물건으로 1kg 만들기, 물건의 무게를 어림하기 등의 활동으로 무게에 대한 양감을 기를 수 있도록 지도한다.

4수03-09

1kg과 1g의 관계를 이해하고, 무게를 단명수와 복명수로 표현할 수 있다.

kg과 g 사이의 관계를 이해하는 데 초점을 맞추어 지도하고, 단명수와 복명수로 단위를 나타낼 때 지나치게 어려운 과정은 지도하지 않는다.

1 kg과 500 g을 합하여 1 kg 500 g이라고 씁니다.
1 kg 500 g은 1500 g과 같습니다.

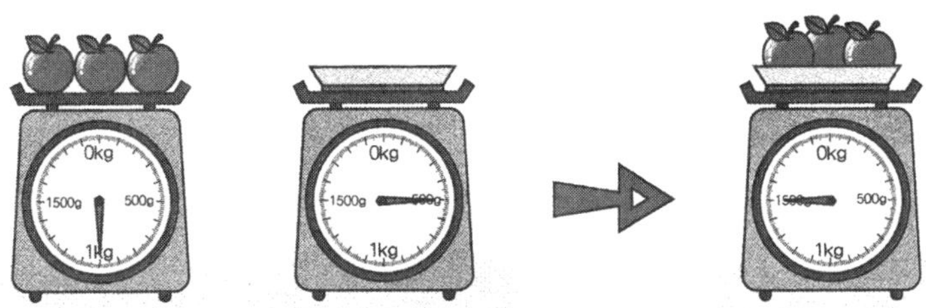

1 kg+500 g=1500 g

- 2 kg 400 g = ☐ g
- 1600 g = ☐ kg ☐ g

지양해야 할 단위 환산

1) 한 번에 2단계 이상의 환산
   2km=200000cm,
   1시간 30분=5400초 등

2) 지나치게 큰 수 환산
   230km=230000m,
   450kg=450000g 등

4수03-10

실생활에서 무게를 나타내는 새로운 단위의 필요성을 인식하여 1t의 단위를 안다.

2009 개정 교육과정에서는 t 단위를 5학년에서 학습하였습니다.

kg보다 더 무거운 단위로 t이 있음을 지도하고, t이 사용되는 경우를 일상생활에서 찾아보게 한다. 사람의 무게, 코끼리의 무게 등을 활용하여 1t의 무게를 짐작하게 한다.

4수03-11

실생활 문제 상황을 통하여 무게의 덧셈과 뺄셈을 이해한다.

t을 g으로 환산하는 지도는 하지 않습니다.

실생활 문제 상황을 제시하고 조작 활동을 통하여 문제를 해결하고, 조작 활동을 기호로 형식화한다. 계산 원리는 다른 양의 계산 원리와 같으며, 1kg=1000g임을 이용하여 받아올림하거나 받아내림한다.

4수03-12

각의 크기의 단위인 1도(°)를 알고, 각도기를 이용하여 각의 크기를 측정하고 어림할 수 있다.

1) 각도의 직접 비교와 간접 비교

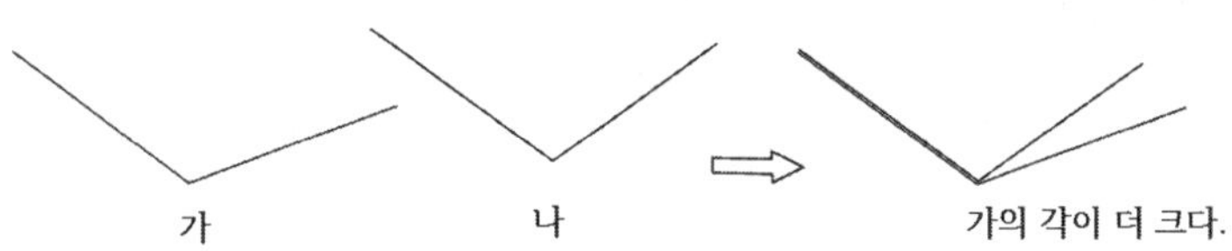

각도의 직접 비교

각은 도형이고, 각도는 각의 크기로서 양(측정)입니다.

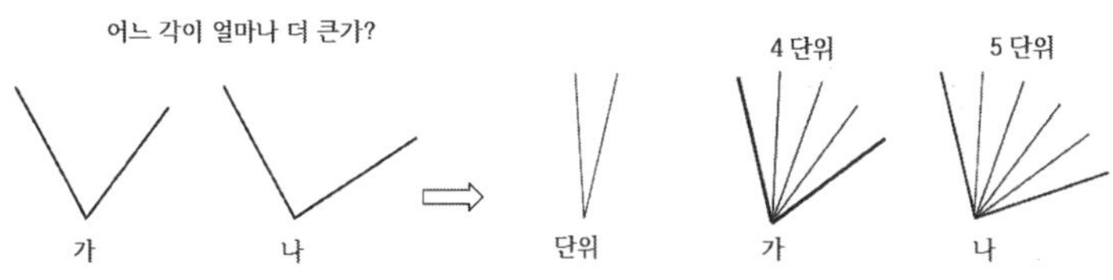

각도의 간접 비교

2) 1°(도)

1°는 직각을 90등분한 하나의 크기를 말하며, 1°라 쓰고 '일 도'라 읽는다. 직각을 90등분하였으므로 직각은 90°이다.

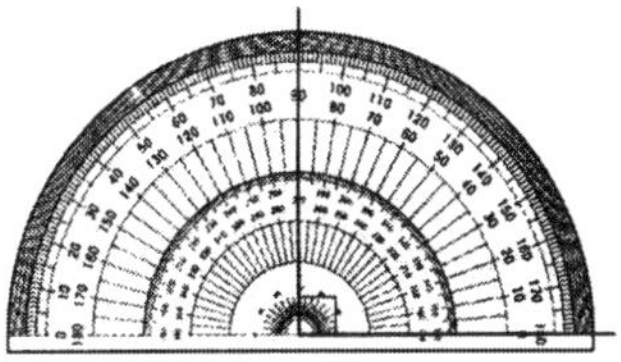

1직각=90°

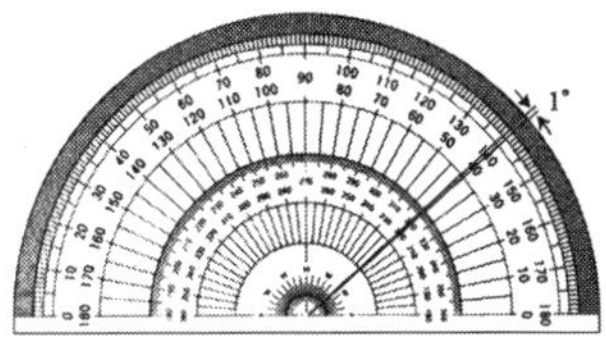

1°

3) 각도 재기

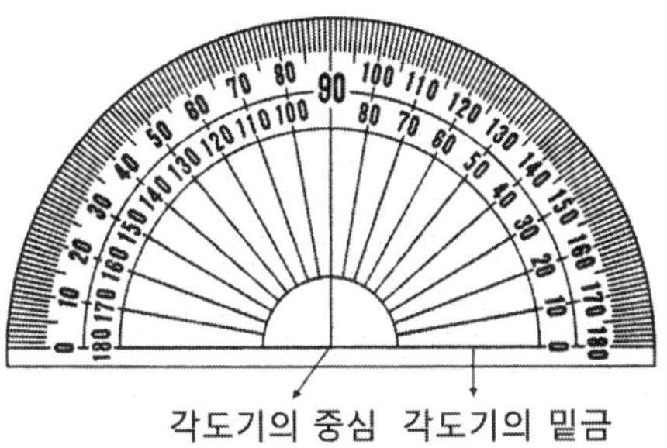

① 각의 꼭짓점 ㄴ에 각도기의 중심을 맞추고, 변 ㄴㄷ에 각도기의 밑금을 맞춘다.

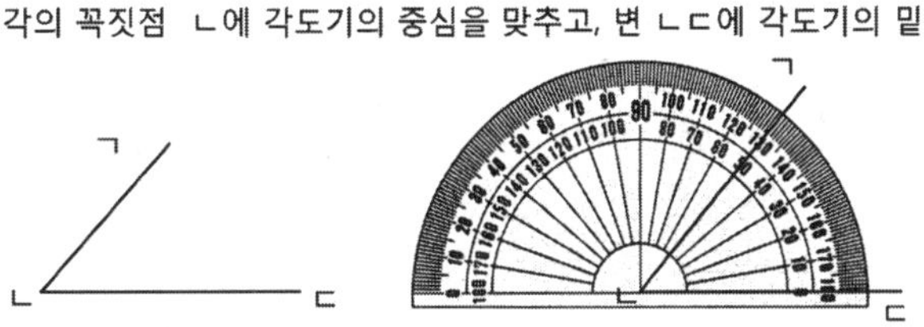

② 변 ㄴㄱ이 닿는 각도기의 눈금을 읽는다.

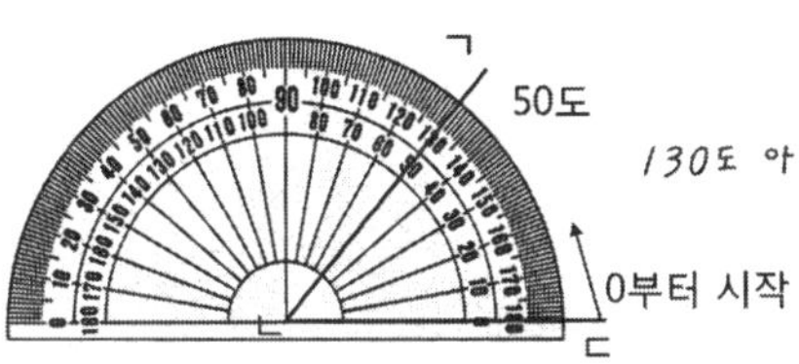

주어진 각도와 크기가 같은 각을 그릴 수 있다.

1) 각도 그리기

각도기를 사용하여 주어진 각도와 같은 각도를 그리는 방법은 다음과 같다.

❖ 60°인 각 ㄱㄴㄷ을 그려봅시다.

① 각의 한 변을 그린다.

② 각도기의 중심을 각의 꼭짓점 ㄴ에 맞춘다.

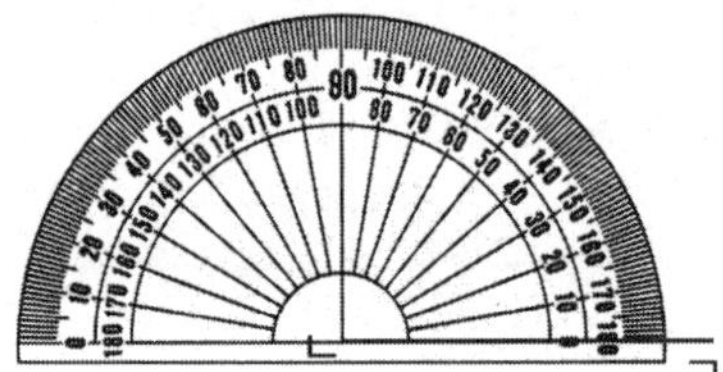

③ 변 ㄴㄱ에서 시작하여 60°인 곳에 점 ㄱ을 표시한다.

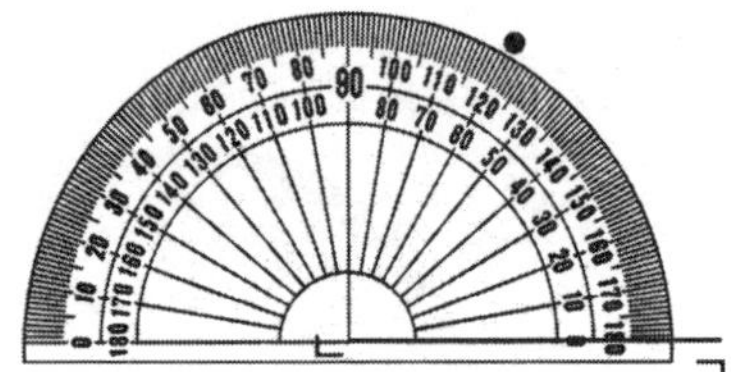

④ 각도기를 떼고 변 ㄱㄷ을 그린다.

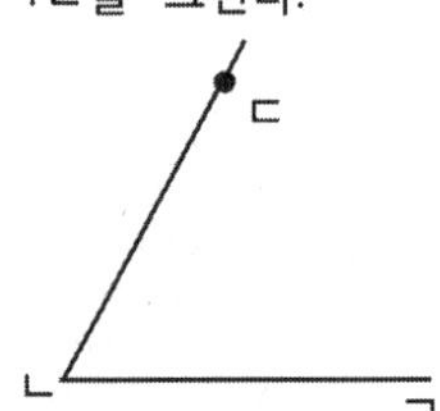

2) 각도의 합과 차

두 각도의 합과 차를 알아봅시다.

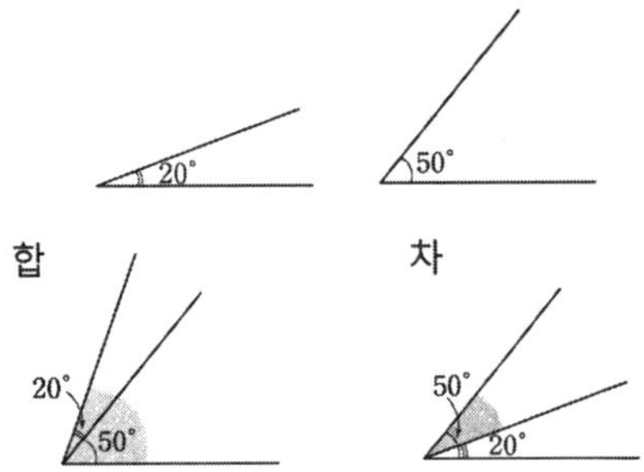

50°+20°=70° 50°-20°=30°

3) 각도 어림하기

각도를 어림하는 활동은 각도에 대한 양감을 발달시키는 데 중요한 역할을 한다. 각도를 어림하기 위해서는 널리 활용되는 각도인 45°, 30°, 60°의 크기를 알고 있어야 하고, 이를 바탕으로 일반적인 각도를 어림할 수 있다.

❖ 다음 직각 안에 30°, 45°, 60°를 그려보시오.

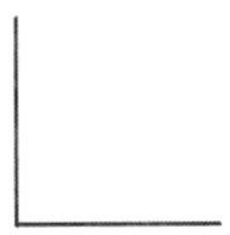

❖ 다음은 몇 도쯤 되겠는지 어림해보시오.

4수03-14

여러 가지 방법으로 삼각형과 사각형의 내각의 크기의 합을 추론하고, 자신의 추론 과정을 설명할 수 있다.

삼각형 세 각의 합은 180도임을 귀납적 추론으로 증명하는 과정은 van Hiele의 도형학습 3수준(비형식적 추론)에 해당된다. 따라서 수업모형도 귀납적 발견학습이 적절하며, 그 절차를 간단하게 나타내면 다음과 같다.

사례 제시 1)

- 직각 삼각형을 제시하고 각도기로 세 각의 합을 구하도록 한다.

사례 제시 2)

- 예각 삼각형을 제시하고 각도기로 세 각의 합을 구하도록 한다.

사례 제시 3)

- 둔각 삼각형을 제시하고 각도기로 세 각의 합을 구하도록 한다.

가설 설정

- 위의 예에서 알 수 있는 사실은? 세 각의 합은 180도이다.

가설 검증

- 그런 사실에 의하면 다음 삼각형 세 각의 합은 얼마일까? 180도이다.

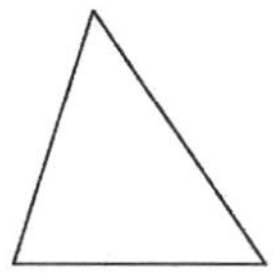

- 참인지 확인해보자.

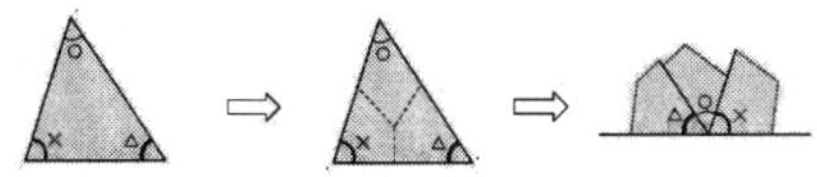

일반화 및 적용

□ 안에 알맞은 수를 쓰시오.

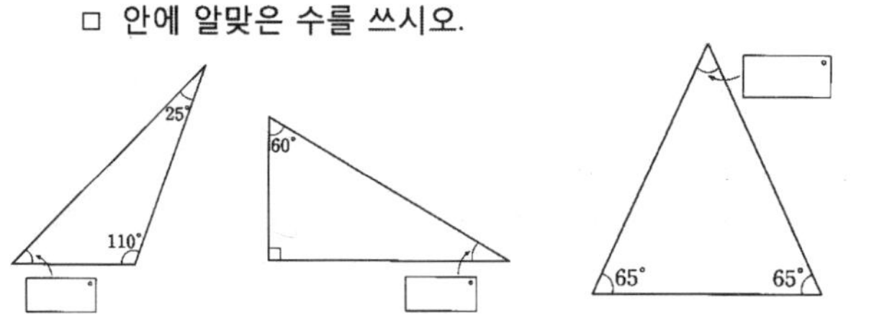

사각형 네 각의 합은 360도임을 연역적 추론으로 증명하는 수업을 연역적 발견학습(원리탐구학습)으로 전개하면 그 과정은 대체로 다음과 같다.

문제 상황 제시

- 사각형을 제시하고 네 각의 합을 구하도록 한다.

수학적 원리의 필요성 인식

- 삼각형 세 각의 합은 구할 수 있는데 사각형은 어떻게 구할 수 있을까?
- 삼각형을 이용하면 될까?

수학적 원리가 내재된 조작 활동

- 사각형을 삼각형으로 나누어보자.
- 삼각형 2개로 나누어졌으니까 180도 x 2=360도이다.

수학적 원리의 형식화

- 사각형 네 각의 합=180도x2=360도

일반화 및 적용

- 오각형 다섯 각의 합을 구하시오.

3. 5~6학년군

6수03-01 실생활 장면에서 이상, 이하, 초과, 미만의 의미와 쓰임을 알고, 이를 활용하여 수의 범위를 나타낼 수 있다.

3~4학년군에서 5~6학년군으로 이동되었습니다.

이상, 이하 등 수의 범위는 일상생활에서 널리 사용되는 개념이므로 정확하게 개념을 형성하여 올바르게 사용할 수 있도록 지도해야 한다.

이상은 같거나 그보다 큰 수, 이하는 같거나 그보다 작은 수, 초과는 그 수보다 큰 수, 미만은 그 수보다 작은 수를 의미한다. 즉, 이상과 초과, 이하와 미만의 차이점은 해당되는 수를 포함하느냐의 여부이다.

- 100과 같거나 작은 수에 점을 모두 찍어 보시오.

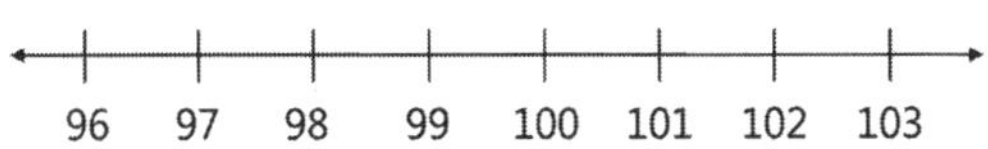

100과 같거나 작은 수를 100 이하인 수라고 합니다.

- 100보다 작은 수에 점을 모두 찍어 보시오.

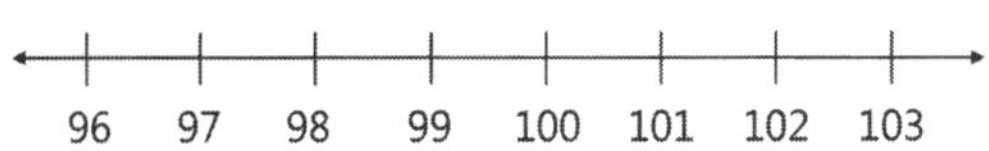

100보다 작은 수를 100 미만인 수라고 합니다.

100 이하인 수에 모두 점을 찍어보게 함으로써 수의 범위를 선으로 표시하는 이유를 이해하도록 한다.

이상, 초과도 같은 방법으로 지도합니다.

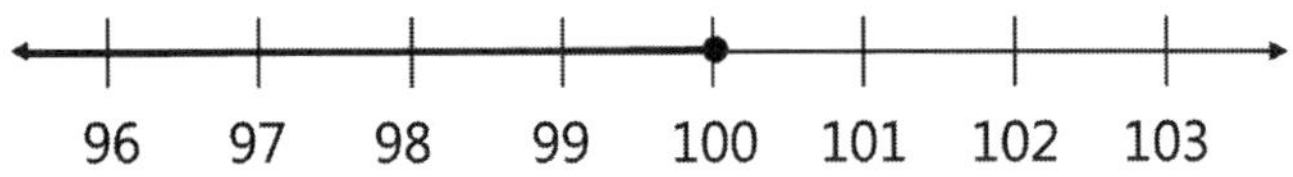

100 미만인 수에 모두 점을 찍어보게 함으로써 ○의 의미를 이해할 수 있도록 한다.

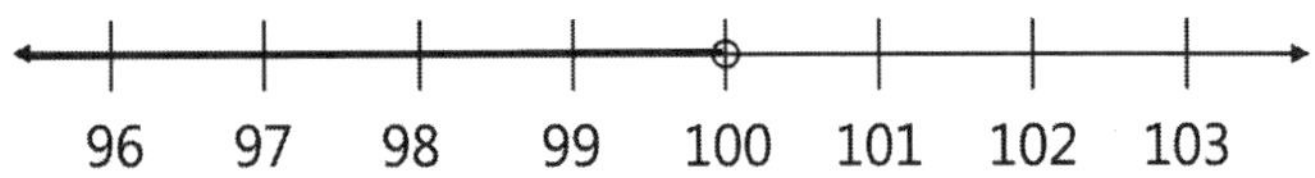

6수03-02 **어림값을 구하기 위한 방법으로 올림, 버림, 반올림의 의미와 필요성을 알고, 이를 실생활에 활용할 수 있다.**

어림값은 필요에 따라 올리거나 버리거나 반올림하여 사용한다. 기계적으로 일의 자리에서 올림하면 얼마인가? 백의 자리에서 버림하면 얼마인가? 등으로 지도하는 것보다는 필요에 따라서 어림한다는 것을 깨닫도록 한다. 예를 들어, 어느 모임에 사람이 235명이 모였다면 상황에 따라 이를 300명이라고 어림할 수도 있고, 200명이라고 어림할 수도 있으며, 심지어 500명이라고도 어림할 수도 있을 것이다.

측정단위에 따라 어림값이 달라집니다.

길이가 같은 연필의 길이를 필요에 따라 어림하여 보시오.

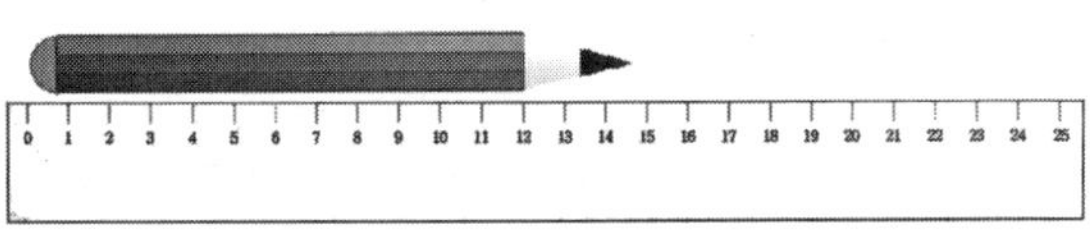

14cm이다. ⟹ 버림
15cm이다. ⟹ 올림 또는 반올림

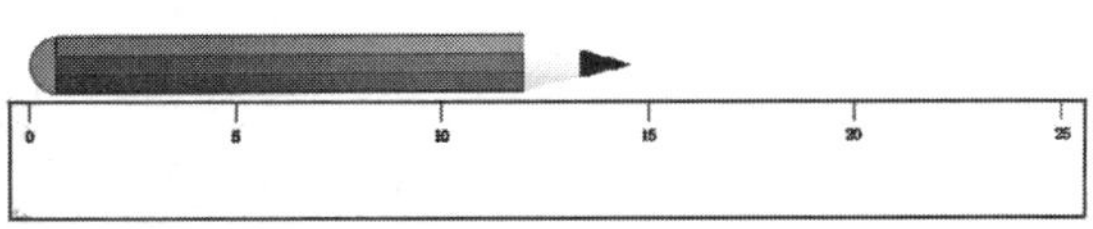

10cm이다. ⟹ 버림
20cm이다. ⟹ 올림 또는 반올림

6수03-03

평면도형의 둘레를 재어보는 활동을 통하여 둘레를 이해하고, 기본적인 평면도형의 둘레의 길이를 구할 수 있다.

목둘레, 가슴둘레 등 사물의 가장자리를 한 바퀴 돈 길이를 둘레라고 하며, 수학에서 둘레는 다각형에서 각 변의 길이의 합을 말한다.

도형의 둘레를 구하시오.

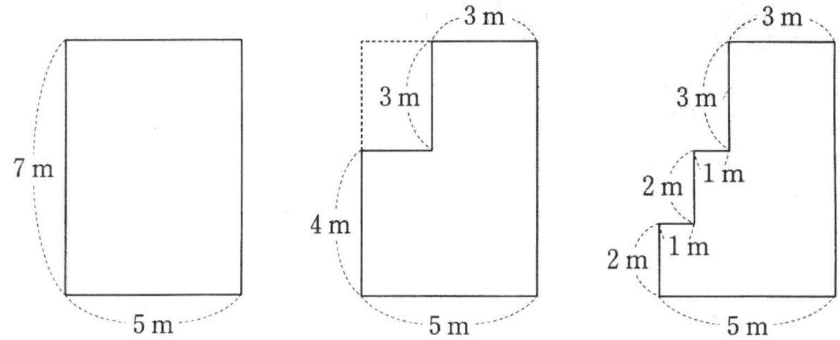

6수03-04

넓이를 나타내는 표준 단위의 필요성을 인식하여 $1cm^2$, $1m^2$, $1km^2$의 단위를 알며, 그 관계를 이해한다.

1~2학년군에서 학습한 넓이의 직접 비교를 바탕으로 간접 비교와 표준 단위의 필요성을 인식하게 하여 평면 도형의 넓이를 지도를 한다.

표준단위인 $1cm^2$, $1m^2$, $1km^2$를 이해하게 하고, 그들 사이의 관계를 지도하되 복잡하거나 2단계를 거친 단위환산 등은 지도하지 않는다.

넓이에서도 양감이 길러지도록 지도해야 하며, 이를 위하여 실제로 $1m^2$, $10m^2$, $100m^2$ 등이 어느 정도인지 운동장에서 실측하여 알아보게 하는 것은 좋은 방법이다.

$cm^2 \rightarrow km^2$, $km^2 \rightarrow cm^2$의 단위 환산은 다루지 않습니다.

6수03-05

직사각형의 넓이를 구하는 방법을 이해하고, 이를 통하여 직사각형과 정사각형의 넓이를 구할 수 있다.

평면도형의 넓이를 구한다는 것은 넓이의 단위인 정사각형으로 평면도형을 빈틈없이 겹치지 않게 덮었을 때 정사각형의 수를 구하는 것이다. 정사각형의 개수를 일일이 세어서 구할 수 있지만 가로로 몇 개씩 세로로 몇 줄인가를 알면 쉽게 구한다는 것을 조작활동을 통하여 깨닫게 하고, 이를 형식화한다. 귀납적 발견학습 수업모형으로 접근하면 효과적으로 수업을 전개할 수 있을 것이다.

자세한 내용은 이론적 배경을 참고하기 바란다.

6수03-06

평행사변형, 삼각형, 사다리꼴, 마름모의 넓이를 구하는 방법을 다양하게 추론하고, 이와 관련된 문제를 해결할 수 있다.

삼각형의 넓이는 높이가 삼각형의 외부에 있는 것도 포함합니다.

현행 교과서에서 평면도형의 넓이는 직사각형(정사각형)의 넓이 → 평행사변형의 넓이 → 삼각형의 넓이 → 사다리꼴의 넓이 → 마름모의 넓이 등의 순서로 제시되어 있다. 평행사변형과 삼각형의 넓이를 지도하는 순서는 서로 바뀔 수도 있지만 바뀌었을 때의 차이점은 있다. 이에 대하여 Co-Learning에서 논의해 보기 바란다. 논의하는 데 도움을 주자면 교육과정의 교수-학습 지도상의 유의점에 '삼각형의 넓이는 높이가 삼각형의 외부에 있는 것도 다룬다'라고 제시되어 있다는 것이다.

사다리꼴의 넓이를 구하는 방법을 문제 해결 수업모형으로 전개하면 다음과 같은 과정을 예상할 수 있다.

문제 해결 수업모형에서는 사다리꼴 넓이를 구하는 공식을 지도하는 것이 수업목표가 아니라 문제를 해결하는 것이 목표입니다.

문제 제시

다음 그림과 같이 사다리꼴 모양의 밭에 1/2에는 콩을, 1/3에는 옥수수를, 나머지에는 감자를 심으려고 한다. 각 농작물의 재배 넓이를 구하시오.

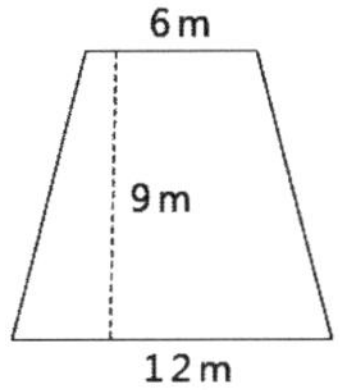

문제 이해

- 무엇을 묻고 있는가?
- 문제에서 알 수 있는 사실은 무엇인가?

계획 수립

- 사다리꼴 넓이만 구하면 되겠다.
- 삼각형 넓이를 이용하면 어떨까?
- 사다리꼴을 직사각형으로 만들면 어떨까?
- 정사각형으로 나누어서 세어볼까?

계획 실행

- 계획한 전략으로 문제를 해결한다.

반성

- 해결 방법을 발표한다.
- 다양한 해결 방법을 듣고 자신의 방법과 비교한다.
- 다른 사람의 해결 방법을 공유한다.

평면도형의 넓이를 구하는 지도하는 자세한 내용은 이론적 배경을 참고하기 바란다.

6수03-07 여러 가지 둥근 물체의 원주와 지름을 측정하는 활동을 통하여 원주율을 이해한다.

다각형의 둘레는 직선 자를 이용하여 쉽게 구할 수 있지만 원은 직선 자를 이용하여 구하기 어렵다. 원에서 직선 자로 잴 수 있는 것은 지름뿐인데 지름이 커지면 원둘레도 커진다는 사실을 알고 지름과 원둘레 사이의 관계에 주목하도록 지도한다.

생활 주변에서 지름이 다양한 원기둥 모양의 물건을 수집하여 지름과 원둘레를 측정하여 그들 사이의 관계를 파악해 보게 한다.

계산기를 사용하면 많은 물건에 대하여 알아볼 수 있습니다.

원주율을 3 또는 3.1로 계산해도 됩니다. 3.14까지 계산하면 정확하게 구할 수 있겠지만 $\frac{1}{100}$수준까지 정밀하게 구해야 할 이유도 없을 뿐만 아니라 계산하기도 어렵기 때문이고, 중학교에서는 계산하지도 않고 π로 나타냅니다.

물건마다 (원주)÷(지름)을 계산하면 정확하지는 않지만 3 또는 3.1 등 비슷한 값이 나온다. 즉, 원주는 지름의 약 3.1배인데 이를 원주율이라고 한다. 이제 원의 지름만 알면 원주가 얼마인지 쉽게 구할 수 있다. 반대로 나무의 둘레를 알면 나무를 자르지 않고도 나무의 지름이 얼마쯤인지 알 수 있다.

6수03-08

원주와 원의 넓이를 구하는 방법을 이해하고, 이를 구할 수 있다.

원 넓이는 반지름을 한 변으로 하는 정사각형 넓이의 약 3배라고 계산하면 됩니다.

원 넓이를 구하는 자세한 방법은 이론적 배경을 참고하기 바란다.

6수03-09

직육면체와 정육면체의 겉넓이를 구하는 방법을 이해하고, 이를 구할 수 있다.

생활 주변에서 직육면체 모양의 물건을 수집하여 필요한 부분의 길이를 재어서 겉넓이를 구해 보게 하는 활동으로 지도한다. 모서리를 따라 전개도를 만들어 좀 더 편리하게 구할 수 있는 방법을 생각해 보게 한다.

직육면체의 겉넓이

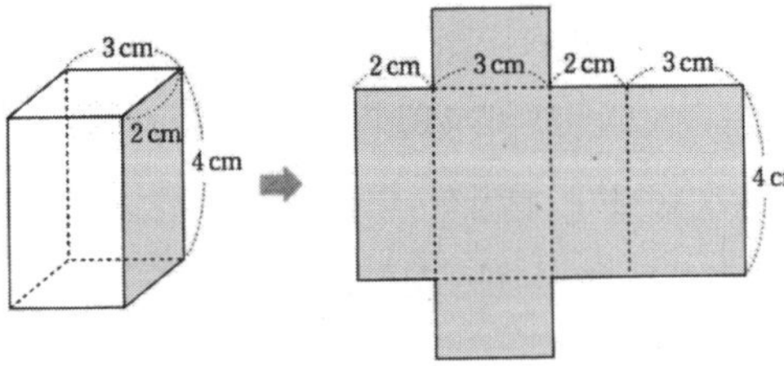

밑넓이=3x2=6　　옆넓이=(2+3+2+3)x4=40

겉넓이=6x2+40=52(cm^2)

6수03-10

부피를 이해하고, $1cm^3$, $1m^3$의 단위를 알며, 그 관계를 이해한다.

길이는 하나의 변인에만 초점을 두어 비교하기 때문에 비교하기 쉽고, 넓이는 가로와 세로의 길이 등 2개 변인을 동시에 비교해야 하기 때문에 좀 더 어렵고, 부피는 가로, 세로, 높이 등 3개 변인을 동시에 비교해야 하기 때문에 가장 어렵다. 부피를 고학년에서 학습하는 이유이다.

변수가 하나인 양을 1차원 양, 변수가 2개인 양을 2차원 양, 변수가 3개인 양을 3차원 양이라고 합니다.

부피는 크다, 작다로 표현되며, 직접 비교는 두 물체를 대어보거나 눈으로 비교한다.

케익 상자와 떡 상자를 직접 대어보아서 어느 것이 더 큰지 알기 어렵다(직접 비교 불가능).

부피의 직접 비교

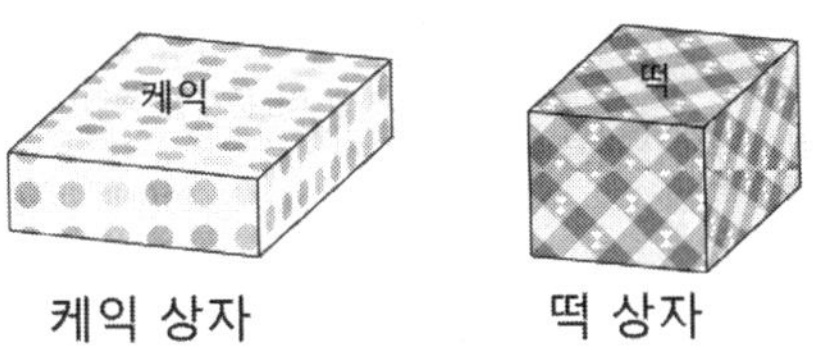

매개물을 이용하면 어느 것이 얼마나 더 큰지 비교할 수 있다(간접 비교). 비교하기 위하여 사용되는 매개물은 부피의 속성을 지닌 정육면체이다. 케익 상자, 떡 상자와 모양과 크기가 같게 정육면체를 다음 그림과 같이 쌓는다.

부피의 간접 비교

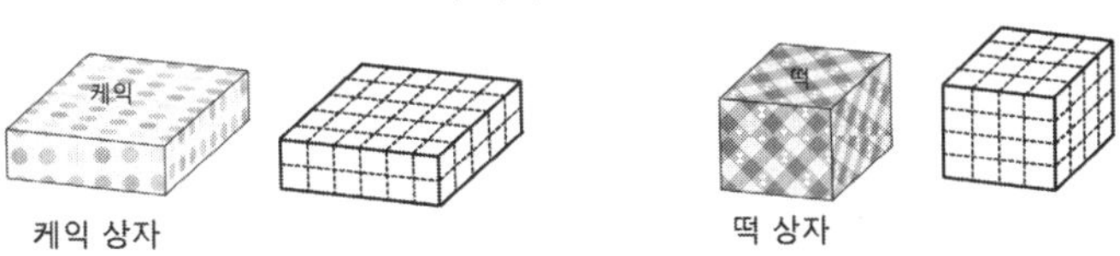

부피의 표준단위는 한 모서리의 길이가 1cm인 정육면체의 크기인 $1cm^3$이다. $1m^3$는 한 모서리의 길이가 1m인 정육면체의 부피이므로 $1m^3$=$1000000cm^3$이다.

1cm³와 1m³의 관계

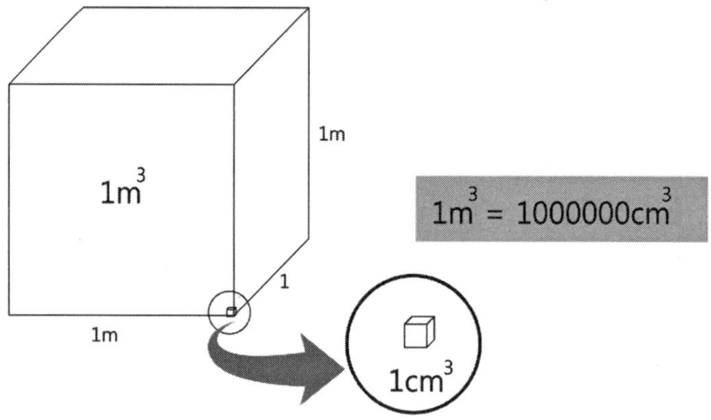

6수03-11

직육면체와 정육면체의 부피를 구하는 방법을 이해하고, 이를 구할 수 있다.

직육면체의 부피를 구한다는 것은 직육면체와 모양과 크기가 같도록 단위 부피인 정육면체를 쌓고, 쌓은 정육면체의 개수를 세는 것이다. 하나하나 셀 수도 있겠지만 효과적으로 세는 방법은 밑면에 몇 개가 깔려 있고(밑넓이), 몇 층(높이)으로 쌓여 있는가를 알면 쉽게 구할 수 있다.

직육면체를 포함한 각기둥, 원기둥, 비정규적인 직각기둥의 부피도 밑넓이×높이로 구합니다.

원주율, 원주, 원의 넓이, 입체도형의 겉넓이와 부피 등을 구할 때 복잡한 계산은 계산기를 사용할 수 있도록 합니다.

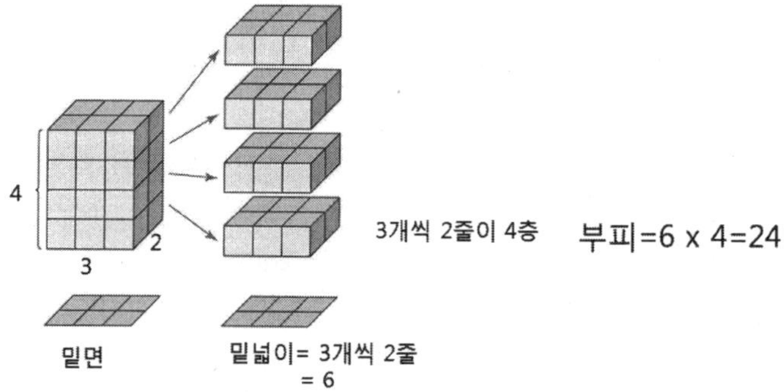

직육면체의 부피=밑넓이 x높이

Co-Learning 9

1. 주위 물건을 이용하여 1kg을 만들어보시오. 어떤 물건을 모았는지 쓰시오.

2. 주위에 있는 물건의 무게를 어림하고 재어보시오.

물건	예상 무게	실제 무게

3. 자를 사용하지 않고 10cm인 선분을 그어보고, 확인해 보시오.

4. 강의실 한 모서리의 길이는 얼마쯤 되는지 어림해 보시오.

5. 책상의 넓이는 얼마인지 어림하고 확인해 보시오.

어림: 실제 넓이:

6. 그릇에 물 1L를 담아보시오.

7. 100m 걷는 데 걸리는 시간을 알아보시오.

회	걸린 시간	회	걸린 시간
1		2	
3		4	
5		평균	

1) 100m를 걷는 속력으로 30분 동안 걸었다면 걸은 거리는 얼마인가?

2) 정문 경비실에서 강의동까지 거리는 얼마인지 걸어서 측정해 보시오.

8. 평면도형의 넓이를 직사각형 → 삼각형 → 평행사변형의 순서로 지도하는 방법과 직사각형 → 평행사변형 → 삼각형의 순서로 지도하는 방법이 있다. 두 지도 방법에 있어서 차이점은 무엇인지 알아보시오.

9. 다음 그림과 같은 종이컵을 선택하여 필요한 부분의 길이를 cm단위로 측정하여 종이컵의 겉넓이를 구하시오.

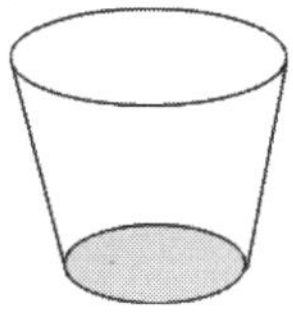

10. 누구네 밭의 넓이가 얼마나 더 넓은지 알아보시오.

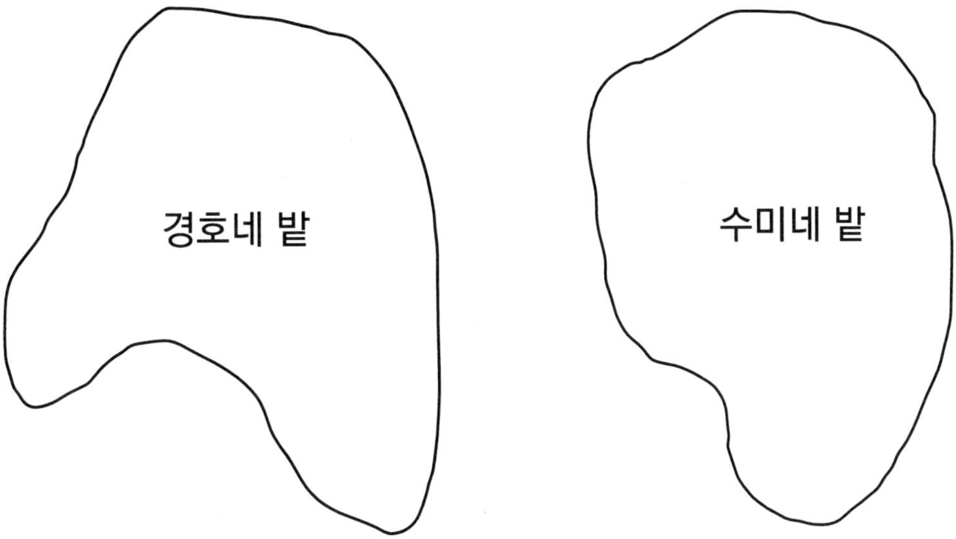

11. 다음 도형에서 삼각형 abc와 삼각형 bde는 직각이등변삼각형이고, 밑변의 길이는 각각 10cm와 8cm이다. 색칠한 삼각형 dgf의 넓이를 구하시오.

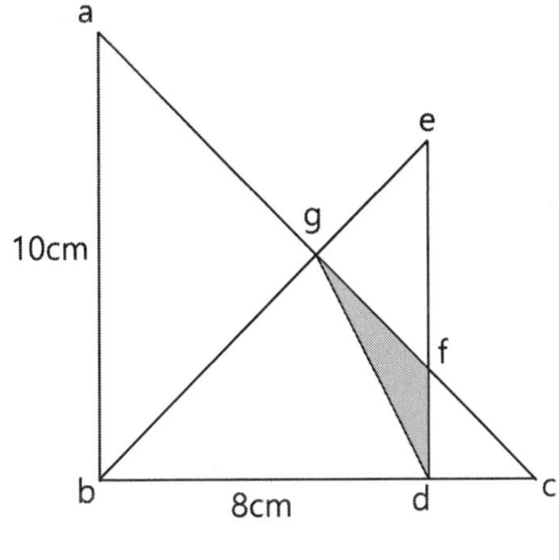

12. 미영이는 1m=100cm이므로 $1m^2=100cm^2$라고 하였다. 미영이가 이해할 수 있도록 조언을 해주시오.

13. 다음 도형에서 꼭짓점의 각 A~G의 합을 구하시오.

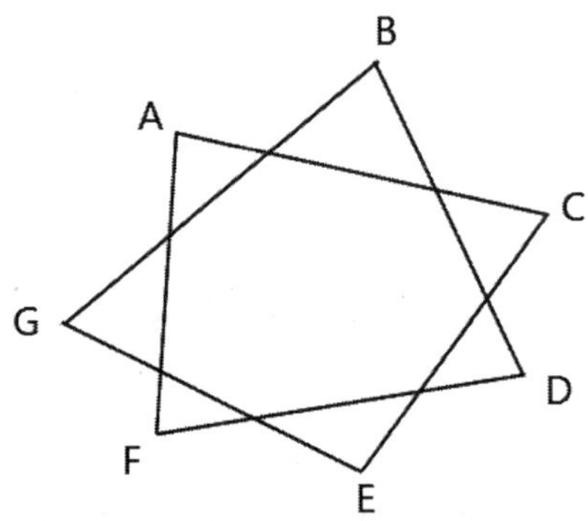

14. 두 학생이 $3m^3$의 의미에 대하여 말하고 있다. A는 한 변의 길이가 1m인 정육면체가 3개인 부피를 의미한다고 말하고, B는 한 변의 길이가 3m인 정육면체의 부피를 의미한다고 말하고 있다. 누구의 말이 옳은지, 두 사람 의견의 차이점은 무엇인지 말하시오.

15. 넓이를 측정하는 데 정사각형이 이용되는 이유를 말하시오. 또, 가능한 다른 도형이 있는지 알아보시오.

16. 다음과 같이 단위가 표시된 자가 있다. 표시된 눈금을 이용하여 길이 5를 잴 수 있는 방법은 왼쪽 끝에서 5까지 재거나 1부터 6까지 재는 방법 2가지이다.

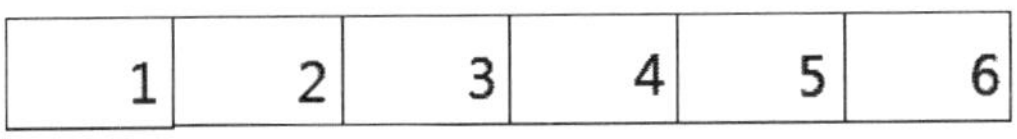

1) 1, 4, 6만 이용하여 길이 1부터 6까지 재는 방법을 그림으로 나타내시오.

2) 다음과 같은 자를 이용하여 1부터 8까지 잴 수 있는 방법을 그림으로 나타내시오.

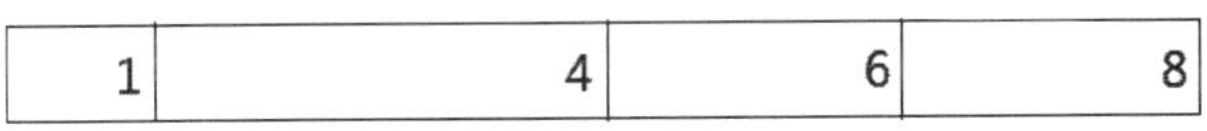

17. 등산을 하는데 시속 2km로 올라가고, 정상에서 쉬지 않고 시속 3km로 내려왔다. 평균 시속은 얼마인가?

18. 다음 점판에 그려진 도형의 넓이를 구하시오.

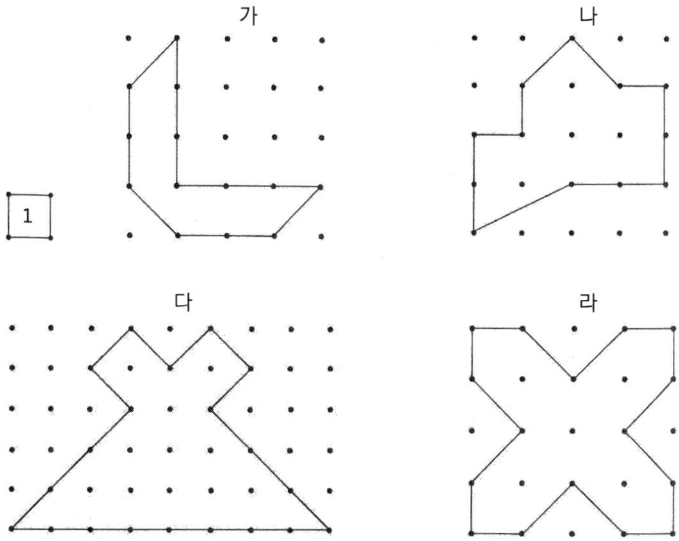

1) 다음 표를 완성하시오.

	넓이 S	선분 위에 있는 점 P	도형 내부에 있는 점 R
가			
나			
다			
라			

S, P, R 사이의 관계를 Pick's theorem라고 합니다.

2) S, P, R 사이의 관계식을 구하시오.

3) 위의 관계식을 이용하여 다음 도형의 넓이를 구하시오.

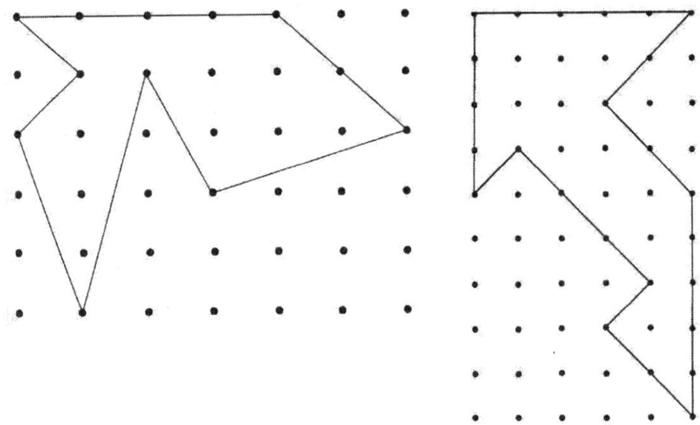

19. 선분 ab는 길이가 1이고, 작은 원에 맞닿아 있으며, 반지름과 수직으로 만난다.

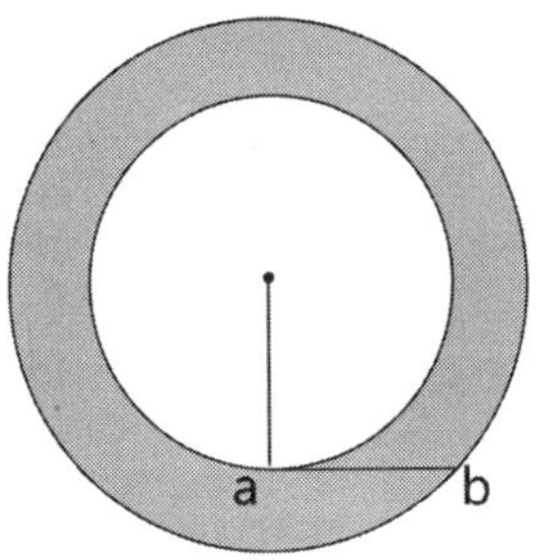

1) 색칠한 부분의 넓이는 얼마인가?

2) 선분 ab의 길이를 5라고 하면 색칠한 부분의 넓이는 얼마인가?

3) 위의 사실로부터 수학적인 원리를 추론하시오.

20. 철수는 다음 그림과 같이 가는 금 줄로 길이가 60cm인 금 고리를 만들려고 한다. 각 원의 크기는 모두 같다. 철수는 최소 양의 금 줄로 금 고리를 만들려면 각 원의 지름을 얼마로 해야 할지 궁금하였다.

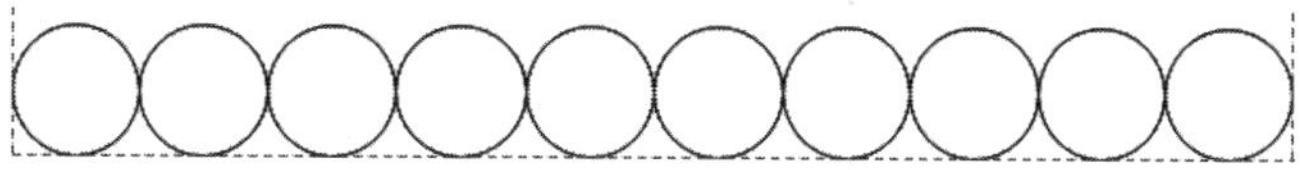

60cm

1) 각 구성원은 원의 개수를 선택하여 60cm인 금 고리를 만드는 데 필요한 금 줄의 길이를 계산하시오.

2) 결과를 바탕으로 가설을 만드시오.

3) 가설이 타당한지 증명하시오.

21. itx가 청량리에서 춘천으로, ktx는 춘천에서 청량리를 향하여 시속 150km로 같은 속력으로 달리고 있다. 두 열차가 600km 떨어져 있을 때 파리가 시속 200km로 itx를 출발하여 ktx를 향하여 날았다. 파리가 ktx를 만났을 때 바로 뒤로돌아 itx를 향하여 날았다. 이런 과정을 두 열차가 만날 때까지 반복하였다.

두 열차 사이를 파리가 날아다닌 거리는 얼마인가?

22. 어떤 물건의 길이를 재었더니 다음과 같았다. 눈금의 수준이 어떤 자로 재었는지 알아보시오.

1) 3m :

2) 3m 20cm :

3) 3m 25cm :

4) 3.0m :

5) 3.00m :

23. 한 변의 길이가 8인 정사각형을 그림과 같이 4조각으로 잘라서 재배열하여 직사각형을 만들었다. 정사각형의 넓이와 직사각형의 넓이를 비교하시오. 왜 그런가? 실제로 조작해 보시오.

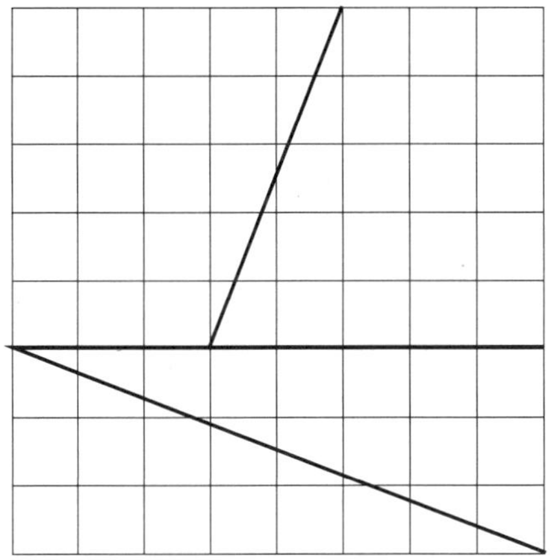

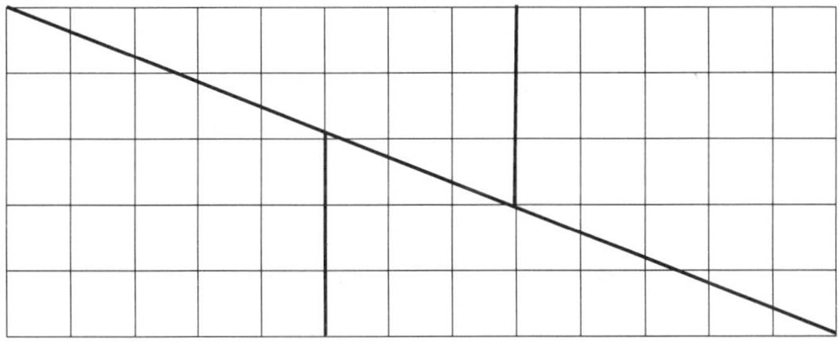

『마술에 빠진 수학』(신준식 지음) 참고하세요.

24. 지성이는 가로와 세로의 길이를 곱하면 평행사변형의 넓이를 구할 수 있음을 알고 있어서 다음과 같은 평행사변형의 넓이를 320cm^{2}라고 하였다. 지성이에게 어떤 설명이 필요한가?

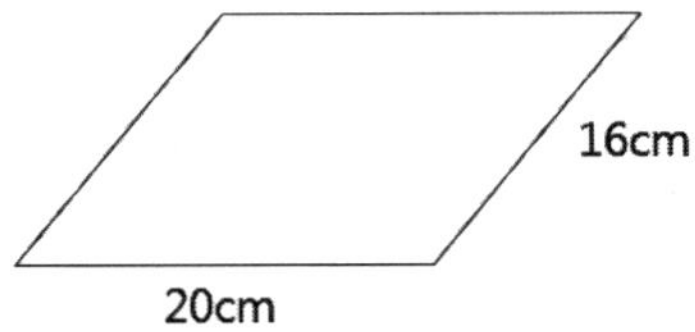

25. 용우네 거실은 가로 4m, 세로 7m, 높이 3m이다. 1L 페인트로 15m^{2}를 칠할 수 있다면 거실을 칠하려면 페인트는 얼마나 필요한가?

26. 부피가 1cm^{3}인 정육면체가 36개 있다. 겉넓이가 96cm^{2}인 직육면체를 만들었을 때 가로, 세로, 높이는 각각 얼마인가?

27. 정오각형 ㄱㄴㄷㄹㅁ의 중심 ㅇ에서 변 ㄷㄹ에 그은 수선 ㅇㅂ의 길이는 10cm이고, 꼭짓점 ㄱ에서 변 ㄴㄷ의 연장선에 수선 ㄱㅅ을, 변 ㄹㅁ의 연장선에 수선 ㄱㅈ을 그었다. 선분 ㄱㅅ, 선분 ㄱㅂ, 선분 ㄱㅈ의 길이의 합을 구하시오.

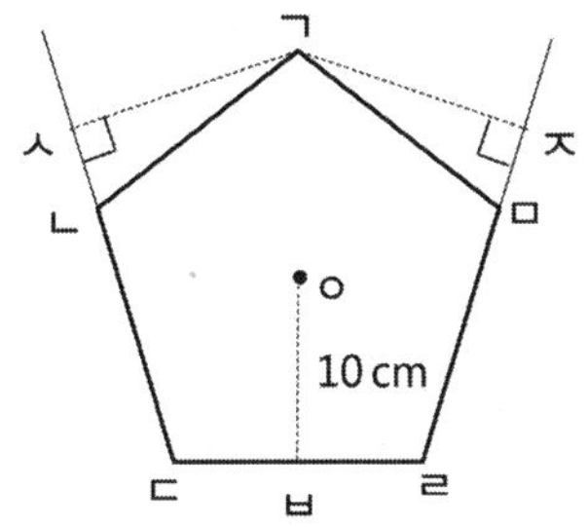

28. 가로가 세로보다 2cm 긴 직사각형 종이가 있다. 이 직사각형을 둥글게 접어 원기둥을 만들었다고 가정해 보자. 가로로 접었을 때 부피와 세로로 접었을 때 부피를 비교하시오.

29. 다음과 같은 삼각형에서 높이 AB가 8cm라면 다른 높이를 구하시오.

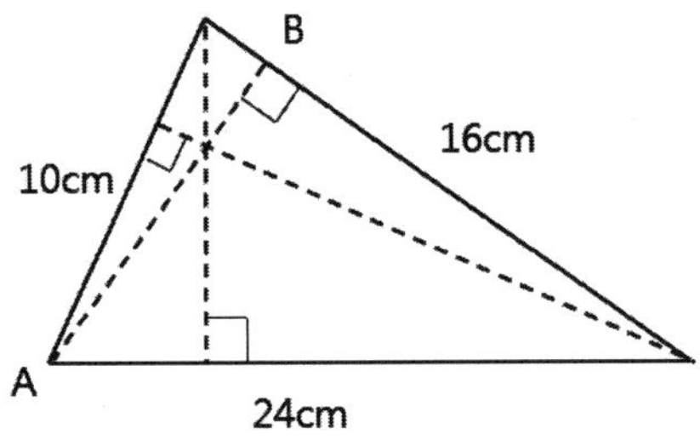

30. 다음 평행사변형에서 높이를 구하시오.

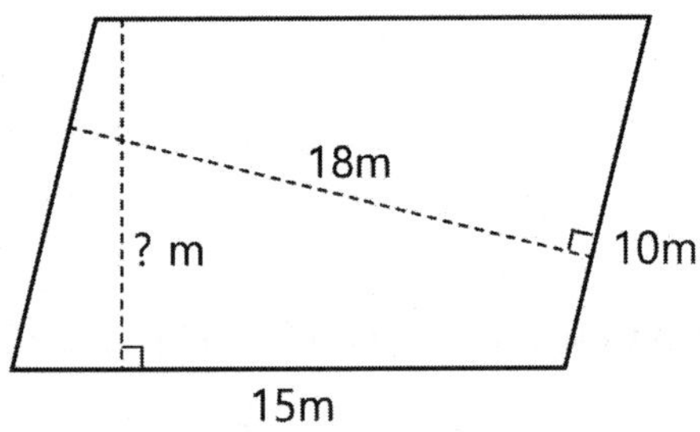

31. 사다리꼴 ㄱㄴㄷㄹ에서 삼각형 ㄱㄴㅁ의 넓이는 32이다. 삼각형 ㄴㅁㄹ의 높이 ㅁㅂ은 얼마인가?

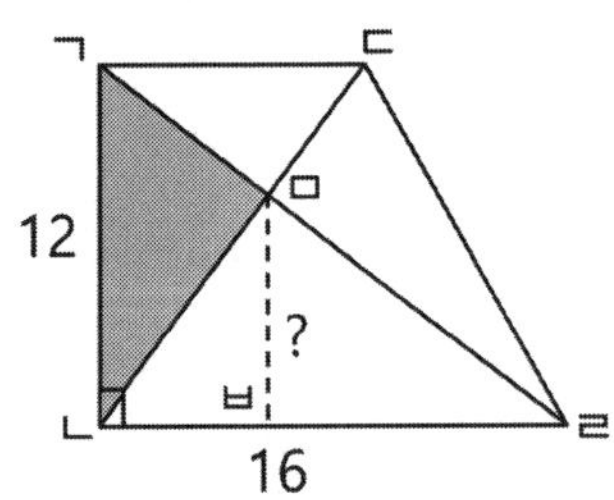

32. 다음 그림과 같이 한 변의 길이가 1cm인 정사각형과 정삼각형의 각 꼭짓점을 중심으로 부채꼴을 그렸다. 색칠한 부분의 둘레와 넓이를 구하시오.(원주율 3)

1)

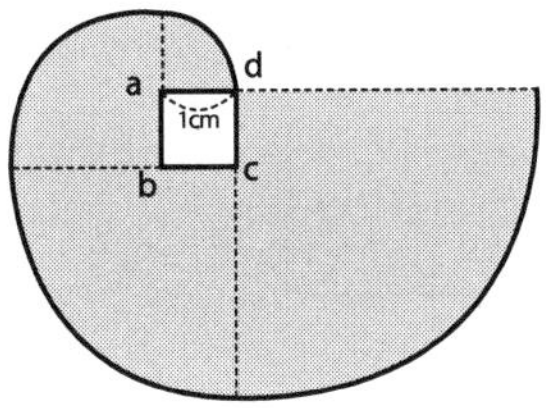

2)

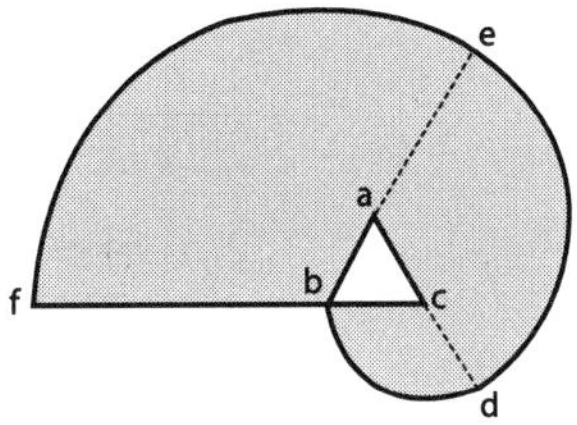

둘레:

넓이:

33. 삼각형 ABC와 삼각형 DEF는 합동이고, 선분 GC와 선분 EF의 길이가 각각 12, 15cm, 색칠한 부분의 넓이가 108cm^{2}이라면 선분 GE의 길이를 구하시오.

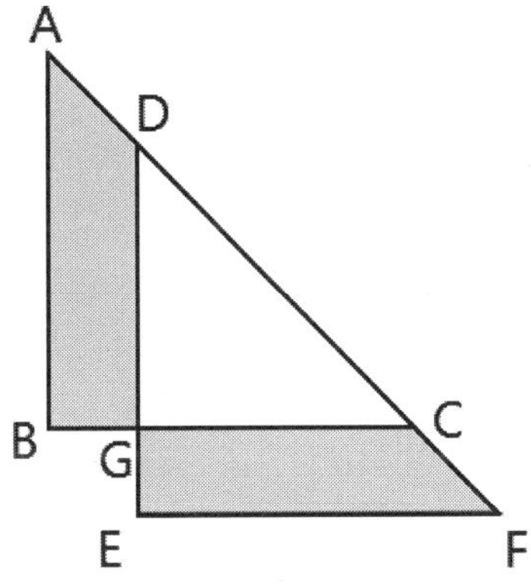

34. 직사각형 ABCD의 넓이는 40cm^{2}이고, 삼각형 BFD의 넓이는 10cm^{2}이다. 삼각형 DFC와 삼각형 EFC의 넓이를 구하시오.

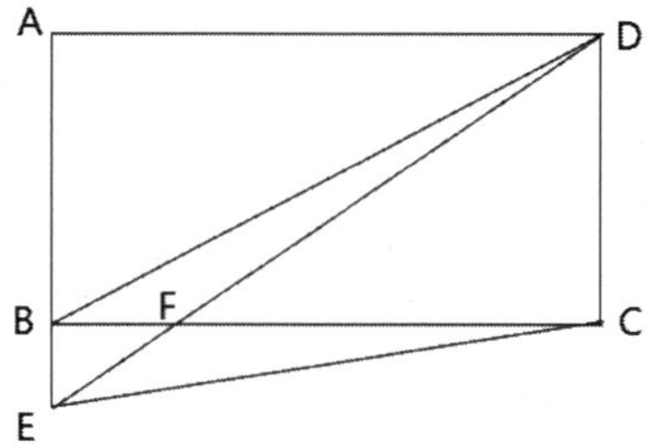

35. 다음 그림과 같이 직사각형 모양의 땅이 있다. 가의 땅이 나의 땅보다 30cm 더 높다. 가와 나의 땅이 수평이 되도록 땅을 고르려고 한다. 가의 땅을 몇 cm 깎으면 되겠는가?

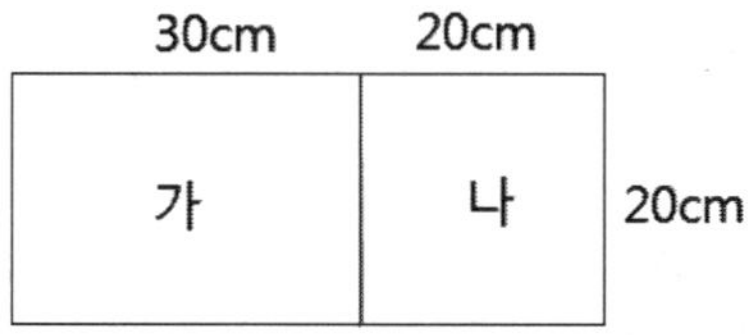

36. 가로, 세로 높이가 각각 10cm, 15cm, 20cm인 직육면체 그릇에 물이 16cm 높이로 담겨 있다.

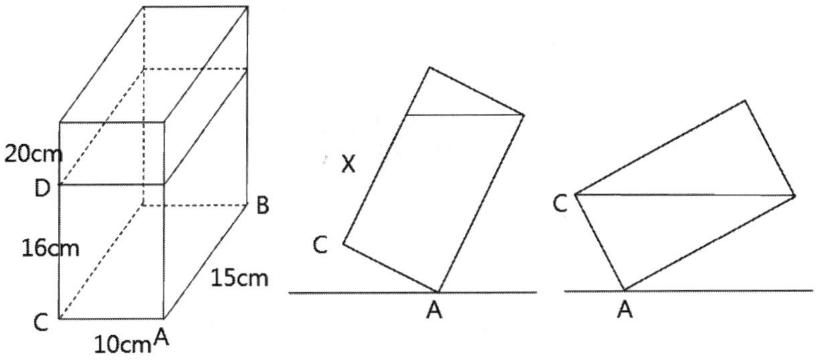

[그림 1] [그림 2]

1) 세로 AB를 중심으로 물이 넘치지 않도록 [그림 1] 오른쪽으로 기울였다. x의 길이를 구하시오.

2) [그림 2]처럼 기울였더니 물이 넘쳐 흘렀다. 넘쳐 흐른 물의 양을 구하시오.

37. 다음은 한 변의 길이가 5cm, 8cm인 정사각형을 이어 붙인 도형이다. 색칠한 부분의 넓이를 구하시오.

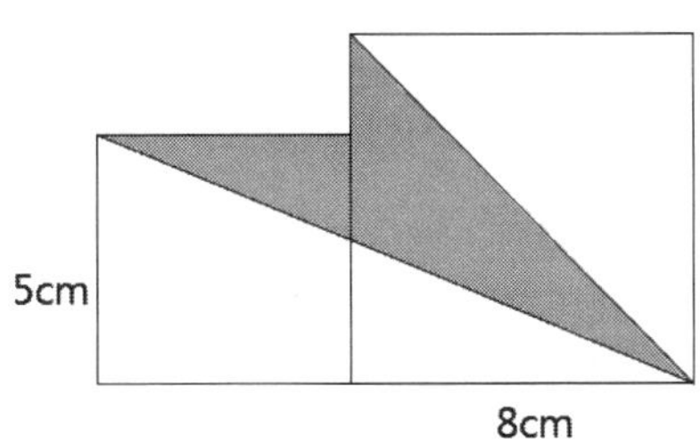

제10장
규칙성

Ⅰ. 이론적 배경

규칙(pattern)은 일상생활에서 문제를 해결하는 데 매우 중요한 역할을 한다. 예를 들어, 기상학자들은 날씨의 규칙을 찾고, 천문학자는 행성의 운동 규칙을 찾고, 수사관은 범인이 남긴 단서에서 규칙을 찾고, 화가는 자연의 아름다움에서 규칙을 찾고, 음악가는 리듬이나 멜로디에서 규칙을 찾고, 경제학자는 인간의 경제 활동에서 규칙을 찾으려고 한다.

오늘날과 같은 인류 문명의 출발점은 곧 규칙의 발견이라고 할 수 있고, 규칙은 수학의 꽃이라고 할 수 있다.

규칙을 찾으려면 비교와 대조가 필요하다. 우리는 변하지 않은 특징과 변하는 특징을 비교해야 한다. 규칙은 수, 도형, 언어, 문자, 음악, 미술 등 다양한 분야에서 찾을 수 있다.

1. 규칙

1) 학습 의의

초등학생들이 규칙성을 학습하는 것은 다음과 같은 가치가 있기 때문이다.

① 자연 환경과 일상생활에서 밀접하다.

② 문제를 해결하는 하나의 전략이다.

③ 수학을 통합적으로 이해할 수 있다. 규칙이라는 관점에서 수, 도형, 측정 등을 학습하면 각 영역을 통합적으로 이해하는 데 도움이 된다.

④ 추론 능력을 발달시킨다. 몇 개의 사례에서 규칙을 발견하고, 검증하여 일반화하는 과정이 추론 능력을 발달시킨다.

⑤ 창의적 사고를 발달시킨다. 규칙을 탐구하게 되면 유창성, 융통성, 독창성 등 창의력을 발달시키는 데 도움이 된다.

2) 패턴의 유형

① 속성 패턴: 각 항들 사이의 관계를 나타내는 패턴

예 2, 4, 6, 8, ..., 1, 2, 4, 8, ... 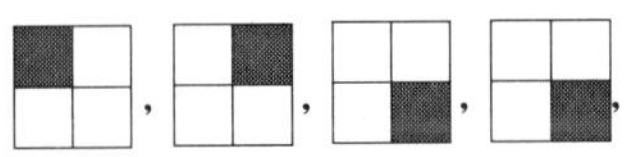 , ...

② 반복패턴: 규칙이 변화되지 않고 반복되는 패턴

예 1, 2, 1, 2, ..., 남자, 여자, 여자, 남자, 여자, 여자, 남자, ...

③ 증가패턴: 규칙이 증가되는 패턴

예 1, 1, 2, 1, 2, 3, ...

④ 대칭패턴: 규칙이 대칭되는 패턴

예 1, −1, 2, −2, 3, −3, ..., △, ▽, △, ▽, △, ▽, ...

⑤ 카오스 패턴: 비정규적인 규칙을 가진 패턴

예 칸토어 집합, 시어핀스키 삼각형 등

예술과 수학의 탄생

테셀레이션

칸토어 집합

길이가 1인 선분에서 가운데 $\frac{1}{3}$을 지운다. 남은 부분에 대해서도 가운데 $\frac{1}{3}$을 지우는 일을 반복하면 무수히 많은 점들이 남게 된다. 이를 칸토어 집합(Cantor set)이라고 하는데 부분과 전체가 같은 모양을 갖는 프랙탈이다.

시어핀스키 삼각형

정삼각형을 그린다. 정삼각형의 세 변의 중점을 잇고 가운데 정삼각형을 지운다. 남은 정삼각형들에 대해서도 같은 일을 반복한다. 이렇게 하여 만든 삼각형을 시어핀스키 삼각형이라고 한다.

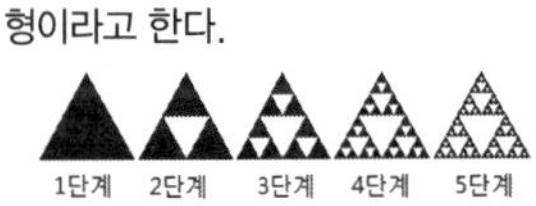

2. 비와 백분율

1) 일상생활에서 비

우리 모둠의 남자와 여자의 비가 1:2, 시속 60km, 감자 1상자에 6,500원, 1인분에 밀가루 $1\frac{1}{2}$컵, 휘발유 1L당 11km(연비), $\frac{4}{4}$박자, 4000rpm, 축척 $\frac{1}{20000}$의 지도, 비가 올 확률 60% 등

2) 비의 활용

서로 다른 두 양을 비교할 때 비를 이용한다.

예 순철이는 4회 슛팅에서 2회 성공하였고, 광수는 10회 슛팅에서 4회 성공하였다면 누가 더 우수한가?

예 승용차로 120km를 가는 데 3시간 걸렸고, 트럭으로 60km를 가는 데 2시간 걸렸다. 어느 것이 얼마나 더 빨리 갔는가?

3) 비교 방법

재완이는 2km를 걷는 데 40분 걸렸고, 문주는 3km를 걷는 데 50분 걸렸다. 누가 빨리 걸었는지 알아보는 방법에는 2가지가 있다.

① 공배수 이용

거리를 같게 하거나 시간을 같게 하여 비교한다.

재인: 6km → 120분 　낙연: 6km → 100분 　따라서 낙연이 빠르다.

재인 : 200분 → 10km 　낙연 : 200분 → 12km 　따라서 낙연이 빠르다.

② 단위의 크기 이용

1km 가는 데 걸린 시간이나 1분에 간 거리를 비교한다.

재인: 1km → 20분 　낙연: 1km → 약 17분 　따라서 낙연이 빠르다.

재인: 1분 → 50m 　낙연: 1분 → 60m 　따라서 낙연이 빠르다.

4) 비의 표현

a : b처럼 표현하고, b에 대한 a의 비, a의 b에 대한 비, a와 b의 비 등으로 읽는다.

5) 비율

비교하는 양을 기준량으로 나눈 값이며, 비의 값이라고도 함

비율 = $\frac{\text{비교하는 양}}{\text{기준량}}$, 비 ⇨ 비교하는 양 : 기준량

예 200:300을 비율로 나타내면 $\frac{2}{3}$

6) 비율 나타내기

① 백분율

기준량을 100으로 하였을 때 비교하는 양을 나타내는 방법으로 %로 표현

$\frac{1}{100}$→ 1%(퍼센트), 25%=$\frac{25}{100}$=0.25=2할5푼

② 할푼리

기준량을 10으로 하였을 때 비교하는 양을 나타내는 방법

$\frac{1}{10}$→ 1할, $\frac{1}{100}$→ 1푼, $\frac{1}{1000}$→ 1리, 0.234→ 2할3푼4리

할푼리는 야구선수의 타율을 나타낼 때 사용되고 있습니다.

7) 비의 성질

전항과 후항에 0이 아닌 같은 수를 곱하거나 나누어도 비율은 같다.

예 빵 20개를 만드는 데 밀가루 300g이 필요하다면 빵과 밀가루의 관계를 표로 나타내면 다음과 같다.

÷20 ÷4 ÷2 ×2 ×5 ×50

빵(개)	1	5	10	20	40	100	1000
밀가루(g)	15	75	150	300	600	1500	3000

÷20 ÷4 ÷2 ×2 ×5 ×50

20 : 300 = 20×2 : 300×2, 20 : 300 = 20÷10 : 300÷10

20 : 300 = 20×0.5 : 300×0.5 20 : 300 = 20÷0.5 : 300÷0.5

3. 전체-부분의 분수와 비의 분수의 차이점

분수는 여러 가지 의미를 지니고 있지만 전체-부분을 나타내는 분수와 비를 나타내는 분수에는 다양한 차이점이 있다. $\frac{3}{5}$을 예로 하여 여러 가지 차이점을 표로 나타내면 다음과 같다.

	전체-부분의 분수	비율		
		전체:부분	부분: 부분	서로 다른 양
$\frac{3}{5}$	전체 5명 중 남자 3명	전체 5명에 대한 남자 3명의 비율	여자 5명에 대한 남자의 비율	5명당 고기 3kg

전체-부분의 분수 $\frac{3}{5}$는 분할된 자체, 즉 전체를 5로 등분한 것 중의 3을 나타내지만 부분 : 부분의 비를 나타내는 $\frac{3}{5}$은 분모, 분자가 증가하거나 감소할 수 있다. 따라서 덧셈과 뺄셈 방법에서도 차이점이 있다.

1) 전체-부분의 분수 덧셈

가지고 있는 색종이의 $\frac{1}{2}$은 빨간색, $\frac{1}{3}$는 노란색이다. 빨간색과 노란색은 전체의 얼마인가?

$$\frac{1}{2}+\frac{1}{3} = \frac{5}{6}$$

2) 비율의 분수 덧셈

어제 4타석 1안타, 오늘 3타석 2안타이면 타율은 얼마인가?

$$\frac{1}{4}+\frac{2}{3} = \frac{3}{7} \text{ (7타석 3안타)}$$

교실에 남자 5명, 여자 10명이 있었는데 남자 2명과 여자 3명이 나갔다. 교실에 남아 있는 여자에 대한 남자의 비는 얼마인가?

$$\frac{5}{10}-\frac{2}{3}=\frac{3}{7}$$

4. 비례식

1) 비례

비율이 같은 두 비를 비례라고 하고, 등호로 나타낸 식을 비례식이라고 한다.

예 2:3과 4:5는 $\frac{2}{3} \neq \frac{4}{5}$이므로 비례가 아니고, 2:3과 4:6은 $\frac{2}{3} = \frac{4}{6}$이므로 비례이고, 비례식으로 나타내면 2:3=4:5이다.

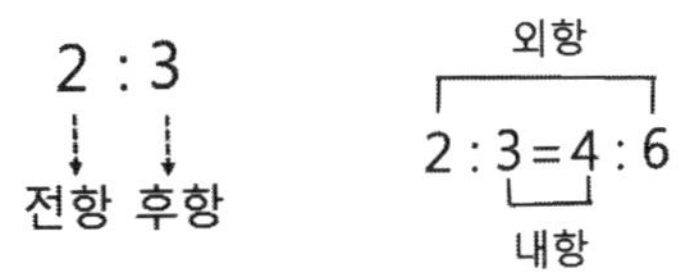

2) 비례식의 성질

① 내항의 곱과 외항의 곱은 같다.

$$a : b = c : d \Leftrightarrow ad = bc$$

② 다음 비례식은 모두 같다.

$$\frac{b}{a} = \frac{d}{c} \quad \frac{b}{d} = \frac{a}{c} \quad \frac{a}{b} = \frac{c}{d} \quad \frac{d}{b} = \frac{c}{a}$$

3) 비례식의 활용

비례식의 문제를 해결하는 전략에는 단위 비율 전략, 연산자 전략, 동치분수 전략, 대각선 곱 전략 등이 있다.

유치원에 어린이가 24명이 있다. 2명에게 장난감 6개씩 주려면 장난감 몇 개가 필요한가?

① 단위 비율 전략

2명에게 6개씩 준다고 하였으므로 1명에게 3개씩 준다. 따라서 24명에게 주려면 24×3=72개가 필요하다.

② 같은 양끼리 비교(스칼라)

스칼라(scala)는 사람 수, 무게, 넓이, 온도 등과 같이 크기만 가지고 있는 양이며, 사칙연산이 가능한 양을 뜻합니다.

12배	2명	6개	19배 6 x 12=72개
	24명	a개	

③ 다른 양과 비교(함수)

함수는 거리와 운임, 사람 수와 입장료 등과 같이 두 변수 사이의 관계를 말합니다.

x 3

2명 → 6개

24명 → a개

x 3 24 x 3=72개

④ 동치분수 전략

$$\frac{6}{2}=\frac{a}{24},\quad \frac{6}{2}=\frac{72}{24}=\frac{a}{24},\quad a=72$$

⑤ 대각선 곱 전략

2명 ⤡ 6개

24명 ⤢ a개

2 x a=6 x 24

a=72

4) 비례배분

전체의 양을 비에 따라 나누는 것을 비례배분이라고 한다.

철수는 3시간, 동명이는 2시간 동안 고구마를 45kg 캤다. 고구마를 일한 시간에 따라 나누려고 한다. 각자 고구마를 몇 kg 가져야 하는가?

↓

전체 45kg

철수 : 동명

3 : 2

↓

전체 5

철수는 전체의 $\frac{3}{5}$,

동명이는 전체의 $\frac{2}{5}$를 갖는다.

철수: $45 \times \frac{3}{5} = 27$kg, 동명: $45 \times \frac{2}{5} = 18$kg

물과 소금을 5:1로 섞어 소금물 240kg을 만들었다. 소금물에 소금은 몇 kg 들어있는가?

소금: $240 \times \frac{1}{6} = 40$kg

Ⅱ. 교과 내용과 교수법

1. 1~2학년군

2수04-01 물체, 무늬, 수 등의 배열에서 규칙을 찾아 여러 가지 방법으로 나타낼 수 있다.

자신의 규칙을 설명하거나 다른 사람의 규칙을 듣고 이해하는 의사소통에 역점을 둡니다.

수학은 곧 패턴이라고 할 만큼 사물이나 현상에서 규칙을 인식하고, 설명하고, 표현하는 능력은 수학과에서 매우 중요하다. 이미 학생들은 노래, 그림, 운동 등 일상생활에서 많은 규칙에 익숙해져 있는데 그런 규칙을 수학적으로 나타내도록 지도한다.

물체나 무늬 배열에서는 크기, 색깔, 위치, 방향 등에 대한 단순한 규칙을 다루어 지도하고, 그런 규칙을 말, 숫자, 기호 등 다양한 방법으로 표현할 수 있도록 한다.

규칙을 찾고 규칙을 이어가는 활동, 규칙을 다른 방법으로 나타내는 활동, 규칙을 수로 나타내는 활동, 규칙을 이용한 게임이나 놀이, 곱셈표에서 규칙 찾기, 곱셈구구에서 규칙 찾기 등은 규칙을 인지하고 규칙을 이용하는 데 적절하다.

8장 도형의 규칙적인 무늬 만들기를 참고하세요.

2수04-02

자신이 정한 규칙에 따라 물체, 무늬, 수 등을 배열할 수 있다.

자신이 규칙을 정하여 그 규칙에 따라 물체, 무늬, 수 등을 배열하고, 이를 다른 사람에게 설명하는 활동은 규칙을 인지하고 활용하는 것뿐만 아니라 창의성을 발달시킬 수 있는 활동이다.

기본 도형을 주고 이를 규칙에 따라 도형을 배열하면 아름다운 무늬를 꾸밀 수 있다.

❖ 다음 무늬를 완성하시오.

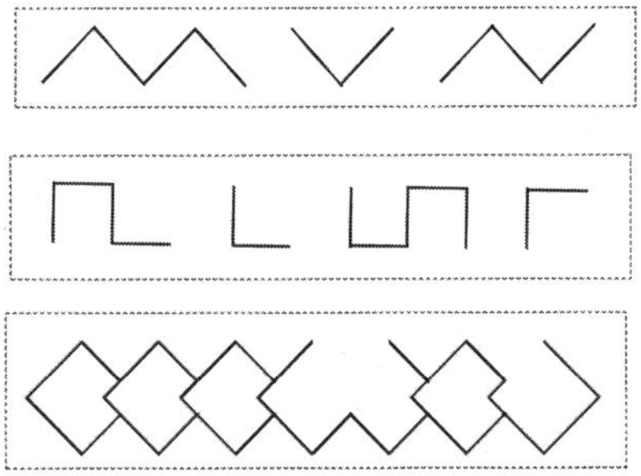

2. 3~4학년군

4수04-01

다양한 변화 규칙을 찾아 설명하고, 그 규칙을 수나 식으로 나타낼 수 있다.

극장이나 공연장의 좌석 번호, 달력, 리듬이나 박자 등 일상생활 장면에서 규칙을 찾고 설명할 수 있도록 하고, 규칙을 수나 식 등 수학적으로 표현하는 방법을 지도한다. 예를 들어, 음악에서 쿵짝짝 쿵짝짝이라는 박자를 122 122 등으로 표현하고, 수로 표현된 규칙을 행동이나 그림으로 표현할 수 있도록 지도한다.

❖ 다음과 같이 규칙에 따라 수를 늘어놓았습니다.

1째 줄	1
2째 줄	1 1
3째 줄	1 2 1
4째 줄	1 3 3 1

- 어떤 규칙인지 설명해보시오.
- 6째 줄의 수를 쓰시오.
- 가장 가운데에 있는 수가 20이라면 몇 째 줄입니까?

2009 개정 교육과정 3~4학년군에서 다루었던 대응관계를 식으로 나타내는 활동은 5~6학년군으로 이동되었습니다.

일반항을 나타내는 식을 이용하는 복잡한 문제는 다루지 않습니다.

4수04-02 규칙적인 계산식의 배열에서 계산 결과의 규칙을 찾고, 계산 결과를 추측할 수 있다.

계산식에서 규칙을 찾고 규칙에 따라 계산 결과를 추측하는 활동으로 수학적인 아름다움을 느낄 수 있고, 수학에 대한 호기심을 자극할 수 있는 자료를 제시한다.

계산기를 사용하여 추측한 결과를 확인하도록 합니다.

2+4=6	1+3=4
2+4+6=12	1+3+5=9
2+4+6+8=20	1+3+5+7=16
2+4+6+8+10=30	1+3+5+7+9=25
……………………	……………………
2+4+6+……+24=□	1+3+5+……+25=□

1 x 9+2=11	1 x 8+1=9
12 x 9+3=111	12 x 8+2=98
123 x 9+4=1111	123 x 8+3=987
……………………	……………………
12345 x 9+6= □	123456 x 8+6= □
……………………	……………………
□ x 9+□ =111111111	□ x 8+□ =987654321

3. 5~6학년군

6수04-01 한 양이 변할 때 다른 양이 그에 종속하여 변하는 대응 관계를 나타낸 표에서 규칙을 찾아 설명하고, □, △ 등을 사용하여 식으로 나타낼 수 있다.

규칙적으로 변하는 두 수 사이의 대응 관계에 대한 학습은 함수의 기초 단계이다. 어느 한 양이 변할 때 다른 양이 그에 종속하여 변하는 대응 관계에서 규칙을 찾아 설명하고, 이를 □, △를 사용하여 식으로 나타내어 보게 한다.

대응 관계를 지도할 때에는 생활 장면에서 다양한 예를 찾아 제시하면서 두 양이 서로 대응하여 변하고 있다는 대응 관계를 이해하는 데 초점을 맞추어 지도하고, 대응 관계를 식으로 나타낼 경우에는 덧셈, 뺄셈, 곱셈, 나눗셈 중 하나로 표현되는 간단한 경우만 다루도록 한다.

6수04-02 두 양의 크기를 비교하는 상황을 통해 비의 개념을 이해하고, 그 관계를 비로 나타낼 수 있다.

덧셈적인 관점을 절대적인 관점, 곱셈적인 관점을 상대적인 관점이라고도 합니다.

두 양을 비교하는 방법에는 두 가지가 있다. 하나는 덧셈적인 관점에서 비교하는 방법이고, 다른 하나는 곱셈적인 관점에서 비교하는 방법이다. 예를 들어, 남자가 5명 있고, 여자가 10명 있을 때, 남자와 여자의 수를 두 가지 방법으로 비교하면 다음과 같다.

2배, $\frac{1}{2}$이 비입니다.

덧셈 관점	여자가 남자보다 5명 더 많다.
	남자가 여자보다 5명 더 적다.
곱셈 관점	여자는 남자의 2배이다.
	남자는 여자의 $\frac{1}{2}$이다.

두 양을 곱셈적인 관점에서 비교하는 방법이 비의 개념이다.

두 양이 곱셈적인 규칙으로 변할 때 이를 비로 나타낼 수 있다. 예를 들어, 택시 1대에 4명씩 탈 수 있다면 택시 2대에는 8명, 택시 3대에는 12명이 탈 수 있다. 이때, 택시의 수와 사람의 수를 비로 나타내면 1:4 또는 4:1이다.

택시비와 간 거리는 비로 나타낼 수 있지만 비례는 아닙니다.

뜻	쓰기	읽기
택시 수와 사람 수의 비	1 : 4	일 대 사
택시 수에 대한 사람 수의 비	4 : 1	사 대 일
사람 수에 대한 택시 수의 비	1 : 4	일 대 사

1 : 4

전항 후항

택시 수에 대한 사람 수의 비란 택시를 1이라고 하였을 때 사람 수를 말하는 것이고, 사람 수에 대한 택시의 비란 사람의 수를 1이라고 하였을 때 택시의 수를 의미한다.

택시 수와 사람 수는 곱셈적인 규칙으로 변하므로 둘 사이는 '비례한다'라고 하고, 비례식으로 나타낼 수 있다.

택시 수(대)	1	2	3	5	8	10
사람 수(명)	4	8	12	20	32	40

$2 : 8 = 10 : 40 \qquad 3 : 12 = 8 : 32$

그러나 택시 타고 간 거리와 택시 요금은 곱셈적인 규칙으로 변하지 않으므로 비례하지 않으며, 비례식으로 나타낼 수도 없다.

간 거리(km)	2	3	4	6	8	10
요금 (원)	3000	3700	4400	5800	7200	8600

$2 : 3000 \neq 4 : 4400 \qquad 3 : 3700 \neq 6 : 5800$

6수04-03

비율을 이해하고, 비율을 분수, 소수, 백분율로 나타낼 수 있다.

서양에서는 비와 비율을 구별하지 않고 사용하는데 우리나라에서는 비와 비율을 구분하고 있다. 비는 두 양 사이의 관계를 나타내며 1:4처럼 쓰는 것을 의미하고, 비율은 비의 값을 의미하고 있다.

비율이란 기준량을 1이라고 하였을 때 비교하는 양의 값을 말한다. 예를 들어, 아버지의 키가 170cm이고, 아들의 키가 150cm라고 하면 아버지의 키를 1이라고 하면 아들의 키는 $\frac{150}{170}=\frac{15}{17}$이다. $\frac{15}{17}\fallingdotseq 0.9$이므로 아버지의 키를 1이라고 하면 아들의 키는 0.9이다. 반대로, 아들의 키는 1이라고 하면 아버지의 키는 $\frac{170}{150}=1\frac{2}{15}$이다. $1\frac{2}{15}\fallingdotseq 1.1$이므로 아들의 키를 1이라고 하면 아버지의 키는 1.1이라고 할 수 있다.

할푼리는 기준량을 1이라고 하였을 때 '할', 100이라고 하였을 때 '푼', 1000이라고 하였을 때 '리'라고 하여 비율을 나타내는 방법입니다. 초등학교 교육과정에 제시되어 있지 않으며, 일상생활에서도 자주 사용되지 않습니다. 야구 선수의 타율을 나타낼 때 사용됩니다.

위에서 본 바와 같이 비율을 나타내는 방법에는 분수, 소수, 백분율, 할푼리 등 여러 가지가 있다.

소수는 기준량을 1이라고 하였을 때 비교하는 양을 나타내는 것이고, 백분율은 기준량을 100이라고 하였을 때 비교하는 양을 나타내는 방법이다.

비의 값을 나타내는 소수가 기준량을 1이라고 하였을 때 비교하는 양을 나타낸다고 하였으므로 소수에 100을 곱하면 기준량을 100이라고 하였을 때 비교하는 양을 구할 수 있다.

퍼센트(percent)는 per cent를 붙여 쓴 것이고, cent는 100을 의미하고 per는 각, 마다의 뜻이므로 퍼센트는 각 100, 100마다, 100당, 100에 대하여라는 의미입니다.

뜻 백분율 $=\frac{\text{비교하는 양}}{\text{기준량}}\times 100$

쓰기 %

읽기 퍼센트

전항과 후항에 0이 아닌 같은 수를 곱하거나 나누어도 비율은 같다는 비의 성질을 이용하여 비를 간단하게 또는 자연수로 나타낼 수 있다.

비율을 평가할 때 인구밀도, 속력, 축척, 농도 등은 다루지 않습니다.

$$450:300=45:30 \\ =3:2$$

$$4.5:0.6=45:6 \\ =15:2$$

6수04-04 **비례식을 알고, 그 성질을 이해하며, 이를 활용하여 간단한 비례식을 풀 수 있다.**

비례식

비례식은 비의 값이 같은 두 비를 등식으로 나타낸 것을 말한다. 3:6의 비의 값은 2이고, 6:12의 비의 값도 2이므로 이를 등식으로 나타내면 3:6=6:12이다. 이 등식을 비례식이라고 한다.

외항

5 : 8 = 15 : 24　　내항의 곱과 외항의 곱은 같다.

내항

비례식의 성질을 이용하면 여러 가지 재미있는 문제도 해결할 수 있다. 다음 그림에서 나무의 높이는 얼마인지 구해 보자.

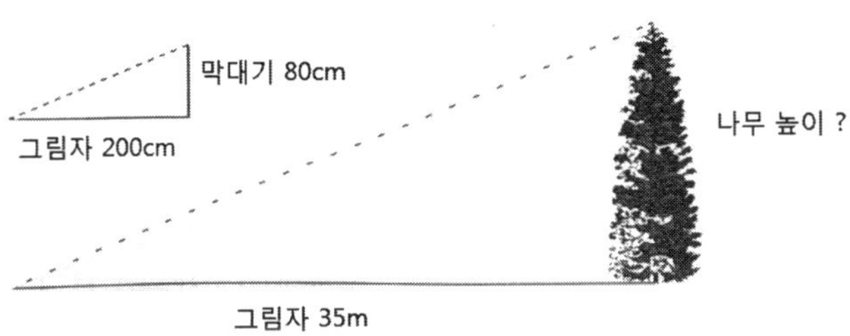

전항과 후항이 같은 것을 나타내도록 비례식을 다음과 같이 여러 가지로 세울 수 있다.

막대기 : 막대기그림자 = 나무 : 나무 그림자

나무 그림자 : 막대기그림자 = 나무 : 막대기

막대기 : 나무 = 막대기 그림자 : 나무 그림자

나무 그림자 : 막대기그림자 = 나무 : 막대기

$$80 : 200 = \square : 3500$$

$$200 \times \square = 80 \times 3500$$

$$200 \times \square = 280000$$

$$\square = 1400\text{cm}$$
$$= 14\text{m}$$

6수04-05

비례배분을 알고, 주어진 양을 비례배분 할 수 있다.

비례배분은 전체를 주어진 비로 나누는 것을 말한다. 예를 들어, 8000원을 5:3으로 나눈다거나 연필 15자루를 2:3으로 나누는 것 등을 비례배분한다고 한다.

여러 번의 조작 활동을 통하여 학생들이 비례배분의 원리를 스스로 깨닫게 하는 것이 중요하다. 이를 귀납적 발견학습 수업모형으로 수업 계획안을 작성하면 그 과정은 다음과 같다.

사례 제시 1)

나눈 것은 전체의 얼마인가?

- 조작활동으로 12개를 1:1로 나누기 ⟹ 6개, 6개 $\frac{1}{2}$ $\frac{1}{2}$

사례 제시 2)

- 조작활동으로 15개를 2:3으로 나누기 ⟹ 6개, 9개 $\frac{2}{5}$ $\frac{3}{5}$

관계 살피기

사례 제시 3)

- 조작활동으로 24개를 5:3으로 나누기 ⟹ 15개, 9개 $\frac{5}{8}$ $\frac{3}{8}$

관계 살피기

가설 설정

- 어떤 사실을 알 수 있을까?
- 조작 활동을 하지 않고 나눌 수 있는 방법은?
- 21개를 2 : 5로 나누어 보자. $21 \times \frac{2}{7} = 6$ $21 \times \frac{5}{7} = 15$

가설 검증

- 조작 활동을 통하여 확인해보자.

일반화 및 적용

- 귤 36개를 동생 12개, 나 24개로 나누어가졌다. 귤을 나눈 비를 구하시오.

Co-Learning 10

1. A는 백분율은 100%보다 클 수 있다고 하고, B는 100%보다 클 수 없다고 주장한다. 이들의 이해를 도와주기 위해 예를 들어 설명하시오.

2. 다음과 같은 신문기사를 보고 만득이와 보검이가 이자율 변화에 대하여 말하였다. 두 사람의 설명이 타당한지/그렇지 않은지 말하시오. 그 이유는?

한국은행 금리 발표
2019년 이자율 2%　　2020년 이자율 2.5%

만득 2020년의 금리는 2019년에 비하여 0.5% 올랐다.
보검 2020년의 금리는 2019년에 비하여 25% 올랐다.
만득 흥, 뭔 소리야! 2에서 2.5로 변했는데
보검 넌 그걸 모르고 있구나.

%와 %p(%포인트)의 쓰임을 알아보세요.

%는 상대적인 관점(곱셈적인 관점)으로 비교하는 것이고, %p는 절대적인 관점(덧셈적인 관점으로 비교하는 것입니다.

3. 어떤 학생이 교실에 있는 남학생과 여학생의 비가 5:4라는 말을 듣고, '그 교실에 남학생이 5명 있을 것'이라고 생각하였다. 이 학생의 해석이 옳은가? 그 이유는?

4. 현석 요리사는 샐러드 드레싱을 만들 때 식용유와 식초의 비를 3:4로 하라고 하였다. 이 말을 들은 세호는 드레싱의 75%가 식용유라고 하였고, 현무는 식용유는 50%가 안 된다고 하였다. 누구 말이 타당한가?

5. 철수는 셔츠를 정가의 60%인 24,000원에 샀다. 철수는 얼마나 절약하였는지 알아보기 위하여 24,000×40%를 계산하였다.

1) 철수의 계산이 타당한가? 그 이유는?

2) 철수는 할인되기 전의 가격 즉, 정가를 알아보려고 24000원의 60%(24000×0.6=14400원)를 24000원에 더하였더니 38400원이었다. 철수의 계산이 타당한가?

3) 철수의 계산을 지켜보던 동수가 24000÷0.6으로 계산하면 된다고 하였다. 철수는 왜 그런지 이해하지 못하고 있다. 철수가 이해할 수 있도록 설명하시오.

6. 15%의 소금물을 10% 증발시킨 후, 30%의 소금물 200g을 섞어서 20%의 소금물이 되었다면 증발시키기 전의 15% 소금물의 양은 얼마였는가?

7. 옷가게를 운영하는 미영이는 블라우스 1벌을 200,000원에 사서 20% 이익을 붙여 팔려고 전시하였으나 팔리지 않았다. 그래서 20% 할인하였더니 팔렸다. 미영이는 이익도 손해도 보지 않았다고 하였다. 미영이의 주장은 타당한가?

8. Archimedes의 지렛대 법칙은 다음 그림과 같이 2개 이상의 무게를 측정하는 것으로 확장될 수 있다. 임의의 무게에 대한 지렛대 법칙을 일반화(공식)하시오.

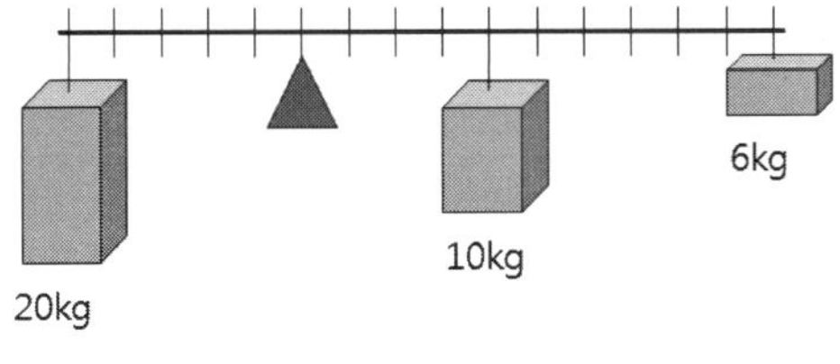

9. 길동이와 몽룡이는 같은 금액으로 주식에 투자하였다. 길동이의 주식은 15% 올랐다가 15% 떨어졌고, 몽룡이의 주식은 15% 떨어졌다가 15% 올랐다. 누가 얼마나 이익을 보았는가?

10. 다음 기사를 읽고 각 팀의 배당금액을 구하시오.

> 한국야구위원회(KBO) 규정에 따라 성적에 따른 포스트시즌 수익금 분배를 받는다. KBO 사무국에 다르면 올해 포스트시즌 총 수익금은 87억 9900만 원이다. 규정상 포스트시즌을 치르는 데 사용한 예상 비용을 제외한 나머지가 포스트시즌 진출 팀들에게 돌아간다. KBO가 추정한 예상 비용은 43억 1100만 원이다.
>
> 나머지 금액 중 정규 시즌 우승팀인 두산이 20%를 받고, 한국시리즈 우승팀 자격으로 나머지 금액 중 50%를 또 가져간다. 준우승팀인 키움은 나머지 금액의 25%를, 플레이오프에서 패한 3위팀 SK 와이번스는 14%, 준플레이오프에서 패한 4위팀 LG 트윈스는 9%, 와일드카드 결정전에서 패한 NC 다이노스는 3%씩을 각각 받는다. 포스트시즌에 진출하지 못한 팀은 배당금이 없다.
>
> 〈스포츠 조선〉

각 팀의 배당금을 구하시오.

11. 같은 제품을 생산하는 A라인과 B라인이 있다. A라인에서는 30명이 3시간에 30대를 만들어내고, B라인에서는 60명이 6시간에 60대를 만들어내고 있다. 어느 라인이 더 생산성이 높은가? 그 이유는?

12. 어느 반의 남자와 여자의 비는 3:4이다. 남자는 여자의 몇 %이고, 전체의 몇 %인가?

13. 어느 학생이 $3\frac{1}{4}$%를 소수로 나타내면 0.03+0.25이므로 0.28이라고 주장하고 있다. 이 학생의 주장은 타당한가? 그 이유는?

14. 다음 두 양은 비례인지 알아보시오.

1) 양초의 남은 길이와 초가 타는 시간

2) 섭씨 온도와 화씨 온도의 관계

3) 높은 곳에서 공을 떨어뜨렸을 때 공의 높이와 튀어 올라온 높이

4) 500원짜리 과자 봉지의 수와 가격

5) 속력과 걸린 시간

15. 지름이 20cm인 피자 가격이 15,000원이라면 지름이 25cm인 피자 가격을 구하기 위하여 x : 15,000=25:20이라는 비례식을 세웠다. 타당한가/그렇지 않은가? 그 이유는?

16. 보석에서 금의 양을 캐럿 K로 나타낸다. 즉, 24K는 순금을 나타낸다. 14K로 만든 금목걸이 400g에는 금이 얼마나 들어 있는가? 금 1g의 값이 45,000원이면 이 목걸이의 값은 얼마쯤 하겠는가?

17. 방정식을 사용하지 않고 ?에 들어갈 가장 작은 자연수를 쓰시오.

1) 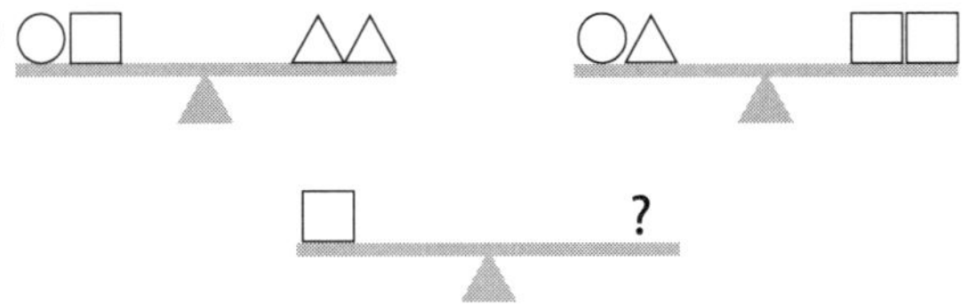

2) 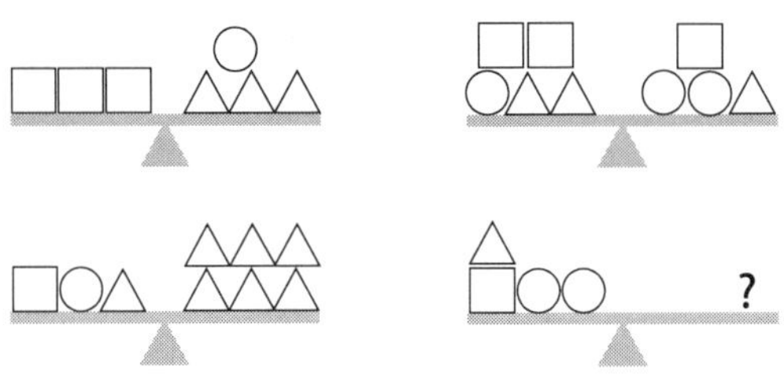

3) 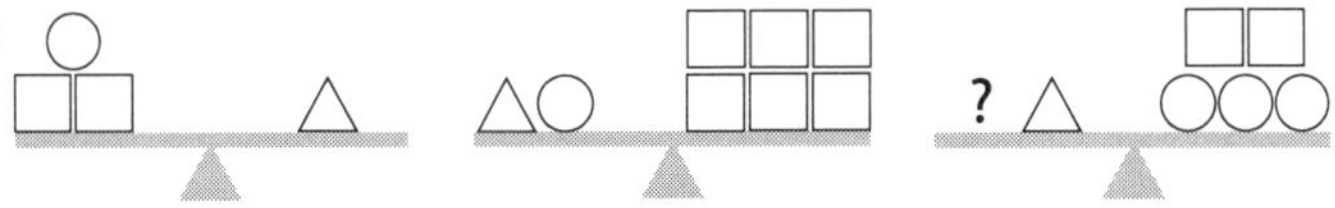

18. 귤을 1사람에게 7개씩 나누어주면 6개가 모자라고, 5개씩 나누어 주면 4개가 남는다. 귤과 사람의 수를 구하시오.

미지수나 방정식을 사용하지 않고 해결하세요.

19. 자매가 같은 금액을 가지고 여행을 갔다. 동생은 매일 3000원씩 쓰고 언니는 3500원씩 썼다. 집에 돌아왔을 때 언니는 돈을 다 썼는데 동생은 5000원이 남았다. 자매가 가지고 있었던 돈은 얼마이고 며칠이나 여행하였는가?

미지수나 방정식을 사용하지 않고 해결하세요.

20. 형과 동생이 가지고 있는 구슬은 모두 1500개이다. 형은 동생이 가지고 있는 구슬의 2배보다 300개 더 많이 가지고 있다. 형과 동생은 구슬을 몇 개씩 가지고 있는가?

그림을 그려서 해결하세요.

21. 일정한 규칙에 따라 수를 늘어놓았다. □안에 알맞은 수를 쓰시오.

1) 1, 4, 8, 13, □, 26, ⋯

2) 2, 1, 4, 3, □, 5, 8, 7, □, ⋯

3) 3, 7, 13, 21, 31, □, □, □, 91, ⋯

4) 2, 3, 7, □, 21, □, 58, ⋯

5) $\frac{1}{2}$, $\frac{2}{3}$, $\frac{3}{5}$, $\frac{5}{8}$, $\frac{8}{13}$, □, □, $\frac{34}{55}$

22. 다음 그림과 같이 기호가 특정 규칙을 나타낼 때 □ 안에 알맞은 숫자나 문자를 넣으시오.

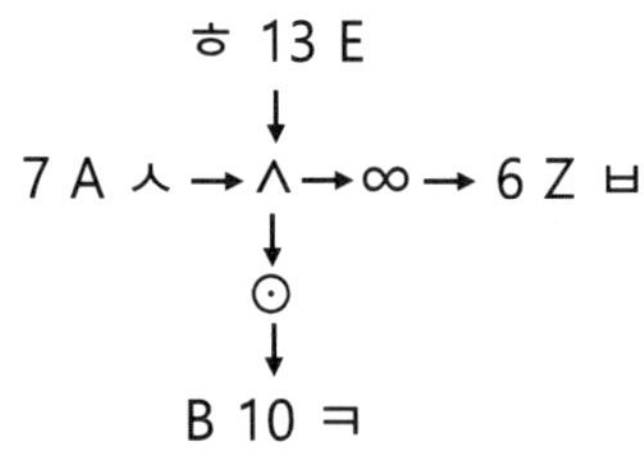

1) 24 Q ㅍ → ∞ → ∧ → ⊙ → □

2) V ㄷ A → ∧ → ∧ → ⊙ → □

3) ㄱ W ㅊ → ∞ → ⊙ → ∞ → ∧ → □

23. 다음은 움직이는 숫자판이다. 어떤 규칙으로 움직였는지 빈 곳에 알맞은 수를 넣으시오.

5	9	12
15		10
3	16	7

⇨

		9
12	16	

24. 수지 농장에서는 토끼 140마리를 큰 토끼장과 작은 토끼장에 넣어 기르고 있다. 수컷은 32마리이고, 큰 토끼장에는 작은 토끼장보다 6마리 더 많이 들어있다. 작은 토끼장에는 암컷이 44마리 들어있다면 큰 토끼장에는 수컷이 몇 마리 들어있겠는가?

미지수 ×, □ 등을 사용하지 않고 해결하세요.

25. 형은 8시에 시속 4km로 걸어서 집을 출발하였고, 동생은 10시에 시속 8km로 자전거를 타고 집을 출발하였더니 목적지에 동시에 도착하였다. 집에서 목적지까지의 거리와 목적지에 도착한 시각을 구하시오.

미지수나 방정식을 사용하지 않고 해결하세요.

26. 약 2,000년 전에 유클리드는 다음과 같은 문제를 제기하였는데 이를 황금비 문제라고 한다.

> 직사각형에서 정사각형을 잘라내더라도 남은 직사각형의 가로와 세로 길이의 비가 원래 직사각형의 가로와 세로 길이의 비가 유지되게 하려면 직사각형의 가로와 세로 길이의 비는 얼마이어야 하는가?

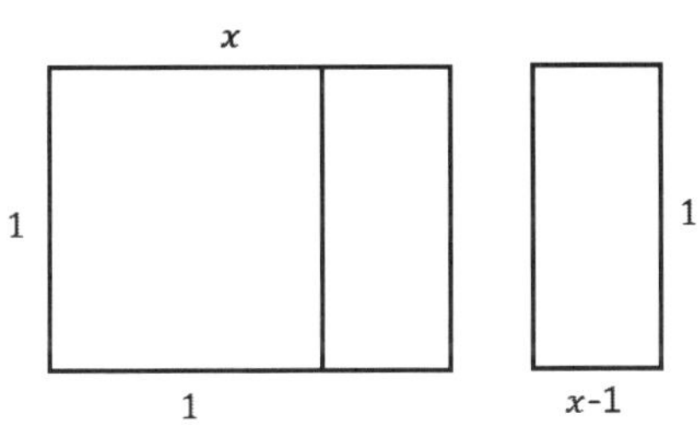

황금비

제11장

자료와 가능성

Ⅰ. 이론적 배경

1. 통계

개별적인 현상에서는 어떤 성질이나 특성을 알아볼 수 없지만 많은 현상을 집단적으로 묶어 관찰하면 어떤 규칙이나 경향을 찾을 수 있다. 이와 같이 통계는 어떤 집단의 특성이나 경향 등을 알아보는 학문으로 미래 정보화 사회에서 중요성이 더욱 더 증가되는 분야이다.

자료분석의 시작

통계학은 크게 기술통계학과 추측통계학으로 분류된다.

기술통계학(descriptive statistics)은 어떤 집단의 특성을 설명하기 위하여 대푯값이나 분포 등을 알아보는 분야로서 얻어진 자료를 분석하는 데 초점이 있으며, 전체 집단의 특성을 유추하지 않는다.

추측통계학(inferential statistics)은 일부 자료(표본)에서 얻은 결과를 바탕으로 전체 집단의 특성을 추측하는 분야로서 현대 통계학의 핵심이다.

통계를 이용하여 문제를 해결하고자 할 때에는 대체로 다음과 같은 과정을 거치게 된다.

big data의 활용

목적 확인 → 자료 수집 → 분류, 정리 → 해석 → 판단

① **목적 확인**: 목적이 분명해야 자료의 수집과 분류, 정리를 제대로 할 수 있다.

② **자료 수집**: 자료가 목적에 적절한가(타당성), 정확하고 타당한 방법으로 자료가 수집되었는가(신뢰성)를 고려해야 한다.

③ **분류와 정리**: 집단의 특성을 알기 쉽게 표와 그래프, 평균 등을 나타낸다.

④ **해석**: 표와 그래프를 바탕으로 자료를 분석(종류별 개수, 가장 많은 것과 가장 작은 것 등)

⑤ **판단**: 자료에 근거하여 목적에 따른 의사결정

통계와 관련된 다음 용어에 대하여 알아보시오.

표본과 모집단, 통계량, 모수, 점추정과 구간추정, 신뢰도, 귀무가설과 대립가설, 유의수준

1) 대푯값

- 대푯값(representative value): 자료의 분포 또는 경향을 하나의 값으로 나타낸 것이다.
- 최빈값(mode): 자료 중에서 가장 많이 관찰된 도수를 갖는 자료값이다. 최빈값은 1개 이상일 수 있다.

  예 자료값이 2, 2, 2, 3, 4, 5, 5, 5이라면 최빈값은 2, 5이다.
- 평균(mean): 자료 전체의 합을 자료의 개수로 나눈 값이다.

  예 자료값이 2, 2, 2, 3, 4, 5, 5, 5이라면 평균은 $(2+2+2+3+4+5+5+5)\div 8=3.5$이다.
- 중앙값(median): 자료값을 크기 순서대로 늘어놓았을 때 중앙에 위치한 값이다. 자료의 개수가 짝수일 때에는 가운데 두 값의 평균으로 구한다.

  예 자료값이 2, 2, 2, 3, 4, 5, 5, 5이라면 중앙값은 $(3+4)\div 2=3.5$이다.

- 평균에 대한 이해

① 평등(leveling out) 의미: 운동장을 평평하게 고르듯이 주어진 자료의 수를 모두 같게 만들었을 때의 값을 말한다.

예 4, 3, 6, 5, 2의 평균

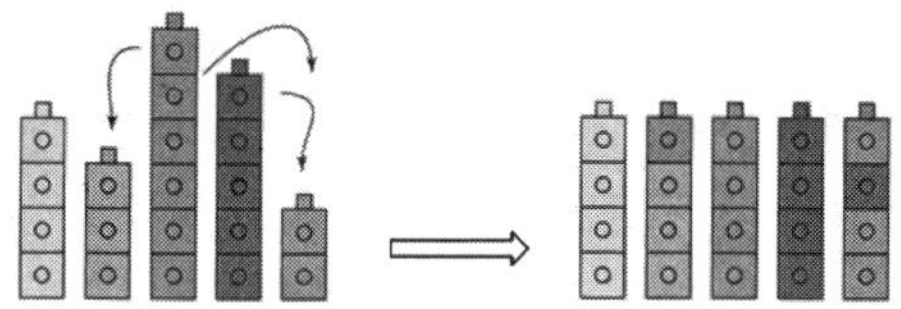

평평하게 고르면 **평균 4**

② 수평(balance point) 의미: 자료의 값을 막대 위에 올려놓았다고 가정하면 지렛대의 원리를 이용하여 막대가 수평을 이루게 하는 받침점이 평균이다.

예 4, 4, 4, 12의 평균

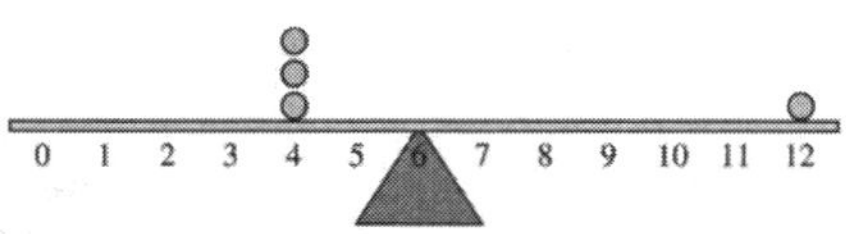

수평을 이루게 하는 점 **평균 6**

평균의 두 가지 의미: 평등과 균형
목적과 필요에 따라 여러 가지 평균이 있습니다.

산술평균: 단순평균

가중평균: 중요도에 해당하는 가중치를 곱하여 구하는 평균

조화평균:시속 akm/h와 시속 bkm/h의 평균 속력은 a와 b의 조화평균임

기하평균:경제성장률, 인구증가율 등

2) 분포

① 범위(range)

자료값의 최소값과 최대값의 차이다. 이해하기 쉽고 계산하기 편리하지만 자료값의 분로 상황을 짐작하기 어렵다.

예 자료값이 2, 4, 5, 3, 6, 3, 4, 7, 5라면 범위는 7−2=5이다.

② 사분위수(quartile)

자료값을 크기에 따라 순서대로 늘어놓았을 때,자료를 4등분한 값이며, 작은 것부터 1분위수, 2분위수(중앙값), 3분위수 등이라고 한다.

예 자료값이 2, 3, 4, 5, 6, 7, 8, 9, 10, 11, 12이라면 1분위수는 4, 2분위수는 7, 3분위수는 10이다.

중앙값(Q2)

1분위수(Q1) ↓ 3분위수(Q3)

2, 3, 4, 5, 6, 7, 8, 9, 10, 11, 12

상자-수염 그림

상자-수염 그림 그리기

③ 백분위(percentile)

자료값을 크기에 따라 순서대로 늘어놓았을 때, 자료를 100등분한 값이다.

예 창호의 수학 백분위 점수가 75점이라면 전체의 75%가 창호보다 성적이 낮다는 것을 의미한다. 같은 의미로 창호는 상위 25%에 속한다고 할 수 있다.

④ 표준편차(standard deviation)

자료값이 평균으로부터 얼마나 떨어져있는지, 즉 흩어져 있는 정도를 나타내는 값이다. 표준편차가 0에 가까울수록 자료값들이 평균 근처에 모여있다는 것을 의미하며, 표준편차가 클수록 자료값들은 평균으로부터 멀리 퍼져 있다는 것을 의미한다.

3) 표

① 표: 자료를 분류하고 정리하여 항목에 따라 나타낸 것이다.

② 표의 제목, 측정 단위 등이 제시되어야 하고, 표의 행과 열의 개수, 계급의 크기 등은 목적에 따라 적절하게 조절한다.

③ 상대도수: 각 계급의 도수를 전체 도수로 나눈 값을 상대도수라고 하며, 상대도수를 나타낸 표를 상대도수분포표라고 한다. 상대도수는 자료의 수가 다른 두 집단의 분포 상태를 비교할 때 활용된다.

④ 누적도수: 작은 계급(또는 큰 계급)의 도수부터 어느 계급의 도수까지 차례대로 더한 도수의 합을 말한다.

⑤ 누적상대도수: 누적도수를 전체 도수의 합에 대한 비율이다.

질적 자료(qualitative data)
성별, 혈액형, 좋아하는 운동 등과 같이 수로 나타낼 수 없는 자료를 말합니다. 남자를 1, 여자를 2로 나타내었을 때, 1, 2는 질적 자료입니다.

4) 그래프

① 종류: 비교 그래프(막대그래프, 그림그래프 등), 경과그래프(꺾은선 그래프 등), 비율그래프(원그래프, 띠그래프 등)

② 막대그래프: 질적인 자료의 분포와 빈도를 막대의 길이로 나타내는 가장 간단하고 널리 사용되는 그래프이다.

과목별 좋아하는 학생 수

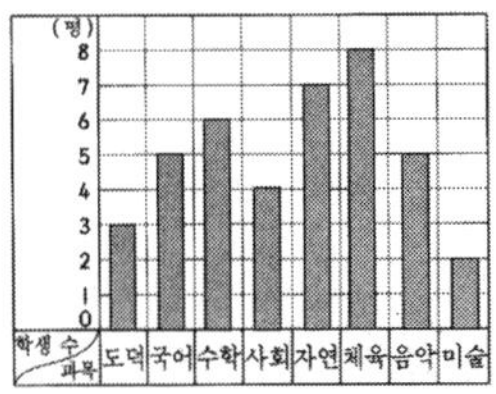

집에서 수학 공부한 시간

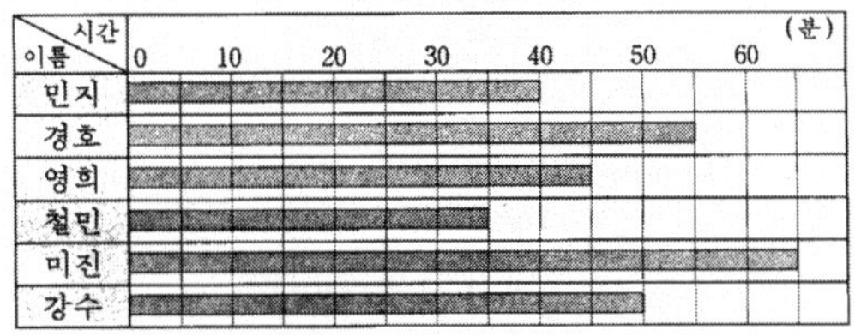

특징: 자료의 크기를 정확하게 나타낼 수 있고, 비교하기 쉽다.

③ 그림그래프: 흥미와 식별의 편의를 위해 그림으로 자료의 크기를 나타내는 그래프이다.

좋아하는 운동

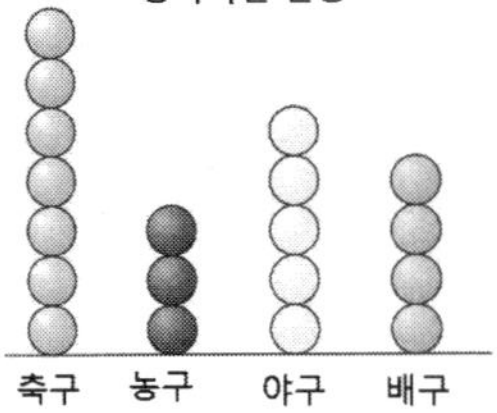

경기장에 입장한 사람 수

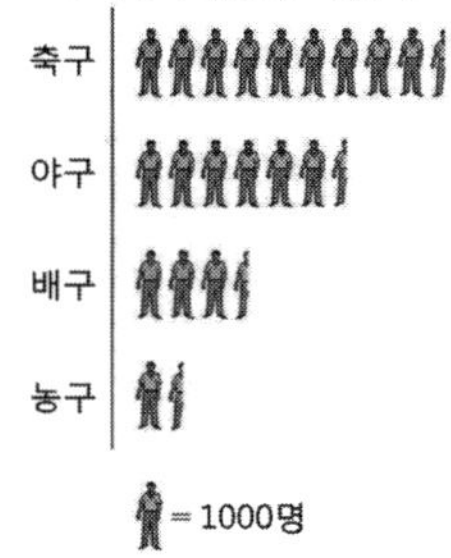

특징: 시각적인 효과가 크다. 실물 모양의 크기로 나타내므로 의미를 쉽게 알 수 있다.

④ 꺾은선그래프: 시간의 경과에 따라 자료의 변화를 나타내는 그래프로 연속적 자료에 사용된다.

교실의 온도

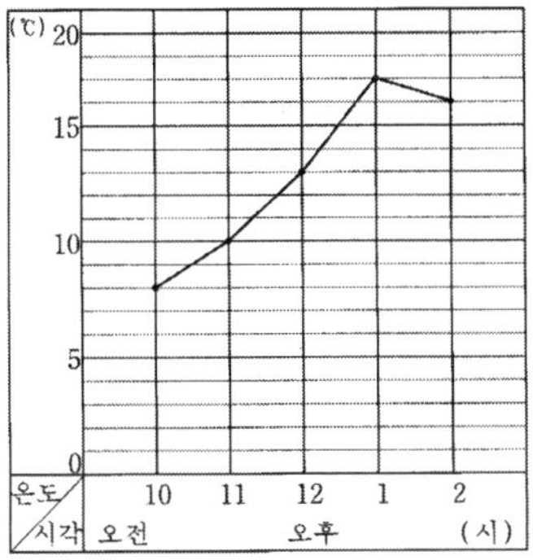

특징: 시간의 경과에 따라 변화와 변화의 정도를 알 수 있다.
조사하지 않은 중간의 값도 짐작할 수도 있다.

④ 띠그래프: 전체에 대한 부분의 양을 비율에 따라 직사각형인 띠에 나타내는 그래프이다.

혈액형별 학생 수

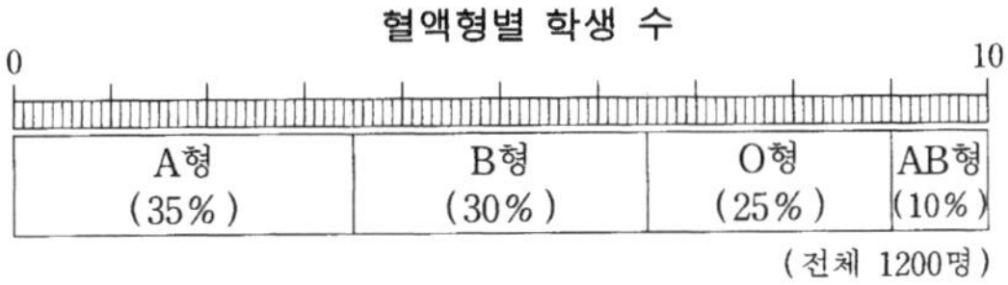

특징: 부분과 전체, 부분과 부분의 비율을 비교하기 쉽다.
비율을 길이로 나타내므로 쉽게 알아볼 수 있다.

⑤ 원그래프: 전체에 대한 부분의 양을 비율에 따라 원에 나타내는 그래프이다.

종류별 쓰레기 발생률

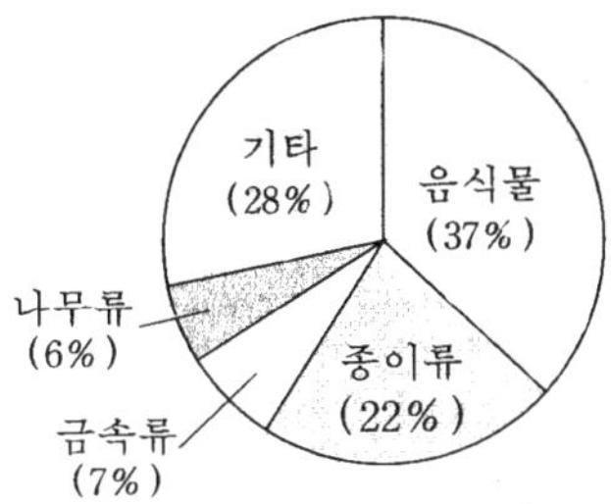

(총 55000 톤)

특징: 부분과 전체, 부분과 부분의 비율을 비교하기 쉽다. 차지하는 공간이 작다.
전체적인 관계를 알기 쉽다.

그래프의 종류

5) 통계의 오·남용

① 조사연구 해석에서 유의할 점

- 조사 대상의 수
- 반응한 사람의 수
- 조사 대상을 추출한 방법
- 조사자의 편의(bias)

② 그래프 오남용

- 눈금의 크기(scale)

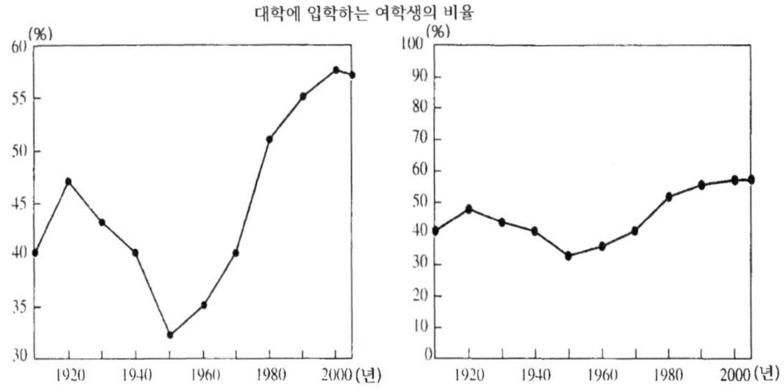

- 가로축과 세로축의 조작

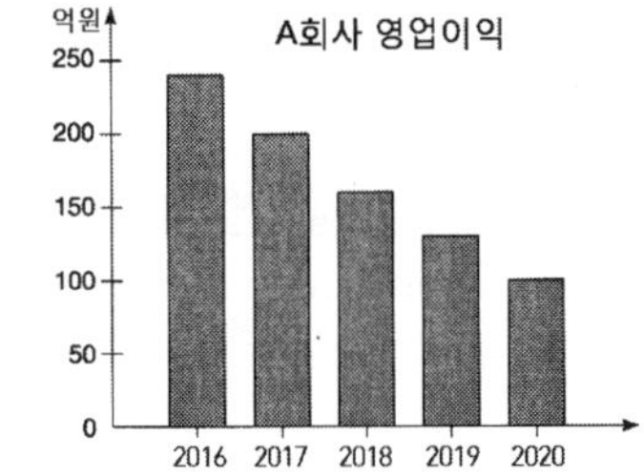

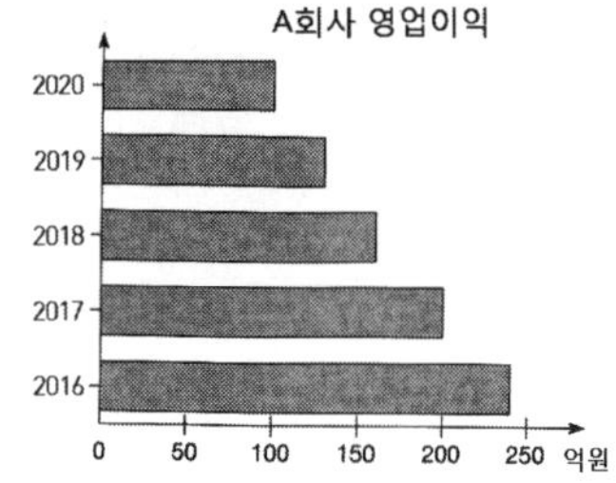

- 그림그래프에서 그림의 크기

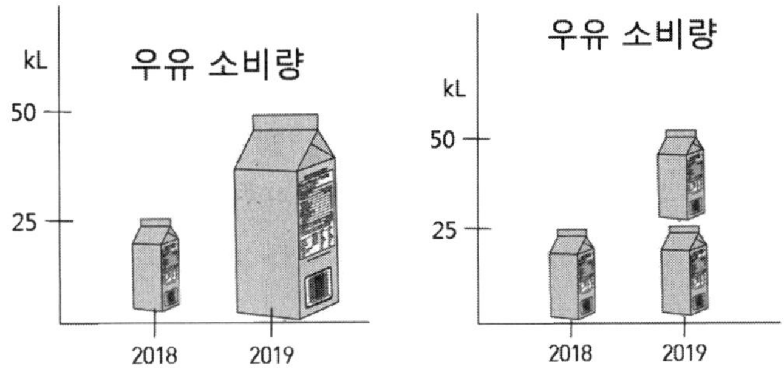

- 의도적인 시각 효과

지역별 고급 휘발유 소비량

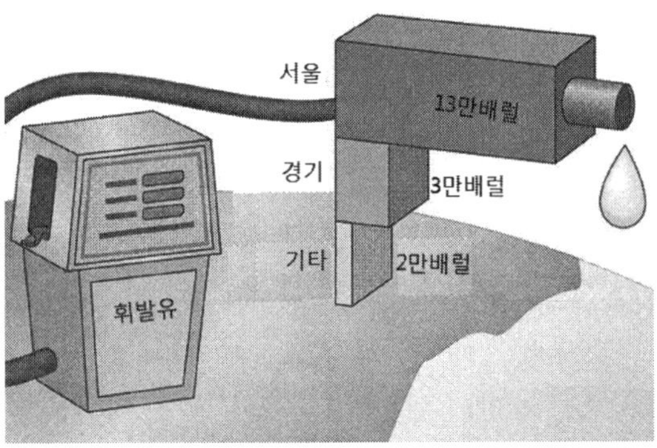

서울의 소비량이 많다는 것이 부각되어 보입니다.

- 입체그래프의 시각적 효과

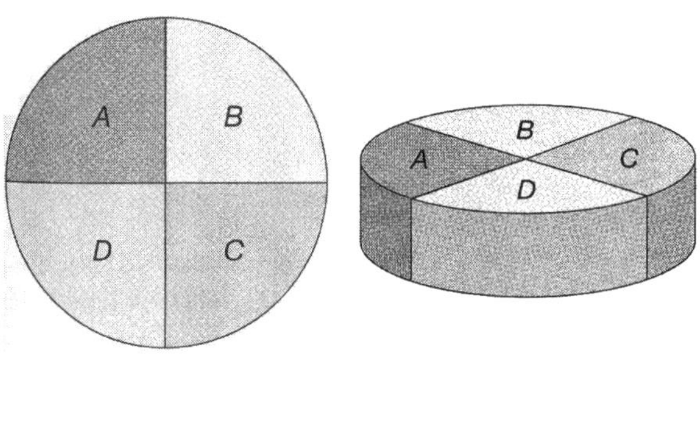

2. 확률

확률과 관련된 다음 용어에 대하여 알아보시오.

독립사건, 조건부 확률, 확률변수, 정규분포와 z점수, 큰 수의 법칙, 중심극한정리

확률이란 어떤 사건이 일어날 것으로 기대되는 정도 또는 일어날 가능성을 수로 나타낸 것이다. 확률과 관련된 주사위 게임 등은 오랜 역사를 가지고 있지만 확률을 수학적으로 다루기 시작한 것은 17세기 이후이다.

초등학교에서 확률은 수학적인 확률보다는 경험적인 확률, 수로 나타내는 확률보다는 언어로 표현하는 확률 등으로 접근하여 확률에 대한 기초적인 개념을 형성하는 수준에서 학습한다.

1) 확률 종류

① 수학적 확률

시행에 대해 모든 경우의 수가 n가지이고, 사건 E가 일어나는 경우의 수가 r가지일 때, 확률 $p(E)=\frac{r}{n}$이다. 선험적 확률, 이론적 확률이라고도 한다.

② 경험적 확률

시행 횟수에 대한 그 사건의 상대 도수의 극한값으로 나타낸다.

예 찌그러진 동전을 던졌을 때 앞면이 나올 확률은 수학적으로 구할 수 없다. 이 동전을 5000번 던졌는데 앞면이 3400번 나왔다고 하면 앞면이 나올 확률은 0.68이다. 통계적 확률이라고도 한다.

주관적 확률도 있습니다.

2) 확률 표현

초등학교에서 확률을 가능성이라는 용어를 사용하며, 가능성의 정도를 수가 아닌 불가능하다, ~아닐 것 같다, 반반이다, ~일 것 같다, 확실하다 등 언어로 표현하여 확률 개념에 쉽게 접근할 수 있도록 한다. 가능성을 수로 표현할 때에는 0, $\frac{1}{2}$, 1, 또는 $\frac{1}{2}$보다 작다 등으로 나타낸다.

3) Piaget의 확률 개념 발달

인지발달과 마찬가지로 신체적인 성숙에 따라 확률 개념의 발달 수준을 제시하였다.

① 1단계(~7살)

우연적인 사건과 필연적인 사건을 구별하지 못한다.

예 빨간 공 1개와 흰 공 4개를 주머니에 넣은 다음, 공 1개를 꺼내면 어떤 공이 나오겠는가라고 물으면 빨간 공이라고 대답한다.

② 2단계(7살~14살)

우연적인 사건과 필연적인 사건을 구별하지만 가능성의 목록을 체계적으로 제시하지 못한다.

예 주사위 2개를 던지면 어떤 눈이 나오겠는가라고 물으면 체계적으로 대답하지 못하고 생각나는 대로 대답한다.

③ 3단계(14살~)

조합적인 분석을 하며, 비율적 사고가 가능하여 확률을 상대도수의 극한으로 이해할 수 있다. 비율 개념이 확률 개념을 형성하는 데 결정적이다.

10억으로 로또를 산다면?

4) Jones, Thornton, Langrall(1997)의 확률 개념 발달

확률 개념은 신체적인 성숙보다는 경험과 더불어 점차 발달한다는 관점에서 확률 개념의 발달 수준을 제시하였다.

① 1수준(자기중심기)

우연과 필연을 구별하지 못하는 수준으로 주관적으로 판단한다.

② 2수준(과도기)

가능성을 비체계적으로 제시한다. 다음과 같은 상자에서 B상자가 검은 공을 꺼낼 기회가 많다고 생각한다.

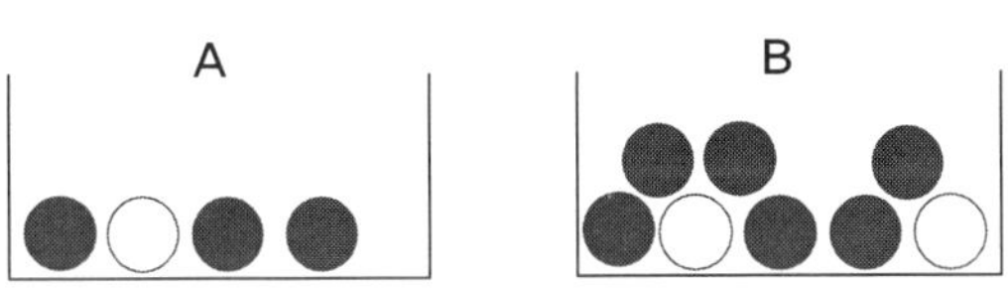

③ 3수준(비형식적 수량화 수준)

가능한 일에 대하여 어느 정도 체계적인 감각을 가지고 있지만 완전한 수량화 수준(4개 중 3개 등)에 미치지 못한다.

④ 4수준(형식적 수량화 수준)

충분한 경험을 바탕으로 확률을 이론적으로 분석하는 능력이 있다.

Ⅱ. 교과 내용과 교수법

1. 1~2학년군

2수05-01

교실 및 생활 주변에 있는 사물들을 정해진 기준 또는 자신이 정한 기준으로 분류하여 개수를 세어보고, 기준에 따른 결과를 말할 수 있다.

분류는 개념 형성의 기초입니다.

어느 집단에 대하여 조사한 자료 그 자체로는 집단의 특성을 파악하거나 문제를 해결하는 데 가치가 적지만 자료를 어떤 기준에 따라 분류하면 집단의 특성이 드러나고 문제를 해결하는 데 도움이 된다. 이것이 바로 통계의 목적이고 분류는 그 첫 과정이다.

분류할 때에는 기준이 필요한데 기준이란 객관적이어야 한다. 예를 들어, 큰 것과 작은 것, 또는 좋아하는 것과 싫어하는 것, 예쁜 것과 그렇지 않은 것 등은 분류기준이 될 수 없다. 누가 분류하여도 같은 결과가 되는 기준이어야 한다.

분류 기준을 제시하고 분류해보게 하여 올바르게 분류하였는지 살펴보고, 분류한 결과를 기록하고 발표할 수 있도록 지도한다. 이런 활동이 익숙해지면 자신이 정한 기준에 따라 자료를 분류하게 한다. 분류 기준을 생각해내는 것은 사물을 보는 관점을 의미하는데 남과 다른 관점으로 사물을 분류하도록 지도하는 창의성을 발달시키는 데 도움이 된다.

또, 분류한 사물을 보고 분류 기준을 알아보게 하는 활동은 가역적 사고를 요구하는 것으로 의미있는 활동이다.

학생들이 실생활에서 친근하게 느낄 수 있는 소재를 활용하면 학생들이 관심을 가지고 학습에 적극 참여하게 됩니다.

2수05-02

분류한 자료를 표로 나타내고, 표로 나타내면 편리한 점을 말할 수 있다.

사물을 분류한 것을 표로 나타내면 알아보기 쉽다는 것을 깨달을 수 있는 자료를 제시한다.

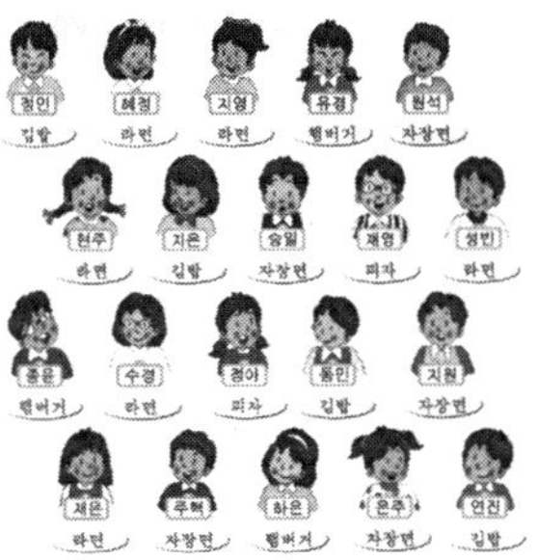

표의 필요성 느끼기

누가 무엇을 좋아하는지 알 수 있다.

라면을 좋아하는 사람이 몇 명인지 알아보려면 불편하다.

가장 좋아하는 음식이 무엇인지 알아보기 어렵다.

조사한 처음의 자료, 정리되지 않은 자료를 원시자료(raw data)라고 합니다.

원시자료에서 불편한 점이 무엇인지 살펴보세요.

처음부터 좋아하는 음식이 무엇인지를 표에 기록한다. 기록할 때에는 / 표를 하지만 正으로 나타내어도 된다.

음식별 좋아하는 학생 수

좋아하는 음식	라면	김밥	햄버거	피자	자장면	계
세기	//	/		/		
학생 수 (명)						

표를 만들 때 자료가 중복되거나 빠지지 않도록 세어보는 방법을 함께 지도합니다.

세기를 할 때 正으로 표시할 수 있습니다. /(tally)는 서양식이지만 한자 문화권에서는 正로 표시하였습니다.

자료를 표로 정리하면 누가 무엇을 좋아하는지 등의 정보는 상실됩니다. 원시자료와 표의 차이점에 유의하세요.

음식별 좋아하는 학생 수

좋아하는 음식	라면	김밥	햄버거	피자	자장면	계
세기	卌/	////	下	/	正	
학생 수 (명)	6	4	3		5	

표로 나타내었을 때 좋은 점을 느낄 수 있도록 적절한 질문하면서 학생들과 논의한다.

2수05-03

분류한 자료를 ○, ×, ／ 등을 이용하여 그래프로 나타내고, 그래프로 나타내면 편리한 점을 말할 수 있다.

막대그래프를 그리기 위한 사전 활동으로 자료의 수만큼 ○, ×, ／ 등으로 그래프에 나타내거나 해당되는 칸에 색칠한다.

표와 그래프로 나타내는 활동에서는 생활 주변 또는 학생들의 흥미와 관심이 있는 자료들을 활용하며, 분명하고 간단한 것을 다룹니다.

과일별 좋아하는 학생 수

8					
7					
6	○				
5	○				
4	○				
3	○				
2	○				
1	○				
학생 수 (명) / 과일	사과	배	딸기	바나나	포도

과일별 좋아하는 학생 수

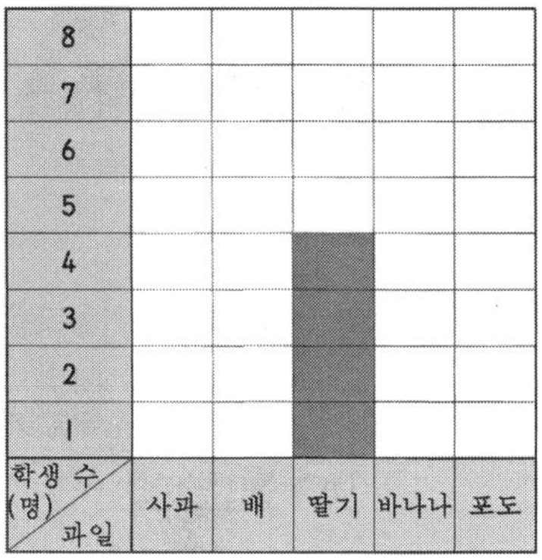

2. 3~4학년군

4수05-01

실생활 자료를 수집하여 간단한 그림그래프나 막대그래프로 나타낼 수 있다.

1~2학년군에서는 자료를 분류하고 분류한 결과를 표로 나타내고, 표를 비형식적인 그래프로 나타내었다.

3~4학년군에서는 자료를 분류한 표를 보고 막대그래프와 그림그래프로 나타내는 활동을 한다. 표보다는 막대그래프로 나타내었을 때 좋은 점, 편리한 점이 부각될 수 있는 자료를 활용하는 것이 그래프의 필요성을 느끼게 할 수 있을 것이다.

막대그래프는 질적인 자료를 나타낼 때 사용됩니다.

모둠별 신문지의 무게

모 둠	무궁화	개나리	진달래	꽃잔디	계
무게(kg)	37	59	94	82	272

모둠별 신문지의 무게

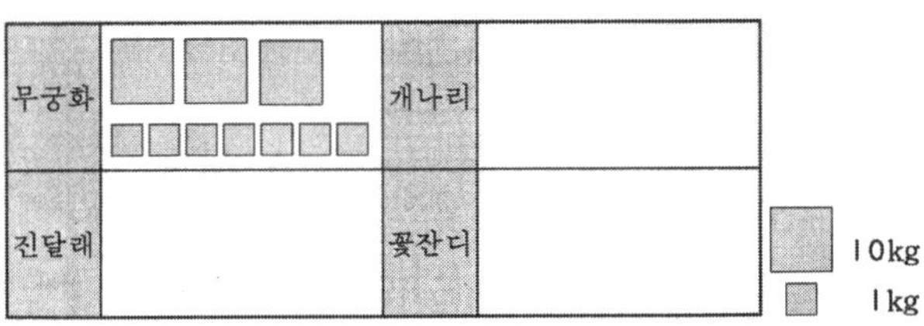

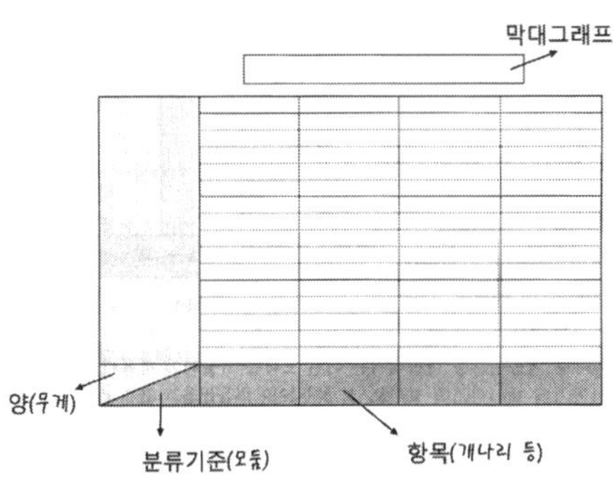

막대그래프 그리기

1. 가로에 항목의 수만큼 칸을 만들고 항목을 쓴다.
2. 표에서 가장 큰 수를 나타낼 수 있도록 눈금 한 칸의 크기와 눈금의 수를 정한다.
3. 조사한 수에 맞게 막대를 그린다.
4. 막대그래프에 알맞은 제목을 붙인다.

4수05-02

연속적인 변량에 대한 자료를 수집하여 꺾은선그래프로 나타낼 수 있다.

변화하는 경향에 중점을 두어 지도합니다.

막대그래프는 크기를 비교하기 위한 그래프이고, 명목 자료(질적인 자료)를 나타내는 그래프인 반면에 꺾은선그래프는 변화 과정을 나타내는 그래프이고, 연속 자료(양적인 자료)를 나타내는 그래프이다.

꺾은선그래프는 연속적으로 변화하는 양을 점으로 찍고, 그 점들을 선분으로 연결하여 나타낸 그래프이다. 꺾은선그래프에서는 변화의 과정뿐만 아니라 조사하지 않은 시점에 대한 양도 짐작할 수 있다.

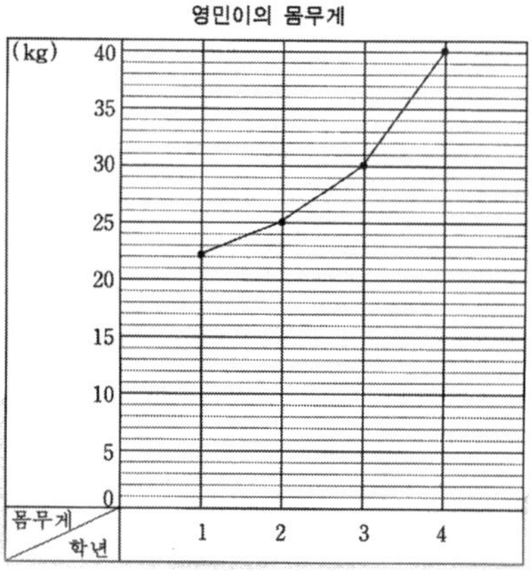

영민이의 몸무게가 갑자기 늘어난 것은 어느 때인가?

2학년 여름방학 때의 영민이의 몸무게는 얼마쯤이었을까?

꺾은선그래프는 변화의 과정을 보는 데 그 목적이 있으므로 꺾은선그래프를 그릴 때 변화의 경향이 잘 드러날 수 있도록 눈금의 크기를 적절히 선택하게 한다. 한 눈금의 크기를 크게 하면 변화의 모습이 뚜렷하지 않게 되고, 눈금의 크기를 작게 잡으면 그래프가 커지게 된다. 이때, 물결선(≈)을 사용하면 눈금의 크기를 작게 잡으면서 필요 없는 부분을 없앨 수 있어 변화의 모습을 뚜렷하게 나타낼 수 있다.

(가) 지영이의 체온

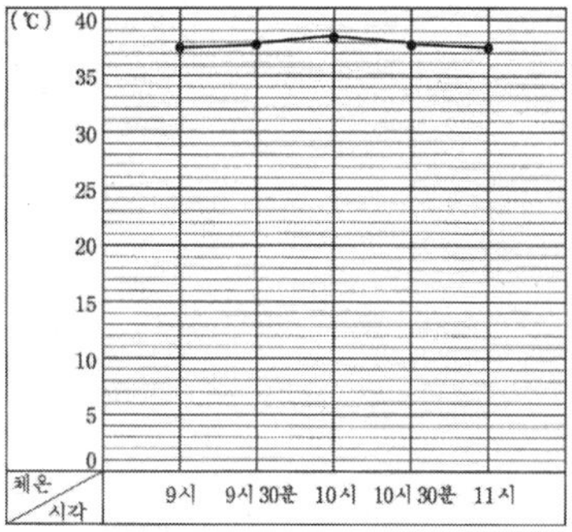

(나) 지영이의 체온

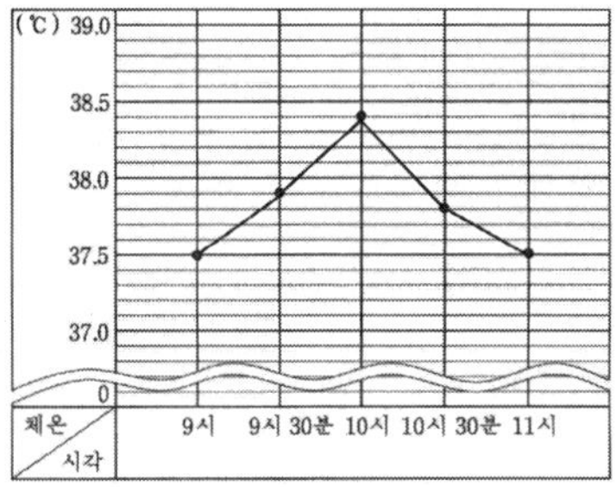

4수05-03 여러 가지 자료를 수집, 분류, 정리하여 자료의 특성에 맞는 그래프로 나타내고, 그래프를 해석할 수 있다.

컴퓨터를 활용하면 그래프는 쉽고, 다양하게 그릴 수 있으므로 수업에서 그래프 그리기를 강조하여 가르칠 필요가 없어지고 있다.

각종 매체에서는 많은 통계 자료와 그래프가 제시되고 있어서 이를 해석하고 판단하는 능력이 미래 정보사회에서 더욱 중요하게 되었다. 따라서 그래프를 그리는 활동보다는 그래프를 읽고 해석하고 판단하는 능력이 발달되도록 한다.

3. 5~6학년군

6수05-01 평균의 의미를 알고, 주어진 자료의 평균을 구할 수 있으며, 이를 활용할 수 있다.

단순히 평균을 구하는 것보다는 평균이 사용된 의미를 이해하도록 지도합니다.

일상생활에서 평균이 사용되는 예를 들어보게 하여 평균의 의미를 직관적으로 이해하도록 하고, 생활 장면의 자료를 이용하여 평균 구하는 방법을 지도한다.

평균의 의미에 대한 내용은 이론적 배경을 참고하기 바란다.

6수05-02

실생활 자료를 그림그래프로 나타내고, 이를 활용할 수 있다.

그림그래프는 3~4학년군에서 학습하였으며 내용에서 큰 차이점은 없는데 5~6학년군에서는 큰 수가 사용된다.

그림그래프에 대한 자세한 내용은 이론적 배경을 참고하기 바란다.

6수05-03

주어진 자료를 띠그래프와 원그래프로 나타낼 수 있다.

띠그래프, 원그래프, 정사각형그래프 등은 전체에 대한 부분이 차지하는 비율을 나타낸 비율 그래프이다.

띠그래프나 원그래프를 지도할 때, 처음부터 수가 크거나 복잡한 자료를 사용하는 것보다는 간단하고 단순한 자료를 사용하여 비율 그래프를 그리는 원리를 이해할 수 있도록 한다.

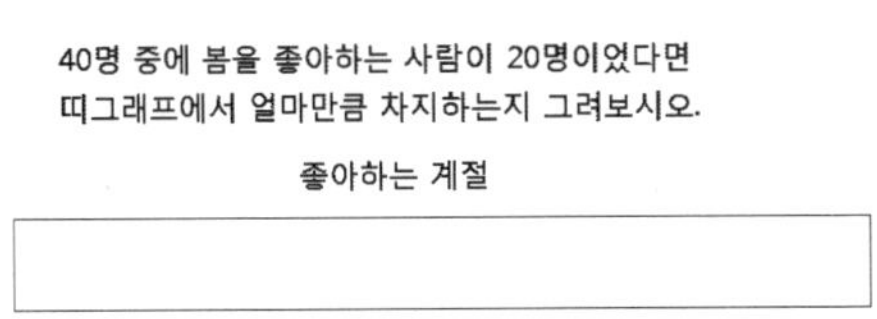

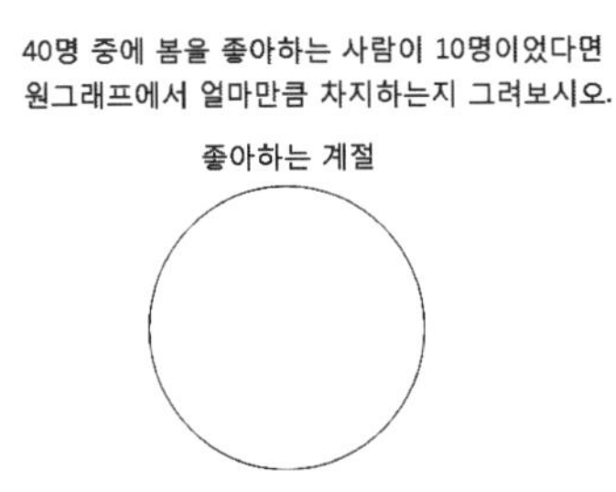

간단한 수를 사용하면 개념을 이해하는 데 도움이 됩니다.

원그래프는 중심각을 이용하여 부채꼴로 그려야 하는데 초등학교 교육과정에서 부채꼴과 중심각을 다루지 않기 때문에 원그래프를 그릴 때에는 눈금이 표시된 원을 사용한다.

6수05-04 **자료를 수집, 분류, 정리하여 목적에 맞는 그래프로 나타내고, 그래프를 해석할 수 있다.**

그래프는 특징에 따라 비교 그래프, 경과 그래프, 비율 그래프로 나눌 수 있다. 비교 그래프는 자료의 많고 적음을 비교하는 데 목적이 있으며, 막대그래프, 그림그래프 등이 있다. 경과 그래프는 시간의 흐름에 따라 자료의 양이 변하는 모습을 나타내는 데 목적이 있으며, 꺾은선그래프 등이 있고, 비율 그래프는 전체에 대하여 부분이 차지하는 비율을 나타내는 데 목적이 있으며, 띠그래프, 원그래프, 정사각형 그래프 등이 있다.

자료를 수집하고 분류한 목적이 무엇인가를 살펴보고 그에 적절한 그래프를 그릴 수 있도록 지도한다.

목적에 적절한 그래프 선택하기

자료의 크기 비교	→	막대그래프, 그림그래프
자료 양의 변화	→	꺾은선그래프
전체에 대한 부분의 크기	→	띠그래프, 원그래프

신문, 잡지 등 언론 매체에 제시된 다양한 그래프를 수집하여 그 그래프를 읽고 해석하고 판단하는 활동은 사회, 경제, 문화 등에서 수학의 가치를 느끼게 하는 좋은 기회이다. 미래 정보사회에서 요구되는 능력을 지도하는 데 역점을 두어야 한다.

6수05-05 **실생활에서 가능성과 관련된 상황을 '불가능하다', '~아닐 것 같다', '반반이다', '~일 것 같다', '확실하다' 등으로 나타낼 수 있다.**

확률(가능성)은 일상생활에서 초등학생들도 많이 경험하는 개념이지만 결코 쉬운 개념은 아니고, 이성적 판단과 실제 행동에서 차이가 많이 나는 개념이며, 성인들도 이해하기 어려운 개념이다.

따라서 초등학교에서는 확률의 쓰임, 경험적 확률, 확률을 언어나 간단한 수로 표현하는 수준에서 지도한다.

초등학교에서는 확률을 불가능하다, ~아닐 것 같다, 반반이다, ~일 것 같다, 확실하다 등으로 표현한다.

6수05-06

가능성을 수나 말로 나타낸 예를 찾아보고, 가능성을 비교할 수 있다.

일기 예보, 사고 확률, 제비 뽑기, 사망 확률 등 수나 말로 나타낸 확률이 사용되는 예를 찾아서 가능성을 비교하는 활동을 통하여 확률의 개념과 활용을 이해할 수 있도록 지도한다.

6수05-07

사건이 일어날 가능성을 수로 표현할 수 있다.

사건이 일어날 가능성을 수로 표현할 때에는 0, $\frac{1}{2}$, 1 등 직관적으로 파악되는 경우를 다루어 확률에 대한 기초적 개념을 이해할 수 있도록 지도한다. 또, 가능성을 분수, 소수, 백분율 등 다양한 방법으로 나타내도록 한다. 좀 더 발전시켜 지도한다면 ~ 아닐 것이다는 0보다 크고 $\frac{1}{2}$(0.5)보다 작은 어떤 수로, ~일 것이다는 $\frac{1}{2}$(0.5)보다 크고 1보다 작은 어떤 수로 표현할 수 있을 것이다.

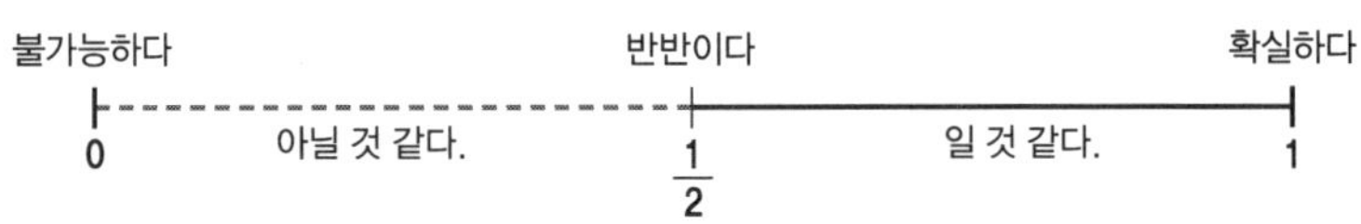

Co-Learning 11

1. 전체 학생을 대상으로 가지고 있는 필기도구의 수를 조사하시오.

1) 다음 표를 완성하시오.

개수	명	상대도수	누적도수	누적상대도수
~3				
3~6				
6~9				
9~12				
12~15				
15~				
합				

계급에서 3~6으로 표시되었다면 3 이상 6 미만을 의미합니다. ~이상 ~미만은 약속입니다.

2) 조사한 내용에 적절한 그래프를 그리시오.

그래프에 필요한 사항(제목, 가로축과 세로축 등)을 기록하시오.

2. 종이컵을 던지면 다음과 같은 3가지 결과를 얻을 수 있다.

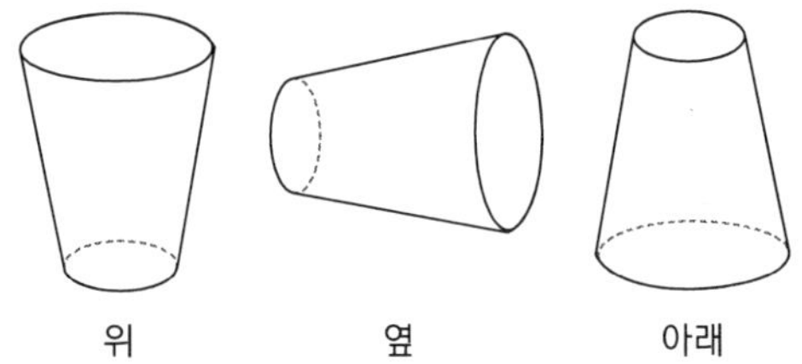

1) 100번 던지면서 결과를 기록하시오.

다른 조의 실험 결과와 합쳐 보시오.

	위	옆	아래	합
세기				
횟수				

2) 그와 같은 사실로부터 각 경우의 경험 확률을 구하시오. 다른 그룹과 비교하여 보시오.

3) 경험 확률을 사용하여 100번 던지면 옆이 몇 번 나올 것인지 예상해 보시오.

3. 책을 마음대로 펴서 그곳에 있는 자음의 빈도수를 조사하여 그래프로 나타내시오. 또, 그래프를 보고 해석과 판단을 하시오.

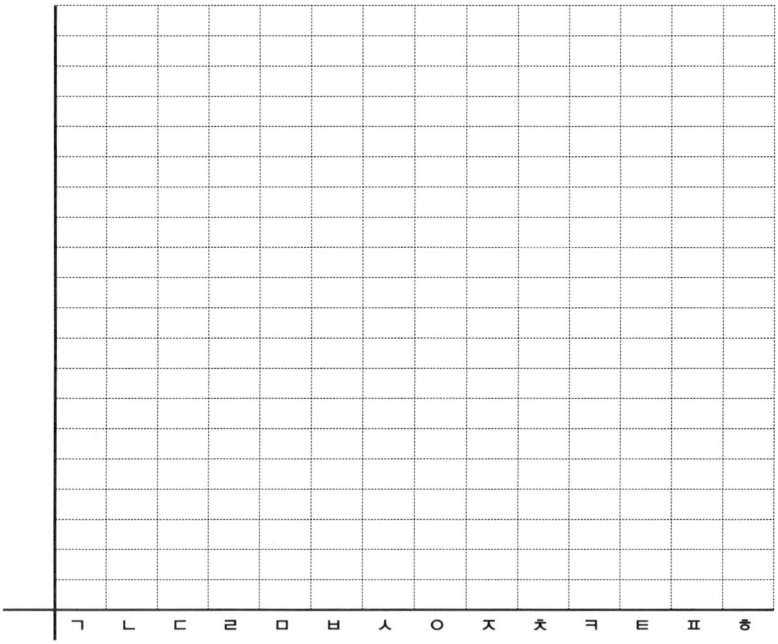

4. 다음 중 통계의 의미를 지닌 질문은 어느 것인가? 왜 그런가?

① 용규의 가방 무게는 얼마쯤 될까?

② 초등학생들의 가방 무게는 얼마쯤 될까?

③ 어제 얼마동안 휴대폰 게임을 하였는가?

④ 3학년 학생들의 키는 얼마나 될까?

⑤ 비는 한 달 동안 얼마나 내렸는가?

⑥ 어제 비가 왔는가?

세기에는 / 또는 正으로 나타냅니다.

5. 다음은 어느 반의 수학 성적 등급이다.

A C C B C D C C F D C C C B B A B D B A A B F C B

이를 표로 나타내어 보시오.

등급	세기	도수	상대도수	누적도수	누적상대도수
A					
B					
C					
D					
F					
합					

6. 다음 표를 보고 막대그래프로 나타내시오.

등급	A	B	C	D	F	합
빈도	5	7	12	4	2	30

7. 다음 일상적인 상황을 그래프로 그리시오.

1) 공을 멀리 던졌을 때 시간과 공의 높이

2) 연주 시작 전후에 강당에 들어오는 청중의 수

3) 목욕탕 속에 사람이 들어가서 뜨거운 물을 더 틀고, 목욕을 마치고 나간다. 그리고 물을 모두 뺐을 때 물의 높이 변화

4) 냉동실의 고기를 꺼내 해동시킨 다음, 프라이팬이 넣고 구웠을 때 온도의 변화

8. 다음 그래프에 맞는 상황을 이야기로 꾸며 보시오.

1)

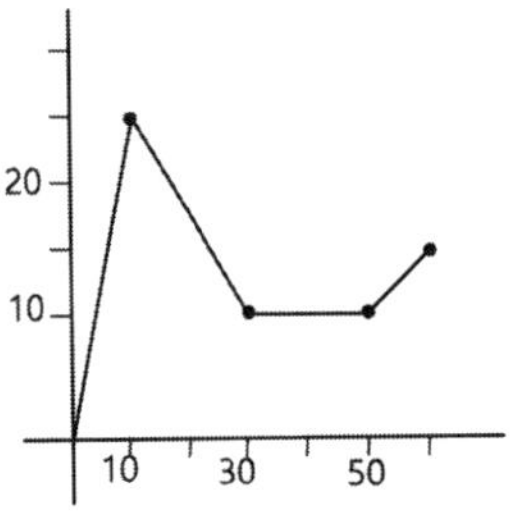

2)

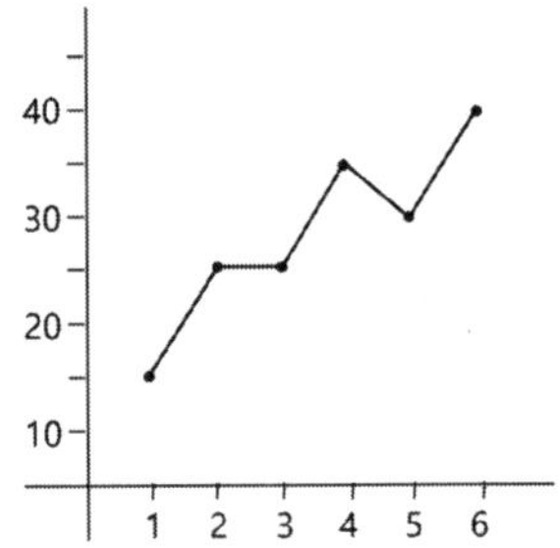

9. 다음은 4학년 학생을 대상으로 조사한 것을 그래프로 나타낸 것이다. ×는 학생 수를 나타낸다. 무엇을 조사하였을까? 그 근거는?

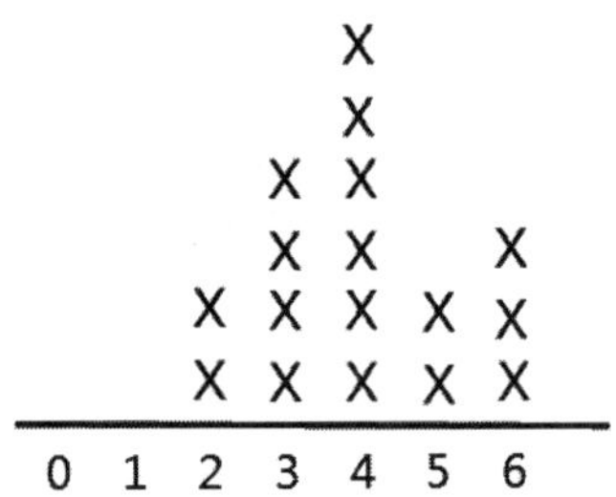

10. 원그래프가 막대그래프나 꺾은선그래프보다 좋은 점을 예를 들어 설명하시오.

11. 꺾은선그래프가 막대그래프보다 좋은 점을 쓰시오.

12. 다음은 우리 반 친구들의 윗몸일으키기 횟수를 나타낸 것이다.

번호	1	2	3	4	5	6	7	8	9	10	11	12	13	14	15
횟수	33	35	40	38	24	65	45	33	47	61	58	26	66	35	28

1) 번호를 변수로 하여 그래프로 나타내시오.

번호는 질적 자료입니다.

2) 횟수를 변수로 하여 그래프로 나타내시오.

횟수는 양적 자료입니다.

3) 두 그래프의 차이점에 대하여 쓰시오.

13. 다음 막대그래프를 보고 그래프의 오남용 여부에 대해 말하시오.

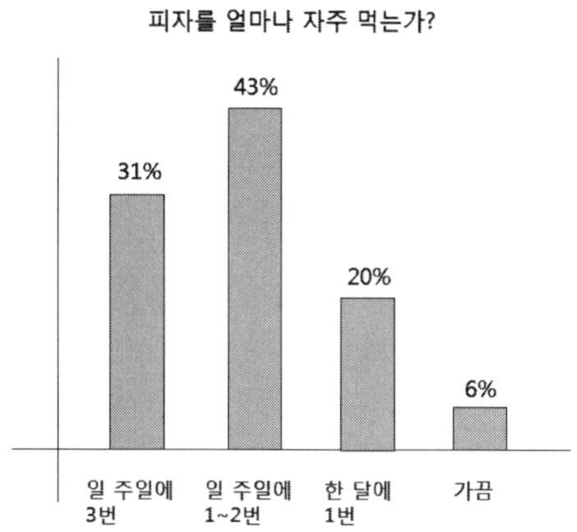

14. 어느 학생은 막대그래프와 히스토그램이 같다고 주장하고, 다른 학생은 다르다고 주장하고 있다. 여러분의 의견은 어떤가?

15. 다음은 3학년 종민이의 학점이다. 평균학점을 구하고, 이때 사용된 평균은 어떤 평균인가?

강좌	초등 수학	초등 과학	수학마술	교육학	학생발달	교육실습
학점	3	3	2	2	2	2
등급	A	B	A	B	D	C

16. 예산을 발표할 때 자주 사용되는 그래프는 무엇인가? 그 이유는?

17. 수학 성취도 평가에서 A 초등학교 6학년 1~2반 52명의 평균 점수는 84점이고, 3~5반 73명의 평균 78점이다. A 초등학교 6학년의 수학 성취도 평균 점수는 몇 점인지 알아보려고 한다.

1) 6학년의 평균 점수는 84점, 78점 중 어느 점수에 가까워지겠는가?

2) 민경이는 문제를 해결하기 위하여 다음과 같이 그림을 그렸다.

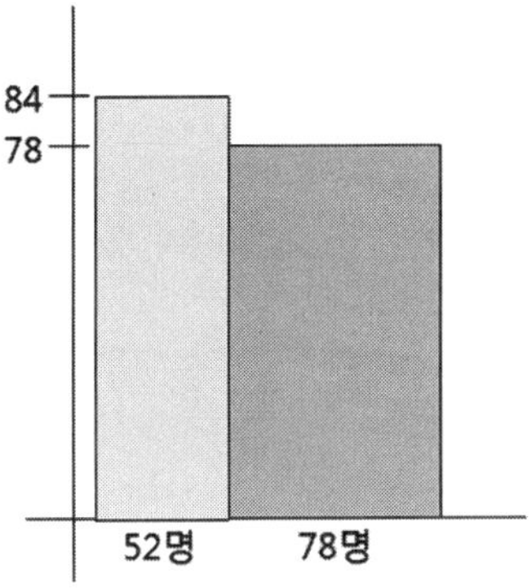

민경이는 평균 점수의 차는 84−78=6점이므로 52×6=312점을 78명에게 똑같이 나누어주면 312÷78=4점이므로 이를 78점에 더하면 78+4=82점이 되었다. 그래서 전체 평균은 82점이라고 하였다.

민경이의 계산은 타당한지/아닌지를 그림으로 설명하시오.

18. 다음 자료의 평균이 지렛대의 받침점과 같음을 설명하시오.

1) 3, 4, 4, 5, 5, 5, 6, 6, 7의 평균 5

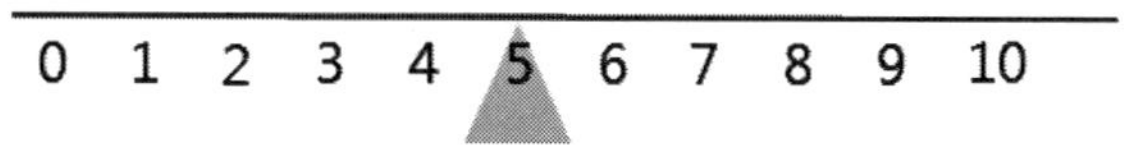

2) 2, 8, 8의 평균 6

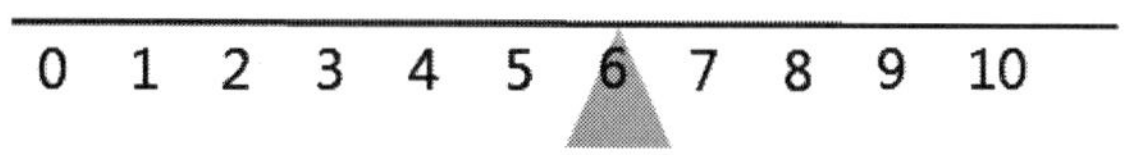

3) 1, 1, 1, 3, 3, 3, 6, 8, 9, 10, 10의 평균 5

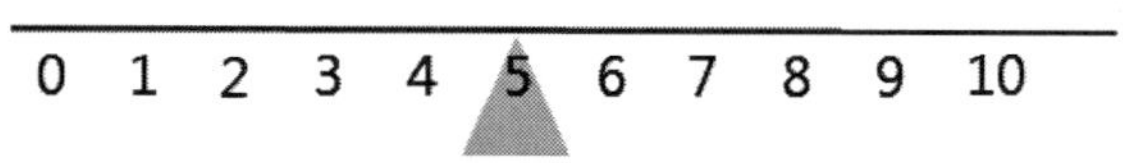

19. 막대가 수평을 이룰 수 있도록 받침점의 위치를 표시하시오.

1)

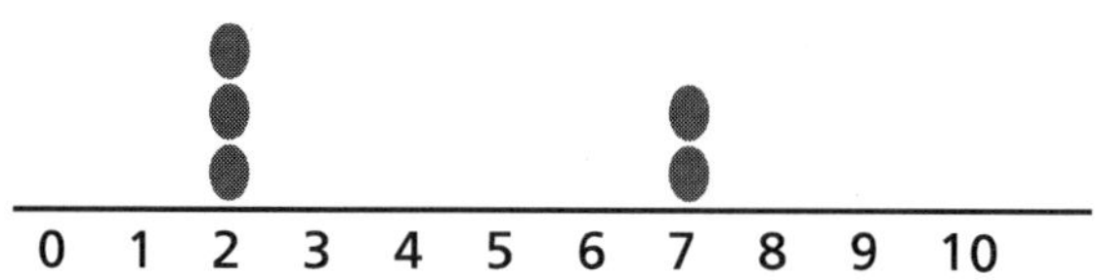

2)

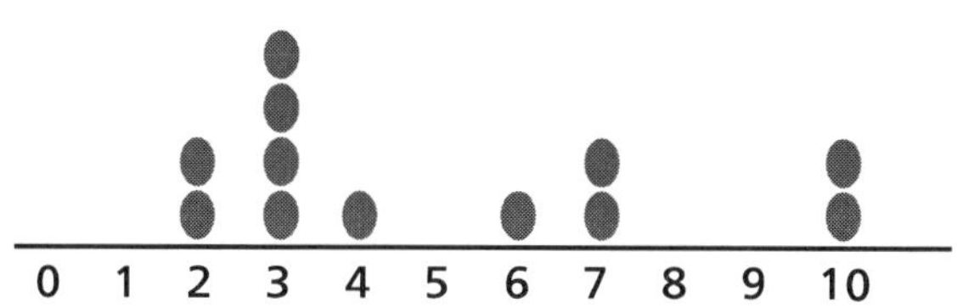

20. 할머니 생일잔치에 참석한 사람 7명의 평균 나이는 21살이었다. 29살인 이모가 도착하여 평균 나이가 22살로 늘어났다. 다음에 29살인 삼촌이 도착하였다. 삼촌의 도착으로 평균 나이가 23살로 증가되겠는가? 마지막으로 할머니가 입장하여 10명이 되었는데 평균 나이가 30살이 되었다. 할머니의 나이는 몇 살인가?

21. 재인, 경원, 교안, 해찬의 수학 평균은 68점이다. 재인과 경원의 평균은 72이고, 경원, 교안, 해찬의 평균은 66이다. 경원의 평균은 얼마인가?

22. 교과서에 두 수의 평균은 두 수를 더하고 2로 나누어서 구한다고 설명하고 있다. 어느 학생이 큰 수에서 작은 수를 뺀 다음 2로 나누어 몫을 작은 수에 더하여 평균을 구해도 된다는 것을 알았다. 교과서의 방법과 학생의 방법을 그림으로 그려서 설명하고, 대수식을 사용하여 두 방법이 같다는 것을 증명하시오.

23. 철수는 17, 43, 22, 38의 평균을 다음과 같이 계산하여 30이라고 하였다.

17	**43**	**22**	**38**
20	40	22	38
20	30	32	38
28	30	32	30
30	30	30	30

1) 철수의 방법을 설명하시오.

2) 다음 수들의 평균을 구하시오.

① 40, 25, 50, 53, 37

40	**25**	**50**	**53**	**37**

② 72, 25, 48, 54, 60, 83

72	**25**	**48**	**54**	**60**	**83**

24. 다음은 어느 은행의 고객 10명을 대상으로 대기시간(분)을 측정한 것이다.

A은행: 4, 4, 5, 6, 6, 7, 7, 8, 10, 11, 12
B은행: 5, 6, 6, 6, 7, 7, 7, 7, 8, 9

1) 두 은행의 대기시간을 상자-수염(box-whisker plot) 그림으로 나타내시오.

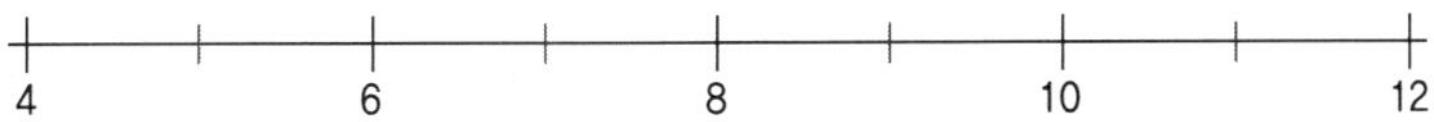

2) 어느 은행 고객의 만족도가 높은지 설명해보시오. 그 근거는?

25. 자동차 경주에서 3분, 4분 40초, 6분에 속력을 측정한다. 어느 선수의 처음 3분 후 평균 속력이 시속 200km, 다음 1분 30초 후 속력이 240km, 마지막 1분 30초 후 속력이 300km이었다. 이 선수의 평균 속력은 얼마인가?

상자-수염(box-whisker plot) 그림으로 나타내려면 최저값, 1분위수, 중앙값, 3분위수, 최고값을 알아야 합니다.

상자-수염 그림 그리기:

① 최저점, 최고점, 1분위수, 중앙값, 3분위수에 점을 찍는다.
② 1분위수와 3분위수를 연결하여 직사각형을 그린다.
③ 중앙값에 세로선을 긋는다.
④ 특이점(outlier)이 있으면 점으로 나타낸다.

26. 다음과 같은 회전판을 100번 시도하였다. A는 숫자 4가 차지하는 부분이 가장 넓기 때문에 4가 가장 많이 나올 것이라고 말하였다. A의 주장은 타당한가?

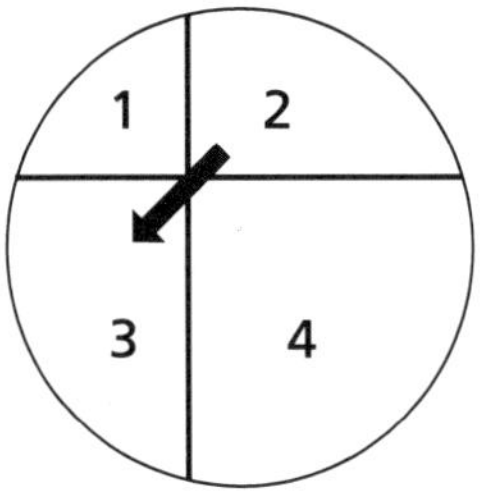

27. 다음은 매년 자동차 가격의 하락을 보여주는 그래프이다. 세로축은 새 차 가격에 대한 비율을 나타낸다.

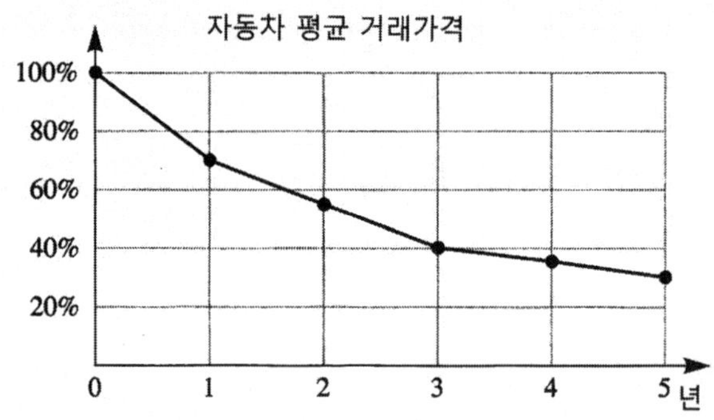

1) 2,000만 원에 구입한 자동차의 2년 후 가격은 대략 얼마쯤 되겠는가?

2) 명식이는 새 차 가격의 반이 되기 전에 팔려고 한다. 언제 팔아야 하는가?

28. 다음은 주거지역별 학생 수를 나타낸 막대그래프이다. 어느 것이 그래프의 장점을 잘 드러낸 것인가? 그 이유는?

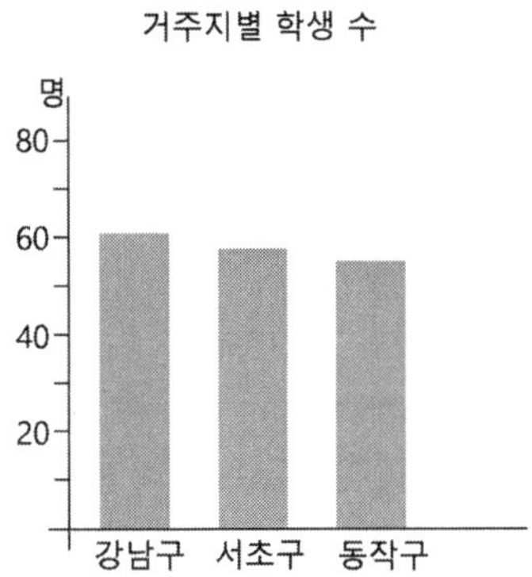

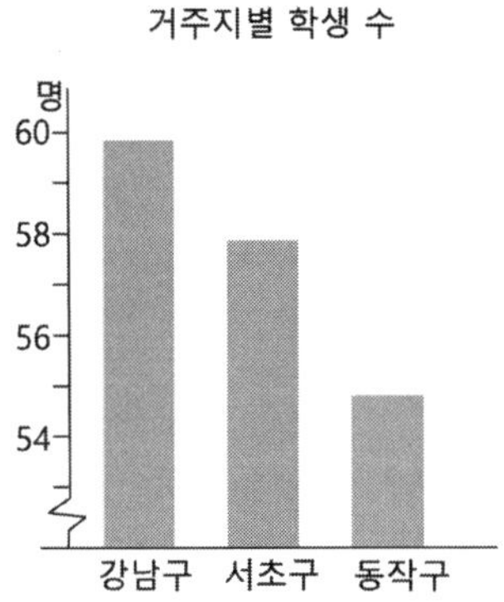

29. 물결선으로 그래프의 세로축을 자르는 것은 그래프의 오남용에 해당되는지/아닌지 의견을 쓰시오. 그래프를 자르는 타당한 이유를 말하시오.

30. 다음은 어느 회사의 연봉을 나타낸 그래프이다. 이 회사의 평균 연봉은 얼마라고 생각하는가? 그 이유는?

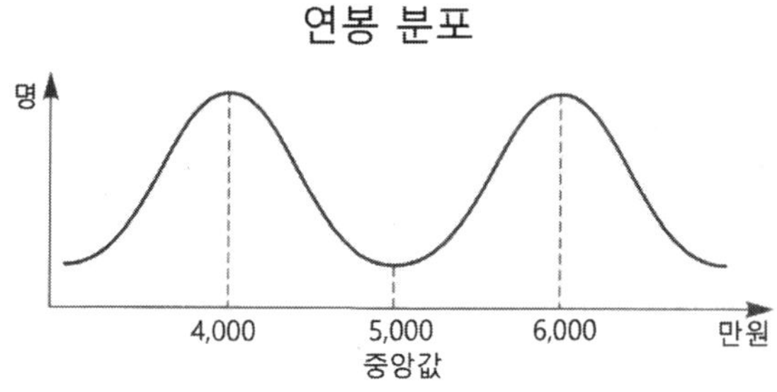

31. 다음 그래프에서 잘못된 것은 무엇인가?

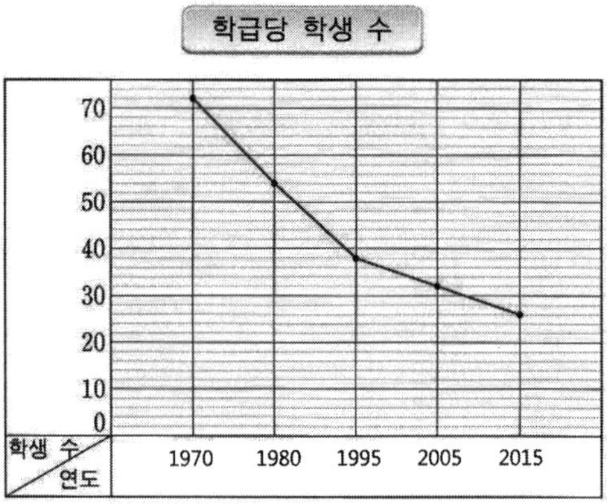

32. 다음 그래프에서 잘못된 것은 무엇인가?

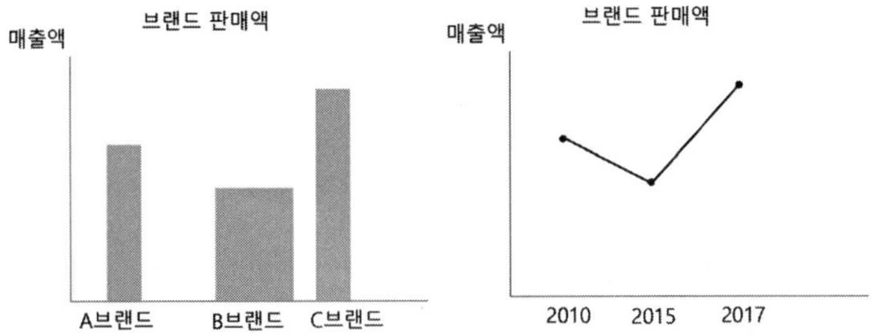

33. 10명의 평균 연봉이 4,000만 원인데 1명의 연봉이 3,000만 원 인상되었다면 중앙값, 평균, 최빈값의 변화가 있는가? 있다면 얼마나 변하였는가?

34. 다음은 A초등학교 학생들의 통학 방법을 조사한 원그래프이다.

A초등학교 학생의 통학방법

1) A초등학교의 전체 학생은 몇 명인가?

2) 자가용의 중심각을 구하시오.

3) 버스 타고 통학하는 학생은 몇 명인가?

35. 다음은 열혈초등학교 학생들의 혈액형을 조사하여 나타낸 그래프이다.

1) 열혈초등학교 전체 학생은 몇 명인가?

2) A형과 O형의 학생 수 비율은 28:22라고 하면 A형과 O형의 학생 수는 각각 몇 명인가?

교육부(1997). 수학 6-1. ㈜국정교과서.

교육부(2014). 수학 3-1 ~ 6-2. ㈜천재교육.

교육부(2017). 수학 1-1 ~ 2-2. ㈜천재교육.

교육인적자원부(2002). 수학 1-1 ~ 6-2. ㈜대한교과서.

김성준, 김수환, 신준식, 이대현, 이종영, 임문규, 정은실, 최창우(2013). 초등학교 수학과 교재연구와 지도법. 동명사.

데이브 채턴, 캐롤린 스키트(2007). 멘사추리퍼즐. 보누스.

박부성(2003). 재미있는 영재들의 수학퍼즐 1, 2. ㈜자음과 모음.

수학사랑(2011). 칠교놀이. 수학사랑.

야콥 펠레리만 외(1990). 재미있는 수학탐험. 팬더북편집부(역). 팬더북.

이만근(2004). 이만근과 함께하는 현대수학: 그 설레임으로의 여행. 수학사랑.

이반 모스코비치(2011). 상위 1%가 즐기는 창의수학퍼즐 1000. 이현정 역. 터닝포인트.

이병세(1994). 수학시간 밖의 수학. 은의나라 금의나라.

정의택(1972). 재미있는 수학. 정음사.

후지무라 고자부로, 다무라 사부로(1994). 수학 역사 퍼즐: 수학자도 갸우뚱(?)하는 75문제. 전파과학사.

Albert B. Bennett, Jr., Laurie J. Burton, L., Ted Nelson(2012). Mathematics for Elementary Teachers: A Conceptual Approach. 9th edition. Mc Graw Hill.

Arthur J. Baroody, Ronald T. Coslick(1998). Fostering Children's Mathematical Power: An Investigative Approach to K-8 Mathematics Instruction. Lawrence Erlbaum Association Inc.

Donald F. Devine, Judith Olson, Melfried Olson(1991). Elementary Mathematics for Teachers. 2nd edition. John Wiley & Sons, Inc.

Gary L.Musser, William F. Burger, Blake E. Peterson(2006). Mathematics for Elementary Teachers: A Contemporary Approach. 7th edition. John Wiley & Sons, Inc.

James E. Schwartz(2008). Elementary Mathematics Pedagogical Content Knowledge: Powerful Ideas for Teachers. Pearson Education, Inc.

Jones, G. A., Thornton, C. A., & Langrall, C. W.(1997). *Probability instruction informed by children's thinking.* Paper presented at the annual meeting of the North American Chapter of the International Group for the Psychology of Mathematics Education, Bloomington, IL.

Mark A. Freitag, Linda B. Crawford(2014). Exploration Activities for Mathematics for Elementary School Teachers: A Process Approach. Brooks/Cole Cengage Learning.

Rick Billstein, Shlomo Libeskind, Johnny W. Lott(1997). A Problem Solving Approach to Mathematics for Elementary School Teachers. 6th edition. Addison-Wesley Longman, Inc.

Sybilla Beckmann(2014). Mathematics for Elementary Teachers with Activities, 4th edition. Pearson.

Thomas Sonnabend(1997). Mathematics for Elementary Teachers: An Interactive Approach. 2nd edition. Harcourt College Publisher.

Tom Bassarear(2001). Mathematics for Elementary Teachers, 2nd edition. Houghton Mifflin Company.